DER HERAUSGEBER DIESES BANDES

Guy Palmade (1927–1993)
Seit 1946 Studium an der *Ecole Normale Supérieure,* Paris. 1951 *agrégation d'histoire* in Geschichte. Lehrtätigkeit an der *Ecole Normale Supérieure* und an der Sorbonne im *Institut d'Etudes politiques* in Paris. 1968 *Inspecteur général de l'Instruction publique.* Seit 1973 Direktor am *Institut national de recherche et de documentation pédagogiques,* Paris.
Professor Palmades Arbeiten behandeln den französischen Kapitalismus im 19. Jahrhundert und die Geschichte des 2. Kaiserreichs in Frankreich sowie allgemeine Geschichtsschreibung. ›Capitalisme et capitalistes français du XIX° siècle‹ (1961).

Unsere Adresse im Internet: www.fischer-tb.de

Fischer Weltgeschichte

Vom Absolutismus zum bürgerlichen Zeitalter
Band 3

Das bürgerliche Zeitalter

Herausgegeben von
Guy Palmade

Fischer Taschenbuch Verlag

Limitierte Sonderausgabe
Veröffentlicht im Fischer Taschenbuch Verlag,
einem Unternehmen der S. Fischer Verlag GmbH,
Frankfurt am Main, Oktober 2003

Die Originalausgabe erschien 1975
als Band 27 der Fischer Weltgeschichte
© Fischer Taschenbuch Verlag in der S. Fischer Verlag GmbH,
Frankfurt am Main 1975
Alle Rechte vorbehalten
Die Abbildungen zeichneten Harald und Ruth Bukor
Druck und Bindung: Clausen & Bosse, Leck
Printed in Germany
ISBN 3-596-50734-0

INHALTSVERZEICHNIS

Mitarbeiter dieses Bandes 8

1. *Die Revolutionen von 1848* 9
   I. Europa und die Welt 9
      a) Das alte Europa: Grund und Boden, Gesellschaftsordnung, Legitimität 14
      b) Vorwärtsdrängende Kräfte, Revolutionsmöglichkeiten 25
   II. Die Alarmzeichen von 1848 38
      a) Voraussetzungen für eine revolutionäre Lage 38
      b) Der Revolutionsfrühling 43
      c) Die Revolutionen in der Zerreißprobe 52
      d) Scheitern und Bilanz der Revolutionen 59

2. *Der liberale Kapitalismus auf seinem Höhepunkt (1850—1895)* 68
   I. Das allgemeine Wirtschaftswachstum 68
      a) Die Wirtschaftszyklen 68
      b) Versuch einer quantitativen Messung der Wirtschaftsentwicklung 73
   II. Wachstumsvoraussetzungen 77
      a) Landflucht und Herausbildung der kapitalistischen Stadt 77
      b) Umwälzungen im Transportwesen: Die Binnenschiffahrt. Die Eisenbahn. Die Seeschiffahrt. 84
      c) Investitionen, Geldkapitalbildung, Veränderungen im Kreditwesen 108
      d) Das System der internationalen Wirtschaftsbeziehungen 120
   III. Entwicklung der Produktion 129
      a) Die Industrie: Vom Eisen zum Stahl. Die neuen Erfindungen. 129
      b) Zusammenschlüsse in der Industrie 134
      c) Steigerung der Produktivität 139
      d) Die industrielle Stärke der europäischen Staaten: ein Vergleich 140
      e) Die Landwirtschaftsproduktion in der zweiten Hälfte des 19. Jahrhunderts 143

f) Verbesserte Tecknik   143
g) Fortschritte in der landwirtschaftlichen Produktivität   147
Schlußbetrachtung: Europas Stellung in der Weltwirtschaft   148

3. *Die Gesellschaft und ihre Gruppen*   151
   I. Die Arbeiterklassen   153
      a) Die englische Arbeiterklasse   154
      b) Die französische Arbeiterklasse   157
      c) Die deutsche Arbeiterklasse   162
   II. Das Bürgertum in den einzelnen Ländern   166
      a) Das englische Bürgertum   166
      b) Das deutsche Bürgertum   168
      c) Das französische Bürgertum   170
   III. Der Adel   174
   IV. Die Bauern   178
   V. Mensch, Leben und Tod   183
      a) Demographie und Gesellschaft   183
      b) Raum und Bevölkerung   189
      c) Europa und seine Hauptstädte: London. Paris. Berlin.   191
      d) Stadt und Städter   197
      e) Elemente für eine Anthropologie: Erziehung, Information, Gesellschaft. Religiöse Zweifel. Ein wohlgestalteter Körper. Lebensstile.   199
   VI. Sozialistische Bewegungen und Ideologien   216
      a) Forderungen und Utopien 1848   217
      b) Das neue Profil der Arbeiterbewegung und die I. Internationale: Charakteristika der Arbeiterorganisation. Die I. Internationale.   220
      c) Die Kommune und die Krise der Arbeiterbewegung   227

4. *Die politischen Verhältnisse:*
Vom Liberalismus zum Imperialismus   233
   I. Der Triumph des Liberalismus in England, Belgien und Holland   237
   II. Der Durchbruch des Liberalismus in romanischen Ländern. Frankreich und Italien   247
      a) Frankreich: Vom Kaiserreich zur Republik   247
      b) Die Einigung Italiens   262
   III. Deutschland und Österreich nach 1850: Trennendes und Gemeinsames   269
      a) Reaktionäre Politik (1850–1862). Das ›Bachsystem‹ in Österreich. Die Reaktion in Deutschland. Preußens und Österreichs Machtstellung: ein Vergleich   270

    b) Erster Schritt zur Einheit: der Konflikt zwischen Preußen und Österreich. Das Vorspiel. Die Frage der dänischen Herzogtümer und der Preußisch-Österreichische Krieg. Die Kriegsfolgen für Österreich: der Dualismus. Die Schaffung des Norddeutschen Bundes.   279
  c) Vollendung der Einheit: Der Deutsch-Französische Krieg. Das Einigungsproblem: die süddeutschen Staaten. Der 70er Krieg. Die Reichsgründung.   287
IV. Das Deutschland Bismarcks   294
  a) Das Reich 1871   295
  b) Das politische Leben in Deutschland unter Bismarck   299
  c) Die politischen Probleme im Bismarckdeutschland: der Ausbau des Reiches   306
  d) Deutschlands Übergewicht in Europa   314

Abschließende Bemerkungen   317
Zeittafel   319
Anmerkungen   326
Literaturverzeichnis   335
Verzeichnis und Nachweis der Abbildungen   341
Register

MITARBEITER DIESES BANDES

Jean Pierre Daviet (Universität Paris)
   Kapitel 3

Patrick Verley (Universität Paris)
   Kapitel 2 und 4

1. Die Revolutionen von 1848

EINLEITUNG: EUROPA 1848

Die Aufgliederung einer Weltgeschichte läßt sich nie ohne Willkür erreichen, weil Zeit und Raum sich dem widersetzen, und der Ausgangspunkt des vorliegenden Bandes dürfte diese Wahrheit nötigenfalls bestätigen: Das Jahr 1848 hatte vielleicht nur für Europa Bedeutung, womöglich nicht einmal für alle Länder, die wir zu Europa zählen.
Daher befassen wir uns hier nur mit einem Teil von Europa. Andere Bände dieser Taschenbuch-Reihe untersuchen eigens die Geschichte des zaristischen Rußland und der muselmanischen Staaten, von denen das Osmanische Reich bis zu Beginn des 20. Jahrhunderts den größten Teil der Balkanhalbinsel beherrschte.[1] Weite Gebiete des geographischen Europa lassen wir somit unberücksichtigt. Natürlich geht es dabei nicht um eine absolute Beschränkung, denn Petersburg und Konstantinopel spielten im vorigen Jahrhundert eine ganz wesentliche Rolle in der europäischen Politik, aktiv oder passiv. Internationale Beziehungen und Kriege, daneben vielfältige Kontakte wirtschaftlicher und kultureller Natur verbanden, was wir hier bis zu einem gewissen Grad trennen mußten. Darüber hinaus bewohnten zur Zeit, von der wir sprechen, bestimmte Völker wie die Polen oder die heutigen Jugoslawen Gebiete, die willkürlich durch die uns gezogene Grenze geteilt werden. Diese kann also aus vielerlei Gründen kein eiserner Vorhang sein. Im folgenden wollen wir uns bemühen, auf die Verbindungen hinzuweisen, soweit es unerläßlich scheint.

I. EUROPA UND DIE WELT

Es stellt sich aber eine noch schwerer wiegende Frage: Darf man dieses Europa mit seinen fließenden Grenzen von der weiten Welt absondern und es als etwas völlig Unabhängiges untersuchen? In den 50 Jahren, die uns hier im Hinblick auf Europa beschäftigten — die Zeit von Richard Cobden und Jules Verne —, begannen sich die Beziehungen zwischen den Kontinenten in jeder Weise vielfältiger zu gestalten, einerlei, ob es sich dabei um Weltgegensätze, Vorherrschaft oder Solidarität handelte. Der einsetzende Abbau der kalifornischen und australischen Minen, die Blockade des baumwoll-produzierenden Südens der USA im Sezessionskrieg, die Erschließung der Länder des Fernen Ostens für den internationalen Handel fanden im Leben Europas einen mindestens so starken Widerhall wie viele Ereignisse, die sich auf europäischem Boden abspielten. Europas Geschichte war Weltgeschichte und wurde es immer mehr.

Ist es schon ausgeschlossen, alle Schwierigkeiten zu umgehen, die sich aus dieser bereits engen Verflechtung ergeben, so scheint es doch wenigstens angebracht, von ihr Kenntnis zu nehmen und, soweit dies möglich, ihr Ausmaß näher zu bestimmen, ehe wir unser Augenmerk auf den europäischen Mikrokosmos richten. Die planetarische Ausweitung der Geschichte Europas war nichts Neues. Unabhängig von den mehr oder minder zurückliegenden Epochen, wo die westliche Halbinsel Eurasiens alle Wirkungen verspürte, die von den Erschütterungen im Innern des Kontinents ausgingen, gilt es sich vor Augen zu halten, daß die Europäer selbst seit mehr als 300 Jahren in ferne Unternehmungen verwickelt waren, die ihrerseits das Geschick Europas stark prägten. Marx stellte zu Anfang des Jahres 1848, in dem so viele ersehnte und enttäuschende Gewitter heraufzogen, fest: »Die große Industrie hat den Weltmarkt hergestellt, den die Entdeckung Amerikas vorbereitete.«[2] Womöglich griff Marx damit, wenigstens teilweise, der Entwicklung voraus, doch war sie zu dem Zeitpunkt, als er das Manifest verfaßte, schon weit fortgeschritten.

Unser Europa war das Herz der Welt. Man würde vergebens anderswo nach einem Zentrum suchen, das Höherentwicklung und Aktivität in ähnlich intensiver Weise gekannt hätte. Dies traf zuallererst auf die europäische Bevölkerung zu, was sehr entscheidend war. Es kostet heute einige Mühe, dies zu glauben, angesichts des ›galoppierenden‹ Wachstums der unterentwickelten Völker und der damit verbundenen Vorstellung einer wenigstens relativen Beständigkeit der europäischen Demographie. Im letzten Jahrhundert nahm Europas Bevölkerung rascher zu als die der übrigen Welt, sieht man einmal von den neuen Ländern Amerikas ab, wo übrigens die europäischen Emigranten wesentlich zur Besiedlung beigetragen haben. Die Europäer stellten um 1800 vielleicht 21 v. H. der Weltbevölkerung, 22 v. H. oder 23 v. H. um 1850, mehr als ein Viertel 1900. Im Lauf eines Jahrhunderts stieg somit die Bevölkerungszahl von ca. 187 auf 266 Millionen, schließlich auf 401 Millionen.[3] Das kam einem durchschnittlichen Jahreswachstum von 10 v. T. gleich. Zwischen 1650 und 1750

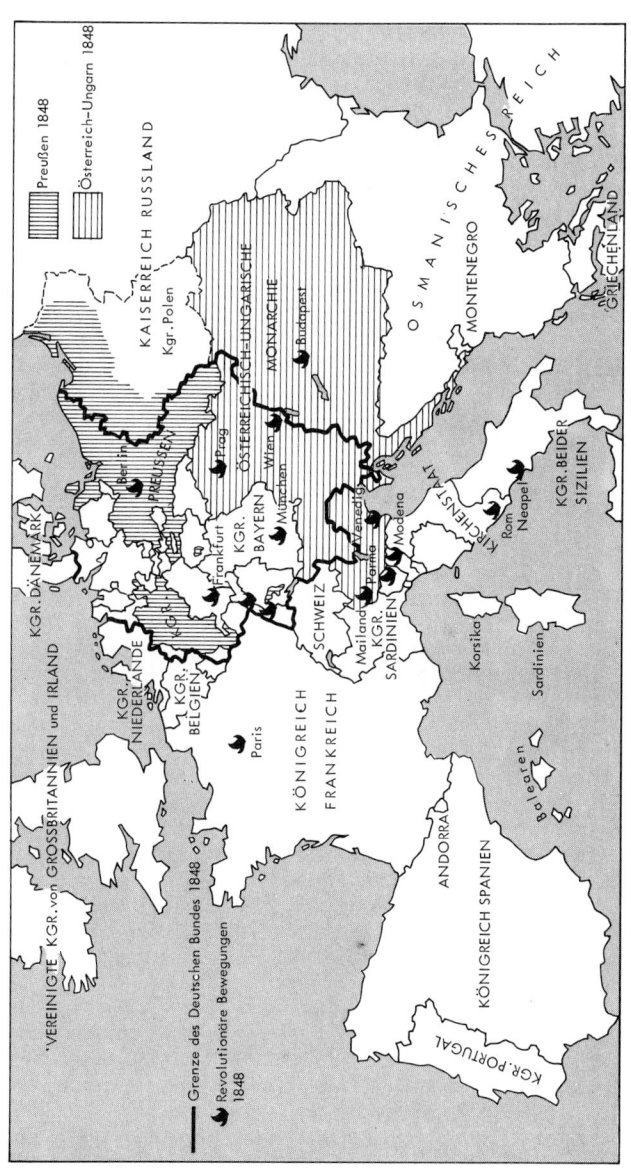

Abb. 1: *Europa um 1848*

waren es beispielsweise nur 3 v. T. Dieser ›Sprung nach vorn‹ hatte natürlich nicht ausschließlich quantitative Bedeutung.
Kann man auch von einer ›qualitativen‹ Überlegenheit sprechen? Will man dies, so müssen rassische oder rassistische Kriterien selbstverständlich außer acht bleiben. Der Versuch, eine zweifelhafte Skala moralischer, religiöser oder kultureller Werte aufzustellen, wäre verfehlt. Nimmt man als Maßstab den Wirkungsgrad von Wissenschaft, Technologie und Bildungswesen, so belegten die Europäer den ersten Platz, da bei ihnen diese Bereiche am weitesten entwickelt und am modernsten waren. Nur die USA steuerten bereits Erfindungen zur Mechanik oder zum Schiffsbau bei, ohne aber ein vollständiges Universitätssystem zu besitzen. Hinzu kam, daß die Europäer mit der Verbreitung ihrer ›Geheimnisse‹ bei fernen Völkern kaum begonnen hatten. In keiner andern Gesellschaft waren Naturerkenntnis und Naturbeherrschung zu einer solchen Höhe gelangt.
Daher kontrollierten europäische Mächte in recht unterschiedlichen Formen und bei ungleichem Nutzen weite überseeische Gebiete, die sie ständig ausdehnten. Trotz der fast völligen Befreiung Lateinamerikas gab es auch künftig ein spanisches und ein portugiesisches Imperium, es gab ein holländisches Kolonialreich, das britische Empire und das französische Kolonialreich hatten noch lange nicht ihren größten Umfang erreicht, Belgien und Deutschland noch keine Erfahrungen mit Kolonien gesammelt.[4] Große Tage sollten den Europäern bei der Eroberung und Nutzbarmachung der verfügbaren Räume des Planeten noch bevorstehen. Das gleiche galt für die Weitergabe ihres Wissens, ihrer Anschauungen, ihrer Lebensweise.
Zwar kann das Jahr 1850 als der Höhepunkt der europäischen Weltherrschaft erscheinen,[5] insofern diese in keinem der ihr unterworfenen oder ihrem Einfluß geöffneten Gebiete auf ernsthaften Widerstand stieß, doch hatte sie bei weitem nicht all ihre Möglichkeiten ausgeschöpft und sich keineswegs in ihrer ganzen Härte gezeigt. Das Zeitalter der ›Imperialismen‹ war noch nicht gekommen — es sollte übrigens mit der ersten Bedrohung dieser Vorrangstellung der Europäer zusammenfallen. Die Konkurrenten bildeten eine noch zu unbedeutende Gruppe, als daß alle Kräfte zugleich eingesetzt worden wären, der Bedarf an Märkten oder Rohstoffen war außer in England noch nicht dringend genug, und es fehlten vor allem die materiellen Voraussetzungen. Man beherrschte den Raum nur ungenügend. Die Hochseeschiffahrt stieß auf große Schwierigkeiten. Trotz der Schnellsegler (*clippers*), die rascher waren als die ersten Ozeandampfer, benötigte man 92 Tage

von Hongkong nach London. Etwa die gleiche Zeit war vonnöten, wollte man Europa um Kap Horn herum mit Kalifornien verbinden. Die Dampfkraft konnte zunächst für lange Fahrten kaum genutzt werden, vor allem wegen der riesigen Brennstoffmengen, die die ersten *steamers* verschlangen. Die Kurierschiffe der Cunard schafften in den vierziger Jahren die Strecke Liverpool — Boston in 17, später in 14 Tagen. Es waren Schiffe aus Holz mit Schaufelrädern. Noch 1854 vermochte die *Persia*, deren Rumpf aus Metall bestand, gerade so schnell zu fahren wie die *clippers* (sie benötigte 9 oder 10 Tage). Die Schiffsschraube, die weitere Fortschritte erlauben würde, war noch nicht ausgereift. Kein Schienennetz erschloß das Innere der neuen Gebiete. Zwar standen 1850 in Europa 23 000 Bahnkilometer zur Verfügung, ca. 15 000 in den USA (eine Überlandlinie gab es hier vor 1869 nicht), doch die übrige Welt besaß absolut nichts Gleichwertiges. Bis in die sechziger Jahre fehlte es an Telegrafenkabeln für große Entfernungen. Folglich blieben gewaltige Territorialblöcke und Menschenmassen fast völlig abseits: China, Japan, der Großteil Afrikas. Im schwarzen Erdteil wurden bis 1875 nur 11 v. H. der Bodenfläche ›kolonisiert‹, 1902 waren es 90 v. H.

Die Beziehungen zwischen Europa und den andern Kontinenten gestalteten sich demnach vielseitig. Wie die weißen Stellen auf den Landkarten, die unbekannte Regionen bezeichneten, brachten sie zum Ausdruck, daß die ›Zeit der begrenzten Welt‹ noch nicht angebrochen war und daß noch weniger die Stunde einer ihre Einigung anstrebenden Menschheit geschlagen hatte. Auf der einen Seite stand den europäischen Großmächten — die einzigen, die diesen Namen um die Jahrhundertmitte verdienten — eine beträchtliche wissenschaftliche, materielle und, nötigenfalls, militärische Überlegenheit zu Gebote, die es ihnen gestattete, wenn sie nur wollten, überall ihre vermeintlichen Interessen durchzusetzen oder ihren Ehrgeiz zu befriedigen. Die USA allein flößten Respekt ein. Sonst kündeten die Einnahme Algiers, der Opiumkrieg oder die Schiffsdemonstrationen vor den Küsten Südamerikas zur Genüge von der Handlungsfreiheit, die Europa genoß. Doch auf der andern Seite war die Existenz der Europäer nur zum Teil, im allgemeinen erst in zweiter Linie und sehr unterschiedlich je nach Ländern und Bereichen (vor allem zu Beginn unserer Periode), von den Folgen ihrer Stellung und ihrer auswärtigen Unternehmungen betroffen. Das Vereinigte Königreich, seit langem schon mehr dem offenen Meer zugewandt, war zweifelsohne weiter fortgeschritten auf dem Weg gegenseitiger Abhängigkeit wie auch sonst in vielerlei Hinsicht. Im ganzen bildeten allerdings die wesentlichen Probleme, die sich für Europa damals ergaben (beispielsweise die wirtschaftliche Revolution und ihre gesellschaftlichen Auswirkungen oder der politische Liberalismus), eigentlich europäische Probleme, deren Gegebenheiten und Bedeutung man kaum anderswo fand und deren Lösung nur zu einem geringen Teil von außereuropäischen Geschehnissen abhing. Europas Autonomie und Eigenart blieben im wesentlichen gewahrt, und dies rechtfertigt ihre gesonderte Untersuchung. Europa war 1848 stark genug, seinen Einfluß geltend zu machen, Herrschaft auszuüben, so es dies wollte, und deshalb auf kurze Sicht abgeschirmt gegen am Horizont dräuende Gefahren. Zugleich wurde es nur wenig von nichteuropäischen Verpflichtungen in Anspruch genommen, so daß es in der Lage war, seine Mittel meist im Innern einzusetzen, für seine Erfordernisse, bei Schwierigkeiten und Streit. Das Europa von 1848 bot in einem der Vollkommenheit ganz nahen und in der Geschichte äußerst seltenen Grad das Bild einer menschlichen Gemeinschaft, die sehr weitgehend über sich und ihr Schicksal bestimmte.

a) Das alte Europa: Grund und Boden, Gesellschaftsordnung, Legitimität

Insgesamt betrachtet, entfaltete die europäische Gesellschaft gewiß eine beachtliche schöpferische Spontaneität. Erst am Ende des Jahrhunderts, 1890, stellte Ernest Lavisse die bange Frage, ob Europa wohl für immer die Führungsrolle in der Geschichte behalten könne, in der es sich 40 Jahre zuvor so glänzend bewährt hatte. Jedoch trafen bei weitem nicht alle Europäer selbstverantwortlich die für ihre Existenz wesentlichen Entscheidungen. Wie auch allgemein die Überlegenheit ihrer Lebensbedingungen und ihrer Fähigkeiten im Vergleich zu den Bewohnern anderer Kontinente war (die Verhältnisse in den entwickelten Gebieten der Neuen Welt bildeten auch hier wieder eine Ausnahme), die meisten von ihnen blieben doch weiterhin Gefangene eines *Ancien régime*, in wirtschaftlicher, sozialer, politischer und psychologischer Hinsicht. Sieht man von der Befriedigung der Grundbedürfnisse, die sicher besser als anderswo gestillt wurden, einmal ab, so waren die finanziellen Möglichkeiten breiter Schichten stark beschnitten, der Spielraum ihrer persönlichen Freiheit knapp bemessen, ihr Horizont eng begrenzt, ihre Erwartungen nicht hochgespannt.
Die Mehrzahl der Europäer lebte auf dem Land. Die Landbevölkerung (sie wurde allerdings nicht überall gleich definiert) betrug in Frankreich ca. 75 v. H., in Preußen 72 v. H. (20 Jahre danach, im vereinten Deutschland, 64 v. H.), 90 v. H.

in Schweden und Norwegen. In Großbritannien, wo ihr Anteil mit 48 v. H. spürbar niedriger lag, arbeiteten 1871 in der Landwirtschaft trotz alledem mehr Menschen als in irgendeiner Industrie. Vor der Abschaffung der Kornzollgesetze (*Corn Laws*) ernährte die nationale Getreideproduktion im allgemeinen 90 v. H. der Engländer. Trotz der Bedeutung, die in Griechenland Handel und Schiffahrt zukam, zählte man hier doch zwischen 60 v. H. und 70 v. H. Landwirte. Ähnlich lagen die Verhältnisse in Italien, obwohl die Apenninenhalbinsel auf eine stete und außergewöhnlich reiche städtische Vergangenheit zurückblicken konnte. Allerdings lebten in beiden Ländern — wie auch in einem Teil Spaniens — viele Landarbeiter in ausgedehnten Siedlungen. Umgekehrt gab es nur wenige Großstädte, obgleich sich ihre Zahl vermehrte und sie stetig wuchsen. 1800 zählte man in ganz Europa 22 Städte, die die Grenze von 100 000 überschritten hatten, und ihre Einwohner machten insgesamt 3 v. H. der europäischen Bevölkerung aus. 1847 gab es 47 solcher Städte, doch auch jetzt gruppierten sich hier keine 5 v. H. der Bewohner des Kontinents.

Im übrigen lieferte die Landwirtschaft (Felder, Wälder, Herden) den Europäern weiterhin die Existenzgrundlage, immer noch erwies sich das grüne Europa als dem schwarzen überlegen. Natürlich wurden die Methoden, Verfahren und Ergebnisse merklich verbessert, wenn auch nicht überall gleichermaßen. Besonders im Westen erzielte man infolge besserer Bodenbestellung reichere Ernten. Der Durchschnittsertrag für Getreide, ein wesentliches Nahrungsmittel, der lange nur knapp im Verhältnis 5:1 gestanden hatte, stieg in Deutschland auf 6:1 an, vielleicht etwas stärker in Frankreich, noch mehr in England und Holland (9:1). Wenn wir den Rückgang der Mißerntequoten berücksichtigen, jedenfalls ihre weniger folgenreichen Auswirkungen (außergewöhnlich hohe Sterblichkeitsziffern dürften hier wohl nicht so sehr mit schlechten Ernten zusammenhängen), dann können wir behaupten, daß in Westeuropa nunmehr die Versorgung mit Grundnahrungsmitteln prinzipiell für eine größere Zahl von Menschen gesicherter schien als früher. Dabei wollen wir Qualitätsminderungen nicht außer acht lassen, die an eine allgemeine Verschlechterung des Lebenstils und Lebensniveaus der Volksschichten geknüpft waren. Das industrialisierte England könnte dafür ein gutes Beispiel liefern. Die größten Optimisten halten die Annahme für berechtigt, daß »der Lebensmittelüberfluß« von nun an »zur Struktur gehörte, Hungersnöte zur Konjunktur«, daß »zu Anfang des 19. Jahrhunderts die letzte Nahrungsmittelkrise überwunden wurde, die entgegen bisheriger Meinung eine viel kleinere Gesellschaftsschicht heimgesucht hatte und die durch die etwa zehnjährige Getreideverknappung verursacht worden war.«[6] Oft orientierten sich jedoch die Lösungen, mit denen man durch eine gesteigerte Landwirtschaftsproduktion dem Bevölkerungswachstum gerecht werden wollte, an der jahrhundertealten Tradition der Urbarmachung.

Sie sollte der Gewinnung neuen Kulturlandes dienen, und in diesem Punkt fand die unheilvolle Vorhersage von Malthus und Ricardo ihre Bestätigung. Die Wirkung der neuen, dem Agrarfortschritt dienlichen Zielsetzungen erwies sich dagegen als schwächer. Gewiß setzten sich vielerorts im Zuge der von der Grafschaft Norfolk und von Flandern ausgehenden Rationalisierung der Landwirtschaft immer stärker Feldfutterbau, Kunstwiesen, brachelose Fruchtfolgen und Selektionszüchtungen durch, ging man von Kalk und Naturdung in größeren Mengen zu Kunstdünger über, verwendete man Landwirtschaftsmaschinen. Aber es gab weiterhin Gebiete, wo die Neulandgewinnung im Mittelpunkt bäuerlicher Bemühungen stand. Im Königreich Preußen verdoppelte sich die Anbaufläche in den 50 Jahren nach 1815. In Frankreich wurden nie so viele Landstriche kultiviert (selbst wenn sie sich zur Produktionssteigerung am wenigsten eigneten) wie um die Mitte des vorigen Jahrhunderts. Damals verzeichnete man den stärksten Bevölkerungszuwachs bei den Bauern, und die extensive Landbestellung erreichte zur selben Zeit ihren Höhepunkt. Die Rodungswelle erfaßte ebenso Skandinavien (in Nordeuropa vermochte nur Dänemark höhere Ernten zu erzielen und die Viehzucht zu verbessern; damit war der dänischen Agrarwirtschaft endgültig der Weg zur intensiven Ertragssteigerung gewiesen) wie sie Griechenland einholte (hier verdoppelte sich zwischen 1840 und 1860 die kultivierbare Bodenfläche ebenfalls) oder Spanien, wo die Bewegung allerdings ziemlich schnell an ihre natürlichen Grenzen stieß, weil die Erträge infolge der Bodenbeschaffenheit rasch zurückgingen und nur mit Hilfe von Bewässerungsanlagen weiterhin möglich waren. Dies warf jedoch andere Probleme, vornehmlich sozialer Natur, auf.

In gesellschaftlicher wie in technischer und wirtschaftlicher Hinsicht wirkten bei den Bauern Europas die alten Strukturen und überkommenen Autoritäten sehr stark fort. Natürlich zeigte das System von Besitz und Nutzung beträchtliche Unterschiede. Bisweilen fanden auch die kleinen Leute darin ihren Platz, besser würde man von Mittelklassen sprechen, aus denen sich später das Bürgertum entwickelte oder in denen es bereits vorgeprägt war. Frankreich ist ein gutes Beispiel für den Erfolg dieser Schichten, deren Aufstieg lange vor 1789 eingesetzt hatte, die sich durch die Revolution bestätigt sahen und denen die Restauration der Bourbonen 1815 allen Befürchtungen zum Trotz keinen Schaden zufügte: In Frankreich finden wir das Bild einer ziemlich ausgeglichenen Agrargesellschaft vor. Allerdings darf die große Zahl kleiner Landparzellen nicht zu falschen Vorstellungen vom wirklichen Unabhängigkeitsgrad der Kleinstgrundbesitzer verleiten, denn diese Menschen sahen sich gezwungen, wollten sie leben, für andere zu arbeiten. Dagegen können wir das Gewicht des Großgrundbesitzes und der »Honoratioren« trotz wesentlicher regionaler Varianten an vielen Ereignissen der politischen Geschichte bis 1871, ja selbst danach, ablesen. Anderswo traten die Zeichen der Ungleichheit und Unterordnung noch viel schärfer hervor. Die Gesamtheit der Umwandlungen, die in England parallel zu der sehr alten Bewegung der Einhegungen (*enclosures*) und dann zur Rationalisierung der Landwirtschaft gingen, führten zu einer regelrechten Beschlagnahme des Grundes durch die großen Familien. Um 1845 besaßen 2000 *landlords* ein Drittel des Bodens, 1873 waren es 4000, die über die Hälfte verfügten. Die Neureichen, hervorgegangen aus dem Handels- oder Industriekapitalismus, beeilten sich ebenfalls, Land zu schlucken und sich am Geschäft mit Grundstücksinvestitionen zu beteiligen. Nimmt man dazu noch andere Mechanismen, die wie die Erziehung ein Gefühl der Zusammengehörigkeit erzeugten, so ergibt sich die Strebung, die Söhne der Landjunker (*squires*) und der Geschäftsleute aneinanderzuketten. Die einen wie die andern wuchsen zu einer einheitlichen Klasse von Grundbesitzern zusammen. Auf den unteren Stufen der Sozialleiter verliehen die oft reichen Pächter sowie das Landarbeiter- und Taglöhnerproletariat dieser Agrargesellschaft ihre klassischen Züge, von denen die Theorien der liberalen Nationalökonomen ausgingen, wenn sie den ›Wert‹ in drei Elemente aufteilten, den Grund und Boden, das Kapital, die Arbeit, und diesen dreien ein Entgelt in Form von Bodenrente, Profit und Lohn entsprechen ließen.

Auch im übrigen Westeuropa spielte, in unterschiedlichem Maße, das Patriziat der Grundbesitzer eine große Rolle, gleichgültig, ob es sich um alteingesessene Familien oder um jüngere, bürgerlicher Herkunft handelte. Die ärmeren Schichten lebten oft unter schwierigen Bedingungen. Man denke an die Taglöhner im übervölkerten Flandern, an die Bauern der Schweizer Kantone, wo die Demokratie auf dem Lande, abgesehen von einigen Berggemeinden, noch keine Wurzeln geschlagen hatte, an die Halbpächter und Landproletarier der Poebene und Mittelitaliens, wo die tatsächlichen Fortschritte im spekulativen Ackerbau weitaus stärker den Grundbesitzern und Großpächtern als den kleinen Landwirten oder ihren Beschäftigten zugute kamen. Der Mezzogiorno kannte noch archaischere Strukturen, die für die verelendete Schicht der *contadini* dementsprechend hart waren. Hier herrschten das Getreide- und das Weidelatifundium vor, nicht so sehr zum größten Nutzen einer schmarotzenden Aristokratie, die seit der französischen Herrschaft im Rückzug begriffen war, als vielmehr im Interesse einer Klasse von Generalpächtern und sogar bürgerlichen Grundbesitzern. Diese hatte um so leichteres Spiel, ihre Bedingungen den Arbeitskräften aufzuzwingen, als letztere in der Überzahl waren, wobei noch eine fluktuierende Masse von mehr oder weniger ›gefährlichen armen Teufeln‹ hinzu kam. Den gleichen Gegensatz trifft man in Spanien an, auch hier trat er im Süden schärfer in Erscheinung. Hinlänglich geschützt durch verschiedene Arten überkommenen Landbesitzes, gut gesichert in den baskischen Provinzen, in Navarra und in Katalonien, solange es hier Reben, ihre Existenzgrundlage, gab, war die Masse der Bauern in andern Teilen der Halbinsel den wirtschaftlichen und psychologischen Zwängen ausgesetzt, die aus einem rechtlich beseitigten Feudalregime herrührten. In Andalusien unterstanden zu zahlreiche, meist arbeitslose *braceros* einer Schicht von Grundherren, Nachkommen alter Adelssippen oder Käufern von Ländereien, die der Toten Hand gehört hatten und kraft Gesetzes erworben werden konnten. Allerdings ging dieser Maßnahme jegliche erneuernde Wirkung ab. Noch um 1900 verfügte 1 v. H. der Grundbesitzer über 42 v. H. des Bodens.

Zwei örtlich natürlich sehr unterschiedliche Agrarsysteme waren für den deutschen Raum bestimmend.[7] Im Westen, Süden und im Zentrum hatte die Leibeigenschaft zwar aufgehört, aber die Grundherrschaft stand weiterhin einer Bauernbefreiung im Weg, die nur theoretisch gesichert war, weil die Reformen sich als unanwendbar herausstellten. Sieht man vom linken Rheinufer ab, so forderten die Herren immer noch Abgaben von den Bauern und übten, wie gewohnt, jede Art von Druck aus. Sie vermochten dies um so eher, als eine vielfach bedingte Verschuldung (Kriegsfolgen, fallende Konjunktur, Absatzflaute, Übervölkerung, Monopol der jüdischen Kreditgeber) die Ablösungsbestimmungen zunichte machten. Obschon auf den ersten Blick archaischer, entwickelte sich das System der ostelbischen Gutsherrschaft wahrscheinlich stärker unter der Wirkung der von 1807 ab erlassenen Regulierungsedikte. Die Klasse der Junker erlangte dabei gewiß wirtschaftliche Vorteile, durch Abrundung ihres Besitzes, durch Flurbereinigung, durch verbesserte Bewirtschaftung, und ihrer beherrschenden Stellung in Gesellschaft und Verwaltung gingen sie nicht verlustig. Doch kam es teilweise insofern zu einer Neuerung, als nunmehr auch Nichtadlige Grundbesitzer werden konnten. Die Masse der Bauern erhielt zwar ihre persönliche Freiheit, aber ihre Lebensbedingungen gestalteten sich nicht einheitlich: Die spannfähigen Bauern ahmten m.m. die Herren nach, allerdings zwang sie die Agrarkrise oft, Schulden zu machen, und manchmal mußten sie sogar ihren Besitz verkaufen. Die Eigenkätner vermochten infolge von Rodungen neue Parzellen zu erwerben, aber ihre wachsende Zahl nötigte sie, ihre Einkünfte im wesentlichen aus bezahlter Arbeit zu beziehen. Zwar waren die deutschen Bauern, alles in allem, keine Leibeigenen mehr, das komplizierte System eines entarteten ›Feudalismus‹ und eines erbarmungslos ausbeutenden Kapitalismus, beides das Ergebnis zaghafter und unvollständiger Reformen, machte sie jedoch weiterhin zu Abhängigen. Dies trat noch offensichtlicher in den habsburgischen Landen zutage, wo die Leibeigenschaft fortbestand. Neben dem Besitz des mittleren und niederen Adels kündeten in Ungarn riesige Ländereien, die sich in den Händen der Magnaten befanden, von der Nähe Osteuropas. Den absoluten Rekord als Großgrundbesitzer hielten wohl die Esterhazys. Sie nannten 231 000 ha ihr eigen, 700 000 Menschen lebten auf ihren Gütern.

Bedeutungsvoll in wirtschaftlicher Hinsicht wegen ihrer Schlüsselrolle für die Einkünfte der besitzenden Klasse, sicherte die Bodenrente ihren Nutznießern viel mehr als ein Einkommen. Überall behielt sie wie in der Vergangenheit ihren Wert als gesellschaftliches und sozusagen als moralisches Kriterium. Das Kollektivbewußtsein der Zeit verband sie stets mit der Vorstellung von Sicherheit, Beständigkeit, Respektabilität, wie es beispielsweise in der Wendung ›einen Platz an der Sonne haben‹ zum Ausdruck kommt. Die Bodenrente verlieh Stellung und Rang, ja, so etwas wie eine gesellschaftliche Weihe. Denken wir nur daran, in welchem Maße die politischen Rechte oder die Ausübung administrativer Tätigkeiten an sie geknüpft waren. Die entscheidende Rolle, die die Grundherren in den aus dem Zensuswahlrecht hervorgegangenen Kammern Westeuropas bei ganz verschiedenen Verfassungssystemen spielten, das Monopol, das sie in der örtlichen Selbstverwaltung der britischen Grafschaften innehatten, ihr Gewicht innerhalb der Stände der einzelnen Staaten und Provinzen Deutschlands oder des Habsburgerreiches, ihre Bedeutung für Bürokratie und Heer in Preußen oder in Piemont umrissen diesen Sachverhalt ganz scharf. Deshalb wurde der ideale Status eines Grundbesitzers leidenschaftlich angestrebt. Er galt als Zeichen von Sicherheit und sozialem Aufstieg (bisweilen blieb er auch nur ein Traum) gerade in den Augen derer, die aus andern Gesellschaftsschichten stammten, gleichrangigen oder nicht, und die als die natürlichen, als die ›objektiven‹ Gegner des Landbesitzes zu betrachten man geneigt wäre. Der Bürger, dem der Durchbruch gelungen war, sah sich am Ziel seiner Wünsche. Die Hoffnung des einzelnen, eines Tages zu den Landbesitzern, Bauern und, falls möglich, zu den Inhabern von Liegenschaften zu gehören, lieferte den demokratischen Bestrebungen, den egalitären Utopien, in anderer Form sogar einem gewissen Sozialismus der Zeit eines der Hauptthemen, bildete einen ihrer bedeutenden Mythen. In England war es das Landprogramm (*Land Scheme*) O'Connors, das chartistische Schlagwort: *Back to the land*. In Frankreich spiegelte die von Pierre Dupont besungene »Bauernrepublik« den französischen Arbeitern, diesen eben erst entwurzelten Agrariern, ihre Befreiung vor. Überall kämpfte man um den Boden, um das Recht, ihn zu benutzen oder ihn sich anzueignen. Handelte es sich dabei um ein Rückzugsgefecht, war es nur die Sehnsucht der Unterlegenen? Jedenfalls ging es um wesentliche Bestandteile einer Psychologie, in der Vorstellungen und Gefühle aus einer weit zurückliegenden Vergangenheit noch überaus lebendig waren, und dies auch zu einer Zeit, als die großen Umwälzungen unmittelbar bevorstanden.

Auf dieser Unbeweglichkeit oder langsamen Entwicklung einer Agrarwirtschaft, einer Agrargesellschaft, einer Geisteshaltung, die so sehr an Werten wie Dauer, Beständigkeit, Tradition hing und ihnen Achtung bezeigte, daß selbst die Revolten davon geprägt wurden, gründete die damalige Ordnung. Sie hatte natürlich auch politische Dimensionen und drückte sich am klarsten in der legitimen Monarchie als Staatsform aus.

Beim Wiederaufbau Europas 1815 erhielt sie eine Vorrangstellung, wie man sie unter dem *Ancien Régime*, das spontaner war, empirischer und weniger begrifflich, nicht mit solcher Ausschließlichkeit, mit solcher Klarheit gekannt hatte. Die Vielfalt politischer Formen, die aus einer an Versuchen und Widersprüchen reichen Vergangenheit stammten und um deren übersichtliche Darstellung sich die Theoretiker des 18. Jahrhunderts bemüht hatten, war der Französischen Revolution und Napoleon zum Opfer gefallen. Freie Städte waren hinweggefegt worden, Adelsrepubliken, Reichsritter, zahlreiche weltliche und geistliche Fürstentümer waren verschwunden. Zugleich hatten sich die Zeitgenossen an massive und häufige Territorialverschiebungen, an ständige Grenzänderungen und Souveränitätswechsel gewöhnen müssen. Das Europa der Restauration behielt viel von dieser Vereinfachung bei, ebenso von der im Innern der Staaten einsetzenden Rationalisierung, die damit einhergegangen war.

Mehr denn je wurde die Monarchie die für Europa gültige Staatsform. Sie genoß beinahe Monopolstellung. Als einzige

Ausnahmen wären nur der kurz bestehende, von Österreich 1847 annektierte Freistaat Krakau zu erwähnen, desgleichen vier Städte, die den Zusammenbruch der deutschen Stadtstaaten überlebt hatten (Frankfurt, Sitz des Deutschen Bundestags, und die drei Hansestädte Bremen, Hamburg, Lübeck) sowie die Schweizer Kantone.

Obwohl der territoriale Bestand der Monarchien, die sich den Kontinent teilten (gleichgültig, ob sie nun groß oder klein, kaiserlich, königlich oder weniger glanzvoll waren), aus einer Neugliederung hervorgegangen war, und obwohl zahlreiche Europäer nicht mehr denselben Fürsten (oder seinen Erben) wie vor 1789 als Herrscher hatten, wurden ihnen Gehorsam und Untertanenloyalität überall im Namen eines Legitimitätsprinzips abverlangt, das die Verfechter der Gegenrevolution nicht ohne Schattierungen zur Grundlage ihres Systems gemacht hatten. Manchmal wurde der theokratische Aspekt in den Vordergrund geschoben (dann haben wir es mit dem Gottesgnadentum in reinster Form zu tun), anderswo nahm man mehr Rücksicht auf die Gewohnheiten, die Macht der Vergangenheit (dann haben wir historisch begründetes Recht vor uns). Immer aber bildete die Zustimmung der Kirchen, die Verbindung von Thron und Altar einen wichtigen Bestandteil des Staatsgefüges. Natürlich wurden dadurch Beschuldigungen, Verdächtigungen oder Konflikte keineswegs ausgeschlossen, wenn es z. B. einen Souverän, einen Minister, Kategorien von Richtern oder Beamten, ja, wenn es selbst Kleriker gab, die gallikanischen oder josephinischen Überlieferungen anhingen. Doch blieb die Unterstützung durch die Kirchen unerläßlich, um den sakralen Ursprung einer monarchischen Gewalt wieder sichtbar zu machen, die anders als unter dem *Ancien Régime*, einer Epoche der Einmütigkeit, mittlerweile von einem Teil der öffentlichen Meinung in ihrem Prinzip angefochten wurde.

Zweifellos konnte sich die legitime Monarchie mit einer Einschränkung des Absolutismus abfinden, mit einer Teilung, ja einem Gleichgewicht der Gewalten, wofür England seit langem schon ein Beispiel lieferte. Es gab konstitutionelle Regierungsformen, die mehr oder weniger repräsentativ, mehr oder minder liberal waren.

Das darf man nicht vergessen, wenn der Augenblick kommt, eine Karte mit den verschiedenen Europas zu entwerfen. Diese Art gemischte Regierungsform hatte bereits vor 1848 und hauptsächlich infolge der revolutionären Welle von 1830 einigen Erfolg verbucht. Ohne zu sehr der Bequemlichkeit einer Rekonstruktion *a posteriori* nachzugeben, kann man doch sagen, daß entgegen den Hoffnungen der Urheber und Väter der europäischen Restauration von 1815 die Entwicklung eine dem Absolutismus abgewandte Richtung einschlug. Auf der einen Seite wurde indes die theoretische Begründung der Souveränität dadurch noch kaum beeinflußt. Es ist bezeichnend, daß Louis Philippe sich veranlaßt sah, das Ansehen seines Hauses mit Hilfe der doch zweifelhaften ›Quasi-Legitimität‹ zu erhöhen, als er, der ›Barrikadenkönig‹, Verzeihung erlangen und somit in den Kreis der achtbaren Monarchen aufgenommen werden wollte. Andererseits kam es bei Repräsentativverfassungen, sofern es sie gab, selten zu einem unmittelbaren Dialog zwischen Fürst und Nation, die dem Herrscher als ein einheitlicher, von ihm gesonderter Block gegenüberstand. Wichtig dabei war nicht so sehr der Zensuscharakter der Wählerschaft, die die Abgeordneten ins Unterhaus oder in die französische Kammer entsandte. Er spiegelte nämlich immer noch recht eigentlich in seinem Prinzip, wenn auch nicht in seiner Beschränkung und seinen unerhört engen oder unlogischen Modalitäten, den tatsächlichen Bildungsstand und das politische Bewußtsein der betreffenden Nationen wider und desgleichen die Auffassung vom Wahlrecht als einer an bestimmte Fähigkeiten gebundenen Funktion anstatt einer Eigenschaft des Menschen oder des Bürgers ›schlechthin‹. Noch aufschlußreicher war jenes Zweikammersystem, das auf verschiedene Weise das Bemühen ausdrückte, einer aristokratischen oder oligarchischen Minderheit (wie man möchte) eine Sonderrolle zu übertragen. Die Zusammensetzung dieser Minorität war ebenfalls anfechtbar, das steht außer Frage, doch so wie sie sich uns darstellt, gehörte sie logisch an die Spitze einer Sozialpyramide, deren ungleicher und hierarchischer Aufbau notwendigerweise mit der legitimen Monarchie verknüpft blieb. Selbstverständlich wurde der undemokratische Charakter dieser Einrichtung, die der Zusammenarbeit von Souverän und Untertanen dienen sollte, eindeutiger in den deutschen Ländern mit landständischer Verfassung bloßgelegt. In letzterer eine »Verfassung« im modernen Sinn zu erblicken, würde einem Irrtum gleichkommen. Sie war lediglich eine öffentlich-rechtliche Verfügung zum Schutz gegen die Risiken der reinen Willkür, des ›Despotismus‹ der Philosophen, unter der Zusicherung, die Organe zu befragen, die seit eh und je die wesentlichen Stände der Gesellschaft vertraten. Dabei wurde ihnen aber kaum mehr eingeräumt als eine beratende Funktion, die für die Befugnisse des Absolutismus keine Gefahr darstellte, ihn nicht wirklich zur Gewaltenteilung zwang und gleichzeitig den oberen Ständen adliger Herkunft ein klares Übergewicht beließ, wie wir dies beispielsweise bei den Besitzern von Rittergütern in den Provinzialständen Preußens, bei den Inhabern von Erbgütern in den sächsischen Kammern, bei den Herren und Rittern in den Provinziallandtagen Österreichs feststellen. Dieses Übergewicht konnte sogar zum Monopol werden wie in Ungarn, wo die Magnaten und die Nuntien des mittleren und niederen Adels sich im Landtag gegenübertraten, der Lokaladel dagegen die Komitate regierte.

Die monarchische Legitimität und der in rechtlicher wie in tatsächlicher Hinsicht privilegierte Status einer mehr oder minder offenen, einer mehr oder weniger erneuerten Klasse von Honoratioren, die sich gegenseitig stützten und von den geistlichen Autoritäten ihre Bestätigung und Anerkennung erhielten, als im Einklang mit der von Gott gewollten Ordnung dargestellt wurden — auf diesen Pfeilern ruhte das alte Europa, das in den heftigen Erschütterungen von 1848 eine beachtliche Festigkeit bewies. Es schöpfte seine materiellen und institutionellen Kräfte aus einer immer noch vorherrschenden Agrarwirtschaft, organisierte sie beispielsweise militärisch und administrativ nach den Regeln eines sehr alten Staatszentralismus, den die Lehre vom aufgeklärten Absolutismus und, paradoxerweise, die Nachahmung eines sinnentleerten jakobinischen oder napoleonischen Vorbilds verjüngt hatten.

Abgesehen von diesen Kräften konnte Europa noch auf eine starke Unterstützung durch seine Bevölkerung rechnen, die mehrheitlich, wenn auch nicht mehr geschlossen, die bestehende Ordnung bejahte. In Frankreich war die alte Treue zum Herrscherhaus endgültig erloschen. Hier hatte die Revolution ein Zeitalter der Unsicherheit für die Dynastien, für die Regierungsformen heraufgeführt und, so scheint es, für immer das monarchische Prinzip zusammen mit dem unglücklichen Ludwig XVI. vernichtet, soweit es an einer fast übernatürlichen Gewalt teilhatte. Obschon es noch oft aufleben sollte, war auch das spanische Königtum kompromittiert, eine Folge der grausamen Untauglichkeit Ferdinands VII., der durch die Anhänger Karls IV. ausgelösten Spaltung in zwei Lager, der ohnmächtigen Brüchigkeit der Regentschaften, später der abwechselnd verschlungenen und belanglosen, lächerlichen oder skandalösen Herrschaft Isabellas II. In England dagegen übertrug sich die Beliebtheit, die die Königin Viktoria fast seit Beginn ihres langen Lebens genoß, auf die Krone und machte aus ihr ein unumstrittenes Symbol der nationalen Einheit, die sie schon lange nicht mehr verkörperte. Mit wechselndem Glück faßte schließlich das Haus Oranien in den Niederlanden fest Fuß, ebenso die jungen Dynastien von Belgien (Gründer: Leopold von Coburg) und Schweden (Gründer: Karl XIV. Johann, Bernadotte). Es gab gefährdete Throne an italienischen Höfen oder in Griechenland. Mitteleuropa verharrte jedoch seinen Fürsten gegenüber meist in Loyalität, auch dann, wenn es unzufrieden war. Die liberalen Gegner bestritten keineswegs die Legitimität der Habsburger, und genauso verhielten sich die in den einzelnen Ländern Österreichs entstehenden Autonomiebewegungen, wenigstens fürs erste. Im Deutschland der ›Residenzen‹ findet man einen zählebigen, stark von der Tradition und dem Nationalgefühl geprägten Partikularismus vor, den auch eine gewisse Furcht vor dem Unbekannten kennzeichnete, vor den Umwälzungen jeder Art, die das große Abenteuer der Einigung hervorrufen konnte. Dieser Partikularismus schützte die Kleinstaaterei und sicherte die Treue zum Fürsten, zum ›Landesvater‹, überraschend auch in den neuentstandenen politischen Gebilden oder in den Provinzen, die den einzelnen Staaten eben erst angegliedert worden waren. »Alles verbindet uns mit unseren Dynastien«, verkündete 1848 selbst ein so ›fortschrittlicher‹ Mann wie der Historiker Dahlmann.

Man darf deshalb nicht vorschnell in dem aus dem Wiener Kongreß hervorgegangenen Europa das widernatürliche Resultat einer verworrenen Metaphysik von Reaktionären erblicken. Eine Zeitlang befand sich dieses Europa durchaus im Einklang mit dem Gleichgewichtszustand, der damals zwischen den beharrenden Kräften und dem Bedürfnis nach Erneuerung erreicht worden war. Präventive oder repressive Maßnahmen hatten dazu beigetragen, beispielsweise das sogenannte Metternichsystem, das trotz seiner häßlichen Seiten unüberhörbar vom Willen und von der Fähigkeit sich zu wehren und zu überleben kündete. Der lange Bestand der Territorialgrenzen in Europa kann als ein weiteres Zeichen für jenen Einklang gewertet werden. Während fast eines halben Jahrhunderts, von 1815 bis in die 60er Jahre, vollzogen sich nur relativ geringfügige Gebietsänderungen, die zwar Bedeutung für eine bestimmte Nationalität oder geographische Zone hatten (man denke etwa an die Unabhängigkeit Belgiens, die Befreiung Griechenlands, die serbische oder rumänische Selbständigkeit); diese Wandlungen reichten jedoch nicht aus, die Großmächte nachhaltig zu beeinflussen und ihre Beziehungen von Grund auf anders zu gestalten. Es gab keine großen Kriege, sieht man von der Krim, vom Balkan ab, der damals allerdings kaum zu Europa gezählt wurde. Selbst der Konflikt, der zwischen 1854 und 1865 gegen Rußland die Koalition von England, Frankreich, der Türkei und Piemont erstehen ließ, hielt sich hinsichtlich des Einsatzes und der Ergebnisse in Grenzen. Die Revolutionen scheiterten oder, wenn sie wie in Frankreich die innere Struktur veränderten, führten nicht zu einem allgemeinen Zusammenstoß. Es bedurfte letzten Endes einer langen Reifezeit, ehe die entscheidenden Änderungen, die sich zweifellos bereits vor 1848 ankündigten und den Weg bahnten, Wirklichkeit wurden. Verglichen mit der blitzartigen ›Beschleunigung der Geschichte‹ zu Ende des 18. Jahrhunderts, scheint die erste Hälfte des vorigen Säkulums eine Phase der Vorbereitung, sozusagen der Speicherung eines Energiepotentials gewesen zu sein, das sich dann später entladen sollte. Dies gilt auch für den Fall, daß man das verflossene Jahrhundert nicht vor 1914 enden läßt, was sich mittlerweile zu Recht eingebürgert hat, weil man so den ersten Abschnitt jener Zeitspanne bis zu Bismarck, Napoleon III., Cavour oder der letzten Amtsperiode Palmerstons (1859–1865) führen kann und nicht am Vorabend von 1848 innehalten muß. Im 19. Jahrhundert eine Epoche der Drosselung, des Stillstandes zu erblicken, wäre gewiß übertrieben.

b) Vorwärtsdrängende Kräfte, Revolutionsmöglichkeiten

Indes haben wir uns zu fragen, wie es den zukunftsweisenden Kräften, selbst unterdrückt oder vorübergehend unterlegen, dank der Unruhe und dank den Forderungen, die in Europa 1848 laut wurden, gelang, Guizot, Louis Philippe und die Zensusmonarchie zu stürzen, ohne allerdings die sozialistische Republik in Frankreich zu errichten; wie es ihnen möglich war, Metternich zum Rücktritt zu zwingen, wenn sie auch zunächst die Landkarte oder die Institutionen Mitteleuropas nicht veränderten. Fragen müssen wir uns schließlich, wieso das Fieber der Revolution sich derart rasch über die Grenzen hinweg ausbreiten konnte. Gewiß, es ging schnell zurück, war jedoch heftig genug und so allgemein, daß es für immer den alten gesellschaftlichen und politischen Körper zeichnete, den es ergriffen hatte.

Die Ursachen für eine solche Erschütterung waren sicher vielfältiger, als es die Zeitgenossen, in erster Linie die Gegner, glaubten oder wahrhaben wollten. In ihren Augen trug daran jener Geist der Kritik, des Widerspruchs, der Auflehnung, den die Aufklärung im 18. Jahrhundert geweckt, die Französische Revolution von 1789 gestärkt und anderen Ländern vermittelt hatte, die Hauptschuld. Unter ausgiebiger Zuhilfenahme von Metaphern prangerten sie ihn an, diese schwer einzudämmende ›Flut‹, diese ›Hydra‹, deren Köpfe stets nachwuchsen. Wir finden hier die Terminologie und die Erklärung eines Metternich wieder, für den bei der Suche nach Verantwortlichen kaum Zweifel aufkamen: »Ein Jahrhundert ohne Religion« mit »seinen angeblichen Philosophen und seinen Irrlehren« hatte die Französische Revolution, diese »für die Gesellschaft verheerende Katastrophe« heraufgeführt. Ihr entstammte Napoleon, »ihre Verkörperung«. So besehen, ließ sich das revolutionäre Faktum im 19. Jahrhundert nur als das

Sichtbarwerden einer unterirdischen Strömung deuten, die für eine Weile zwar durch die Restauration von 1815 zurückgedrängt, aber nicht zum Versiegen gebracht worden war. Es bestand, weil es bereits früher existiert hatte, weil 1789 und das Jahr II, seine apokalyptischen Vorläufer, ihr Erbe hinterlassen und eine Mystik gestiftet hatten. Die Männer von 1848 waren somit Epigonen, wenn nicht Rückfällige.

Dieser Anklage mangelte es nicht an Argumenten. Es stimmte beispielsweise, daß der Liberalismus, soweit er den monarchischen Absolutismus und die soziale, an die Geburt gebundene Hierarchie angriff, sich geradewegs vom Geist der Französischen Revolution herleitete, wie ihn Goethe 1797 in *Hermann und Dorothea* umschrieben hatte: »Als man hörte vom Rechte der Menschen, das allen gemein sei, von der begeisternden Freiheit und von der löblichen Gleichheit!« Der Dichter wies allerdings die Ausschreitungen des Pöbels oder den Terror scharf zurück und gab sich mit Einschränkungen und Kompromissen zufrieden, die einer stark vom Konservatismus gefärbten, empirischen Vorsicht entsprungen waren. Das Vorhandensein einer Verfassung galt allgemein als Ausdruck von Liberalismus. Vorbild blieben aber auch in diesem Fall die Modelle des revolutionären Frankreich oder jener Länder, die eben dieses Frankreich und das Frankreich Napoleons am längsten beherrscht und am meisten beeinflußt hatten, außer wenn eine Verfassung die implizite und gewohnheitsrechtliche Form annahm, wie wir sie aus England kennen, das hier wieder eine Sonderstellung innehatte. Von den deutschen Staaten besaßen die Herzogtümer Nassau und Braunschweig, die Großherzogtümer Sachsen-Weimar, Baden, Hessen-Darmstadt, dazu Kurhessen, die Königreiche Bayern, Württemberg und Sachsen die modernsten Verfassungen.[8] Dabei muß man allerdings bedenken, daß auch diese Konstitutionen oktroyiert waren und das Gleichgewicht zugunsten des Fürsten und der seit je herrschenden Schichten verschoben hatten. Doch teilweise hatten sie den patriarchalischen Absolutismus aufgegeben, gewährten ein ziemlich großes Maß an öffentlicher Freiheit und ließen eine gewisse Entwicklung der Ständevertretung auf eine Repräsentation der »Nation« hin erkennen. Konstitutionelle Monarchien gab es auch in den Niederlanden kraft des Grundgesetzes vom März 1814, das im Juli 1815 revidiert wurde. Dasselbe traf für Belgien seit der Existenz dieses Staates zu (1831). Die Schweizer Kantone hatten ebenfalls eine Verfassung. Im Rahmen des Bundesvertrags vom 7. 8. 1815 waren hier sehr unterschiedliche Regierungsformen entstanden, die ab 1830–31 in den elf Kantonen mit der größten Bevölkerungszahl ›radikal‹, das heißt demokratisch, umgewandelt wurden und nach der Niederlage des Sonderbundes (November 1847) erneut dem Druck der Radikalen ausgesetzt waren, ehe es zur Bundesverfassung vom September 1848 kam. Das Spanien von 1812, das antifranzösische, aber ›aufgeklärte‹ Spanien der Cortes von Cadix, hatte sich eine Verfassung französischen Musters gegeben. Diese Konstitution von 1812, einer der Bezugstexte des europäischen Liberalismus, wurde im Verlauf der Beben, die die Geschichte des Landes in regelmäßigen Abständen erschütterten, von Ferdinand VII. im Mai 1813 abgeschafft, während des revolutionären Zwischenaktes von 1820–23, desgleichen 1836, nach dem Aufstand von la Granja wiedereingeführt. 1837 ersetzte man sie durch einen weniger liberalen Text, der zum Teil auf das oktroyierte Statut von 1834 zurückgriff. Schließlich gab man sie 1845 preis, als der ›gemäßigte‹ Narváez den ›fortschrittlichen‹ Espartero abgelöst hatte. Der Wortlaut der neuen Verfassung kam dem von 1834 sehr nahe. In Portugal schwankte man entsprechend zwischen der liberalen Verfassung von 1822 und der autoritären Charta von 1826, die nochmals nach 1842 in Kraft trat, nachdem sie die *Septembristen* 1836 verworfen hatten. Der junge griechische Staat war der Diktatur der Hofministerien ausgesetzt, die König Otto mit Hilfe der Verfassung von 1844 maskierte und seinem Volk aufzwang, sobald die romantischen Vorstellungen verblaßt waren, die sich während des Unabhängigkeitskriegs in den Verfassungen von Epidauros (1822) und Trezenos (1827) niedergeschlagen hatten. Fernab von Griechenland, fernab von Frankreich hatte sich Norwegen, angeregt durch das französische Modell von 1791, die Verfassung von Eidsvoll gegeben (1814), die ›fortschrittlichste‹ der Zeit, die es dann von seinem schwedischen König billigen ließ. Überall, besonders dort, wo sie nicht einen tatsächlichen Absolutismus verdecken sollten, atmeten die Verfassungen den Geist der Französischen Revolution oder hatten deren Einfluß erfahren.

Das traf natürlich noch mehr zu, wenn sich der Liberalismus bis an die Schwelle der Demokratie vorwagte. Dabei stand er unter der Wirkung einer ständigen Infragestellung, einer Art Flucht nach vorn, aus der heraus er sich unablässig bemühte, dem Gleichheitsbegriff von 1789 einen positiveren Inhalt zu verleihen. Anfangs als formales Prinzip aufgestellt, hatte dieser Begriff seit dem Ausbruch der Französischen Revolution das Bürgertum in Schrecken versetzt, da es befürchtete, auf seiner Linken durch das stürmische Auftauchen des *Vierten Standes* überflügelt zu werden. In einem Europa, wo die gesellschaftlichen und geistigen Umwandlungen Konturen gewannen, machte sich dieser Linksruck immer stärker bemerkbar. Er wurde entscheidend gefördert und beschleunigt durch die Industrialisierung, bildete, wie wir sehen werden, einen der wichtigsten Mythen und einen der wesentlichen Aspekte des 19. Jahrhunderts. Gleichzeitig wuchs die Unentschlossenheit der Liberalen, die sich fortan den Gefahren eines Zweifrontenkriegs gegenübersahen, ohne sich über ihren Hauptgegner im klaren zu sein. Dadurch wurde die Linksbewegung übrigens gebremst: ein wirklich beispielhafter dialektischer Widerspruch! Das Jahr 1848 rückte die Verschiebung der Probleme in helles Licht: Wieder harrte eine ›soziale Frage‹ der Lösung, ein tiefes und heftiges Angstgefühl machte sich unter den Besitzenden breit und führte wie 50 Jahre zuvor dazu, die auf Veränderung bedachten Kräfte zu spalten. Allerdings handelten die Gegner diesmal rascher, eindeutiger, damit gefährlicher. Zahlreiche weitere Krisen erlebten dieselbe Trennung in Vorsichtige und Extremisten, in einfache Reformer, die, zunächst von der Welle der Ereignisse mitgerissen, bald von der Sorge um das Erreichte beherrscht wurden und einem Neubeginn aus dem Weg gingen, weil er das Gewonnene aufs Spiel setzte. Die eigentlichen Revolutionäre, die vorübergehenden Verbündeten der Reformer, wurden dagegen zum besten gehalten und die Opfer ihrer Kampfgenossen. Doch schon vor 1848 schien die Überrundung des bürgerlichen Liberalismus durch die Demokratie, mindestens im politischen Bereich, in greifbarer Nähe. Ein Zeichen dafür war u. a. die Beseitigung des Zensuswahlrechtes. Sie ging noch etwas zögernd im Frankreich von 1831 vor sich, schon spürbarer im neuentstandenen Belgien oder auch im England von 1832, obschon hier die Verhältnisse komplizierter lagen infolge des Archaismus und der Vielfalt der Wahlsysteme.[9] In zehn Schweizer Kantonen wurde sogar das allgemeine Wahlrecht eingeführt. Für die scharfsichtigsten politischen Theoretiker der Zeit (unter ihnen Tocqueville in seinem *La Démocratie en Amérique*, 1835, und John Stuart Mill in *Considerations on Representative Government*, 1860—61) schien die Entwicklung vielleicht beeinflußbar, aber letztlich unwiderstehlich. In diesen Jahren, wo sich die Ablösung der großen utopischen Systeme durch jene Lehren anbahnte, die so stark das letzte Drittel des 19. Jahrhunderts und die folgenden Jahrzehnte prägen sollten, entstanden auch andere Prophetien. Zunächst blieben sie ohne starken Widerhall, waren jedoch ebenso zukunftsträchtig und verkündeten die Notwendigkeit einer viel gründlicheren gesellschaftlichen Umwälzung als historisch unabdingbar. Wir denken da vor allem an das Jahr 1845, als Friedrich Engels in Leipzig sein Werk über *Die Lage der arbeitenden Klassen in England* erscheinen ließ, während Karl Marx seine *Feuerbach-Thesen* schrieb, und beide zusammen an *Die Deutsche Ideologie* arbeiteten.[10] Wieder schöpften Liberale, Demokraten und Sozialisten trotz der Widersprüche und

Konflikte, die seit 1848 zwischen den einzelnen Richtungen bestanden, ausgiebig aus einer gemeinsamen Quelle, eben der ›Großen Revolution‹. Sie war reich an Anregungen und Versuchen verschiedener Art, um mindestens bis 1917 allen Revolutionen als Muster zu dienen. Dabei handelt es sich nicht um eine einfache Schul-Hypothese. Der Streit, den die Historiker der Französischen Revolution vom Beginn des 19. Jahrhunderts an austrugen, bot in der Tat den Zeitgenossen eine politische Formulier- und Bildungshilfe. Das Echo, das bei Auguste Blanqui oder bei Bronterre O'Brien Buonarrottis Darstellung der *Conspiration pour l'égalité* (1828)*, auslöste, bestätigte, soweit dies das wirkliche oder nur erträumte politische Handeln betraf, die geistige Verwandtschaft, die die Mitglieder der Geheimgesellschaften oder bestimmte Volksführer aus den Jahren 1820, 1830 und 1840 vor allem im Hinblick auf ihre taktischen Vorstellungen von der Machtergreifung mit ihren ›großen‹ jakobinischen oder babouvistischen ›Ahnen‹ verband. Diese Kontinuität hervorheben heißt noch lange nicht, die Historiographie an der ›Hexenjagd‹ beteiligen, die von den Polizeien der damaligen Regierungen veranstaltet wurde, um mit Umsicht die Träger des Revolutionsvirus unter den Verschwörern und Agitatoren der Zeit auszumachen. Wie könnte man der Erinnerung an 1789, an das Jahr II, das Jahr IV ihren Wert, wenn nicht als Vorbild, so doch als schöpferischer Mythos absprechen?

Das Aufkommen nationaler Bewegungen erklärt sich zu einem Teil sicherlich ganz ähnlich. Ihr Ursprung reichte allerdings weiter zurück, selbst in Ländern ohne einen ihren Bedürfnissen entsprechenden Rahmen, wie ihn etwa England und Frankreich seit langem besaßen, aber auch Spanien, trotz der hier besonders stark ausgeprägten Partikularismen und Regionalismen. In Italien läßt sich diese Entwicklung in der zweiten Hälfte des 18. Jahrhunderts anhand kultureller und rechtlicher Änderungen feststellen, die so verschiedene Wurzeln wie den Jansenismus oder die Aufklärung hatten. Sie ebneten dem *Risorgimento* den Weg, bildeten womöglich dessen Vorstufe, denn bezeichnenderweise vermochte bereits Alfieri den Ausdruck volkstümlich zu machen und die messianischen Erwartungen zu verherrlichen, die an ihn geknüpft waren. Das gleiche galt für Deutschland, die zweite große Kulturnation, die noch nicht zur Staatsnation geworden war, wo der Kosmopolitismus gewisser goethescher Prägung, der des Weltbürgers Goethe, neben dem von Herder und seinen Schülern gepriesenen Volksgeist bestand, bis er ihm wich. Doch der

---

* Dieser Bericht bezieht sich auf Ereignisse, die an die Person von Françoise Noël Babeuf (Direktorium, 1795–1799) geknüpft sind.

Schock der Französischen Revolution und ihre Verbreitung, dann der Bau des napoleonischen Europa und der Widerstand, der sich dagegen regte, beschleunigten und verdeutlichten die Reifung von Gefühlen, die zuvor oft nur verschwommen waren und sich vor allem politisch nicht äußern konnten. Das Nationalbewußtsein, insofern fremder Herkunft, als die Armeen der französischen Republik und des Kaiserreichs den Begriff gleichsam in ihrem Tornister trugen, bildete sich andererseits im Widerstand gegen dies neuernde, aber erobernde und beherrschende Frankreich heraus und forderte hohen Blutzoll. Nach dem Vorbild eines Frankreich, das sich damals als ›die Große Nation‹ verstand, als das Muster einer Nation, setzte es sich durch. Es gewann seine Stärke aber auch im Kampf gegen die französische Hegemonie. In mehr als 20 Jahren förderte somit der Krieg mit seinen Etappen Valmy, Bailén, Innsbruck, Moskau, Leipzig den Anbruch des ›Jahrhunderts der Nationalstaaten‹. Wieder erwiesen sich 1815 und der Wiener Kongreß nur als ein enttäuschendes, aber zweitrangiges Zwischenspiel. Die Niederlage der Franzosen hatte den Nationalgedanken von den Kompromittierungen und Unklarheiten befreit, die seine Entfaltung hemmten, solange er verdächtigt werden konnte, mit dem französischen Imperialismus selbst dort, wo er ihn bekämpfte, gemeinsame Sache zu machen. Durch den Sieg wurde er geläutert. Sicherlich stand sein Triumph nicht unmittelbar bevor, er benötigte vielmehr ein Jahrhundert, um Europa völlig umzuformen und dann auf andere Kontinente überzugreifen. Vor 1848 vermochte er sich bekanntlich nur in Athen und Brüssel wirklich zu behaupten, selbst das Jahr 1848 sollte ihm nur kurzlebige Erfolge bescheren. Zahlreiche Schwierigkeiten standen seiner Ausbreitung im Wege. Hier wäre sein schwacher Rückhalt in der Gesellschaft zu erwähnen. Sehr oft nahmen sich seiner nur Eliten an, deren Einfluß ungewiß blieb, die von den Volksmassen ebenso getrennt lebten wie von den Staatsapparaten. Es gab weiterhin konkurrierende Programme unter den Verfechtern der Nationalidee. Die einen beabsichtigten, sie auf föderalistischer Grundlage mit mehr oder minder konservativem Einschlag zu verwirklichen, die andern dachten an einen demokratischen Einheitsstaat. Über die Territorialgrenzen bestand auf beiden Seiten noch Unklarheit. Hinzu kam das fehlende Verständnis, das Mißtrauen, die Feindschaft, die die Nationalitäten voneinander trennten und somit im Bedarfsfall den Manövern ihrer gemeinsamen Herren die Aufgabe erleichterten. Doch überall häuften sich die Zeichen einer Bewußtwerdung, die letzten Endes sich in die Tat umsetzen mußte: das Gefühl einer bestimmten Eigenart, der Wunsch, diese zu pflegen und dafür vor allem den Beweis in Sprache,

Brauch, Kultur und (ruhmreicher oder dunkler) Vergangenheit zu suchen, die Leidenschaft, mit der man sich auch unter großen Mühen verflossenen Epochen zuwandte und sie darstellte, schließlich der Wille, auf verschiedene Weise den politischen Status wiederzuerlangen oder zu erobern, den man für die Bewahrung und Entfaltung seiner eigenen Besonderheit als unabdingbar ansah. Die Jahre vor den Revolutionen von 1848 waren in hohem Maße reich an Episoden und für die Stärke der Nationalströmung sehr kennzeichnenden Vorgängen, ohne deren Zweideutigkeit, Unklarheit, innere Zerrissenheit zu verschleiern. Man denke z. B. an die Bewegung »Junges Irland«, die sich unter O'Brien von der Behutsamkeit des gealterten O'Connell entfernte, oder an die Verherrlichung des deutschen Patriotismus während der großen Krise von 1840, an sein Zusammenprallen mit dem französischen Nationalismus in der Rheinfrage, an seine Pflege durch die Schule der Historiker Sybel, Droysen, Gervinus und Dahlmann, an seine Auseinandersetzung wegen der Herzogtümer Schleswig und Holstein (1846—47) mit dem Skandinavismus, der gleichfalls seinen literarischen Niederschlag bei den Dichtern der Romantik fand, dem Dänen Oehlenschläger, dem Schweden Tegnér. Vergessen wir nicht den Vorstoß der Ungarn, der trotz bald spürbar werdender Divergenzen Magnaten wie Eötvös oder Széchenyi, Männer aus dem niederen Adel wie Kossuth, Leute aus dem Volk wie Petöfi in einem gemeinsamen Kampf um die ›Sprachgesetze‹ verband. Bei den Slawen des Habsburgerreichs treffen wir auf ganz verwandte Vorgänge. Die gesamte Arbeit sprachlicher, literarischer und folkloristischer Erneuerung, die noch zu wenig ausgeprägt war, um das relative Wohlwollen eines Ministers wie Kolowrat zu verscherzen, vollzog sich für Tschechen und Slowaken unter dem Einfluß von Chafarik, Palacky, Koller, Havlitchek und Stur, für die Ungarnserben und Slowenen unter der Einwirkung von Vouk Karadjitch bzw. von Kopitar, für die Kroaten auf Initiative von Gaj. In Italien schließlich wäre der Zusammenstoß der verschiedenen Richtungen zu erwähnen, die sich für eine Erneuerung der Halbinsel einsetzten. Die Gemäßigten befürworteten dabei die dynastische Lösung zugunsten des Hauses Savoyen (etwa Cesare Balbo oder Massimo d'Azeglio), die *Neuwelfen* wie der Abbé Gioberti liebäugelten mit einem vom Papst geleiteten Bundesstaat, die Demokraten träumten mit Mazzini davon, durch die Geheimbünde die Massen zu entflammen und so ein *junges Italien* erstehen zu lassen, geeint und republikanisch, Vorstufe eines brüderlichen *jungen Europa*. Tatsächlich schlossen die nationalen Leidenschaften in diesem Klima lyrischen Überschäumens, in dem der *Frühling der Völker* anbrach, eine umfassendere Solidarität nicht aus, standen auch nicht im Widerspruch zu ihr. Hatte nicht der französische Historiker und Keltomane, Henri Martin, der die Erwartungen seiner Zeit so treffend formulierte, in seiner 1849 lateinisch abgefaßten Habilitationsschrift die Einheit von nationaler Eigenständigkeit und internationaler Zusammengehörigkeit vernünftig begründen wollen (De nationum diversitate servanda, salva unitate generis humani)?

Vorerst fanden die Nationalbewegungen eine mächtige (beinahe notwendige) Stütze an den wirtschaftlichen Umwälzungen, die am Ende des ersten Drittels des Jahrhunderts einsetzten und sich immer schneller vollzogen. Es ist hinlänglich bekannt, wieviel die deutsche Einheit, um nur sie zu nennen, dem Zollverein und der Eisenbahn verdankte. Hatte sich die Französische Revolution vor allem auf die Schaffung einer für die Entfaltung des Liberalismus möglichst günstigen Rechtsordnung ausgewirkt, so legte — und das soll kein Wortspiel sein — die Industrielle Revolution viel stärker die Unmöglichkeit der 1815 versuchten Festigung der Verhältnisse bloß. Zwar bleibt sie ihrer Natur nach chronologisch schwerer festzulegen als politische Geschehnisse, zumal sie nicht alle Länder im gleichen Augenblick erfaßte, und man läuft somit Gefahr, ein ziemlich illusorisches Unterfangen zu beginnen, will man den Stand ihrer Entwicklung für unser gesamtes Europa und für 1848 oder 1850 bestimmen, doch drängen sich einige eindeutige Fakten auf. Schon immer an der Spitze, machte England damals seit 15 Jahren die zweite Phase dieser Industriellen Revolution durch, die für Großbritannien eine eigenständige, wenn man so möchte, eine endogene Schöpfung darstellte, fast völlig frei von äußeren Einflüssen. Es war das *railway age*, das auf eine Periode folgte, in der sich in der Textil- und besonders in der Baumwollbranche die größte Expansion ergeben hatte, und das dem außergewöhnlichen Wohlstand der 60er Jahre vorausging, denen Freihandel und billiger Stahl ihr Gepräge verleihen sollten. Mit seinen über 10 000 Bahnkilometern verfügte das Vereinigte Königreich über 46 v. H. des europäischen Schienennetzes. Mehrere wesentliche technische Änderungen setzten sich in England endgültig durch: die allgemeine Verwendung der Kohle und der Dampfmaschine, die Mechanisierung der Spinnereien und Webereien (selbst bei der Wollverarbeitung, obschon man hier gegenüber der Baumwollindustrie im Rückstand war), die Eisenverhüttung mit Koks und das Puddeln. Neben Kohle exportierten die Briten Bahngleise, Maschinen, die die übrigen Nationen zu ihrer Industrialisierung benötigten, außerdem ca. 66 v. H. ihrer Baumwollstoffe. Auf dem Kontinent, der eher von England lernte als mit ihm konkurrierte, wurden diese Fortschritte mit einiger Verspätung heimisch. Neben Belgien und Frankreich, die in dem Rennen um eine moderne Wirtschaft zweifellos den zweiten Platz, wenn auch in großem Abstand, belegten, schufen auch jene Länder Industriegebiete, die im Grunde agrarisch blieben. In Deutschland traf dies beispielsweise für Sachsen und Rheinland-Westfalen zu, die allein 90 v. H. der Dampfmaschinen monopolisierten. In Italien kontrastierte der ›Start‹ von Piemont, der Lombardei, der Toskana und Kampanien mit der Reglosigkeit Venedigs, des Kirchenstaates, Siziliens. In Spanien erlebte nur die katalanische Textilindustrie, die im 18. Jahrhundert schon existierte, einen Aufschwung, der im Gegensatz zu einer allgemeinen Stagnation stand. Eine gewisse Steigerung der vom Ausland oft kontrollierten Kohleförderung vermochte den toten Punkt nicht zu überwinden und trug kaum zum Wachstum des Bruttosozialproduktes bei. Ebenso isoliert waren im Habsburgerreich die Industriezentren der Steiermark, Kärntens und Böhmens. Aber selbst in diesen eng umgrenzten Gebieten hatte die mechanisierte und konzentrierte ›Großindustrie‹ noch lange nicht die überkommenen Handwerksbetriebe oder die Heimarbeit verdrängt. Holland und die skandinavischen Staaten blieben diesseits der Industrialisierungsschwelle.

In großen Linien ließe sich ein ähnliches Bild von den übrigen Formen wirtschaftlichen Fortschritts zeichnen, die mit der Industriellen Revolution einhergingen und sie absicherten. Hier wäre besonders von den neuen Aspekten zu sprechen, die die Kapitalverteilung und die Kreditorganisation aufwiesen. Wieder stünde England ohne Zweifel an erster Stelle als Land der Banknote (*bank-note*), der Börse *(stock-exchange)*, des Schecks, der *merchant-bankers**, der Depositenkassen *(joint stock banks)*, die ab 1826 in Erscheinung getreten waren. Großbritannien, um es kurz zu sagen, hatte sich Geld- und Finanzeinrichtungen geschaffen, die den Erfordernissen einer modernen Wirtschaft entsprachen. Auf dem Festland verfolgte man dieselben Ziele. Die belgische ›Société générale‹ wurde 1822 gegründet, in Frankreich unternahmen Laffitte und seine Konkurrenten häufige Versuche mit unterschiedlichem Erfolg. Die Rolle, die die Großbanken bei Investitionen spielten (zu ihnen zählte auch das international vertretene Haus Rothschild, das damals die Bühne beherrschte) festigte sich in den 40er Jahren. Doch in vielerlei Hinsicht ging es dabei nur um Experimente oder Anfänge. Als die Revolutionen von 1848 ausbrachen, blieb das Entscheidende auf diesem Gebiet noch zu tun, hauptsächlich östlich des Rheins und südlich der Alpen. Wenn wir uns mit der nachrevolutionären Periode befassen, müssen wir nochmals auf diesen schrittweisen

---

* Handelsbanken (Finanzierung des Außenhandels und Beteiligung am Import-Export-Geschäft)

Aufbau des liberalen Kapitalismus zurückkommen. Wir werden dann auch die anderen Bereiche des Geschäftslebens untersuchen.

Gewiß vollzog sich die Entstehung neuer Formen menschlicher Aktivität noch ungleichmäßig, aber sie rührte bereits an die Grundlagen der bisherigen Lebensbedingungen der europäischen Bevölkerung. Die Eisenbahn leistete der Bildung neuer nationaler Märkte Vorschub und durchbrach zugleich die Abkapselung menschlicher Gruppen, erweiterte deren Horizont, vervielfältigte die Kontakte, steigerte die Beweglichkeit. Die einsetzende Massenproduktion stellte den Verbrauchern aus dem Volk eine immer reichhaltigere Auswahl immer billigerer Artikel zur Verfügung; nicht zu Unrecht sah Michelet im Jahre 1842 ein entscheidendes Datum, weil damals der Preis für ein Meter Kattun auf sechs Sous gesunken war. Zunächst wurden jedoch die Bewohner des industrialisierten Europa von der Industrialisierung hauptsächlich als Arbeitskräfte betroffen. Die neuen Aspekte ihrer Sozialgeschichte, die am meisten beschrieben wurden und die man am besten kennt, lassen sich in die Begriffe Verstädterung, Proletarisierung, Verarmung fassen. Das Abwandern der Bauern in die Städte, eine Folge der geänderten Agrarstrukturen oder der Anziehungskraft, die von den neugeschaffenen, mittelbar oder unmittelbar mit dem industriellen Aufschwung zusammenhängenden Arbeitsplätzen ausging, dehnte sich über einen viel größeren Zeitraum aus, als man geglaubt hatte. Selbst in England setzte diese Bewegung wohl ziemlich spät ein. Das Gesetz über die Armenhäuser *(workhouses)*, das die den Armen bisher an ihrem Wohnsitz gewährten Hilfeleistungen abschaffte und sie zwang, zwischen der Einweisung in ein Heim und der Ausweisung zu wählen, stammte erst aus dem Jahre 1834. In Frankreich oder Deutschland nahm die Landflucht noch keine großen Ausmaße an (in Deutschland ging ihr eine Auswanderungswelle voraus), aber sie zeichnete sich bereits ab, und ihre Auswirkungen ließen sich um so mehr spüren, als die Städte schlecht auf die Unterbringung und Ernährung dieser Menschen vorbereitet waren (Arbeiterklasse, gefährliche Klasse[11]), die sich in ihren Mauern zusammenpferchten. Das Absinken von Handwerkern, Heimarbeitern und Kleinbauern zu Lohnabhängigen war ebenfalls eine weniger allgemeine und gleichförmige Erscheinung, als dies nach einem der berühmtesten und umstrittensten marxistischen Schemata angenommen werden könnte. Natürlich gab es sie, und solange sich keine neue Mittelklassen nicht gebildet hatten, trug sie zu einer Verhärtung des Klassenkampfes bei und verlieh jener großartigen Vereinfachung, wonach einer dünnen Schicht von Kapitalisten die Masse der Ausgebeuteten gegenüberstand, wirklichkeitsnähere Züge. Viel eindeutiger dagegen war in der ersten Hälfte des Jahrhunderts der Trend zur Verschlechterung der Lebensbedingungen für das Volk. Es gab Berufszweige, die der erdrückenden Konkurrenz der Großindustrie zum Opfer fielen wie die englischen Weber, die als Heimarbeiter tätig und so verelendet waren, daß ihre Zahl sich nur durch den Zuzug noch ärmerer Iren halten konnte. Aber auch den in der Großindustrie Beschäftigten erging es zu Anfang der Industriellen Revolution nicht besser. Alles stand vielmehr zu ihren Ungunsten: das nachteilige Verhältnis von Angebot und Nachfrage auf dem Arbeitsmarkt (einerseits Anstieg der Bevölkerungszahl, andererseits Verwendung von Maschinen und Gefahr technologisch bedingter Erwerbslosigkeit); die Härte eines entstehenden Kapitalismus, der vor allem die Herstellungskosten möglichst niedrig halten wollte, um über genügende Gewinnspannen für die Eigenfinanzierung zu verfügen (dies spielte besonders in Zeiten des Preisverfalls eine Rolle, wenn der Profit bedroht war, z. B. zwischen 1817 und 1851); das Ungleichgewicht der Kräfte von Arbeitgebern und Arbeitnehmern in einem liberalen System, das, nur scheinbar unparteiisch, allen zwar jegliche Organisationsform untersagte, doch ganz unterschiedliche Folgen zeitigte und alle Mittel der öffentlichen Gewalt in den Dienst der bestehenden Ordnung stellte. Es ist nicht gleichgültig, wenn man feststellt, daß auch hier wieder in England, wo sich die neue Sozialfrage am ehesten und am umfassendsten gestellt hatte, die ersten Versuche unternommen wurden, diese explosive Lage ein wenig zu entschärfen, deren körperliche und seelische Auswirkungen, deren politische Gefahren nicht mehr geleugnet werden konnten. Großbritannien erlebte somit die Bildung einer ziemlich freien, gesetzlich (1824—25) verankerten Gewerkschaftsbewegung. Es kam zu ersten gesetzlichen Schutzmaßnahmen, wenigstens für Frauen und Kinder (Gesetze von 1833, 1844, 1847), die Kornzollbestimmungen wurden 1846 abgeschafft und dadurch niedrigere Lebenshaltungskosten in Aussicht gestellt. In andern Ländern schien allein der Protest des Sozialismus Hilfe zu bringen, sieht man einmal ab von noch zaghafteren staatlichen Eingriffen als in England (in Frankreich wäre an das Gesetz von 1841 zu erinnern) oder von ziemlich trügerischen Garantien, die die alten Zünfte bieten konnten (in Mitteleuropa gab es die Innungen immer noch.) Doch welches auch ihr Wert als Zeugnis und ihre im übrigen unterschiedliche ideologische Bedeutung war (in den Augen eines Saint Simon fanden sie wenig Gnade), die damaligen Gesellschaftslehren vermochten ihre angeborene Schwäche nicht zu überwinden. Sie blieben fast gänzlich von jeder strukturierten Kraft abgeschnitten, taugten kaum für eine gemeinsame Unternehmung, schwankten zwischen einem naiven Vertrauen in die eigenen Verführungskünste bei der Oberschicht oder den Regierungen und der romantischen Illusion einer Revolution durch Geheimbündelei (hier läßt sich bekanntlich noch am ehesten ein politisches Handeln wahrnehmen). Ihre Anhänger, Gefangene der Utopie, erhaschten höchstens, wie Louis Blanc, für einige Wochen einen Zipfel der Macht. Und doch, unabhängig von ihnen, gaben die Probleme, die sie zu lösen gehofft hatten, den 48er Revolutionen tatsächlich ein von Land zu Land anderes soziales Ausmaß, das früheren Umwälzungen in diesem Umfang fremd geblieben war. Insofern traf der erste Satz des von Marx und Engels publizierten Manifests einen wahren Sachverhalt: »Ein Gespenst geht um in Europa – das Gespenst des Kommunismus.« Das Echo auf diesen Text war allerdings selbst am Vorabend der großen Krise schwach.

Romantik äußerte sich auch in dieser prophetischen Zuversicht, die die Gründer eines mit ›wissenschaftlichem‹ Anspruch vorgetragenen Sozialismus bei jeder Gelegenheit zur Schau trugen. Die Romantik durchwirkte mehr oder weniger verschwommen das Kollektivbewußtsein der Zeit. Sie war ein wesentlicher Bestandteil des ›Geistes von 48‹. Natürlich bleibt es schwierig, ihre Rolle bei der Vorbereitung und dem Ablauf der Revolutionen genau auszumachen. Der Versuch wirft nicht nur das stets heikle Problem der Eingliederung einer geistigen Bewegung, einer kulturellen Haltung, eines Seelenzustands in die Gesamtgeschichte einer Gesellschaft auf. Man stößt sich außerdem an einer eigentümlichen Doppeldeutigkeit der Romantik, die gewiß eine besonders klar umrissene, einfach zu definierende Gefühlsstimmung ausdrückte, die aber trotzdem sehr unterschiedliche, ja, widersprüchliche Züge aufwies. Die Romantik hat rechts begonnen, würden wir heute sagen. In Frankreich waren ihre Anhänger Legitimisten, katholisch, gern theokratisch und rechtsextrem, wie Chateaubriand, Vigny, der junge Lamartine, der frühe Hugo. In England neigten sie, wie Walter Scott und vor allem Coleridge, zum Traditionalismus, zum Konservatismus. In Deutschland vertraten sie noch eindeutiger eine regelrechte politische Doktrin. Sie waren »Schriftsteller, die mit Mitteln der gegenwärtigen Kultur der Aufklärung und der Revolution den Krieg erklärten«, um eine 1839 von A. Ruge, einem scharfblickenden Gegner der Romantiker, gemachte Äußerung zu zitieren. Heine erblickte in der Romantik die Lehre, die »das Prinzip verkündete, kraft dessen die Bauernklasse sich vom Adel unterscheiden mußte, weil der Bauer von der Natur das Recht erhalten hatte, ohne Genuß zu arbeiten, der Adlige dagegen die Befugnis, ohne Arbeit zu genießen.« Deshalb konnte man auch den Berner

Karl-Ludwig von Haller der Romantik zurechnen, ein zwar mehr mystischer als rationalistischer Kopf, aber ebenfalls ein anerkannter Lehrer der europäischen Konterrevolution. Doch lange vor 1848 hatten die meisten Romantiker eine andere Position bezogen und sich einem demokratischen Humanismus zugewandt, wie Lamartine, Lamennais oder (spät, dafür aber ganz entschieden) Hugo. Andere legten einen Nonkonformismus an den Tag und lehnten wie Keats, Byron, Shelley (alle vor 1830 gestorben) die bestehende Ordnung und deren Vorurteile ab, oder sie hingen leidenschaftlich der Nationalbewegung an, wie die italienischen Schriftsteller Pellico oder Manzoni und der Slawe Mickiewicz. In verschiedener Gestalt ging es stets um dasselbe Engagement, das auch die Liberalen des *Jungen Deutschland* teilten, Heine, Gutzkow, Börne sowie Büchner, und das in Zukunft andere Ziele als Treue und Erhaltung kannte. Steigt man eine Stufe tiefer und besieht sich das Publikum der Literaten, gewinnt man die Überzeugung, daß das romantische Gedankengut, soweit es sich in den Meinungen und Verhaltensweisen einer großen Zahl niedergeschlagen hatte, die Geister auf die Revolution vorbereitete, Sympathien für sie weckte, wenn es nicht geradewegs die aktive Teilnahme förderte. Die Revolution war ein Drama, eine Feier, das Gedächtnis großer Geschehnisse, und die Romantik hatte Sinn für Theater und Geschichte. Das Volk war der sichtbarste Akteur in diesem Spiel, und die Romantik wurde volkstümlich. Die Revolution gab der Entfaltung einer gefühlsbetonten, stürmischen, manchmal bis zum Pathos gesteigerten Beredsamkeit freie Bahn, in der man den Lyrismus der Romantik mühelos wiederfindet. Die Revolution bedeutete Streben nach einem Ideal, Stufe auf dem Weg zum Fortschritt. Für beides setzte die Romantik sich ein.

Dies gilt wohl für jeden Umsturz, und selbst die Julirevolution in Frankreich hatte einen Maler wie Delacroix angeregt, obschon die Sieger damals schrien: »Rennt die Romantiker über den Haufen!« (denn die Romantiker von 1830 waren noch Bourbonenanhänger), und die Bewegung sich im Alltagsgrau des bürgerlichen Königtums verlief. 1848 dagegen, als Wagner mit Bakunin an der Erhebung von Dresden teilnahm, erlebte man die romantische Revolution schlechthin, mit ihren demokratischen, nationalen und vom Sozialismus beeinflußten Zielsetzungen. Es bleibt dahingestellt, ob sie nicht doch eine bessere Möglichkeit gehabt hätte. Die Erben der ›Riesen‹ von 1789 verfügten über kein so zuverlässiges geistiges Instrumentarium wie die Vorläufer, die durch die Schule der Aufklärung gegangen waren. Die schwer definierbare Generosität, die sie beseelte, bot ihnen für das Gelingen ihrer Sache nur wenig Hilfe, war aber vielleicht trotzdem notwendig, weil sie sich sonst wohl gar nicht erst an ihr Unternehmen gewagt hätten. So ging ihnen zwar dieser Einsatz verloren, sie drehten aber das Rad der Geschichte weiter.

II. DIE ALARMZEICHEN VON 1848

Die 48er Revolutionen verdankten einen Großteil ihres Anfangserfolgs zweifelsohne der Verwirrung, die ihr Ausbruch bei der Führungsschicht und den Machthabern auslöste. Regierende und Honoratioren standen dem Phänomen wie die Bürger von Paris gegenüber. Odilon Barrot verglich sie mit »Hausbewohnern, die am Abend sorglos zu Bett gegangen waren und beim Erwachen zu ihrem Entsetzen feststellen mußten, daß sie infolge einiger unvermittelter Erdstöße über einem Abgrund schwebten«. Doch in gewisser Hinsicht waren die Revolutionen nicht unerwartet gekommen, man hatte sie sogar prophezeit. Sie ereigneten sich in einem unruhigen, von gewaltigen Kräften geschüttelten Europa. Wir vermögen den direkten Ursprung dieser nach Art, Gewicht und Einfluß unterschiedlichen Kräfte mit allzu großer Leichtigkeit aufzudecken, jedenfalls müheloser als die Zeitgenossen, auch die weitblickenden. So zeigten sie sich überrascht und hatten doch zuvor andere Krisen erlebt (z. B. noch in den Jahren um 1840), die allerdings nicht in eine Revolution eingemündet waren.

a) Voraussetzungen für eine revolutionäre Lage

Die dem Jahr 1848 vorhergehende Wirtschaftskrise ermöglichte erst die aufständischen Bewegungen in einem Ausmaß, das die Verschwörungen der Geheimgesellschaften oder konspirativer Gruppen, ja, der banalen ›Volksunruhen‹ der verflossenen Jahrzehnte weit hinter sich ließ. Wahrscheinlich trug diese Krise zu klassische Züge, erschien letzten Endes zu ›normal‹, als daß sie jene sonderlich beunruhigt hätte, die körperlich nicht darunter litten.[1] Sie entsprang zuvörderst jenem alten Verhängnis, das immer wieder nach einer oder mehreren Mißernten durch eine Kettenreaktion die gesamte Aktivität lahmlegte. Die Landwirtschaftsproduktion sank abrupt, und damit verringerten sich überdurchschnittlich die vorhandenen Lebensmittelvorräte, zumal Saatgut sichergestellt werden mußte und der Erzeuger für den Eigenbedarf sorgte. Infolgedessen schnellten die Preise in diesem besonders empfindlichen Bereich der Massenverbrauchsgüter hoch (man denke nur an die Rolle des Brotes). Die weniger unerläßlichen Käufe wurden deshalb eingeschränkt oder auf später verschoben.

Der Konsum in damals so wesentlichen Industriezweigen wie der Textil- und Bauwirtschaft ging zurück. Dafür stellten sich Flaute und Unterbeschäftigung ein, niedrigere Löhne und Arbeitslosigkeit waren das Los der unteren Schichten, wenn auch nicht überall in gleichem Maß. Dadurch schrumpfte das Volkseinkommen gerade in dem Augenblick überstark, wo die Lebenshaltungskosten höher stiegen als zuvor.[2] Eine ›Existenzkrise‹ dieser altbekannten Art machte Europa seit 1845 sehr zu schaffen. Sie wurde in Irland und Flandern durch die Kartoffelkrankheit und die damit verbundene entsetzliche Hungersnot ausgelöst (innerhalb von fünf Jahren verlor Irland über 700 000 Menschen, ca. 1 250 000 Iren wanderten aus, wobei unterwegs 200 000 starben. Irlands Bevölkerung sank von 8,5 Millionen auf 6,5 Millionen). 1846, nach dem Zusammenbruch der Getreideversorgung, wurde die Krise allgemein. Der Not konnte man wirksam durch Importe nur schwer steuern, da das geringe Volumen der Transportmittel ohne erhebliche Preissteigerungen oder ohne Belastung der öffentlichen Hand die Einfuhr von Lebensmitteln aus fernen Ländern nicht zuließ. Aus dieser Lage heraus kam es fast überall zu — nach Form wie nach Motiven — klassischen Unruhen: Plünderungen von Getreidespeichern, Ausrauben von Konvois, Märkten und Bäckereien. Bettelei schlug leicht in Diebstahl um, man erlebte Gewalttätigkeiten gegen Großgrundbesitzer und Kaufleute, deren spekulative Machenschaften als Ursache der sich verschärfenden Notlage betrachtet wurden. Dazu machte sich Erbitterung über die Honoratioren breit, da sie, besser ernährt, Typhus und Cholera einen geringeren Tribut entrichteten. Diese mit der Krise einhergehenden Epidemien schienen mehr oder weniger so etwas wie eine Klassendiskriminierung auszudrücken. Feindseligkeit gegenüber der Obrigkeit, der öffentlichen Gewalt, stellte sich ein, die man bezichtigte, mit den Schiebern gemeinsame Sache zu machen. Jedenfalls sahen die Verantwortlichen tatenlos zu, scheuten vor Eingriffen zurück, vor Beschlagnahmungen, vor Besteuerung. Die herkömmlichen Abhilfen wie die Arbeits- oder Armenhäuser erwiesen sich als unzulänglich, der Druck des Steuersystems wurde angesichts des teuren Lebens unerträglich und erweckte den Anschein, als trage er zur Fortdauer dieser Lage bei. Wie gewöhnlich verwandelte sich daher aus jahrhundertealten Reflexen heraus die Wirtschaftskrise bäuerlichen Ursprungs, für deren Ursache man die Reichen und die Regierungen verantwortlich machte, in eine riesige soziale und politische Protestwelle. Zum Teil trug sie die Revolution.
Gewiß hatten seit 1847 gute Ernten den Versorgungsschwierigkeiten ein Ende gesetzt und die Preise beruhigt. Trotzdem blieben die meisten europäischen Länder ›Notstandsgebiete‹,

wo den Volksschichten ein gerütteltes Maß an Leid und Irritation zuteil geworden war. Auch nach der Besserung der dafür verantwortlichen Wirtschaftslage sorgten die Aufzehrung der Rücklagen und die Verschuldung dafür, daß dieser Zustand anhielt. Vor allem aber kam es, kaum daß die Angst vor der Hungersnot oder diese selbst überwunden war, zu einer anderen, ebenso folgenschweren und weniger vertrauten Krise, die zahlreiche Wirtschaftszweige, wenn auch nicht aus denselben Gründen, in Schwierigkeiten stürzte. Der industrielle Frühkapitalismus hatte diese neue Art ihrer Eigengesetzlichkeit folgender Störung bereits erlebt. Sie hing mit einem zu raschen Kapazitätenausbau und einer zu großen Produktion zusammen, jedenfalls soweit dies die Zahlungsfähigkeit der Käufer betraf. England hatte damit bereits seine Erfahrungen gemacht. Auf dem Kontinent dagegen, wo die Industrialisierung bekanntlich noch nicht so weit gediehen war, herrschte Unklarheit über die Natur der ›zyklischen‹ Störungen. ›Zyklisch‹ will sagen ›stets wiederkehrend‹, und zwar in Abständen von nicht ganz zehn Jahren, wie dies in der ersten Hälfte des 19. Jahrhunderts der Fall war. Um die vor 1847 letzte Krise zu erklären, kann man noch auf »die Reihe von Mißernten hinweisen, die zwischen 1838 und 1842 Stadt und Land in Europa lähmten«.[3] Die Geschehnisse am Vorabend der Revolutionen von 1848 scheinen jetzt hingegen klarer. Die technologischen Neuerungen jener Zeit hatten solche Hoffnungen auf Gewinn geweckt, daß der Wirtschaftsapparat sich übernahm. Besonders die ›Eisenbahnmanie‹, *railway mania*, heizte die Spekulation fieberhaft an, vermehrte wahllos die Ausgabe neuer Wertpapiere an der Börse, rief zahlreiche Gesellschaften ins Leben, die ihrerseits den der Hüttenindustrie zu Gebote stehenden Markt vergrößerten und damit den Ausschlag gaben für einen jähen Produktionsanstieg in der eisenschaffenden Industrie und im Maschinenbau. Dieser Aufschwung wurde über Nacht gebremst, als sich herausstellte, daß die Rentabilität solcher Großinvestitionen wohl bis zur Inbetriebnahme eines zusammenhängenden Bahnnetzes auf sich warten ließ, daß es schwierig sein dürfte, das zur Fortführung der begonnenen Arbeiten nötige Kapital aufzubringen, und daß die Folgen der Landwirtschaftskrise diese Finanzierung stark erschwerten. Dasselbe galt für das Auflegen öffentlicher Anleihen, die damals das Hauptgeschäft der Großbanken darstellten. So trat die Krise in ihre zweite Phase, besser, es kam zu einer neuen Krise mit Börsenstürzen und Bankkonkursen, industrieller Überproduktion und reihenweisem Bankrott, einem neuerlichen Anwachsen der Arbeitslosigkeit und des Elends. All dies waren Zeichen eines schlechten Funktionierens, wenn nicht geradezu eines Grundübels der liberalen Wirtschaft, der die Kritik der Sozialisten neben ihrer Ungerechtigkeit ihre Wirkungslosigkeit anlastete. Einer der Pfeiler der bestehenden Ordnung, diesmal der zuletzt eingezogene, schien nun seinerseits zu wanken.

Die Männer, die Europa zu Beginn des Jahres 1848 regierten, brachten oft nur wenig Verständnis für die materiellen Nöte auf, die ihre Völker bedrückten. Dies geschah wohl weniger aus Herzenskälte als aus Gewohnheit und wegen des ausschließlichen Interesses für das, was sie alle unter der großen, der eigentlichen Politik verstanden. Es hatte somit auch andere Gründe, wenn sie sich damals etwas gereizt zeigten. Der Wille, das Bestehende durch eine Gesamtheit von vorbeugenden oder repressiven Maßnahmen zu sichern, der, ohne je die Strenge eines Systems zu erreichen, den Wiener Kongreß bestimmt hatte (stets mußte man nämlich einen Ausgleich finden zwischen den Interessen der einzelnen Staaten und den Neigungen ihrer Fürsten oder Minister), der ebenso die 1832/33, nach den Unruhen von 1830, vom Deutschen Bundestag getroffenen Schutzvorkehrungen beeinflußte sowie das Abkommen von Münchengrätz (1833) und die Beschlüsse der Wiener Konferenz (1834) – dieser Wille stieß auf immer eindeutigere Hindernisse. Umgekehrt jedoch erwies sich die Annäherung der beiden großen konstitutionellen Monarchien des Westens, wie sie durch alle Wechselfälle hindurch in der französisch-englischen *Entente cordiale* zum Ausdruck kam, aus handelspolitischen und prestigebedingten Überlegungen einmal mehr als äußerst schwierig. In dem Maße, wie Europas politische Landschaft unüberschaubarer und dunkler wurde, stiegen die Chancen der ›Unruhestifter‹ und weckten im gealterten, gern pessimistischen Metternich ein Gefühl des Scheiterns, der Unruhe angesichts dieser ›wirklich kranken Welt‹, deren ›Krebsgeschwür Tag für Tag stärker wuchere.‹ Vergebens hatten die wiederholten Zusammenstöße zwischen London und Paris wegen der Pritchard-Affäre, wegen des Kontrollrechts der Schiffe, des möglichen Festsetzens der Franzosen in Marokko, der geplanten französisch-belgischen Zollunion sowie der spanischen Heiraten — umsonst also hatten diese Auseinandersetzungen Louis Philippe und Guizot einen ihrem Wesen entsprechenden Schritt auf die konservativen Mächte, d. h. vor allem auf Österreich hin tun lassen. Die mißtrauische Stimmung der öffentlichen Meinung Frankreichs, das die ›Schande von 1815‹ noch nicht vergessen hatte, widersetzte sich einer Vertiefung dieser Politik. Auf jeden Fall wurde dadurch ein gemeinsames Eingreifen zugunsten des Sonderbundes verhindert, dieser Liga klerikal-konservativer Kantone, deren Vernichtung durch die *Schweizer Radikalen* im November 1847 man zusehen mußte, obschon der Ausgang des

Kampfes in den Augen des österreichischen Kanzlers »den Sieg der Anarchie, eine gefährliche Ermutigung für alle Phantasten, Abenteurer und Sozialrevolutionäre Europas« bedeutete. Ohne Palmerston oder Friedrich Wilhelm IV. diesem Pandämonium zuzurechnen, vermerkten die Verteidiger der Festlandordnung ebenfalls mit Mißvergnügen, wie der britische Außenminister und sein Kollege Minto die italienischen Patrioten wenigstens ›moralisch unterstützten‹, oder wie der brillante, impulsive und verwirrende Preußenkönig von einer ›Verstärkung‹ des Deutschen Bundes träumte, was für die Stabilität in Mitteleuropa eine schwere Bedrohung darstellte. Überdies gestand der Monarch im Februar 1847 seinen Untertanen einen Vereinigten Landtag zu, den die Progressiven ebenso ablehnten wie die Verfechter des Absolutismus. Damit hatte Friedrich Wilhelm nur den Kristallisationsvorgang einer völlig demokratischen Opposition beschleunigt, wie sie sich auch einige Wochen später unter den in Offenburg versammelten badischen Radikalen artikulierte, die sich damit vom gemäßigteren Heppenheimer Programm der Liberalen absetzten. Dieselbe Entwicklung kennzeichnete die Lage in Italien. 1846–47, bei seinem Regierungsantritt, oktroyierte der neue Papst Pius IX. Reformen, Zeichen guten Willens, wenn nicht politischen Weitblicks, und lockerte dadurch etwas das autoritäre Regime, das auf dem Kirchenstaat lastete. Es blieb nicht aus, daß diese Geste als Anzeichen von Liberalismus gewertet wurde, den niemand erwartet hatte. Ihre beispielhafte Wirkung stellte sich alsbald heraus, und von einem Ende der Halbinsel zum andern begann der Druck der Straße die Landesherren zu umfassenderen Zugeständnissen zu zwingen, als sie ursprünglich beabsichtigt hatten. Karl Albert unternahm es seinerseits Ende 1847, Verwaltungs- und Justizapparat von Piemont zu modernisieren, die Pressebestimmungen zu lockern, und er versprach schließlich (8. 2. 1848) ein Grundstatut, d. h. eine Verfassung. Durch den sizilianischen Separatistenaufstand bereits geschwächt, sah sich auch Ferdinand II. von Neapel infolge von Unruhen gezwungen, den entscheidenden Schritt auf eine Liberalisierung hin zu tun. Großherzog Leopold II. von Toskana schloß sich dem Beispiel an; selbst Mailand, eine österreichische Stadt, regte sich. Natürlich hatte Metternich seine gewohnten Vorkehrungen angesichts dieser Gefahren getroffen. Er ließ befristet Ferrara besetzen, um so Rom einzuschüchtern, und band die halbabhängigen Herzogtümer Parma und Modena vertraglich noch enger an Wien. Eine neue Polizeiaktion, ähnlich der von 1821 und der von 1831, sollte wohl diese rastlosen Italiener zur Vernunft bringen, obschon Palmerston unermüdlich zur Vorsicht riet. Da aber brach in Paris die Revolution aus.

b) Der Revolutionsfrühling

Die Julimonarchie sah sich im Lauf der Jahre immer schwerwiegenderen Problemen gegenüber. Ihrem Ursprung und ihrer Natur nach unfähig, ein Prinzip an ihr Banner zu heften oder für sich Begeisterung zu wecken, lediglich auf Kompromisse oder Flickwerk gestützt, von den Orleanisten 1830 improvisiert, um die Revolution einzudämmen und zu kanalisieren, hatte sie nichts dagegen unternommen, daß die positiven Seiten dieses ganz oligarchischen Geschäfts verblaßten, das von der Masse des mittleren und kleinen Bürgertums je länger je weniger bejaht wurde, da sie politisch machtlos war. Guizot, ein zwar bedeutender Kopf, aber zu sehr überzeugt von der Gewißheit seiner politischen, gesellschaftlichen und philosophischen Ansichten, als daß er sich herabgelassen hätte, mit der Zeit und den Menschen zu rechnen, wich den Reformvorschlägen (hauptsächlich einer Wahlrechtsänderung) ebenso aus wie der senile und autoritäre Louis Philippe. Beider Unbeweglichkeit machte daher eine mittlerweile vordringlich gewordene Anpassung der Institutionen an die geistige Entwicklung der Epoche unmöglich und entzog dem Regime der ›richtigen Mitte‹ die Stützen, die es einst im Kampf gegen seine Widersacher gefunden hatte. Deren Stärkung rührte somit weniger von ihrer eigenen Kraft her als vielmehr von der Isolierung der Monarchie. Eine Diplomatie, der man den Vorwurf machte, wie wir gesehen haben, die Sache der Liberalen aufzugeben und der nationalen Ehre schlechte Dienste zu erweisen, bot ihren Gegnern häufig Gelegenheit, die öffentliche Meinung gegen sich aufzubringen, und dies bis in jene Gesellschaftsschichten hinab, die nur wenig auf die politischen Vorgänge achteten, die aber für die Erinnerung an verlorene Größe empfänglich waren, für die kompensierenden Mythen von der Sendung Frankreichs, das im gleichen Zug befreite und eroberte. Das Ansehen, das Louis Philippes Regime auf diese Weise einbüßte, wurde natürlich durch die Skandale nicht gehoben, ob sie nun privater Natur waren oder in Zusammenhang mit der fieberhaften Geschäftigkeit der letzten Regierungsjahre standen. Der moralische Verfall eines Teils der Führungsschicht und der Politiker schien damit offenkundig und rechtfertigte von vornherein die »Revolution der Verachtung«, die Lamartine 1847 angesagt hatte. Schließlich wirkte sich auch die Wirtschaftskrise für die Monarchie ungünstig aus. Das Elend im Volk führte den Regimegegnern die für ihre Manöver willkommenen Massen zu, die allerdings rasch weitergehende Forderungen anmeldeten und eigene Aktionen beschlossen. Den Honoratioren gaben das Schrumpfen ihrer zahlreichen Einkünfte, die Besorgnis über den Zu-

stand der durch die Krise angeschlagenen Staatsfinanzen, schließlich die Angst vor der Subversion Anlaß zu massiven Vorwürfen. Der König und sein Minister waren in ihren Augen unfähig, den Wohlstand zu garantieren, vielleicht aber einfach zu schwach, Ordnung und Eigentum wirksam zu schützen.
Zunächst, jedoch nur zunächst, lag die Initiative bei den politischen Generalstäben, die es darauf angelegt hatten, die für die Regierung schwierige Lage auszunutzen und Zugeständnisse abzuringen, wenn sie nicht gar selbst die Macht übernehmen wollten. Ab Juli 1847 trafen sich die Kader und Wähler der einzelnen Linksoppositionen auf öffentlichen Versammlungen: die ziemlich widerstrebende linke Mitte Thiers', die noch dynastische Linke von Odilon Barrot (hier stellte sich alsbald Entsetzen ein), »Radikale«, die ihre republikanischen Gefühle immer weniger verbargen und sich an die Spitze der Bewegung setzten. Die Regimegegner berieten zuerst über Themen der Reform, bald machte sich jedoch eine monarchiefeindliche Stimmung breit, ja, sogar sozialistische Töne wurden laut. Die Wirkung dieser Treffen blieb gering. Louis Philippe prangerte die »feindseligen und blinden Leidenschaften« an und schien hart zu bleiben. Da ereignete sich ein Zwischenfall. Das Verbot einer Pariser Versammlung löste am 22. 2. 1848 trotz des Nachgebens seiner vorsichtigen Veranstalter eine Volksdemonstration aus, hinter der Studenten und einige Führer von Geheimbünden standen. Andertags schlug die Demonstration in Aufruhr um, und die Nationalgarde, die so viele Erhebungen niedergeworfen hatte, als das Bürgertum noch fast einmütig das Regime unterstützte, weil es sich damals mit ihm identifizieren zu können glaubte — die Nationalgarde machte wegen ihrer Unentschlossenheit oder ihrer Dienstverweigerung ein Eingreifen unmöglich. Entmutigt hatte der König Guizot bereits fallenlassen, als nach einem blutigen Zusammenstoß zwischen dem Heer und der Menge der Aufstand erneut auflodetre und sich ausbreitete. Am 24. Februar scheiterte die Armee trotz ihrer zahlenmäßigen Überlegenheit und des Oberbefehls eines harten Chefs, Bugeaud, nach einer Reihe überzeugungslos geführter Gegenangriffe. Erst Molé, dann Thiers und schließlich Barrot versuchten vergebens, eine Regierung der nationalen Versöhnung zu bilden. So brach das Regime zusammen, ohne ernstlich verteidigt worden zu sein. Louis Philippe dankte ab und floh. Die Besetzung der Abgeordnetenkammer verhinderte, daß eine Regentschaft bestimmt wurde, die Republikaner, Herren der Lage, riefen eine provisorische Regierung aus.
In ganz Mitteleuropa spitzte sich auf die Kunde von der Pariser Revolution die Lage zu, die sich angebahnt und abgezeichnet

hatte. Alle Zeugen, jeder Historiker dieses 48er Frühlings benutzten, wollten sie die Blitzartigkeit der Geschehnisse beschreiben, dieselben Bilder, die zwar banal anmuten, denen jedoch Suggestivkraft nicht abgeht: ein Lauffeuer, ein fast gleichzeitiges Auflodern zahlreicher Brandherde, deren Hitze sich vermengte... Kein Bericht, keine Darstellung der Krise, bei der man nicht, unentwirrbar verflochten, eine Menge chronologischer Angaben und verwickelter geographischer Daten vorfände.
Das Revolutionsfieber hatte im Habsburgerreich eines seiner Hauptverbreitungsgebiete, gleichsam eine Relaisstation. Der Vielvölkerstaat war besonders uneinheitlich und somit verwundbar. Die Ereignisse, die sich hier abspielten, blieben nicht ohne Nachhall für den Deutschen Bund und Italien. Metternich, der seit fast 40 Jahren die Außenpolitik leitete, ohne sich um das Innere zu kümmern, galt zu Recht oder zu Unrecht als der große Anführer der reaktionären Kräfte in Europa, war jedenfalls das Sinnbild der Beharrung. In mehrfacher Hinsicht wurde die Revolution dadurch europäisch, daß sie das Habsburgerreich erfaßte.
Das erste Echo auf die Nachrichten aus Frankreich (man muß dabei die noch beträchtlichen Verzögerungen in der Übermittlung von Begebenheiten berücksichtigen) kam aus Preßburg, dem Sitz des ungarischen Landtags. Am 3. März verkündete hier Kossuth ein Programm für Autonomie und Demokratie, das am 11. März von den böhmischen Liberalen in Prag aufgegriffen wurde. In Wien selbst zog der Aufruhr vom 13.–15. März die Flucht des Kanzlers nach sich, den der Hof und seine Kollegen genauso schnell fallen ließen, wie Guizot zuvor von seinem König geopfert worden war. Das Versprechen einer Verfassung, die Bildung einer Regierung der Versöhnung folgten. Naturgemäß erhob sich das bereits so unruhige Italien in seiner Gesamtheit: Am 22. März vertrieben Venedig, mitgerissen von Manin, und Mailand, wo die *cinque Giornate* den österreichischen Marschall Radetzky zum Nachgeben gezwungen hatten, ihre Besatzer; Parma und Modena verjagten ihre Herzöge. Am 23. März entschloß sich Karl Albert von Piemont zum Kampf für die Befreiung der Halbinsel, wohl oder übel machten Leopold von Toskana, Ferdinand II. von Neapel und selbst Pius IX. gemeinsame Sache mit dem König. Zur selben Zeit erhielt Ungarn seine verantwortliche Regierung (22. 3. 1848), am 11. April ein Statut nach dem Vorbild der belgischen Verfassung. Es sah die Wahl zum neu geschaffenen Abgeordnetenhaus nach einem ziemlich weit gefaßten Zensusverfahren vor. Die Privilegien wurden abgeschafft, die öffentliche Freiheit garantiert, die ›historische‹ Einheit bekräftigt, ohne Rücksicht auf völkische Verschiedenheiten. Das

Magyarische wurde Verwaltungssprache, die Zugehörigkeit zur Habsburger Monarchie beibehalten. In Böhmen erhielt ein Nationalausschuß offizielle Anerkennung (13. April) in Erwartung eines verfassungs- und gesetzgebenden Landtags. Allerdings bestand die Gefahr, daß die übrigen Länder der Wenzelskrone die Zuständigkeit dieser Versammlung für sich ablehnten.

Auch in Deutschland gerieten die Dinge damals ins Wanken. Von Mannheim und Heidelberg ausgehend eroberte die liberale Bewegung das Großherzogtum Baden, Württemberg, die beiden Hessen, Nassau, Frankfurt sowie die drei Hansestädte, Braunschweig und die thüringischen Staaten. Überall zwang der Druck des Volkes die Fürsten oder Patrizier, sich in eine Teilung der Gewalt zu finden, Freiheiten zuzugestehen. Friedrich Wilhelm IV., der sich zunächst den Wirren in mehreren preußischen Städten entgegengestemmt hatte, zeigte sich nach dem Berliner Aufstand vom 18. März kompromißbereit und ging auf die Vorstellungen der rheinischen Geschäftswelt ein. Zwei ihrer Vertreter, Camphausen und Hansemann, berief er in die Regierung und versprach eine konstitutionelle Verfassung. Der Absolutismus unterlag seinen Gegnern auch in Sachsen, Hannover und Bayern. Hier dankte Ludwig I. am 19. März ab, nachdem seine Stellung durch den politisch-mondänen Skandal erschüttert worden war, den seine Leidenschaft für Lola Montez bei der klerikalen Partei und ihren Anhängern hervorgerufen hatte. Diese ganzen Unruhen stärkten das Gefühl der Einheit derart, daß selbst der Preußenkönig in seinem Manifest vom 21. März es berücksichtigen zu müssen glaubte: »Preußen geht fortan in Deutschland auf.« Allerdings verspielte er durch sein Zaudern, seinen enttäuschenden Vorschlag einer unbestimmten Ständeversammlung die Sympathien der deutschen Patrioten, die, seit dem 5. März in Heidelberg zusammengetreten, für den 31. März ein Vorparlament nach Frankfurt einberiefen, ohne daß sich jemand ihrem Vorhaben widersetzt hätte.

Es schien daher, als würden sich im Verlauf weniger Wochen die Voraussetzungen für eine gründliche Umwandlung der Staatsstrukturen ergeben, wenigstens im liberalen, wenn nicht im demokratischen Sinn, und im Einklang mit den Wünschen der ›Nationalitäten‹, mindestens einiger von ihnen. Aber gleich vom Beginn der Krise an ermöglichte es das Versagen der autoritären Regierungen, daß andere Forderungen laut gestellt wurden. Die Bedürfnisse und Hoffnungen der verschiedenen Gesellschaftsschichten verliehen den revolutionären Bewegungen ein neues Tempo, eine neue Dimension, boten ihnen zunächst eine mächtige materielle und psychologische Stütze, setzten sie allerdings der Gefahr des Widerspruchs, der Aufspaltung aus, deren Gewicht sich alsbald herausstellte, bevor noch die Revolutionen rückläufig wurden.

Doch stellte sich diese ›soziale Frage‹ 1848 nicht überall in derselben Weise, auch nicht mit gleicher Schärfe. In Frankreich fesselte natürlich vor allem das Arbeiterproblem, das jähe und kurze Aufflammen des *Sozialismus* die Aufmerksamkeit, wenn auch der Sturz des Zensusregimes den Bestrebungen jenes Teils des Bürgertums entgegenkam, der bislang vom politischen Leben ausgeschlossen war, jedenfalls innerhalb des gesetzlichen Rahmens sich politisch nicht betätigen konnte, und wenn auch die Unruhen auf dem Lande daran erinnerten, daß mehr als 50 Jahre nach dem 4. August das Gefälle und die Spannungen zwischen Landeignern und besitzlosen Bauern immer noch die nichtstädtische Welt teilten. Die Februarrevolution gab der seit Monaten abklingenden Wirtschaftskrise unvermittelt wieder Auftrieb. Die Angst vor dem Unbekannten, vor der Subversion, vor dem Krieg schürte die Panik an der Börse, bei den Banken, in der Finanzwelt, stoppte Käufe und Kredite, lähmte die Aktivität der Industrie. Vor dem Hintergrund chronischen Elendes erschwerte die Arbeitslosigkeit die Lebensbedingungen der unteren Klassen noch stärker. Zum ersten Mal schien die Macht aber in Reichweite des Volkes, schien es zumindest fähig, sich Gehör zu verschaffen. Die provisorische Regierung umfaßte neben den gemäßigten, sozial konservativen Republikanern, Demokraten mit sozialistischem Einschlag, einen sozialistischen Theoretiker, Louis Blanc, und sogar einen Arbeiter, den Mechaniker Albert, dessen Teilnahme wenigstens symbolische Bedeutung zukam. Sie beriet und handelte, soweit möglich, in den ersten Tagen ihres Bestehens unter dem ständigen, konkreten Druck der Pariser Massen. Sie sah sich somit veranlaßt, das Recht auf Arbeit prinzipiell zu formulieren, gewiß noch unbestimmt, folgenschwer jedoch, sollte es zu einer ernsthaften Anwendung dieses Grundsatzes kommen. Am 2. März legte sie für alle Arbeiter den Arbeitstag auf 10 oder 11 Stunden fest. Andere Reformen in großer Zahl schienen sich anschließen zu müssen, als verließe diesmal eine nachhaltige Umgestaltung der Wirtschafts- und Gesellschaftsstrukturen den Bereich der Utopie. Selbstverständlich weckten derartige Aussichten bereits Riesenängste, mobilisierten zähen Widerstand, auch im Lager der Februarsieger. Lamartine, der vorübergehend wegen seiner Wortgewalt und seiner fesselnden Persönlichkeit die Bühne beherrschte, der ein Mann guten Willens war, aufrichtig, bestrebt, die ›Proletarierfrage‹ zu lösen, schilderte bald sein Handeln in jenen schwierigen Wochen als »heilsam für eine Gesellschaft, die in ihren Grundfesten erschüttert war und Zuflucht bei der Republik suchte«. Als ›vorausschauender Konservativer‹ versuchte er, die Klippen einer beginnenden Revolution zu umschiffen, deren Gestalt, Bedeutung und Zukunft noch im Dunkeln lagen. Tatsächlich schien diese Einstellung Oberhand zu gewinnen. Trotz des stürmischen Frühlings von 1848, trotz der hitzigen Stimmung, die durch die Zeitungen, Clubs und Ausschüsse unablässig aufgepeitscht wurde, die durch die Erinnerung an die Große Revolution ständig Nahrung erhielt, aber oft so zwanghaft, daß der Verdacht naheliegt, bei dieser Hektik sei es zu einem guten Teil um Parodie gegangen, glättete sich das revolutionäre Wogenmeer nach einigen Tagen. Daran änderten auch die unklaren und widersprüchlichen Lehren der Reformer und Propheten nichts. Das gleiche galt für die ausländischen Bewegungen, die sich über Flüchtlingsgruppen und ›Flüchtlingslegionen‹ aus allen Nationen in die Pariser Verhältnisse einmischten. Kein Vergleich mit der wachsenden Beschleunigung, der stufenweisen Entwicklung, die die Menschen mitgerissen und den Ereignissen zwischen Mai 1789 und Thermidor des Jahres II ihr atemberaubendes Tempo verliehen hatten. Im übrigen ließen (soweit überhaupt feststellbar) das allgemeine Ja zu dieser Republik, die sogar der Klerus billigte (fast überall wurden *Freiheitsbäume* gesegnet), sowie das Fehlen jeglicher äußeren Bedrohung wenig Raum für eine Verhärtung der Fronten. Ein neuer Aufschwung blieb aus. »Die Republik«, sagte Marx, »stieß auf keinerlei Widerstand, weder im Innern noch außen. Das hat sie entwaffnet. Ihre Aufgabe bestand nicht mehr in einer revolutionären Umformung der Welt, sie hatte sich nur noch den Bedingungen der bürgerlichen Gesellschaft anzupassen.« Dieser Vorgang zeichnete sich tatsächlich sehr rasch ab. Die Pariser Unruhen, die den toten Punkt hätten überwinden können, wurden am 17. März und ebenso am 16. April unterdrückt und wendeten die Lage zugunsten der Verfechter der ›Ordnung‹. Ledru-Rollin, Führer der republikanisch-demokratischen Fraktion in der provisorischen Regierung, fand nicht die Zeit, Wahlen gründlich vorzubereiten, die die Vertreter der ›sozialistischen Republik‹ gern verschoben hätten. Diese Gruppe war so gut wie nicht organisiert, auf alle Fälle blieb sie im Frankreich von 1848 sehr schwach. Da es noch etwas früh war für eine gewaltsame und offene Rückkehr der Monarchisten, insbesondere der Orleanisten, schien die lammfromme, grundbürgerliche Republik durch das begeistert begrüßte, aber politisch noch nicht sonderlich wirksame allgemeine Wahlrecht ihre Weihe zu erhalten: Am 23. April wurden die ersten Abgeordneten bestimmt. Die konstituierende Versammlung zählte von ungefähr 900 Mitgliedern ca. 25 Arbeiter und Vorarbeiter. Demokraten und Sozialisten stellten nicht mehr als 100 Vertreter, die ›vor allem katholischen‹ Legitimisten ungefähr das Doppelte. Von den rund 600 Gemäßigten waren viele ›Republikaner der letzten Stunde‹, die sich mit den Lippen zu einem Regime bekannten, das sie auf Zeit akzeptierten, vorausgesetzt, es verunsicherte die ›Wohlmeinenden‹ nicht.

Im deutschsprachigen Europa, das weniger industrialisiert war, ging die Rolle der Arbeiter und Handwerker, zumindest anfangs, kaum über die einfache Beteiligung an Straßenunruhen hinaus, die sie nicht organisiert hatten. Kam es zu Versammlungen, Petitionen, Streiks, so drückten die Arbeiter noch weniger als in Frankreich ein klares und neues Bewußtsein ihrer Eigeninteressen aus. Auch in deutschen Landen fand 1848 eine gesellschaftliche Revolution statt, aber vor allem im alten Wortsinn, d. h. als Auseinandersetzung, deren Kontrahenten — sehr vereinfachend gesagt — der grundbesitzende Adel und das kapitalistische oder intellektuelle Bürgertum waren. Die Revolte der ›unteren‹ Schichten verselbständigte sich, ganz archaisch, lediglich in den Bauernaufständen, an denen sich im März völlig verschuldete Landbewohner beteiligten, die gegen die Schlösser, Verwalter, Förster und auch die jüdischen Geldverleiher zogen. Dies geschah etwa in bestimmten, übervölkerten Gegenden des Odenwalds, des Schwarzwalds, des Kraichgaus, Schwabens, Nassaus, Hessens und im bayerischen Franken. Das Eingreifen der Truppen und der Beschluß von Maßnahmen durch die Regionalparlamente, die den Rückkauf der Herrenrechte ermöglichten, haben dieses Aufwallen einer Jahrhunderte alten Unzufriedenheit rasch gedämpft. Abgesehen von einigen fortschrittlichen Demokraten erblickten die Führer der Liberalen in diesen Bauernbewegungen nur blinden Aufruhr, der ihre Sympathie nicht verdiente und der die Lösung der nationalen und politischen Fragen, der, wie sie meinten, eigentlichen Probleme, eher verhinderte als begünstigte.

Doch gerade die politische Revolution schien sich in Deutschland sehr rasch ihre Grenzen gesteckt zu haben. Das Vorparlament, das vom 31. März bis zum 3. April seine Sitzungen abhielt, verkündete zwar, daß die nächste aus allgemeinen Wahlen hervorgehende Volksvertretung in Sachen Verfassung grundsätzlich souverän sei. Es verzichtete jedoch darauf, bis zum Zusammentreten dieses Parlaments zu tagen, und bestimmte einen Interimsausschuß, den *Fünfziger-Ausschuß*, wo die Gemäßigten den Ton angaben. Man zog die zurückhaltende Vorsicht eines Heinrich von Gagern vor, der den Kronen seine Achtung erwies und nicht zögerte, eine völlig aus der Luft gegriffene Bedrohung durch Frankreich oder eine Erhebung im Innern ins Spiel zu bringen, um damit sein Eintreten für die Legalität zu rechtfertigen. Struve dagegen, ein ega-

Abb. 2: *Sitzung des vorbereitenden Parlaments in der Paulskirche zu Frankfurt am Main 1848. Zeitgenössisches Litho.*

litaristischer, antiklerikaler Republikaner mit einem Hang zum Sozialismus, wurde wegen seines kühnen Vorpreschens abgelehnt. Dergestalt in der parlamentarischen Auseinandersetzung geschlagen, unterlagen die Republikaner auch bald im Kampf. Der in Baden seit dem 12. April von Hecker und Struve geschürte bewaffnete Aufstand, dem Herwegh aus Frankreich eigens seine *deutsche Legion* zugeführt hatte, wurde niedergeworfen. In Baden setzte die Spaltung der revolutionären Kräfte und die Isolierung der Extremisten ebenfalls fast gleich mit Beginn der Revolution ein. Diese Uneinigkeit erschwerte die Suche nach dem institutionellen und territorialen Rahmen, den das neue Deutschland haben sollte. Einerseits erwiesen sich die polnische Frage, die Frage der dänischen Herzogtümer, das Problem der deutschsprachigen Gebiete des Habsburgerreichs als außerordentlich vielschichtig und voller Schwierigkeiten, sobald sie 1848 im nationalen Taumel aufgeworfen wurden. Auf der andern Seite debattierten den April und den Mai hindurch der alte Frankfurter Bundestag, der trotz der Ereignisse weiterhin bestand, die ihm beigeordneten 17 Vertrauensmänner und der *Fünfziger-Ausschuß* über die Gestaltung einer Exekutivgewalt.

Bald stellte sich allerdings heraus, daß die Ergebnisse dieser parallellaufenden Beratungen auf keinen gemeinsamen Nenner gebracht werden konnten. Man ließ somit die verschiedenen Vorschläge einen nach dem andern fallen. Auch diese Aufgabe wartete deshalb neben zahlreichen anderen auf die Nationalversammlung, die am 1. und am 8. Mai aus einem recht unterschiedlichen Wahlverfahren hervorging. Meist war in zwei Etappen gewählt worden, ohne daß man den Grundsatz des allgemeinen Stimmrechts konsequent beachtet hätte. Die Paulskirche hatte äußerst wenig Rückhalt beim Volk (man zählte unter den Abgeordneten gerade vier Handwerker; Arbeiter fehlten völlig). Den Ton gaben das Großbürgertum, die Beamten, die Professoren an, zum Nachteil des grundbesitzenden Adels, dessen eigentliches Gewicht demnach unterschätzt wurde. Das Parlament in Frankfurt suchte mühsam den Weg zu einer »konservativen Revolution«, die sich auf »den guten Willen von Regierten und Regierenden« gründete. Wie der Kölner Industrielle Mevissen, der Führer der stärksten Fraktion, den Abgeordneten empfahl, sollten »neue Institutionen, auf den bereits vorhandenen aufbauend, in Ordnung und Zucht« geschaffen werden

In dieser Stunde der Unentschiedenheit, in der sich in Paris und in Frankfurt die verfassungsgebenden Versammlungen an die Arbeit machten, entwickelten sich die Nationalbewegungen zwar weiter, stießen aber zusammen und spalteten sich in zunehmender Verwirrung. Die tschechischen Liberalen unter Führung von Palacky und Rieger, lehnten es ab, in Frankfurt vertreten zu werden, und beriefen im Gegenteil einen Slawenkongreß nach Prag ein. Dabei bestanden sie auf ihrer Zugehörigkeit zu einem bundesstaatlichen Österreich, das nach Palacky »den Interessen Europas und sogar der Menschheit« entsprach. Diese Treue fand ihre Belohnung im Zusammentritt des böhmischen Landtags und der Bildung eines Regierungsrates. Gleichzeitig überwarfen sich aber die Tschechen mit den in Böhmen lebenden Deutschen, und dieser Bruch sollte die Zukunft nachhaltig prägen. Der Prager Kongreß, der am 2. Juni begann, nahm seinerseits die späteren Gruppierungen vorweg durch seine tschechoslowakische oder südslawische Abteilung. Dieses nationalistische Fieber unter den Slawen und die partikularistische Selbstbehauptung der Rumänen Siebenbürgens, die von ihrer Kirche gesteuert wurde, gefährdete natürlich den Versuch eines ungarischen Einheitsstaates, wie ihn die Aprilgesetze umrissen hatten. Die Kroaten, die anstatt eines magyarischen Magnaten nunmehr einer der ihren, Jellačič, als Banus regierte, dachten an ein *Königreich Kroatien-Slawonien-Dalmatien*, das, unabhängig von der Stephanskrone, unmittelbar einem österreichischen Bundesstaat angeschlossen werden sollte. Die Serben gaben sich einen Woiwoden und verlangten ebenfalls die Unabhängigkeit, wobei sie Prinz Alexander Karageorgević, der in Belgrad unter ottomanischer Souveränität herrschte, unterstützte, weil er so hoffte, sie für ein größeres Serbien zu gewinnen. Der Kaiser, der sich damals auf dem Tiefpunkt seiner Macht befand, mußte all dies geschehen lassen. Er oktroyierte am 25. April Österreich eine Verfassung nach belgischem Muster (auch für Ungarn war Brüssel das Vorbild gewesen), ohne dadurch den Wiener Unruhen ein Ende zu setzen, hinter denen die Studenten der *Akademischen Legion* standen. Am 15. und am 26. Mai veranlaßten neue Unruhen den Hof zur Flucht nach Innsbruck. Der Monarch mußte der eben erst nach der neuen Verfassung gewählten Kammer das Recht auf Revision der Konstitution einräumen. In der Hauptstadt war das Ministerium von Erzherzog Johann geteilter Ansicht und versuchte zu überleben, indem es, so gut es ging, den Zusammenprall der verfeindeten Nationalitäten sich zu Nutze machte, ohne eigentlich zu wissen, woher die stärkste Gefahr kam oder Hilfe erwartet werden konnte, aus Agram oder Budapest, aus Prag oder Frankfurt.

c) Die Revolutionen in der Zerreißprobe

Doch waren kaum drei Monate seit Metternichs Sturz verflossen, als die europäische Revolution ihre erste große Schlappe einstecken mußte. Dabei ging es um einen jähen Umschwung, den zuerst Österreich mit Gewalt erzwang. Das Heer bildete für die Habsburger den festesten Anker, ein Berufsheer, dessen Soldaten gefügig und dessen Führer mit ihrem ganzen Wesen allem feindselig gegenüberstanden, was in ihren Augen nur Durcheinander, mangelnde Unterordnung und unerträgliche Einmischung von Zivilisten in die Staatsgeschäfte darstellte, von Zivilisten überdies mit angekränkeltem Denken. Als erstes verspürte Prag die Wirksamkeit dieses Instruments der Unterdrückung. Als ein zufälliger Zusammenstoß, wie ihn zuvor ganz ähnlich Paris am Abend des 23. Februar oder Berlin am 18. März erlebt hatte, vom 12. bis zum 17. Juni die ›Pfingstunruhen‹ auslöste, ergriff Fürst Windischgrätz die Gelegenheit, beschoß die Stadt, zog als Sieger ein und bereitete den Selbständigkeitsversuchen ein plötzliches Ende. Einen Monat später versetzte sein Waffenbruder Radetzky in Italien den Nationalbewegungen einen weiteren Schlag. Seine Aufgabe auf der Halbinsel wurde ihm durch die politischen Zwistigkeiten erleichtert, die sich an Ehrgeiz überbietenden Programme, die alte kurzsichtige Engstirnigkeit, da sie das Zusammenwirken aller für den Erfolg der Einheitssache unerläßlichen, wenn nicht ausreichenden Kräfte verhinderte. Die Demokraten aus der Lombardei oder aus Venedig mißtrauten nicht ohne Grund Karl Albert. Pius IX., entsetzt von dem Fortschritt der revolutionären Strömung, fand bald in seiner Sendung als Papst alles, was er an Gründen brauchte, um den Gedanken an einen Waffengang von sich zu weisen, obschon er ihn einst gebilligt hatte. Bereits am 29. April verurteilte er den Krieg und büßte sogleich seine Volkstümlichkeit ein, die er einen Augenblick lang genossen hatte. Die Untertanen Ferdinands II. waren auf ein konstitutionelles Regime schlecht vorbereitet, und der König nahm einen Aufruhr zum Anlaß, um am 15. Mai die liberale Bewegung im Blut zu ersticken, die Kammer zu verlängern und neapolitanische Truppen aus dem Norden zurückzurufen. Sizilien, seit Januar der Bourbonen-Herrschaft ledig, kapselte sich ab. Trotz der Hilfe von Freiwilligen aus der Toskana und aus Rom blieb Piemont kaum mehr etwas anderes als die eigenen begrenzten Mittel, um die Österreicher zu vertreiben. Karl Albert, willensschwach und überfordert, verstand es zudem nicht, seine Möglichkeiten zu nutzen. Der König vermochte weder entschieden zu handeln noch Vorteile zu ziehen aus der Verwirrung Wiens, das mehrfach mit englischer Hilfe Verhandlungen aufnehmen wollte. Der Monarch war nicht einmal imstande, genügend Patrioten um sich zu scharen, die sich zu Recht über seine ausschließlich dynastischen Unternehmungen beunruhigt zeigten. Er erzielte einige Erfolge, blieb vor Mantua stecken und ließ sich am 25. Juli bei Custozza von Radetzky schlagen. Die gesamte Lombardei ging verloren und Piemont, zum Waffenstillstand gezwungen, mußte die Inhaltslosigkeit des Schlagworts *L' Italia farà da sè* eingestehen.

Nach Custozza war es zu spät, auf die Wiederherstellung des Kräftegleichgewichts dank einem französischen Eingreifen zu hoffen, das Karl Albert stets von sich gewiesen hatte. Lamartine hatte sich den Fall Italien vorbehalten und Piemont Hilfe angeboten. Dabei war nicht an so etwas wie einen neuen Feldzug gegen die *Girondisten* gedacht, der der Revolution vielleicht ihre Dynamik zurückgegeben hätte (wie 1792 und 1793), allerdings nur um den Preis eines europäischen Krieges. Doch im Juli 1848 war Lamartine nicht mehr an der Macht, und zudem hatte die Reaktion in Frankreich einen bezeichnenden Sieg errungen durch die Niederringung der Pariser Arbeiter und die Beseitigung der sozialistischen Republik. Bereits die Konstituierende Versammlung hatte am 4. Mai Louis Blanc aus dem Exekutivausschuß ausgeschlossen, der auf die provisorische Regierung folgen sollte. Für den 15. Mai hatten die Clubs eine der Sache Polens dienliche Demonstration angesetzt, der jedoch Hintergedanken und womöglich Provokationsabsichten nicht fehlten. Lamartine und Ledru-Rollin erzwangen die Auflösung dieser Kundgebung, schnitten sich damit aber selbst vom progressiven Flügel der Pariser Bevölkerung ab, ohne dafür das Vertrauen der bürgerlichen Öffentlichkeit zu gewinnen. Angesichts dieser Verhärtung der Fronten verloren die Nationalwerkstätten das Interesse der im Parlament tonangebenden mehr oder weniger republikanisch gesinnten ›Gemäßigten‹. Für diese Männer boten die Nationalwerkstätten anfangs die Möglichkeit, einen Teil der ›gefährlichen Klasse‹ zu kontrollieren, oder sie bewiesen in ihrem Widersinn, daß alle Vorschläge zur ›Arbeitsorganisation‹ zum Scheitern verurteilt waren, obwohl die Werkstätten doch nur eine Verzerrung organisierter Arbeit waren. Nur mit Hilfe der Arbeitshäuser (*ateliers de charité*), deren Zahl (wie in Krisenzeiten üblich) sprunghaft anstieg, konnten die Nationalwerkstätten übrigens mehr als 100 000 Erwerbslose am Leben erhalten, wenn schon nicht sinnvoll beschäftigen. Am 21. Juni kündigte der Exekutivausschuß die Auflösung der Nationalwerkstätten an. War es Politik des kalkulierten Risikos, des schlecht kalkulierten? Oder wollte man wirklich Schluß machen mit dem ›Sozialismus‹? Viele zögerten kaum bei ihrer Antwort. Tocqueville verschweigt in seinen Erinnerungen keineswegs die Ungeduld, die damals so viele Konservative erfaßte, da sie überzeugt waren, daß »die Bewegung der Februarrevolution nur durch eine große Schlacht in Paris gestoppt werden könne« und daß »es zu wünschen sei, bei der ersten besten Gelegenheit loszuschlagen«. Zu dieser Schlacht kam es tatsächlich. Der gesamte Pariser Osten erhob sich eindrucksvoll. Ein Blick auf die Karte führt die gesellschaftliche Bedeutung dieses Aufstands der Verzweifelten vor Augen, bei dem eine im übrigen noch altertümliche Arbeiterklasse (die Handwerksgesellen traten ebenso stark in Erscheinung wie die Fabrik- und Bahnarbeiter, ja, noch stärker) sich gegen die Koalition der Besitzenden stemmte, gegen die führenden Schichten, das verängstigte Kleinbürgertum, gegen die Bauern, die ihre Nationalgarden zur Unterdrückung abordneten. Die ideologischen Themen — Demokratie, Gleichheit, Sozialismus — fehlten nicht, spielten aber eine untergeordnete Rolle. Von der Konstituierenden Versammlung mit allen Vollmachten ausgestattet, sah General Cavaignac (der Typ des überzeugten und alten Republikaners, der über Besitzfragen nicht mit sich sprechen ließ) zunächst der Errichtung der Barrikaden zu, um dann mit einem Schlag alle revolutionären Kräfte zu vernichten. Nach mehr als dreitägigem Kampf gelang ihm dies am 26. Juni. Voller Tragik verflog so ›der lyrische Trug‹ aus den Frühlingstagen, und gleichzeitig warfen die Juniereignisse wegen der Bestialität der Sieger ihre Schatten auf die Massaker voraus, die 1871 der Kommune ein Ende bereiten sollten. Cavaignacs Truppen zählten 700 Gefallene, die Aufständischen, offiziell, 3000, doch Hunderte, wenn nicht Tausende andere wurden niedergemacht, oft erst nach ihrer Gefangennahme. Über 25 000 wurden gefangen. Cavaignac blieb an der Spitze der Exekutive nach seinem Triumph und bestellte eine ›starke‹ Regierung, die säuberte, verbot, auflöste, verurteilte, deportierte, wie es ihr beliebte. Die Reaktion setzte ein und machte nicht bloß alle Träume von einer Organisierung und Befreiung der Arbeiter zunichte, die sich nach den Februarereignissen ergeben hatten, sondern »alle Hirngespinste und die anmaßenden Phantastereien«, wie ein Minister Cavaignacs, der Wechselmakler Goudchaux, monierte. Dazu zählten die Nationalisierungspläne für Versicherungen und Eisenbahnen, die beabsichtigte Steuerreform, die vorgesehene Sozialfürsorge oder die kostenlose Schulbildung. Als Ergebnis der Revolution blieb zunächst nur die republikanische Form der Verfassung sowie das allgemeine Stimmrecht.

In Mitteleuropa wie in Frankreich wurde das Einsetzen und die Entwicklung der heraufziehenden Gegenrevolution erleichtert durch die wachsende Isolierung der radikalen Elemente, die im Stich gelassen wurden von ihren vorübergehenden Verbündeten, den überrumpelten Reformisten, den bangenden Besitzern, den Bauern, die teilweise zufrieden waren mit den Befreiungsmaßnahmen, die für sie oft getroffen wurden. Allerdings war hier, in Mitteleuropa, das soziale Gefälle weniger deutlich, weil zu den gesellschaftlichen Gegensätzen die Gebietszersplitterung kam, die Ungewißheit des politischen Status und, vielleicht wichtiger als alles andere, der Kampf der Nationalitäten. Dadurch wurden Gang und Art der Geschehnisse noch verwickelter. Zweifellos lieferte die Unversöhnlichkeit der Ungarn den konservativen Kräften, wenn nicht den einzigen Grund, so doch den Anlaß zu einer Verhärtung. In Budapest beunruhigte nämlich der wachsende Einfluß von Kossuth Katholiken, Adel und Slawen, da er, Finanzminister, seine Kollegen Batthyány, Eötvös und Deák ausstach, eine laizistische Politik und die Bauernbefreiung anstrebte bei gleichzeitiger energischer Verteidigung der ungarischen Vorherrschaft. Am 12. August kehrte der Hof nach Wien zurück und nahm, ermutigt durch die Erfolge von Windischgrätz und Radetzky, die Stimmung in Ungarn zum Vorwand, die Einheit der Monarchie zu betonen und Jellačič gegen Kossuth auszuspielen. Jeder Ausgleich wurde unmöglich nach der Ermordung des Unterhändlers Graf Lamberg in Budapest (28. September); zwischen Österreich und Ungarn brach der Krieg aus, Kossuth wurde das Haupt einer regelrecht separatistischen und revolutionären Macht. Umgekehrt probten in

Wien Studenten, radikale Bürger und militante Arbeiter erneut den Aufstand, wofür das Blutbad des Kriegsministers Latour das Zeichen gegeben hatte (6. Oktober). Die Wiener zeigten sich nämlich nur begrenzt einverstanden mit den Arbeiten des konstituierenden Reichstags der aufgrund der Verfassung vom 25. April gebildet worden war, den aber Kleingrundbesitzer und Slawen beherrschten und der sich vor allem für die Abschaffung der Leibeigenschaft einsetzte. Befehligt von Windischgrätz und Jellačič, den starken Männern des Absolutismus, schlugen die Truppen die Wiener Erhebung nieder (23.–31. Oktober), wie sie es vier Monate zuvor in Prag getan hatten. Robert Blum, ein vom Frankfurter Parlament nach Wien entsandter radikaler Sachse, wurde eines der Opfer der folgenden harten Unterdrückung. Zu diesem Zeitpunkt hatte auch für die deutsche Revolution überall eine rückläufige Bewegung begonnen. Die Mitglieder der Paulskirche hatten sich zwar eine Art provisorische Exekutive gegeben durch die Ernennung Erzherzog Johanns zum Reichsverweser, kamen jedoch zu keinem Ergebnis in der Frage, wie die Zeichen und Instrumente der Souveränität, Land- und Seestreitkräfte, Diplomatie und Verwaltung geschaffen werden sollten. Wurde hier kein Weg gefunden, mußte die Nationalversammlung stets ohne wirklichen Einfluß auf das Volk bleiben, den sie den Regierungen der bestehenden Staaten streitig machen wollte. Sie gab den Nationalisten in der Frage Tirols, Böhmens, Polens und vor allem der dänischen Herzogtümer mit solcher Unvorsichtigkeit nach, daß sie in Verruf kam, als sie den enttäuschenden Waffenstillstand von Malmö ratifizieren mußte (16. September), den sie zuerst mißbilligt hatte. Selbst Preußen, Vorkämpfer für die deutsche Sache gegen Dänemark, hatte sich dem Druck Englands und Rußlands zu beugen. Auch in Frankfurt zeigte eine Volkserhebung, die ein erneuter Waffengang Struves in Baden belastete, durch ihr unmittelbares Scheitern die Isolierung und Schwäche der radikalen Demokraten. Diese ›Septemberkrise‹ trieb das durch die Unruhestifter aufgeschreckte deutsche Bürgertum scharenweise in die Arme der Konservativen. Auf den Wagemut und die Erwartungen des Frühlings folgte die Stunde der Ernüchterung, des ›Realismus‹. Die Bourgeoisie nahm ihre Zuflucht zum Säbel, diesem Retter der Gesellschaft: »Gegen Demokraten helfen nur Soldaten.«[4] Das Frankfurter Parlament bestand wenigstens noch weiter. In Preußen blieben der Nationalversammlung, die zur selben Zeit wie die Paulskirche gewählt worden war, aber mehr Widerhall im Volk gefunden hatte und radikaler war, nur noch einige Wochen bis zu ihrer Auflösung. Nacheinander verschlissen sich die mehr oder minder liberalen Kabinette, Camphausen und Hansemann scheiterten. Dadurch kam es zum unmittelbaren Konflikt mit der königlichen Umgebung, den eine *camarilla* von grundbesitzenden und pietistischen Junkern schürte. Ihr Organ war seit dem 1. Juli die Kreuzzeitung. Noch weniger geschlossen als in Wien, sah sich die Koalition aus bürgerlichen Demokraten und Arbeitern, die in Preußen die Sache der Revolution vertrat, zudem der lebhaften Abneigung des preußischen Partikularismus — für König und Vaterland — gegen jede Möglichkeit eines Aufgehens in einem noch ungestalten Deutschland konfrontiert. Die Zusammenstöße zwischen Volk und Armee führten vom Sommer 1848 an zu einer langen Krise, die erst zu Ende ging, als die Nationalversammlung wegen der Demonstrationen vom 31. Oktober nach Brandenburg verlegt und am 5. Dezember aufgelöst wurde.

Die Reaktion setzte also fast überall ein. Sie erreichte zwar nie extreme Formen, noch lastete auf den konstitutionellen Regimen, die in den letzten Monaten des Jahres 1848 trotz aller Schwierigkeiten entstanden, eine drückende Hypothek. Preußen bekam von seinem König an dem Tage, als seine Abgeordnetenversammlung zersprengt wurde, eine hinlänglich liberale Verfassung, deren Ursprung jedoch bereits den Sieg des monarchischen Prinzips über das Recht der Demokraten besiegelte. In Frankfurt war es noch zu keinen greifbaren Ergebnissen gekommen; die Diskussionen blieben in der Auseinandersetzung über ›Großdeutschland‹ und ›Kleindeutschland‹ stecken. Dieses Thema war zuvor kaum behandelt worden und stand nunmehr mit all seinen Aspekten zur Debatte, da in Wien und Berlin die alte Ordnung wieder erstarkte. Denn auch Österreich schien unter der Regierung Schwarzenbergs, des Schwagers von Windischgrätz, der am 21. November an die Macht gelangte, zu sich zu finden. Gewiß erweckte dieser energische Mann aus dem Hochadel, der fähig und darum bemüht war, den Staat möglichst wirksam zu gestalten, den Eindruck, Österreich verjüngen zu wollen, indem er den armen Ferdinand II. zur Abdankung zwang und die Thronbesteigung des kaiserlichen Neffen Franz Joseph in die Wege leitete (2. Dezember). Doch die Auflösung des Reichstags, den man zur Vorsicht seit der Oktoberkrise in der kleinen mährischen Stadt Kremsier hatte tagen lassen, und die damit einhergehende Oktroyierung einer Verfassung, die wie in Preußen dem Repräsentativgedanken und der rechtlichen Gleichheit Raum zugestand, aber autoritär blieb und stärker als die alten Institutionen auf Einheit und Zentralismus abzielte (4. März 1849) — diese beiden Ereignisse sollten bald zeigen, daß auch in Österreich die unerläßliche Erneuerung nicht vom Volkswillen ausging. Allerdings weigerten sich die Ungarn, sich zu unterwerfen, und beantworteten die Verfassung mit der Ausrufung der Republik. Italien schien nach der ersten Niederlage Karl Alberts gleichfalls gegen den Strom schwimmen zu wollen. Rom und Florenz, aus denen Pius IX. und Leopold II. geflohen waren, wurden im Februar 1849 zu Republiken, die Linke ging über Gioberti hinaus und regierte in Piemont. Venedig und Sizilien hielten sich weiterhin. Hier, wie in Ungarn, entschieden die Waffen.

Auch in Frankreich gab es beunruhigende Anzeichen bei der Schaffung der neuen Institutionen. Die Verfassung der Zweiten Republik, die am 12. November 1848 verkündet wurde, ordnete ohne sonderliches Geschick die Beziehungen zwischen einer einzigen Kammer und dem Präsidenten, die beide vom Volk ihren Auftrag bekamen: Der Präsident vermochte keinen Einfluß auf das Parlament zu nehmen, da dieses nicht aufgelöst werden konnte; umgekehrt konnte man den Präsidenten nicht stürzen, er durfte aber auch nicht wiedergewählt werden. Beide Gewalten gerieten von vornherein in zweifelhafte Hände. Gegen Cavaignac, der die bürgerliche Republik mit ihren Beschränkungen und ihrem fehlenden Verständnis verkörperte, wie sie aus den Februar- und Junitagen hervorgegangen war, einigten sich schließlich als Führer der Konservativen, gespalten durch dynastische Konkurrenz und persönliche Rivalitäten, auf die Kandidatur eines Bonaparte, des Prinzen Louis Napoléon. Alle hielten ihn für zu schwächlich, als daß man seinen Ehrgeiz hätte fürchten müssen. Doch indem die Masse der französischen Wähler am 10. Dezember Louis Napoléon 75 v. H. ihrer Stimmen gab, Cavaignac dagegen nur 20 v. H., indem sie zudem Ledru-Rollin eine Niederlage beibrachte, den Sozialisten Raspail wegfegte, Lamartine der Lächerlichkeit preisgab, verlieh sie dem Erben des Kaisers, den bereits sein Name (vor allem auf dem Land) prädestiniert hatte, eine eigene Autorität, die nur schwer im Rahmen seiner formalen Zuständigkeit gehalten werden konnte. Fünf Monate später wurde mit Hilfe des allgemeinen Stimmrechts die Mehrheit der konstituierenden Versammlung abgewählt, die bis zum Mai 1849 kümmerlich dahingelebt hatte, ohne weiteren Nutzen für die Führungsschicht, verhaßt bei den Arbeitern, unbeliebt bei den Bauern, die ihr u. a. nie jene Abgabe von 45 Centimes verziehen, um die sie die direkten Steuern erhöht hatte. Die ›Partei der Ordnung‹ schloß alle monarchistischen Tendenzen unter der Führung der großen Honoratioren zusammen und gewann über die Hälfte der Stimmen (450 Sitze) für die neue gesetzgebende Versammlung. Mit ihr konnten sich die 70 Überlebenden der gemäßigten radikalen Partei nicht messen, sondern lediglich die 200 oder 210 Abgeordneten der *Montagne*[5], die *Roten,* auf die mehr als 33 v. H. der Stimmen entfallen waren und die außer Paris zahlreiche ländliche Departements erobert hatten, besonders im Zentrum und im Südosten. Die Niederlage der Republik zog daher eine gefährliche Radikalisierung der öffentlichen Meinung nach sich. Frankreich schien in zwei gegensätzliche Blöcke gespalten, die Besitzenden einerseits, Demokraten in Stadt und Land andererseits, deren Zusammenprall den Ernst der gesellschaftlichen, durch die anhaltende Wirtschaftskrise verschärften Spannungen zeigte und einer Fortführung des parlamentarischen Experiments, wie man es 1848 versucht hatte, wenig Möglichkeiten ließ.

d) Scheitern und Bilanz der Revolutionen

Es war Österreich, das sich 1849 an die Spitze der europäischen Reaktion stellte, wenn es auch die Unterstützung der Russen annehmen mußte, um seinen alten Rang wieder zu erlangen. Rußland war von den Ereignissen des Jahres 1848 nicht betroffen worden und nach dem Willen des Zaren Nikolaus zu jedem gegenrevolutionären Unternehmen bereit. Schwarzenberg duldete es also, daß russische Garnisonen, stets unter dem Vorwand, die Ordnung zu sichern, sich in den rumänischen Fürstentümern, ebenso in Galizien, einquartierten (dem Sultan war zuvor die Einwilligung abgenötigt worden). Da Windischgrätz und Jellačič ganz offensichtlich nicht in der Lage waren, der ungarischen Sezession ein Ende zu machen, entschloß sich Schwarzenberg überdies, die Truppen des Zaren zu Hilfe zu rufen. Die Russen überschritten die Karpaten, vereinigten sich mit dem Heer der Österreicher und Kroaten, nahmen die Armee Kossuths und seines Generals Görgey in die Zange und vernichteten die durch den Streit zwischen den beiden Männern geschwächten Ungarn endgültig (August-September 1849). Gegen die Besiegten ging man mit blutigen Repressalien vor. An den übrigen Fronten, wo Österreich in den Stürmen von 1848 hatte nachgeben müssen, stützte es sich auf seine eigenen Kräfte, manchmal genügte schon die militärische Drohung, um die Ordnung wieder völlig herzustellen. Südlich der Alpen verstieg sich der von der demokratischen Strömung überrollte Karl Albert dazu, für Custozza Genugtuung zu suchen. Diesmal wurde er in einem viertägigen Feldzug geschlagen und dankte am Abend von Novara (23. März 1849) ab, Piemont überließ die Lombardei ihrem Schicksal. Die Lombarden waren damit der brutalen Unterdrückung Radetzkys und seines Statthalters Haynau, der ›Hyäne von Brescia‹, ausgeliefert. Mittelitalien mußte zusehen, wie die Sieger die alten Dynastien zurückführten und die früheren Regime wieder zum Leben erwachten. In Venedig kapitulierte Manin nach heldenhaftem Widerstand am 26. August. In Deutschland suchte die Paulskirche weiterhin vergeblich nach Aktionsmitteln, die allein imstande waren, dem Parlament Macht zu verleihen. Gleichzeitig schob die Verfassungsdebatte die Frage nach den Grenzen des künftigen Reiches und seinen Beziehungen zu Österreich in den Vordergrund. Zwei einflußreiche Männer der Nationalversammlung, Gagern und Schmerling, schienen die beiden Strömungen unter den Abgeordneten zu verkörpern, die einen für Berlin, die andern für Wien. Aber die gleiche Rolle in dieser fragwürdigen Auseinandersetzung wie die Neigung der einen oder der anderen Partei für ein ›kleines‹ oder ein ›großes‹ Deutschland (einmal unter Ausschluß, dann unter Einbeziehung der deutschen Länder des Habsburgerreichs) — die gleiche Rolle spielten die religiösen Gegensätze, die verwickelte Diplomatie der Fürsten, die Handelsinteressen, der Grad an Liberalismus, den die im Lauf des Winters 1848/49 oktroyierten Verfassungen wahrten. Friedrich Wilhelm IV., den die Kaiserkrone lockte, die ihm am 28. März 1849 eine schwache Mehrheit der Paulskirche anbot, der sich aber auf der andern Seite nicht dazu hergeben mochte, diese »Schweinekrone« zu tragen, »dieses Stahlband der Knechtschaft«, dargereicht von »Bäcker- und Fleischermeistern«, konnte sich zu keinem Entschluß durchringen. Dadurch verpaßte Preußen seine Gelegenheit. Am 27. April, nach langem Hin und Her, lehnte es der König ab, Deutscher Kaiser zu werden. Als wolle er noch klarer seinen Willen bekunden, mit der Revolution völlig zu brechen, löste er die preußische Kammer auf, die kraft der Verfassung vom Dezember 1848 gewählt worden war, die »Zweimonatskammer«, mit der man durchaus hätte regieren können. Anschließend wandelte der Monarch das allgemeine Stimmrecht in ein Dreiklassenwahlrecht ab, das dem Besitz gewaltige Vorrechte einräumte und in Preußen bis 1918 gültig blieb. Hinter dieser autoritären Haltung verbarg sich in gewisser Weise die Unsicherheit, mit der Friedrich Wilhelm die Kaiserkrone zurückgewiesen hatte. Einmal mehr machte sich der König den Schrecken zunutze, der die Wohlhabenden angesichts eines letzten Auflodems der ›Subversion‹ erfaßte, gab sich entschlossener denn je als Garant der bestehenden Ordnung gegen die demokratische Bewegung vom Frühjahr 1849. In ihr hatten sich die Enttäuschten aus dem intellektuellen und handeltreibenden Kleinbürgertum zusammengefunden, verbitterte Arbeiter und Gesellen, Opfer der Wirtschaftskrise, und bis zu einem gewissen Grad war auch die Ausstrahlung einiger Männer von Bedeutung, die dazu berufen waren, den wichtigsten Part in der Geschichte des revolutionären Denkens und Handelns zu übernehmen, Marx in Köln, noch unmittelbarer Engels in Elberfeld, Bakunin (mit Richard Wagner zusammen) in Dresden. Überall, ob im rheinischen Preußen, in Westfalen oder in Sachsen, in der bayerischen Pfalz oder dem Großherzogtum Baden, schlugen die preußischen Truppen von Mai bis Juli die Aufständischen nieder. Letzten Endes zwang ihre Aktion das Frankfurter Parlament, das sich bereits in Auflösung befand, nach Stuttgart überzusiedeln, von wo aus die letzten Demokraten verzweifelt versuchten, kurz vor dem völligen Zusammenbruch die großen Stunden des Nationalkonvents wachzurufen und das deutsche Volk zur Erhebung gegen die Rückkehr des Absolutismus zu bewegen. Doch am 18. Juni wurden auch sie auseinandergetrieben. Voller Schwung versuchte das siegreiche Preußen, der Zustimmung von Hannover und Sachsen bereits sicher, den Plan der deutschen Einheit wieder aufzugreifen, aber zu seinem Vorteil, in seinem Stil. Einen den Vorstellungen der Paulskirche ziemlich nahen Verfassungsbegriff schloß man dabei keinesfalls aus. Allerdings wirkte sich darin die konservative und monarchische Tradition natürlich stärker aus. Diese Idee der ›begrenzten Einheit‹ gewann an Boden, es kam sogar zur Wahl einer Bundesversammlung, die in Erfurt eine Verfassung beschloß (März-April 1850). Umgekehrt strich Preußen aus seiner eigenen Konstitution immer mehr liberale Bestandteile. Bayern und Württemberg, bestärkt von Österreich, ließen sich jedoch nicht für Friedrich Wilhelms Plan gewinnen. Wien wartete mit eigenen Vorschlägen auf, spielte die Karte des Partikularismus und des Katholizismus aus, gewann schließlich Zeit, bis seine Siege in Ungarn und Italien es ihm gestatteten, einen andern Ton anzuschlagen. Diplomatisch von Rußland unterstützt, das sich stets an das Statut von 1815 hielt, gestärkt durch gesundete Finanzen und eine wieder verfügbare Militärmacht, nahm Schwarzenberg am Ende verworrener Verhandlungen, in denen er die wichtigsten deutschen Staaten auf seine Seite gezogen hatte, Ereignisse in Hessen-Kassel zum Vorwand, um die Entscheidung herbeizuführen (Ende 1850). Friedrich Wilhelm, völlig isoliert, entsandte seinen Minister Manteuffel und willigte zu Olmütz in eine schmähliche Niederlage ein (29. November). Gewiß stellte sich in etwa ein Gleichgewicht zwischen dem rivalisierenden Ehrgeiz Wiens und Berlins ein, da Österreich umgekehrt auf den Dresdner Konferenzen den schwerlich anzunehmenden Vorschlag nicht durchzusetzen vermochte, wonach die gesamten Habsburger Länder in einem »sehr großen Deutschland« Platz finden sollten. Doch die Wiederaufnahme der Sitzungen des Frankfurter Bundestags (23. August 1851) in den Formen von vor 1848, das heißt das Fortbestehen des aus dem Wiener Kongreß hervorgegangenen Bundes, bedeutete im Grunde doch Österreichs Sieg. Dadurch wurden bis auf weiteres die liberalen und mehr noch die nationalen Kräfte von der Eider bis zum Arno, vom Rhein bis zu den Karpaten gebremst.

Der in Mitteleuropa unter dem Deckmantel der Verfassungen wieder an die Macht gelangte Absolutismus führte nicht einfach mehr das *Ancien Régime* fort. In Frankreich aber ging aus dem Scheitern der Revolution von 1848 das in sehr vieler Hinsicht neuartigste System hervor. Wie man aufgrund ihrer Entstehung vermuten konnte, führte die Zweite Republik ein prekäres Dasein. Die Wirtschaftsflaute hielt an und machte sich besonders durch sinkende Preise und Verluste in der Landwirtschaft bemerkbar, durch einen Knick in der demographischen Wachstumskurve, durch eine neuerliche Verschärfung der Landflucht. Weniger einschneidend war die in den einzelnen Branchen sehr unterschiedliche Lage der Industrie. Dazu kam eine »ständige politische Krise«[6], in der vor allem drei Akteure aneinandergerieten: die Republikaner, die Partei der Ordnung und der Prinz-Präsident. Nach dem Zusammenbruch der Gemäßigten, die zur Zeit der konstituierenden Versammlung regiert hatten, zählten zu den Republikanern hauptsächlich die Demokraten oder *Montagnards*[7] von Ledru-Rollin und die übriggebliebenen Sozialisten, die von ihren Gegnern gern unter dem Etikett ›rot‹ zusammengefaßt wurden. Die Außenpolitik dieser seltsamen Republik, die ihre Truppen zur Vernichtung der römischen Republik entsandte, die päpstliche Macht wiederherstellte (Juni-Juli 1849) und damit am Tiber anrichtete, was die Österreicher in Norditalien, die neapolitanische Armee in Sizilien geleistet hatten, forderte am 13. Juni den Protest der *Roten* heraus. Aus dem Widerspruch erwuchs bald Aufruhr in Paris und jenen Departements, wo die *Roten* einflußreich waren. Der harte Gegenschlag ließ nicht lange auf sich warten. Künftig verzichteten die Linken auf Unruhen. Sie begannen Frankreich durch Propaganda nachhaltig zu prägen (Stiche, Kalender, Lieder, wenn möglich Zeitungen, Geheimbünde) und gewannen so einige Nachwahlen. Die Partei der Ordnung erwiderte mit den wichtigen reaktionären Gesetzen (1850). Die Loi Falloux erweiterte die Befugnisse des Klerus auf dem Schulsektor, damit auf diese Weise ›Ordnung, Besitz, Familie und Religion‹ besser verteidigt werden könnten. Das Gesetz vom 31. Mai schloß fast ein Drittel der Wähler vom (der Form nach beibehaltenen) allgemeinen Stimmrecht aus. Andere Gesetze schränkten die Pressefreiheit und das Versammlungsrecht ein. All diese Vorsichtsmaßnahmen vermochten aber auf die Dauer die Konservativen nicht zu beruhigen. Für sie zeigten sich die 1852 vorgesehenen Wahlen von vornherein im Lichte eines unheilvollen Dramas, in dem das ›rote Gespenst‹ unweigerlich auftauchte, von neuem Plünderungen, Gewalttätigkeiten und Mord im

Gefolge. Gleichzeitig wurde durch diese Vorkehrungen das persönliche Spiel des Präsidenten erleichtert, den zahlreiche, mit häufigem Ministerwechsel verbundene Konflikte in Widerspruch zur Mehrheit im Parlament gebracht hatten. Denn es stand nun in Louis Napoléons Belieben, die Verantwortung für eine unpopuläre Politik den Führern der Ordnungspartei anzulasten, die die Kammer beherrschten. Unterstützt von den tiefsitzenden, schon alten Mythen ging der Präsident geschickter zu Werke, als man geglaubt hatte, und schuf sich eine Gefolgschaft aus Zivilisten und Soldaten. Wer ergeben oder enttäuscht war, sich nach alten Zeiten sehnte, zählte ebenso dazu wie die Ehrgeizlinge und Abenteurer. Nach zweijähriger Präsidentschaft bot sich Louis Napoléon somit als möglicher Nachfolger des Kaisers an. Ein Zusammengehen der beiden royalistischen Parteien nach Louis Philippes Tode (26. 8. 1850) scheiterte daran, daß der Graf von Chambord, der Enkel Karls X., bereits im folgenden Monat die Vorstellung verwarf, das Gottesgnadentum, das er verkörperte, bedürfe einer nationalen Weihe, wie sie viele Legitimisten wünschten, wie sie jedenfalls von den Orleanisten gefordert wurde. Der Tag einer Restauration rückte damit schlagartig in weite Ferne und ließ die Monarchisten in einer taktisch ungünstigen Lage. Das Feld war frei für die Entfaltung des Bonapartismus, der bei einem Teil der Honoratioren, der Führungskräfte und der Massen Anklang fand. Dadurch wurde die Versuchung, einen Gewaltstreich zu wagen, für die Spieler, die Louis Napoléon und seine Verbündeten waren, übermächtig. Die zur Wiederwahl des Präsidenten nötige Verfassungsänderung hatte im Parlament nicht die erforderliche Mehrheit erhalten. So war nur noch eine gute Vorbereitung und eine geschickte psychologische, polizeiliche und militärische Ausführung vonnöten, als das schicksalhafte Datum 1852 näherrückte, für die einen Erfüllung fast messianischer Erwartungen, für die andern ein Schrecken. Der Staatsstreich erfolgte am 2. Dezember 1851, am Jahrestag der Kaiserkrönung und der Schlacht von Austerlitz. In Paris gab es wenig Widerstand, da die Stadt immer noch unter dem Schock der Junitage stand. Die Provinzen reagierten heftiger, jedenfalls 20 Departements des Zentrums, des Südens und des Aquitanischen Beckens. Das Aufbegehren des Landbürgertums, der Handwerker und Bauern kündigte hier nicht den Beginn jener Revolte an, die von der offiziellen Propaganda und den Konservativen in düsteren Farben gemalt wurde, sondern war Ausdruck für die relative Wirksamkeit der Arbeit, die seit 2 oder 3 Jahren von den radikalen Republikanern und ihren Geheimgesellschaften geleistet worden war. Insgesamt fiel der Sieg den Männern des 2. Dezember trotzdem ziemlich leicht. Er besiegelte einmal mehr das

Scheitern der *Achtundvierziger*. Keineswegs besagte jedoch die Errichtung einer persönlichen Diktatur, die ein Plebiszit 20 Tage später mit einer zu erdrückenden Mehrheit guthieß, als daß seine Tragweite, wenn nicht gar seine Abhaltung über jenen Zweifel erhaben wäre, in ideologischer, politischer, gesellschaftlicher, aber auch wirtschaftlicher Hinsicht eine Rückkehr zum System, das Frankreich unter dem Bürgerkönig erlebt hatte. Der Beginn des Zweiten Kaiserreichs bedeutete im Gegenteil, wir werden es noch sehen, eine besondere Wende für die Geschicke des Landes.

Weithin europäisch, hatte die Revolution, die jetzt unterlag oder wie in Frankreich nach dem 2. Dezember überwunden war, doch nicht ganz Europa erfaßt, sondern oft nur einen schwachen Widerhall gefunden. Sie hatte auf das Vereinigte Königreich nicht übergegriffen. Die Bewegung *Junges Irland* war gespalten, sah sich vom katholischen Klerus im Stich gelassen und hatte in der Bevölkerung wenig Rückhalt. Anstatt sie aufzubringen, machte nämlich die Hungersnot die Iren wehrlos. Für England selbst bedeutete 1848 lediglich das letzte Aufflackern der Chartistenunruhen. Kleine liberale Staaten sahen sich durch die Revolution nur veranlaßt, einen weiteren Schritt auf die Demokratie hin zu tun. Gestützt auf das Grundgesetz vom November 1848, das den Repräsentativcharakter und die Aufgaben der beiden Kammern verstärkte, legte Holland die Rechte der Provinzen und Gemeinden fest. Belgien senkte den Zensus und untersagte die Ausübung einer öffentlichen Tätigkeit bei gleichzeitiger Wahrnehmung eines Abgeordnetenmandats (zwei Reformen, die die Opposition in Frankreich vergeblich von Guizot verlangt hatte). Die Schweiz erhielt am 12. September 1848 eine Bundesverfassung. Dänemark, das die Herzogtümer behielt, ihnen aber eine unterschiedliche Autonomie zugestehen mußte, erlebte ebenfalls Volksunruhen und gab sich 1849 seine erste Verfassung, die sich auf das allgemeine Stimmrecht gründete, von dem allerdings noch wenig Gebrauch gemacht wurde. Der schwedische *Riksdag* wahrte dagegen seine ständische Ordnung unverändert. In der bewegten politischen Chronologie der iberischen Königreiche findet man für 1848 keine schweren Erschütterungen verzeichnet. Dem Aufstand der Spanier kam Narváez durch eine harte Polizeiaktion zuvor; in Lissabon konnte sich Costa Babral bis 1852 halten. Vor allem das autokratische Rußland schien vor jeder Ansteckung geschützt. Selbst die Polen hatten sich nur im preußischen Gebiet von Posen aufgelehnt, ohne Erfolg. Es ist bekannt, wie Nikolaus I. seine unversehrte Macht dazu verwendete, in Bukarest und Jassy Statthalter seiner Wahl einzusetzen und seine Armee Schwarzenberg gegen die Ungarn zu Hilfe zu schicken. Über dem gesamten europäischen Liberalismus schwebte das Damoklesschwert der Kosaken...

Rußland war aber nur ein Extremfall. Auf dem europäischen Kontinent legte das Mißlingen der Versuche von 1848 in erster Linie die relative Schwäche der bewegenden Kräfte im Vergleich zu den alten psychologischen oder materiellen Zwängen bloß. Die Unterlegenen empfanden die Isolierung voller Tragik, stellten enttäuscht die geringe Wirkung ihrer Aufrufe und Unternehmungen fest, sobald die erhebenden und trügerischen Tage kollektiver Begeisterung verrauscht waren. In den Worten von Palacky drückte sich eine Art melancholischer Resignation aus: »Ich habe viel zu tun... Das Interesse unserer Nation verlangt die Hingabe all unserer Bemühungen an unsere Heimat, *da wir nur so wenige sind*...« Eine genauere Analyse, die sich auf eine noch nicht vorhandene vergleichende Historie gründen müßte, hätte die Ursachen für diese Enttäuschungen in einer sozialen Landschaft zu suchen, die weniger tief und allgemein aufgewühlt war, als es die Propheten der Revolution wahrhaben wollten – Gründe, die von Land zu Land verschieden waren und je nachdem eine andere Bedeutung hatten. Es ließe sich auf diese Weise sicher augenfällig machen, daß, sehr grob gesprochen, gerade die Grundlagen der 48er Bewegungen zu begrenzt waren, um deren Erfolg zu verbürgen. Äußerst schlecht standen natürlich die Aussichten einer sozialistischen Revolution. Die Arbeiterklassen waren großenteils noch vorindustriell geprägt, selbst in Frankreich und noch stärker in Deutschland. Hier erhoben bezeichnenderweise die Handwerker, die noch immer an ihren Innungen und den merkantilistischen Ideen hingen, reaktionäre Forderungen, die mit denen proletarischer Schichten im modernen Sinn nichts gemein hatten. Aber auch diese handelten nicht selbständig, sondern zeigten sich lediglich bereit, zusammen mit dem radikalen Bürgertum und unter seiner Leitung sich für ein Programm politischer Demokratie einzusetzen. Des weiteren konnte man aus dem Wirrwarr der Lehren keine klaren Vorstellungen vom Kräfteverhältnis gewinnen, keine Methode, keine Strategie. Es gab außerdem nirgends eine organisierte Partei, auch in England nicht, wo sich übrigens ganz andere Probleme stellten, wie wir noch sehen werden. Die Bauern waren sicherlich imstande, heftig aufzubegehren, ließen sich aber ebenso leicht beruhigen, sobald unabwendbar gewordene Reformen ihren Forderungen entgegenkamen. Dies galt besonders für das Habsburgerreich. Hier zeitigte die Revolution von 1848 dauerhafte Ergebnisse, indem sie die Grundherrschaft beseitigte, die Bauern rechtlich und persönlich befreite und die Dienste abschaffte, die auf ihnen lasteten, allerdings gegen eine Teilentschädigung (diese Lösung kam der 1789 in Frankreich gefundenen sehr nahe). Die Großdomäne blieb erhalten, aber lediglich als großer Landbesitz. Oft hielten auch, das muß man hinzufügen, die ungünstigen Lebensbedingungen die Masse der Bauern von den neuen Strömungen fern, ja, sie wurden dadurch für die Monarchien, die Kirchen und Honoratioren zu gefügigen Werkzeugen gegen die Revolution. Blieb das Bürgertum — die so unterschiedlich entwickelten Bourgeoisien Europas. Sicher stellten sie die Hauptkraft der historischen Entwicklung im 19. Jahrhundert dar (dabei soll die Rolle, die aufgeklärte Teile des Adels von Piemont bis Ungarn spielten, nicht geschmälert werden). Doch ging es um eine Kraft, die, oft ihrer selbst noch nicht sicher, durch Treueverpflichtungen dynastischer oder religiöser Art und durch Achtung vor der Tradition sich manchmal geistig zum Stillstand verurteilte. Vor allem aber war es eine vieldeutige Kraft. Sie vermochte mitzureißen, änderte andererseits auch rasch ihre Ziele, weil der erste Erfolg ihrer Unternehmungen, der zwangsläufig nicht ohne starke Beteiligung des Volkes möglich war, ihr eine gefährliche Bedrohung zu beinhalten schien. Denn das Bürgertum befürchtete, von diesen verdächtigen Verbündeten (das waren die Plebejer stets) überrundet zu werden. Die Besorgnis gewann daher schnell die Oberhand über den Wagemut, die revolutionären ›Fronten‹ der ersten Tage brachen auseinander, und all jene, die mehr um ihren Besitz bangten und weniger um die Freiheit, fanden sich bei den Verteidigern der bestehenden Ordnung wieder. Dieser Umschwung machte sich übrigens für das Bürgertum bedingt bezahlt. Die zum Teil liberalen Verfassungen, die Preußen und Österreich schließlich erhielten, so weit entfernt sie auch von den Erwartungen der Bourgeoisie blieben, gestanden in gewissem Maße eine Teilung der Macht zu. Die gesellschaftlichen und rechtlichen Umwandlungen erleichterten die Entfaltung der Produktivkräfte und des Kapitalismus. Von beidem profitierte das Bürgertum als erstes; die Bilanz war somit in seinen Augen nicht ganz negativ.

Als nationale Revolutionen schienen die 48er Bewegungen ebenso völlig zu scheitern. Zweifelsohne förderte diese Dimension zusätzlich die Spaltung der Revolutionäre. Zu viele Beispiele legen dies nahe, die Unduldsamkeit der Ungarn war nur am bezeichnendsten. Durch ihre Weigerung, den der Stephanskrone unterstellten Slawen und Rumänen die Rechte zu gewähren, die sie selbst für ihr Volk verlangten, lieferten Kossuth und seine Freunde dem Wiener Hof unvermeidlich Verbündete und damit die Möglichkeit, gegen die Magyaren vorzugehen. Doch der Versuch, das patriotische Ideal, das Streben nach Einheit und die liberalen oder demokratischen Hoffnungen (oder auch die Loyalität gegenüber dem legitimen Landesherrn) aufeinander abzustimmen, stellten für Deutsche und Italiener ebensolche Probleme dar. Für die Revolution bedeuteten diese schwierigen Fragen eine Gefahr, weil sie ein immer stärkeres Gefälle schufen, die Parteien aufspalteten, die für einen Augenblick verbündeten Kräfte aufsplitterten und jeden zwangen, schwere Entscheidungen zu treffen oder, für sich persönlich, verschlungene Beziehungen zwischen Nationalgefühl, politischer Überzeugung, gesellschaftlicher Stellung, oft auch religiösem Bekenntnis herzustellen, die ihn zu einer entgegengesetzten Verhaltensweise drängen konnten. Die auf den ersten Blick am wenigsten nationale Revolution konnte dieser Zerrissenheit nur durch völligen Verzicht auf eine außenpolitische Rolle entgehen. Hätte Frankreich wie 1792 sich in einen allgemeinen Krieg gestürzt, hätte es dieselben Schwierigkeiten angetroffen. Der Wunsch nach Expansion, vorgegeben in der Tradition der ›großen Ahnen‹, der Napoleonlegende und dem Verlangen, ›die Schande von 1815‹ zu tilgen, hätte in Belgien oder am Rhein mit der französischen Auffassung vom Recht der Völker in Einklang gebracht werden müssen.

Noch viele andere Umstände haben sich für die Männer von 1848 negativ ausgewirkt. Eine schlechte Wirtschaftskonjunktur, die trotz teilweisen Aufschwungs fast so lange anhielt wie die politische Krise, stand der Festigung des neuen Regimes im Wege und kam der Neigung der Besitzenden entgegen, von einer starken Regierung nicht nur das Heil der Gesellschaft, sondern auch die Rückkehr des Wohlstandes zu erwarten. Der Zufall ganz gewiß, wohl auch das geistige Klima der Zeit und die Beschaffenheit ihrer Sensibilität, die dem Gefühl vor dem Rationalen den Vorzug gab, ließen wenige bedeutende Führer erstehen, die Entschlossenheit mit Weitblick gepaart hatten. Oft großmütig, manchmal heldenhaft, blieben diese Männer im allgemeinen ohne Erfolg. Doch die Zukunft sollte einen Großteil ihrer Träume in die Wirklichkeit umsetzen, einige sogar bald, aber ohne ihr Zutun und meist in anderer Form. Bekanntlich war Napoleon III. in Frankreich als ›einzigem Achtundvierziger‹ Erfolg beschieden, galt Bismarck als erbitterter Gegner der Revolution, hatte Cavour nichts für Mazzini übrig. Durch die Erfahrungen der Männer von ›48‹ wurde die Utopie in Verruf gebracht, den Unterlegenen ihre Untauglichkeit bescheinigt und dem Realismus, den Realisten mit aller Härte ein Platz geschaffen.

2. Der liberale Kapitalismus auf seinem Höhepunkt (1850-1895)

Die Wirtschaft Europas erlebte zwischen 1850 und 1895 eine Verwandlung. Das Pferd wurde zunächst von der Eisenbahn, später vom Automobil, dann vom Flugzeug abgelöst, und gleichzeitig bewirkte der Industriekapitalismus tiefgreifende Veränderungen in einem Wirtschaftssystem, das fortan von der Industrie beherrscht wurde, ihrem Wachstum und ihren Schwankungen unterworfen war. Aber auch die Gesellschaft vermochte sich diesem Neuen nicht zu entziehen, das dem Bürgertum allmählich den Aufstieg zur führenden Klasse ermöglichte. Die Bourgeoisie sicherte sich die politische Macht oder übte sie in Übereinstimmung mit der alten aristokratischen Führungsschicht aus.

Zwar betrafen die strukturellen Wandlungen und die wirtschaftliche Entwicklung nur bestimmte, günstig gestellte Länder Europas wie England, Frankreich, Deutschland, Belgien und die Schweiz ... Allem Anschein nach blieben Wirtschaft und Gesellschaft der Mittelmeerländer oder Osteuropas von den Neuerungen fast unberührt. Der Bauer arbeitete und lebte hier noch wie seine Vorfahren. Doch obgleich er am Fortschritt nicht teilnahm, verspürte er mittelbar das wirtschaftliche Wachstum der andern Länder infolge der sinkenden Preise für seine Erzeugnisse, infolge der besseren Transportverhältnisse. Oft versuchte er durch Auswandern diesen Lebensbedingungen zu entgehen. Zu Beginn des 19. Jahrhunderts, im wenig industrialisierten Europa, stellten diese Länder noch nicht das ›Armenhaus‹ dar, einen unterentwickelten Bereich, ein Menschenreservoir und Absatzmärkte, um die sich ausländisches Kapital und ausländische Produkte stritten. Doch am Ende des Jahrhunderts war dies der Fall.

I. DAS ALLGEMEINE WIRTSCHAFTSWACHSTUM

a) Die Wirtschaftszyklen

Die Mitte des vorigen Jahrhunderts war eine Zeit genereller Expansion, durch ein Ansteigen der Preise, der Löhne und

Gewinne gekennzeichnet, eine A-Phase nach Simiand (oder eine Preissteigerungsphase nach Kondratieff). Auf diese zyklische Konjunktur-Schwankung, die etwa 25 Jahre anhielt, folgten 22 Krisenjahre (1873—1895) mit Preisstürzen in Landwirtschaft und Industrie, ohne Lohnerhöhungen und mit einer Tendenz zur Profitminderung. Diese ungefähr über ein halbes Jahrhundert sich hinziehenden Zyklen mit ihren Expansions- und Krisenphasen traten besonders klar in der Industrie hervor und spielten dabei eine entscheidende konjunkturelle Rolle.

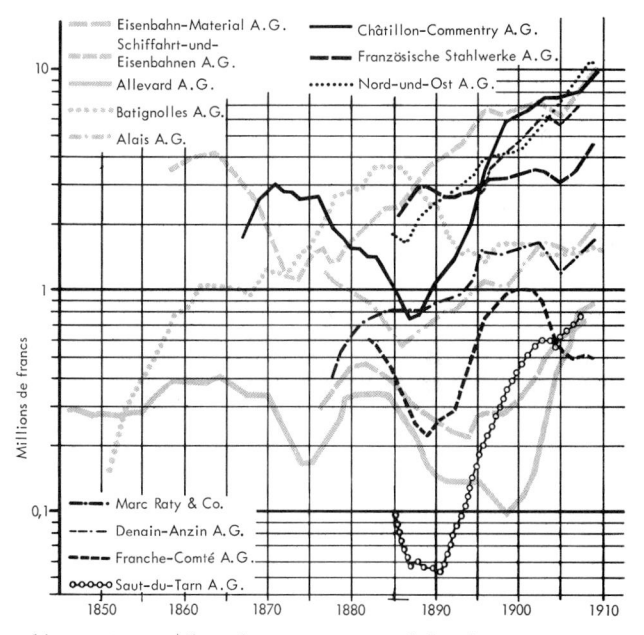

Abb. 3: *Gewinnschwankungen im 19. Jahrhundert — gezeigt am Beispiel einiger Firmen der eisenverarbeitenden französischen Industrie.*

Ein regelmäßiges, aber mäßiges Ansteigen der Preise ermöglichte es nämlich den Unternehmen, Gewinne zu erwirtschaften, die rascher wuchsen als die Preise;[1] daher vermochten sie die Löhne anzuheben, zu investieren (daraus resultierte eine höhere Produktion), ohne finanziell eingeengt zu sein und somit in Krisen den Bankrott zu riskieren. Überdies stimulierte der wachsende Bedarf an Produktionsgütern für Investitionen und an Verbrauchsgütern, der mit der Steigerung der

Löhne und Landwirtschaftseinkommen einherging (Arbeiter und Bauern sparten kaum), immer stärker die Produktion. Damit erklärt es sich, daß trotz der Schwierigkeit, die Auswirkung des Zyklus auf die Entwicklung der hergestellten Mengen und der Wachstumsquoten festzustellen (es fehlt einfach an befriedigenden Buchführungen für jene Zeit), das dritte Viertel des vorigen Jahrhunderts sich uns, wie schon den Zeitgenossen, als ein Abschnitt des Wohlstands darbietet, einer zunehmend schnelleren wirtschaftlichen Entwicklung, des Fortschritts in allen Bereichen: Wir denken an die Technik, an die regelrechte Umwälzung des Transportwesens, die Westeuropa mit einer Infrastruktur versah und so eine Einigung möglich machte. Wir denken auch an die völlig neue Art der Bankkredite, an die rasche Wandlung der wirtschaftlichen Grundlagen, die allerdings ihre Opfer im Namen des Fortschritts forderte und von der andere profitierten, die Spekulanten und die Neureichen. Diese Expansionsphasen waren demnach Zeiten relativen Sozialfriedens, den die Menschen von damals ihren Regierungen zugute hielten. Wohl dem Regime, das daraus Gewinn ziehen konnte wie im viktorianischen England, im Frankreich Napoleons III., im Preußen der deutschen Einheit!

Von 1873 an sanken dagegen die Landwirtschafts- und Industriepreise, was sich in den Einkommen der Bauern und Arbeiter niederschlug. Je weniger die Löhne zu drücken waren, weil sie im Durchschnitt schon niedrig lagen, je mehr die Vorratslager an Wert verloren, je teurer die Rohstoffe einige Monate zuvor eingekauft worden waren, desto mehr schwanden die Gewinne der Kapitalisten, Triebkräfte einer liberalen Wirtschaft; sie sanken noch schneller als die Preise. Die Unternehmen waren dadurch in Krisen gefährdeter und setzten sich zur Wehr. Die Regierungen erhoben zum Schutze ihrer Inlandsmärkte Zölle und machten Anstrengungen, durch Eroberung von Kolonien der inneren Schwäche zu steuern. Denn auf diese Weise gewannen sie neue Märkte und konnten ihre stagnierende Wirtschaft ankurbeln. Infolge des Druckes auf die Löhne, der Schwierigkeiten für die Kleinsparer, der Konkurse und der Arbeitslosigkeit verschlechterte sich das politische und soziale Klima, die sozialistischen Parteien entfalteten sich, Skandale in Politik und Finanzwelt wurden häufiger, die Anschläge der Anarchisten nahmen zu. Das Bürgertum trug zur Entwicklung des Nationalismus bei, für den sich in der ersten Jahrhunderthälfte die Linke stark gemacht hatte, der eine Linksideologie gewesen war. Im Lauf der Jahre vollzog sich jedoch ein Wandel: Hinter dem Nationalismus verbargen sich oft Zusammenstöße in der Gesellschaft; er wurde gegen den Sozialismus eingesetzt. Die Krise von 1873–1895 entsprach einer Periode der Festigung der neuen Gesellschafts- und Wirtschaftsstruktur ohne tiefgreifende Änderungen. Ihr Ausmaß war von Land zu Land verschieden. Man hat sogar ihre Existenz bestritten.[2] Wie jedes geschichtliche Problem war das Verhältnis von zyklischer Bewegung und wirtschaftlicher Entwicklung unterschiedlich und mehrschichtig. Den Ausschlag gaben dabei Einzelfälle, die erreichte Wachstumsstufe (einige Länder hatten die Industrielle Revolution bereits hinter sich, andere befanden sich mitten drin, wieder anderen stand sie erst bevor) und der allgemeine historische Zusammenhang (Beschaffenheit der politischen Gewalt, Verhältnis zwischen den Gesellschaftsgruppen, internationale Beziehungen). Doch war das letzte Viertel des vorigen Jahrhunderts ein zukunftsträchtiger Abschnitt wegen der sich anbahnenden Neuerungen, die zu Anfang unseres Jahrhunderts eine ›zweite Industrielle Revolution‹ hervorriefen, gestützt auf die Chemie, die Elektrizität und den Verbrennungsmotor.

Wie soll man diesen Wechsel von Preisauftrieb und Preisrückgang erklären? Verschiedene Gesichtspunkte müssen beachtet werden: die Entwicklung der Arbeitsproduktivität, die Gepflogenheiten im Geldverkehr, der unterschiedliche Rhythmus des Geldumlaufs, die ausgegebene Menge an Papier- und Bankgeld. Doch um die Jahrhundertmitte, als man im wesentlichen Metallgeld benutzte, die Währungen zumindest überwiegend auf Metall basierten, hingen Preisschwankungen in der Hauptsache von der Edelmetallgewinnung ab (die Bank von Frankreich hielt im letzten Jahrhundert an einem Verhältnis von 1/3 zu 1/2 bei der im Umlauf befindlichen Geldmenge und den Beständen an Edelmetall fest; die Bank von England durfte laut Statut nicht mehr als 20 Millionen Pfund Sterling in Umlauf setzen, die von Gold oder Silber nicht gedeckt waren). Nun fand man 1848 Goldminen in Kalifornien, 1850 in Kanada, 1851 in Australien, 1853 in Neuseeland. Man hat die Goldförderung für die Zeit von 1493–1850 mit 3158 Millionen Dollar angegeben,[3] die Silberförderung mit 7011 Millionen Dollar. Zwischen 1851 und 1870 belief sich die Gewinnung dagegen auf 2596, bzw. 875 Millionen Dollar. Macht man die nötigen Einschränkungen, handelt es sich also um einen Zufluß von Edelmetall, wie man ihn seit dem 16. Jahrhundert nicht gekannt hatte. Leider bleibt es schwierig, dieses Anschwellen der Geldmassen in Westeuropa in genaue Zahlen zu fassen, seine Auswirkungen auf die Preissteigerungen und die Wachstumsquoten zu bestimmen (zwischen 1850 und 1870 diente der Großteil der Edelmetallgewinnung der Geldherstellung: 70 v. H. Silber, 80 v. H. Gold). Daraus wird ersichtlich, daß von 1850 an die Geldmenge in allen Ländern schnell gewachsen ist. In Preußen stieg sie zwischen 1847 und 1857 von 12 auf 60 Millionen Taler an (ohne Bankgeld), 1867 waren es bereits 128 Millionen: desgleichen verdoppelte sie sich zwischen 1844 und 1875 in England und ebenso in Frankreich. Doch nach 1870 verlangsamte sich das Geldwachstum, da die Edelmetallgruben sich allmählich erschöpften. Die Preise blieben fest oder sanken. Erst zu Ende des Jahrhunderts erhielt die westeuropäische Wirtschaft neue Impulse. Damals wurden die Goldfelder von Klondyke und Alaska entdeckt (dies löste wieder einen Ansturm auf die USA aus), besonders aber die Minen Südafrikas. Das war die *belle époque*.

Allerdings läßt sich die Erklärung des Zyklus durch die Schwankungen in der Edelmetallgewinnung kritisieren, da sie etwas Regelmäßiges, den Zyklus, von etwas Zufälligem, der Entdeckung von Erzlagern, abhängig macht; für frühere oder folgende Zyklen gilt diese Deutung nicht mehr. Außerdem kann man sich fragen, ob man neue Minen nicht zu dem Zeitpunkt fand, als es die wirtschaftliche Lage erforderte. Hätte man nichts entdeckt, wäre ein völliger Wachstumsstillstand eingetreten, oder wäre man diesem Mangel nicht dadurch begegnet, daß man Papiergeld hergestellt, den Metallstandard aufgegeben (wie es im 20. Jahrhundert geschehen sollte), und Bankgeld in Umlauf gesetzt hätte.

Diese 50 Jahre dauernden Zyklen umfaßten kleinere Zyklen von ca. 10 Jahren, die Juglar-Zyklen, so genannt nach dem Nationalökonomen Juglar, der sie zum ersten Mal unter Napoleon III. beobachtet hatte. Sie erstreckten sich über 4 oder 5 Jahre, in denen die Geschäfte gut gingen, die Preise stiegen; danach erfolgte ein Umschwung, und die Krise kam ganz unvermittelt mit Konkursen und Arbeitslosigkeit. Daran schlossen 4 oder 5 Jahre relativer Rezession, in deren Verlauf überflüssige Unternehmen stillgelegt wurden und eine Gesundung des Marktes eintrat, Vorspiel einer Aufwärtsentwicklung für einen neuen Zyklus. Man darf sich deshalb über die Regelmäßigkeit der Krisen nicht wundern: 1846; 1857; 1866; 1873; 1882; 1890 usw ... Sie gehörten einfach zum System des liberalen Kapitalismus. Es ging dabei um verwickelte Erscheinungen, die die einzelnen Theoretiker als Ausdruck des Ungleichgewichts erklären, das gerade durch die Expansionsbewegung hervorgerufen wurde, Ungleichgewicht zwischen wachsender Produktion und geänderter Verwendung des Nationaleinkommens (Rücklagen und Verbrauch), Auseinanderklaffen von Produktionswachstum der Produktionsgüter und der Verbrauchsgüter, Verzerrungen infolge der Dauer des Produktionsprozesses, Unterschiedlichkeit der Gewinnspannen während eines Zyklus von einem Wirtschaftszweig zum andern. Diese Krisen waren Krisen relativer Überproduktion oder relativ zu geringen Verbrauchs, typisch für die Produktionsweise im Industriekapitalismus. Den Krisen unter dem *Ancien Régime*, wie sie E. Labrousse so hervorragend beschrieben hat, lagen Mißernten zugrunde, und von der Landwirtschaft griffen sie dann auf andere Bereiche über.

b) Versuch einer quantitativen Messung der Wirtschaftsentwicklung

Trotz aller Schwierigkeiten muß man einen objektiven Gesamtüberblick der alten Volkswirtschaften haben, denn der subjektive Beobachter bevorzugt stets besonders exponierte Sektoren, veraltete, oder umgekehrt schrittmachende, zukunftsweisende, mit hohen Wachstumsquoten. Allein das Sozialprodukt gibt umfassende, obschon anfechtbare Hinweise auf die Wirtschaftsaktivität eines Landes. Will man sie untersuchen, läßt sich eine detaillierte Beschreibung nicht umgehen, sie kann dann aber in ein größeres Ganzes eingeordnet werden. Es wurde versucht, die nationale Buchführung einiger Länder im 19. Jahrhundert zu rekonstruieren. Dabei blieben natürlich sehr starke Schwankungen im Bestimmtheitsgrad.

Für das Vereinigte Königreich konnte man das Sozialprodukt nach den Faktorenkosten[4] berechnen: 1870 betrug es 965 Millionen Pfund Sterling (Angaben in heutigen Kursen), 1880 1104 Millionen, 1890 1411 Millionen. Das Nationaleinkommen belief sich 1855 auf 636 Millionen, 1859 auf 656, 1872 auf 1072, 1880 auf 1076, 1890 auf 1385 Millionen. Für Frankreich[5] gelten folgende Zahlen: 1859 19,4 Milliarden Franken, 1872 22,2, 1882 26,4, 1892 26,1 Milliarden. In Deutschland (innerhalb der Grenzen von 1871) erhält man folgendes Bild: 1860—69 10,7 Milliarden Mark, 1870—1879 13,6, 1880—89 22,8 Milliarden. Konvertiert man diese Werte ganz grob und berücksichtigt man dabei die Festsetzungen dieser Währungen im Verhältnis zum Gold (1 Franken = 0,323 g Gold zu 9/10; ein Pfund = 7,988 g zu 11/12; eine Mark = 0,398 g) und mißt die wirtschaftliche Stärke der drei Länder, erhält man folgendes Ergebnis (in Milliarden heutiger Franken) (siehe Tabellen auf folgender Seite).

Nach dieser Übersicht stand England um die Mitte des 19. Jahrhunderts als Wirtschaftsmacht an der Spitze, dicht gefolgt von Frankreich. Deutschland hatte ein merklich niedrigeres Sozialprodukt, doch schien es dynamischer, denn die Wachstumsquoten lagen höher (das Nationaleinkommen in Preußen wuchs zwischen 1850—70 jährlich um 2,6 v. H.) als in Frankreich, wo man an den Zahlen einen Wachstumsstillstand während der Krise zu Ende des Jahrhunderts ablesen kann.

	Vereinigtes Königreich		Frankreich	Deutschland
	Sozialprodukt	Nationaleinkommen	Sozialprodukt	Nationaleinkommen
1855	16,04			
1859	16,5		19,4	
1860–69				13,7
1865–74				14,5
1870	23,6	24,1		
1872	27,0		22,1	
1870–79				16,8
1880	27,1	27,6		
1882	29,2	29,7	26,4	
1880–89				23,2
1885–94				28,2
1890	34,9	35,8		
1892	33,6	34,8	26,1	

Anwachsen des Nationaleinkommens im Vereinigten Königreich, insgesamt und pro Kopf, von 1855–1904 (Wert: 1900)

Jahr	insg. (1000 £)	pro Kopf (£)	Jahr	insg. (1000 £)	pro Kopf (£)
1880	932	26.9	1855	508	18.3
1881	987	28.3	1856	531	19.0
1882	1 035	29.4	1857	502	17.8
1883	1 029	29.0	1858	545	19.2
1884	1 054	29.5	1859	553	19.3
1885	1 115	31.0	1860	559	19.4
1886	1 162	32.0	1861	591	20.4
1887	1 225	33.5	1862	597	20.4
1888	1 302	35.3	1863	600	20.4
1889	1 380	37.1	1864	629	21.2
1890	1 416	37.8	1865	662	22.1
1891	1 404	37.1	1866	675	22.4
1892	1 350	35.4	1867	670	22.0
1893	1 369	35.6	1868	673	21.9
1894	1 518	39.1	1869	711	23.0
1895	1 587	40.5	1870	774	24.8
1896	1 627	41.1	1871	817	25.9
1897	1 647	41.2	1872	813	25.5
1898	1 673	41.4	1873	857	26.6
1899	1 799	44.1	1874	891	27.4
1900	1 750	42.5	1875	912	27.8
1901	1 746	42.0	1876	909	27.4
1902	1 759	42.0	1877	901	26.8
1903	1 717	40.6	1878	927	27.3
1904	1 685	39.5	1879	930	27.1

Doch darf man nicht außer acht lassen, daß die Bevölkerung der drei Länder nicht gleich war. Berechnet man das Prokopfeinkommen, so treten viel stärker Ungleichheiten hervor und zeigen Unterschiede im Lebensniveau. Für England gelten folgende Zahlen: 750 Franken (1870—79), 800 (1875—84), 895 (1880—89); für Frankreich: 576 Franken (1861—70), 585 (1871—80), 703 (1881—90); für Deutschland: 337 Franken (1860—69), 356 (1865—74), 562 (1885—94). Alle diese Zahlen sind nicht aufgewertet, daher lagen die Wachstumsquoten höher, als es der Preisverfall zwischen 1870 und 1895 nahelegen würde (der allgemeine Preisindex Sauerbeck gibt für England ein Sinken von Richtzahl 100 (1870) auf Richtzahl 62 (1895) an).

Wie sind diese unterschiedlichen Wachstumsquoten zu erklären? Großbritannien, das am weitesten entwickelte Land, verzeichnete ein schwächeres Wachstum als das noch zurückgebliebene Deutschland. Das Vereinigte Königreich hatte 1850 schon lange seine Industrielle Revolution abgeschlossen, sein Wachstum in der zweiten Jahrhunderthälfte vollzog sich regelmäßig. Dabei zeichnete sich am Ende des Jahrhunderts eine Tendenz zur Stagnation ab. Denn Großbritannien zog nur wenig Nutzen aus der Konjunkturbelebung nach 1895. Am Vorabend des Ersten Weltkrieges war es bereits ein gealtertes Land mit erstarrter Wirtschaft, unfähig, seine Struktur zu ändern. Frankreich, dessen Wachstum noch langsamer scheint, selbst in den privilegierten Jahren des Zweiten Kaiserrreichs, erlebte seine Industrielle Revolution um die Mitte des vorigen Jahrhunderts. Zwar ist das Datum schwer festzustellen, doch läßt sich wohl sagen, daß die Krise von 1847 noch gewisse Aspekte alter Krisen trug und die erste industriell bedingte Krise 1873 eintrat, vielleicht schon 1866. In Deutschland fand die Industrielle Revolution zwischen 1855 und 1865 statt. Die Krise von 1873 überraschte das Reich in seiner ersten Industrialisierungsphase. Dies erklärt, weshalb der plötzliche Stillstand sich so heftig auswirkte, vor allem wenn man bedenkt, daß die Wachstumsraten zuvor viel höher lagen. Danach verwandelte sich Deutschland sehr rasch in ein großes Industrieland. Im Unterschied zur französischen stand die deutsche Landwirtschaft einer Strukturentwicklung nicht im Weg. In Deutschland stieg das Sozialprodukt in den einzelnen Wirtschaftsbereichen folgendermaßen:[6]

	Landwirtschaft	Industrie	Andere Bereiche
1860—69	32,3 v. H.	24,0 v. H.	43,7 v. H.
1870—79	27,2 v. H.	32,6 v. H.	40,2 v. H.
1880—89	22,0 v. H.	24,3 v. H.	53,7 v. H.
1890—99	17,0 v. H.	28,0 v. H.	55,0 v. H.
1900—09	17,6 v. H.	37,8 v. H.	44,6 v. H.

Man sieht, wie schnell der Anteil der Landwirtschaft zurückging, bis um 1890 eine relative Stabilisierung eintrat (in der BRD betrug dieser Anteil 1950—60 rund 10 v. H.). Die erste Industrialisierungsphase erfolgte zwischen 1860—75, danach lassen sich die Auswirkungen der Krise klar erkennen. Nach der Konjunkturbelebung vollzog sich das Industriewachstum sehr rasch.

In Frankreich stellt man keinen so schnellen Wandel fest, denn die beharrende Soziostruktur in der Landwirtschaft wirkte retardierend. England erlebte eine langsame Entwicklung, weil es eben am Ziel war. Um 1850[7] belief sich das französische Sozialprodukt auf 55 v. H., das englische auf 74 v. H. (auf 42 v. H. bzw. 63 v. H., wenn man englische Preise zugrunde legt) des Realprodukts; 1890 betrug das Industrieprodukt 59 v. H. und 83 v. H. (56 v. H. bzw. 62 v. H. nach englischen Preisen). Im England von 1890 machte das Landwirtschaftsprodukt weniger als 20 v. H. des Realprodukts aus, in Frankreich war es fast noch doppelt so hoch (in Deutschland betrug es 40 v. H.).

Die starken Wachstumsraten in Deutschland waren das Ergebnis der höchsten Investitionsrate in Europa. Sie hält einen Vergleich mit der Lage in den USA ohne weiteres aus[8]: 8,5 v. H (1851—1870); 11,4 v. H. (1871—1890); 15 v. H. (1891—1913), wogegen England über die Grenze von 7—8 v. H. nicht hinauskam. Das englische Kapital wurde nämlich stark in Übersee investiert und trug zur Entwicklung der USA bei, ebenso wie das französische Kapital in die Mittelmeerländer, den Vorderen Orient, nach Mitteleuropa und Rußland exportiert wurde.

Mit Belgien, das sich zur selben Zeit wie Frankreich entwickelte, waren dies die drei Pole für die Entfaltung des kapitalistischen Europa in der Mitte des letzten Jahrhunderts. Die restlichen Länder gehörten noch zur alten, zur vorkapitalistischen Welt. Italien vollzog seine Industrielle Revolution zu Ende des Jahrhunderts, Österreich-Ungarn war ein zu heterogener Staat, um einen einheitlichen Wirtschaftsmarkt zu bilden; man beobachtete dort um 1850 nur industrialisierte Kleingebiete, die die Gesamtheit des Wirtschaftslebens nicht beeinflußten. Die skandinavischen Länder blieben vor dem 20. Jahrhundert ohne wirtschaftliches Gewicht. Doch dieses alte Europa wandelte sich, auch wo der Prozeß unwiderruflichen Wachstums noch nicht eingeleitet war. Es schuf sich eine Infrastruktur für den künftigen Aufstieg: Verstädterung, Ausbau des Eisenbahnnetzes, Kapitalkonzentration.

II. WACHSTUMSVORAUSSETZUNGEN

Die beispiellose Entwicklung der industriellen Produktivkräfte war nämlich nicht möglich ohne das Vorhandensein von Industriearbeitern, das Zusammenströmen der Menschen in den Städten, die Bildung eines einheitlichen Nationalmarktes (er wurde durch die Umwälzungen im Transportwesen ermöglicht), die Konzentrierung des Kapitals und seine gezielte Verwendung in der Produktion, die Erweiterung der Handelsbeziehungen zwischen den einzelnen Ländern. Das Neue war gleichzeitig auch Folge der industriellen Entfaltung.

a) Landflucht und Herausbildung der kapitalistischen Stadt

Um die Mitte des 19. Jahrhunderts war Europa im wesentlichen noch ländlich; außer in Großbritannien mit seinem beachtlichen strukturellen Vorsprung lebten über die Hälfte der Menschen auf dem Lande; in den meisten industrialisierten Staaten Kontinentaleuropas machten die Bauern rund 75 v. H. der Gesamtbevölkerung aus (75 v. H. in Frankreich – 1851 –, 63,9 v. H. in Deutschland – 1875 –), weit höher lagen die Werte im Mittelmeerraum, Zentraleuropa oder Skandinavien. Doch überall ging die Zahl der Landbevölkerung in der zweiten Jahrhunderthälfte zurück. 1890 betrug sie in Deutschland nur noch 53 v. H., 1911 in Frankreich 56 v. H. Es hatte also eine gewaltige Verschiebung stattgefunden, verursacht durch die Übervölkerung der Landgebiete als Folge natürlichen Wachstums und technischen Fortschritts.

Im 19. Jahrhundert stieg die Bevölkerung rapide an. In den am stärksten entwickelten Ländern vollzog sich bereits die zweite Phase der demographischen Revolution. Die Sterblichkeit sank dank dem medizinischen Fortschritt, der Hygiene, der Ernährung, aber auch die Geburten gingen zurück. In Frankreich fielen sie von 26 v. T. (1851–55) auf 23 v. T. (1866–90), dann auf 19,9 v. T. (1906–10). In Großbritannien blieben die Quoten bis um 1880 konstant (35 v. T.) und sanken (1900–10 auf 27 v. T. Auch in Deutschland gingen die Geburten zurück, doch verzeichnete das Reich zu Beginn unseres Jahrhunderts die meisten Geburten innerhalb der industrialisierten Welt: 39 v. T. (1861–70), 33 v. T. (1900 bis 1910). Diese demographische Dynamik hat ganz sicher den Aufschwung der Industrie unter Wilhelm II. beeinflußt. In den Ländern ohne Industrie blieben die Geburtenzahlen zu Ende des Jahrhunderts sehr hoch, besonders in den **streng katholischen Ländern des Mittelmeerraums (34 v. T. in Spa-**

Abb. 4: *Der letzte Blick auf England. Bleistiftzeichnung von Ford Madox Brown aus dem Jahr 1852. Es war das Jahr der höchsten Auswandererquote in England.*

nien, 33 v. T. in Italien). Gleichzeitig verringerte sich die Sterblichkeit, die noch 1850 infolge des bescheidenen Lebensstandards in diesen Ländern sehr hoch war (in Italien stellt man in der zweiten Jahrhunderthälfte einen Rückgang um 30 v. H. fest). Dadurch wuchs die Bevölkerung sehr rasch an. Diese überzähligen Menschen vermochten keine Arbeit zu finden und konnten ihr Leben nicht mehr auf dem Lande fristen, wo der Bedarf an aktiver Bevölkerung angesichts der gesteigerten Landwirtschaftsproduktion nachließ und die Preise dementsprechend fielen. Gleichzeitig erschwerte das allmähliche Schwinden von Brauchtum in den Dörfern das Leben der Armen auf dem Land immer mehr. Schließlich gab es 1850 noch kleine Lokalhandwerker, die an der Konkurrenz der Industrie nach und nach zugrunde gingen. Ein Teil der Landbevölkerung mußte wegziehen: die Landarbeiter, Kleinbauern, Kleingrundbesitzer, Bauernsöhne, die der väterliche Hof nicht mehr ernährte. Sie suchten anderswo Arbeit, in den Städten der Industriestaaten, wo die Löhne höher lagen, wo die Angebote in den Fabriken und den Dienstleistungsbetrieben stiegen, oder im Ausland, wenn es in der Heimat nur wenig Industrie und daher kaum Arbeitsangebote gab. Die Verbesserungen im Transportwesen, hauptsächlich der Eisenbahnbau, haben diese Landflucht ermöglicht, da sie das Dorf aus seiner jahrhundertealten Isolierung lösten.

Es war eine stetige Bevölkerungsbewegung, besonders intensiv, wenn die Agrarpreise sehr rasch fielen (Krise von 1873 bis 1890) und die Landwirtschaft in einer ihrer häufigen Krisen steckte (in der zweiten Jahrhunderthälfte). Die während der Hochkonjunktur aufgelaufenen Schulden,[1] der Preissturz als Folge amerikanischer Getreidekonkurrenz (1870 erhielt der Erzeuger für eine Tonne Weizen 250 Mark, 1879 dagegen 211 Mark, 1890 nur noch 181 Mark), der sinkende Wert der Grundstücke, der steigende Einsatz mechanischer Geräte auf den großen Gütern (Drosselung der Produktionskosten) — dies alles erklärt, warum innerhalb von fünf Jahren (1885 bis 1890) in Deutschland 840 000 Menschen die Dörfer verließen. 75 v. H. kamen dabei aus Ostpreußen, wo es sehr viele Domänen gab, auf denen Getreide angebaut wurde. In Frankreich[2] verzeichnete man einen ersten Höhepunkt der Abwanderung zwischen 1846 und 1856, als die Eisenbahn die Fahrt in die rapide wachsenden Städte ermöglichte. Ein zweiter Höhepunkt läßt sich zwischen 1876 und 1881 feststellen, verursacht durch die zyklische Krise und die Ausbreitung der Reblaus, die die Weinberge befiel und sie bis 1900 heimsuchte. Schließlich nahm die Landflucht nochmals nach 1896 zu. Der Rückgang der Seidenraupenzucht, des Olivenanbaus, der Färbepflanzen, die Konkurrenz des amerikanischen Weizens, des algerischen Weins – all diese Lokalkrisen spielten eine Rolle bei der Landflucht. Allerdings wurde ihr in Frankreich durch die Struktur des Kleingrundbesitzes, den die Revolution von 1789 gefestigt hatte, Schranken gesetzt.

Die Landflucht hatte zweierlei zur Folge: Auswanderung und Wachstum der Städte. Zwischen 1853 und 1880 verließen 2,5 Millionen Briten ihre Insel; während der großen Depression wanderten 2 Millionen Deutsche in die USA aus. Nach 1880 kamen die meisten Einwanderer in den Vereinigten Staaten aus dem Mittelmeerraum (vor allem aus Italien) und aus den skandinavischen Ländern. Frankreich war nur in geringem Maße Auswandererland. Man zählte im Durchschnitt nicht mehr als 4000 Menschen jährlich. Nach den Mißernten und

der Choleraepidemie von 1853—55, während der Agrarkrise von 1881—90 lagen die Zahlen allerdings viel höher.
Um 1850 gehörte eine sehr große Stadt noch zu den Seltenheiten. Nur zwei Städte in Europa hatten mehr als 500 000 Einwohner, London mit 3,36 Millionen und Paris mit 1 Million. In Berlin lebten 1850 lediglich 419 000 Menschen. 1910 bis 1911 gab es mehr als 25 Städte oder Wohnzentren mit über 500 000 Einwohnern, doch erreichten nur relativ wenige die Millionengrenze: London (4,5 Millionen), Paris (2,8 M.), Berlin (2,1 M.), Petersburg (2 M.), Moskau (1,6 M.) und Budapest (1 M.). Städte mit hoher Wachstumsquote waren besonders Industrie- oder Hafenstädte, weniger Verwaltungs- oder Handelsstädte. Die stärkste Verstädterung fiel mit den Industrialisierungsperioden zusammen. In den nicht industrialisierten Ländern waren die Städte um 1850 sehr klein, ausgenommen in Italien, das seit langem eine Stadtkultur kannte. Sie spielten lediglich eine Rolle für Handel, Verwaltung oder Politik. Die einsetzende Industrialisierung verwandelte sie völlig. 1850 zählte Oslo 21 000 Einwohner, 1911 waren es 243 000. Um die Jahrhundertmitte lebten in Hamburg und München nicht mehr als je 150 000 Menschen. 1910 war Hamburg eine Industriegroßstadt, mit einem der bedeutendsten Häfen und 931 000 Einwohnern, München erreichte die Zahl von 596 000. Am Ende des Jahrhunderts waren England und Deutschland die Länder mit der stärksten Verstädterung. Es gab hier bereits ausgedehnte Stadtkomplexe, Industriegebiete, in denen ländliche Gegenden völlig verschwunden waren, wo die Städte eng beieinander lagen: Birmingham, Leeds, Manchester, Liverpool, Glasgow, das Ruhrgebiet, das sächsische und schlesische Industriebecken. In Frankreich ging der Verstädterungsprozeß viel langsamer vor sich, was natürlich mit der stärkeren Beharrungskraft seiner Bauern zusammenhing. England besaß bereits 1850 Großstädte, die in der zweiten Jahrhunderthälfte weiterwuchsen. In Frankreich dagegen setzte die Verstädterungsperiode zwischen 1851—1876 (dies entsprach der Zeit industrieller Expansion unter Napoleon III.) ein, in Deutschland lag sie noch später, fiel mit der Landwirtschaftskrise während der großen Depression zusammen und wurde von der raschen Industrialisierung beschleunigt.
Ein derartiges Wachstum vollzog sich nicht ohne tiefgreifende Wandlung der Natur und Funktion der Stadt, nicht ohne Änderung des Lebens und der Beschäftigung ihrer Bewohner; umfangreiche städtebauliche Arbeiten und ein neuer städtischer Lebensstil waren die Folge. Um den alten Kern herum, um den Dom, die Händlerviertel, die Handwerkergegend wuchs die Stadt durch den oft regellosen Bau von Vororten, die Eingemeindung von Nachbarorten, um alle Zugezogenen

unterzubringen. Um Berlin legte sich ein Kranz, der mit der alten Stadt zusammen bildete, was man seit 1890 Groß-Berlin nannte. In Frankfurt, 1850 noch eine kleine, alte Stadt, kaum verschieden vom Frankfurt Goethes, ohne besondere industrielle Aktivität, sieht man von Tabakverarbeitung und Buchdruck ab, wurden die umliegenden Kommunen allmählich dem alten Stadtkern angegliedert. Die Entwicklung wurde nach 1880 mit dem Aufkommen der Großindustrie beschleunigt: Bornheim wurde 1888, Bockenheim 1895 eingemeindet. In Paris vollzog sich das Wachstum konzentrisch von der alten Stadtmauer der Generalpächter aus. 1860 wurden Ménilmontant, Belleville, Montmartre, les Batignolles, Passy, Auteuil, Vaugirard angeschlossen. Die Kapitale umfaßte nunmehr die gesamte Fläche innerhalb der Befestigungslinie der Julimonarchie und wurde in 20 Arrondissements unterteilt. Weiter entfernt liegende Kommunen wie Boulogne, Saint-Denis, Montreuil dienten bereits der Aufnahme neuer Zuwanderer. Doch selbst das Herz der Stadt verlagerte sich. Es schlug von jetzt an im Geschäftsviertel zwischen der Altstadt und dem Bahnhof, der oft an der Peripherie lag. Der Bahnhof wurde entsprechend dem Ehrgeiz der neuen Zivilisation gebaut, ein regelrechter Dom des Industriezeitalters.[3] Der 1848 eingeweihte Münchner Hauptbahnhof hatte eine halbzylindrische Form, war 30 m breit, 20 m hoch, 11 m lang, an einem Ende geschlossen, am anderen fuhren die Züge durch romanische Arkaden. Das Licht fiel durch eine riesige Fensterrrose. In London war der Bahnhof *Euston Park* ein prachtvoller Portikus mit dorischen Säulen, mit einem Giebel an der Vorderseite. Der Nürnberger Bahnhof war in ›gotisch-mittelalterlichem‹ Stil gehalten. *St. Lazare* in Paris war ein Monumentalbau, dem zierliche Eisenträger Leichtigkeit verliehen. Unter dem Glasdach, das sie trugen, malte Claude Monet das wechselnde Spiel des Lichtes.
Typisch für den Baustil des Zweiten Kaiserreichs war die *Gare du Nord*, wo der Architekt Hittorf Steine und Eisen verschmolz. Die Stadt nahm neue Züge an. Die alten engen Straßen wichen breiten, schnurgeraden, von Bäumen gesäumten Boulevards, die die Perspektiven und Plätze des 18. Jahrhunderts ergänzten und weiteten. Neue Gebäude ahmten mehr oder weniger glücklich die Architektur vergangener Epochen nach. Man denke an den Klassizismus des *Buckingham Palace*, an das *Palais de Justice* in Brüssel, den Renaissancestil des *Wiener Burgtheaters* und der *Wiener Börse*, an den byzantinischen Stil von *St. Augustin* in Paris ... Die Stadt wurde zum ›Polypen‹, unpersönlich. London hatte ein Straßennetz von 8500 km Länge, in Paris waren es 2345 km! Die Stadt wurde auch Sinnbild des Kapitalismus.

Kapitalistisch war die Stadt einmal wegen der Grundstücksspekulation dann wegen der zunehmenden sozialen Trennung und des Aufkommens der Kaufhäuser.[4] Geschäftsleute, regelrechte Bauspekulanten, nahmen die Bebauung neuer Stadtteile in Angriff und kamen zu Vermögen.

Thomé, ein unter Napoleon III. zum Unternehmer gewordener Bauer, hinterließ bei seinem Tod (1897) 60 Millionen Franken, und zwei seiner Enkelinnen hatten die Söhne des Staatspräsidenten geheiratet. Finanzkonzerne spekulierten auf den Wert der Grundstücke und die mögliche Erweiterung der Stadt. So beteiligte sich der *Crédit Mobilier* der Gebrüder Péreire an der Erneuerung von Paris und Marseille über eine Filiale, die *Société Immobilière,* die infolge einer Fehlprognose hinsichtlich des Geländes neuer Stadtviertel in Marseille die Muttergesellschaft in den Konkurs trieb. Die Grundstücksspekulation trat an die Stelle der Eisenbahnspekulation. In der kapitalistischen Stadt setzten sich künftig die bürgerlichen Viertel mit weiten Grünflächen, bequemen, gewinnbringenden Wohnhäusern mit Gas für Licht und Heizung, Mansarden für die Bediensteten von den Arbeitergegenden ab, die oft verschmutzt und hygienisch völlig unzureichend waren, die unter den Rauchwolken der Fabriken lagen, wo die Trunkenheit, das Verbrechen und der Selbstmord ständig zunahmen. In der Stadt früherer Jahrhunderte hatten Angehörige verschiedener Gesellschaftsschichten zusammengewohnt: Kaufleute und Handwerker im Erdgeschoß, arme Leute, Heimarbeiter, Studenten und kleine Angestellte in den oberen Stockwerken konnten wohlhabende Bürger in den unteren Etagen als Nachbarn haben oder den Adligen, der nebenan in seiner Villa lebte. Von jetzt an stießen prinzipiell zwei Lebensweisen in der Stadt zusammen, die der Arbeiter, von Zola in seinem *Assommoir* so hervorragend geschildert, und die der Bourgeoisie mit ihren Unterhaltungsmöglichkeiten, ihren bevorzugten Spaziergegenden, ihrem gediegenen Mobiliar, ihrer besonderen Kleidung: Gehrock oder Cut waren für das Bürgertum typisch, für den Arbeiter die Mütze.

Kapitalistisch war die Stadt auch wegen der Macht der Kaufhäuser, die langsam das wehrlose Kleinhandwerk und den Kleinhandel verdrängten. Zola hat diesen erbarmungslosen Kampf in seinem *Le Bonheur des Dames* beschrieben. Von 1860 an veränderte eine regelrechte Revolution die Art der Verteilung von Handelsgütern. Der Ladenbesitzer alten Stils hatte eine treue Kundschaft, der er stets mit Rat zur Seite stand, deren Wahl er beeinflußte, deren Bestellungen er entgegennahm. Sein oft sehr kleiner Laden ließ nicht zu, daß die Waren für die Käufer optisch wirksam zur Schau gestellt werden konnten. Bei bescheidener Umsatzziffer lagen die

Gewinne doch hoch. Wie ungewohnt und verführerisch mußten demgegenüber die entstehenden Kaufhäuser erscheinen! Statt den ganzen Tag von Laden zu Laden zu laufen, fand die Hausfrau im selben Geschäft alle möglichen Artikel, die vor ihr ausgebreitet lagen, ohne daß sie einen Verkäufer zu bitten oder etwas zu kaufen brauchte. Außerdem waren die Preise angegeben und unterboten die des Kleinhandels (im allgemeinen betrug der Reingewinn nur 4 v. H., zieht man von den 20 v. H. Gewinn 16 v. H. für Unkosten ab).[5] Mit etwas Glück kam sie in den Genuß der Sonderpreise und Schlußverkäufe. Sagte ihr ein Artikel nicht zu, konnte sie ihn zurückbringen oder umtauschen. Das Kaufhaus lieferte außerdem die Waren nach Hause. Schließlich ließ sich die Wahl nach einem Katalog treffen und die Bestellung mit der Post aufgeben. Während der Handel früherer Zeiten mit seinem Kapital nicht arbeitete, suchte das Kaufhaus das Geld möglichst rasch in Umlauf zu setzen. Wollte man billig verkaufen, mußte man viel verkaufen und durfte nichts lagern. Die Bewegung ging von Paris aus, wo die Kaufhäuser zwischen 1850 und 1870 entstanden, griff auf England und Deutschland (Wertheim, Leonhard, Tietz) über, auf Belgien, wo die Gebrüder Thiry den *Bon Marché* nachahmten und 1864 die ersten Kaufhäuser in Brüssel einrichteten, die späteren *Grands Magasins de la Bourse*. In England versuchte die Genossenschaftsbewegung das kapitalistische Zwischenglied zwischen Hersteller und Verbraucher auszuschalten. Ähnliche Versuche, darunter die bekannte *Rochdale Society of Equitable Pioneers*, reichten in die erste Jahrhunderthälfte zurück, doch vor 1850 entfalteten sich die Genossenschaften nicht so richtig. Die 130 Kaufhäuser, die es 1851 gab, verzehnfachten sich innerhalb von 20 Jahren und schlossen ungefähr 500 000 Genossenschafter zusammen. 1863 wurden diese Kaufhäuser neu organisiert, um ihre Einkäufe über eine Einkaufszentrale abwickeln zu können, die *English Cooperative Wholesale Society*. In Paris erlebte das Kaufhaus seinen Triumph. 1852 eröffnete Aristide Boucicaut den *Bon Marché*. Bald fand er Nachahmer und Konkurrenten. Unterstützt von mächtigen Finanziers wie den Gebrüdern Péreire, die die *Société Immobilière* kontrollierten und sich mit dem Bau der *rue de Rivoli* befaßten, Männern wie Achille Fould und de Galliera, übergab Chauchard 1855 das Kaufhaus *Le Louvre* in der *rue de Rivoli* seiner Bestimmung. Jaluzot gründete 1865 *le Printemps,* 1869 *le Samaritaine ...* Lebensmittelgrossisten gab es bereits ebenfalls. Félix Potin, vormals Angestellter in einem Lebensmittelladen, wurde Fabrikant, um billiger verkaufen zu können. Er begann mit Schokolade in einem Schuppen in der Nähe der *Gare St. Lazare,* bezog dann auch andere Waren ein. Es war ein harter

Kampf, wenn man dem Lebensmittelhandel Gesetze aufzwingen wollte. Denn in dieser Branche gehörten falsches Gewicht und willkürliche Preise zur Regel. Auf den Einwand von Freunden, die ihn auf die Verluste aufmerksam machten, antwortete Potin:[6] »Schon gut! Wenn ich nur die Schlacht gewinne, dann zähle ich die Toten nicht.«

Die Stadt in der zweiten Hälfte des 19. Jahrhunderts war bereits unsere heutige Stadt. Gewiß fehlten die Autos, aber die städtischen Aktivitäten, Probleme, Gebäude und Hauptstraßen glichen den unseren. Die Mehrzahl der Städter von heute bewohnt Häuser, die zwischen 1850 und 1900 entstanden. Desgleichen gehen unsere Landstraßen und Eisenbahnlinien auf die zweite Hälfte des 19. Jahrhunderts zurück.

b) Umwälzungen im Transportwesen

1850 wurde über die Hälfte der Waren und Reisenden wie in den 50 Jahren zuvor auf den Straßen befördert; der andere Teil, vor allem die schweren Lasten, wurde mit dem Schiff transportiert. Doch zwischen 1850 und 1860 begann die Eisenbahn der Straße ernsthaft Konkurrenz zu machen. 20 Jahre später (1880—90) war sie dann das wichtigste Transportmittel in den meisten Ländern Europas geworden. Die zeitliche Abfolge dieser Transportrevolution, ausgelöst durch die Schaffung einer für das industrielle Wachstum notwendigen Infrastruktur, entsprach sich in den einzelnen Ländern nicht, sondern richtete sich nach der jeweiligen wirtschaftlichen Entwicklung. In Frankreich vollzog sich der entscheidende Schritt zwischen 1856—63. Der Warentransport pro Tonne und Kilometer, den die Bahn übernahm, überstieg die Beförderung der Waren auf der Straße:

Warentransport in Frankreich (in Millionen Kilometertonnen)[7]

	Straße	Schiff	Bahn	insgesamt
1851	2 400	1 670	485	4 550
1856	3 200	1 980	1 870	7 050
1863	3 220	1 940	4 060	9 220
1869	3 200	2 170	6 220	11 590
1876	2 860	1 970	8 200	13 030
1882	2 870	2 380	10 700	15 950

Die Straßen

Der Straßenzustand um 1850 zeigt zwei Europa: das entwickelte Europa einerseits, wo bereits ein geschlossenes Netz guter Straßen existierte, die auch in der Folgezeit kaum verändert wurden, weil man sie teilweise zugunsten der Eisenbahn vernachlässigte; andererseits das nichtindustrielle Europa, wo die Transportbedingungen auf den Straßen noch unzulänglich waren. Frankreich besaß ein hervorragendes Straßennetz erster Ordnung, die *Nationalstraßen* (34 000 km: 1840), die bereits im 18. Jahrhundert die Bewunderung des englischen Reisenden Young erregt hatten. Die Julimonarchie hatte sich um den Ausbau der Straßen zweiter Ordnung bemüht und hierfür eigens Straßenwarte bestellt. Diese Phase fand ihren Abschluß zwischen 1840—60. Das Zweite Kaiserreich hinterließ der Dritten Republik rund 415 000 km befahrbarer Straßen. Nur die Gemeindewege waren noch verbesserungsbedürftig.

In England gab es um 1850 natürlich ein vollständiges, aber mittelmäßiges und schlecht unterhaltenes Straßennetz. 1856 waren die Landstraßen von London nach der Grafschaft Middlesex nur zur Hälfte asphaltiert, und die Besitzer von Pferdebahnen beschwerten sich, daß der Schotter ›had destroyed their horses‹[8]. Tatsächlich waren seit dem Tod von Telford (1834) und von Mac Adam (1836) nicht viele Änderungen eingetreten. Die Verantwortung dafür trug das Straßenbewirtschaftungssystem. In England, der Heimat des freien Unternehmertums, wurde ein Großteil der Straßen noch von Privatgesellschaften gebaut und instand gehalten, die dafür Gebühren erhoben. Abgesehen von der Behinderung, die die Mautstationen bildeten (*turnpikes*), — manchmal lagen sie nur wenig auseinander —, erwies sich das System um 1850 ganz eindeutig als unfähig, die nötigen Reparaturen auszuführen. Das Einkommen der Gesellschaften war nämlich gesunken, weil ihre wichtigste Geldquelle, der Kutschenverkehr, infolge der Eisenbahnkonkurrenz unergiebiger wurde. Der Staat hatte seit Anfang des Jahrhunderts bestimmte Landstraßen in eigene Regie übernommen und hob nach und nach die Gebührenpflicht auf den Straßen auf (ab 1864 waren es ungefähr 1500 Meilen im Jahr). Je nach der Bedeutung der Straße wurde der Unterhalt dem Staat, der Grafschaft oder dem Kirchspiel zur Pflicht gemacht.

In Preußen war das Straßennetz 1850 noch ganz bescheiden und umfaßte nicht mehr als 10 000 km Landstraßen. Die westlichen Provinzen hatten sich das napoleonische Erbe angeeignet. Die Verkehrsbedingungen im Osten dagegen erinnerten an verflossene Jahrhunderte. Von Posen nach Gnesen benötigte man über elf Stunden. Von den 1280 preußischen Meilen (=9600 km), für die der Staat 1841 aufkam, befanden sich 468 (= 3510 km) im Rheinland und in Westfalen. Der Höhepunkt des preußischen Straßenbaus fiel in die Jahre zwischen 1845—70. Für den wirtschaftlichen Rückstand Deutschlands und für den langsamen Prozeß der politischen Einigung war der späte Ausbau der Straßen und das späte Einsetzen der industriellen Revolution mitverantwortlich. Belgien und

Holland besaßen gute Straßen, die übrigen Länder Europas jedoch lagen weit zurück. Nach 1870 glichen sich diese Unterschiede merklich aus.
Der Straßenverkehr wurde allerdings wegen der konkurrierenden Eisenbahn immer schleppender. Lediglich die kleinen Straßen bildeten dabei eine Ausnahme, denn sie verbanden den Bahnhof der Stadt mit den Nachbardörfern. Die erste Jahrhunderthälfte war das goldene Zeitalter der Fuhrleute, der Postmeister, der Postillione. 1873 verschwand in Frankreich der letzte Postmeister. Das Straßennetz wartete auf die Erfindung des Autos, doch der Verbrennungsmotor befand sich noch im Versuchsstadium. 1862 setzte Lenoir einen Motor mit pulverisiertem Rohöl in Bewegung, und Beau de Rochas schuf das Viertaktsystem. Aber Lenoir, Otto und Daimler entwickelten vor 1885 keine wirklichen Benzinmotoren. 1888 erfand ein Tierarzt aus Belfast, Dunlop, den Reifen: Das Automobil war entstanden. 1892 verkaufte Peugeot schon 29 Wagen.

Die Binnenschiffahrt
Die Konkurrenz der Eisenbahn machte auch der Binnenschiffahrt zu schaffen, nur regte sich hier manchmal stärkerer Widerstand als bei der Straße. Auch in diesem Fall gab es große Unterschiede zwischen den einzelnen Ländern. Frankreich und England hatten hauptsächlich in den ersten 50 Jahren des Jahrhunderts Kanäle gebaut und Flüsse reguliert. Nach 1850 kam es nur noch zu punktuellen Verbesserungen. Anders in Deutschland und in Mitteleuropa, wo in der zweiten Jahrhunderthälfte die wesentlichen Arbeiten ausgeführt wurden.
1850 verfügte England über ein vorzügliches Netz von Wasserwegen, die London mit allen großen Städten verbanden. Doch im Unterschied zu allen andern Ländern Europas gehörte dieses Netz Privatgesellschaften. Die Nachteile dieses Systems lagen so offen zutage wie bei den Privatstraßen. Die Rentabilität der Bewirtschaftung blieb äußerst ungewiß, die Einnahmen deckten kaum die Unterhaltskosten, weil die Transporttarife durch die Konkurrenz der Eisenbahn immer billiger wurden. »The railway can always carry cheaper«, sagte O'Brien vom Handelsministerium 1846.[9] Unter diesen Bedingungen konnte man kaum daran denken, den Bau neuer Kanäle zu amortisieren. Nach 1850 wurden derartige Vorhaben eingestellt. Die Eisenbahngesellschaften kauften zahlreiche Kanäle auf. Ein Teil des Netzes blieb allerdings unabhängig. Es schloß London an Gloucester, Birmingham, Leicester und das Humberbecken an. Doch überall erwies sich die Bahn als überlegen. Selbst in einer so sumpfigen und von Wasser-

straßen durchzogenen Gegend wie den Fens verursachte der Bau einer Bahnlinie den Niedergang der Binnenschiffahrt.
In Frankreich entstanden die Kanäle hauptsächlich unter der Restauration und der Julimonarchie. Der Staat führte aber auch nach 1850 Arbeiten aus, um die Industriereviere im Norden und Osten besser zu versorgen. Man kanalisierte die Seine, die Marne, die Yonne. 1874 dachte man an die Verbindung von Saône und Maas durch den Ostkanal. Der Freycinet-Plan, ein Projekt für den Wiederaufbau Frankreichs nach dem 70er Krieg, sah 2000 km neuer Kanalanlagen vor. Davon wurden nur 200 km vollendet (1869 gab es 4650 km Kanal; 1900:4850 km). Die Gesamtlänge änderte sich zwar nur wenig, der Verkehr nahm jedoch merklich zu, eine Folge der Regulierung der Wasserstraßen (Mindesttiefe: 2 m; Mindestlänge der Schleusen: 40 m). Dies erlaubte auch größeren Schiffen, die Kanäle zu befahren. Aber wieder zeigte die Bahn ihre Vorzüge, denn auf dem Schienenweg wurden 75 v. H. der Kohleproduktion transportiert.
In Deutschland hatte man die Wasserwege vernachlässigt, als man die ersten Eisenbahnen baute. Doch liefen bereits vor 1870 neben den meisten Flüssen Kanäle. Erst nach 1880 führte der Staat große Bauvorhaben aus, um die deutschen Flüsse zu verbinden. Der *Kaiser-Wilhelm-Kanal* in Kiel, 1896 eingeweiht, war aus strategischen Überlegungen entstanden und zählte vor 1914 nicht zu den wichtigen Handelsverbindungen. Der *Dortmund-Ems-Kanal* ermöglichte eine rasche Beförderung der Ruhrkohle; der Rhein wurde begradigt, Flußschleifen abgeschnitten, Häfen angelegt. Das großartige Projekt, den Rhein über den *Mittelland-Kanal* mit der Elbe zu verbinden, wurde angesichts der Widerstände aus Kreisen der Getreideerzeuger in Ostpreußen und der Kohleproduzenten in Oberschlesien zurückgestellt. Man kann nach dem Nutzen solcher Arbeiten fragen, wie der Experte Gustav Cohn 1900[10] sich die Frage stellte, ob die Kanalbaupolitik des Kaiserreichs nicht einfach das Nationaleinkommen den ostelbischen Großgrundbesitzern und den Eisen- und Kohlebaronen Westfalens zuleitete, die auf diese Weise ihre Transporte verbilligten. In Österreich-Ungarn schließlich wurde die Donau reguliert und in ihrer gesamten Länge schiffbar gemacht.

Die Eisenbahn
Zwischen 1850 und 1900 war die Eisenbahn König. Der ›Schlepper‹ von 1850, erst seit 1870 Lokomotive genannt, war bereits eine komplexe, starke und schnelle Maschine. Das Muster, nach dem alle Konstrukteure sich um die Jahrhundertmitte richteten, war die englische Crampton, 1846 gebaut, die mit ihrer von der Mitte nach hinten verlegten Treibachse

etwas Neues bot. Denn damit konnte ihr Durchmesser auf 2,10 m erweitert und die Geschwindigkeit der Maschine gesteigert werden. Die elegante Lok entwickelte bei einem Gewicht von 29 t 400 PS. Bei Versuchsfahrten hatte sie 100 km erreicht bei einer Transportlast von 50 t. 1855 betrug die Durchschnittsgeschwindigkeit der Schnellzüge 53 km. Durch weitere Verbesserungen in der zweiten Jahrhunderthälfte ließ sich die Motorstärke merklich steigern, gleichzeitig die Geschwindigkeit und die Zugkraft. Am Ende des Jahrhunderts wog eine Lokomotive 150 t und setzte Züge von 2000 t in Bewegung. Um die Treibräder noch besser die Schienen greifen zu lassen, verband man sie mit den anderen Rädern. Die Lokomotive von Petiet (1862) besaß schon 12 Treibräder, und die Maschine des Österreichers Engerth vermochte einen Zug auf Gebirgsstrecken zu ziehen. Um 1880 fuhren die Züge durchschnittlich 70–80 Stundenkilometer. Die wachsende Geschwindigkeit warf Bremsprobleme auf. Vor 1850 fand die Pufferkopplung, die beim Anfahren und Halten ein Aufeinanderprallen verhinderte, auf dem Kontinent keine große Verbreitung. Die Druckluftbremse wurde 1869 erfunden. Nach 1850 stieg die Verkehrssicherheit durch die immer häufigere Verwendung des elektrischen Telegraphen. All diese Fortschritte ermöglichten eine beachtliche Senkung der Tarife zwischen 1850–1900 und machten die Eisenbahn zu einem jedermann zugänglichen Verkehrsmittel. Um die Jahrhundertmitte wurde den Fahrgästen nur wenig Komfort geboten. Die meisten Wagen bestanden aus Holz, was bei Unfällen erhöhte Gefahr bedeutete; Brände gab es nicht selten. Die Wagenlänge betrug wegen der Kurven höchstens 7 m. Erst die Verwendung von Drehgestellen ermöglichte größere Längen. Regelrechte Karren mit nicht überdachten Bänken, die ersten Wagen 3. Klasse, existierten noch auf bestimmten Linien. Heizung fehlte meist, abgesehen von den Wärmflaschen, die unter die Füße der Reisenden der 1. Klasse geschoben wurden. Hier gab es auch Licht: Öllampen und Kerzen. Allmählich verbesserten sich die Transportbedingungen. Der Metallwagen erfreute sich immer stärkerer Beliebtheit. Gegen 1870 sah man die ersten Schlafwagen, Gasbeleuchtung und Speisewagen. Zu Ende des Jahrhunderts wurden die Züge von der Lok aus beheizt.

Besieht man sich die Eisenbahnkarte von 1850, bemerkt man, daß, außer in England und Belgien, nirgends ein zusammenhängendes Netz vorhanden war. Meist gab es mehr oder weniger gut verbundene Strecken, manchmal waren sie sogar isoliert. Der Bahnverkehr von Land zu Land funktionierte schlecht. Lediglich in Nordeuropa führte eine kreisförmige Linie von Paris über Brüssel, Köln, Berlin und Krakau nach

Abb. 5: *Lokomotivfabrik. Magasin Pittoresque, Paris 1855*

Warschau mit Abzweigungen nach Hamburg und Kiel, Stettin, München, Wien und Prag. Die südliche Hälfte Europas war nur spärlich von Gleisen durchzogen.

In England befanden sich die Linien, die London an die Industriezentren und die übrigen Großstädte anschlossen, fast alle schon 1850 in Betrieb. Später traten nur noch wenige Änderungen ein. Die Great-Northern-Strecke, die im August 1850 eröffnet wurde, endete in einem gepflügten Feld, 4 Meilen nördlich von Doncaster; erst einige Jahre danach führte sie bis York. An der South-Western-Strecke, eine Verlängerung der Linie London-Southampton, wurde in den fünfziger Jahren noch gearbeitet. Salisbury wurde nicht vor 1857 erreicht, Exeter 1860. Dabei wurde der Westen weiter erschlossen, das gebirgige Cornwall mit London verbunden. 1870 lag die Eisenbahnkarte endgültig fest. In den folgenden 15 Jahren kam es zu keinem größeren Ausbau des Netzes, sieht man von der Linie Midlands-Carlisle mit ihrer Überquerung der Pennine-Kette ab. Es gab lediglich neue Gleisanschlüsse und Lokalstrecken, Arbeiten wie die Untertunnelung des Severn und die Brücke über den Forth. Nach 1886 erreichte das Netz seine definitive Länge. Es hatte sich folgendermaßen entwickelt:

31. Dez. 1848   4 646 Meilen   31. Dez. 1870   13 562 Meilen
31. Dez. 1858   8 352 Meilen   31. Dez. 1886   16 700 Meilen

Den Bau der Eisenbahnstrecken hatte man privater Initiative überlassen. Dies ging natürlich nicht ohne Fehlleistungen ab. Parallellinien konkurrierten, wurden von verschiedenen Gesellschaften betrieben. Sehr kleine Gesellschaften mit sehr schwachen Finanzrücklagen besaßen oft nur wenige Bahnkilometer. 1850 zählte man ungefähr 300 Gesellschaften. 30 Jahre später waren sie fast genauso zahlreich, doch hatten sich große Gesellschaften herausgebildet. Zwischen 1840–50, dem Ende der Gründerjahre, war es bereits zu Fusionen gekommen. George Hudson, der ›Eisenbahnkönig‹, hatte auf dem Wege von Zusammenschlüssen die *Midlands-Gesellschaft* gegründet, Carr Glyn und Mark Huish die *North Western Company* geschaffen. Das Netz der *North Eastern Company*, das in Umrissen schon 1847–48 festlag, bildete einen weiten Regionalverbund durch Übernahme der *Yorkshire-North Midlands Gesellschaft* (1860). In den sechziger Jahren entstanden die großen Regionalnetze: Great Western, Great Eastern, North British ... 1885 betrieben neun Gesellschaften 66 v. H. der Strecken und überließen die lokalen Linien kleinen Gruppen, die in Südengland und den Midlands vorherrschten. Dieser Fusionsvorgang, den die rationelle Bewirtschaftung und die Fortschritte der Technik geboten, warf die Frage nach der Rolle der Eisenbahn als öffentlicher Dienstleistungsbetrieb auf, nach dem Verhältnis von Staat und Gesellschaften. Schon

vor 1850 erregte sich die Öffentlichkeit über die Fusionsbewegung und forderte die von den Experten vorgeschlagene Verstaatlichung. Das Gesetz von 1844 setzte dieser Kampagne dadurch ein Ende, daß es dem Staat ermöglichte, die nach 1844 erteilten Konzessionen abzulösen. Von diesem Vorrecht wurde allerdings kein Gebrauch gemacht. Der vom Parlament 1872 eingesetzte Ausschuß löste das Problem endgültig. Jeder Gedanke an Nationalisierung wurde zurückgewiesen, Zusammenschlüsse als unvermeidlich, ja sogar als wünschenswert angesehen. Dagegen behielten die Eisenbahnmonopole nach 1860 in der Öffentlichkeit hartnäckige Gegner wie den Herausgeber des *Economist*, Walter Bagehot. Die staatliche Kontrolle über die Gesellschaften war demnach sehr beschränkt, vielleicht weil die Gewinne eine antimonopolistische Gesetzgebung nicht rechtfertigten. Die einzige Auflage des Staates an die Gesellschaften bestand in der Verpflichtung, jeden Tag auf allen Strecken einen Personenzug 3. Klasse fahren zu lassen, der auf allen Bahnhöfen hielt, dessen Preis auf einen Penny pro Meile festgesetzt war. Zum andern mußten einige Sicherheitsvorschriften berücksichtigt werden. So hatten die Inspektoren des Handelsministeriums seit 1842 den Auftrag, die neuen Bahnlinien vor der Inbetriebnahme zu prüfen; sie konnten auch eine Eröffnung von Strecken verhindern, hatten Unfälle zu melden. Verglichen mit auswärtigen Verhältnissen, erhöhten die englischen Eisenbahnen ihre Sicherheit ganz beträchtlich. Das erklärt sich mit der zunehmenden Verwendung der durchgehenden Bremse und die Ausstattung der Linien mit dem *Blocksystem* (1880—90). Dieses System schützte 1870 nur 20 v. H. des Netzes, in der Hauptsache Nebenstrecken (auf der North Eastern-Linie lediglich 48 Meilen).
Trotz eines 1873 im Parlament eingebrachten Entwurfs, der das System zur Pflicht machte, aber nie Gesetzeskraft erlangte, übte der Staat vor 1889 keinen Zwang aus. Auf der andern Seite beteiligte er sich am Bau der Eisenbahn im Unterschied zu andern Ländern so gut wie gar nicht.
1850 war das belgische Bahnnetz so weit entwickelt wie das englische, verdankte sein Entstehen aber einem schrankenlosen Dirigismus. Rund 900 Bahnkilometer wurden bewirtschaftet und sorgten für die Verbindung nach Frankreich und Deutschland. Die Linie Antwerpen-Mecheln-Brüssel wurde bis Douai geführt, die Linie Ostende-Mecheln-Lüttich bis Aachen. Eine Querverbindung von Ostende über Brüssel nach Namur vervollständigte das Netz. Sehr früh, im Jahre der staatlichen Unabhängigkeit (1834), lag der Plan für den Bau eines sternförmigen Netzes um Mecheln vor. Bis 1842 fielen Bau und Betrieb aller Linien in die Kompetenz des Staates. Politische und wirtschaftliche Gründe erklären diesen ungewöhnlichen

Abb. 6: *Crampton-Lokomotive. Magasin Pittoresque, Paris 1861*

Vorgang. Auf der einen Seite stand das Verlangen, durch ein großes nationales Unternehmen den Aufstieg Belgiens als unabhängige Macht zu versinnbildlichen, dazu der Wunsch, Fremdkapital, vor allem holländisches, fernzuhalten, obwohl Belgien eines der westlichen Länder war, wo mit nationalem Privatkapital und von Privatfirmen kaum ein Netz gebaut werden konnte. Andererseits wünschte man, die nationale Industrie durch niedrige Tarife zu fördern, desgleichen das Import- und Exportgeschäft anzukurbeln und den Warentransit-Verkehr an sich zu binden. So läßt sich auch die anfänglich defizitäre Lage der belgischen Bahnen verstehen. Die Gesamtverluste betrugen 1850 noch 1,5 Millionen Franken, wurden aber von 1853 an ausgeglichen. Die Bahn brachte dem Staat sogar Zinsen von mehr als 5 v. H. des investierten Kapitals ein. Dieses Staatsmonopol wurde von Privatunternehmern kritisiert. Deshalb übernahmen nach 1842 allmählich Privatgesellschaften den Bau der Nebenstrecken. Man arbeitete mit englischem Geld, englische Ingenieure lösten die Franzosen ab, die Konstrukteure der ersten Linien. Unter Napoleon III. überwog das französische Kapital gegenüber dem englischen. 1850 befanden sich nur ca. 150 Bahnkilometer in privater Hand; 1870 waren es rund 2100 km. Danach änderte der Staat seine Politik und kaufte die Privatgesellschaften wieder auf.

1850 waren in Frankreich kaum 3000 km Schienen gelegt. Wie kam es zu diesem Rückstand? Gewiß, die Anfänge im Bahnbau lagen spät, und man kam nur schleppend voran. Erst

1842 koordinierte ein Gesamtplan die Einzelunternehmen. Um Paris herum war an ein sternförmiges Netz gedacht, das mit denen der Nachbarländer verbunden werden sollte. Außerdem hatten die politischen und gesellschaftlichen Unruhen von 1848 die Arbeiten aufgehalten. Doch der eigentliche Grund war wirtschaftlicher und finanzieller Art. Die französische Bankstruktur erlaubte keine Bereitstellung der zur Finanzierung großer Gesellschaften nötigen Gelder. Bis 1847 baute man übrigens in der Hauptsache mit Hilfe englischer Investitionen, und die Krise von 1847 offenbarte die finanzielle Schwäche der meisten Gesellschaften. Deshalb waren zu Beginn des Zweiten Kaiserreichs die Arbeiten nirgendwo abgeschlossen, sieht man von Nordwestfrankreich ab, wo die Strecke Paris-Lille nach Belgien führte mit Abzweigungen nach Calais und Boulogne. Von der Linie Paris-Le Havre bog eine Strecke nach Dieppe ab. Die Linie Paris-Straßburg ging nur bis Reims, Paris-Lyon bis Troyes, Paris-Bordeaux bis Châteauroux. Im Westen fuhr kein Zug weiter als bis Chartres. Neben diesem kaum in Ansätzen vorhandenen Netz gab es einige isolierte Strecken: von Lyon nach St.-Etienne, von Roanne nach Andrezieux, die ersten französischen Bahnlinien überhaupt, von Sète nach Marseille, von Dijon nach Chalon, von Straßburg nach Basel.
Unter Napoleon III. und zu Anfang der Dritten Republik erlebte Frankreich sein großes Eisenbahnzeitalter. 1870 waren alle Hauptstrecken fertiggestellt mit einer Gesamtlänge von 17 500 km, die nach dem Ausbau der Nebenstrecken erst auf 36 000 km (1890), dann auf 49 500 km (1910) stiegen. Die Bewirtschaftung der französischen Bahnen bewegte sich auf einer mittleren Linie zwischen englischem Liberalismus und belgischem Dirigismus. Trotz der Nationalisierungsprojekte, die 1848 zur Debatte standen, blieb die Bahn in privater Hand. Die Gesellschaften mußten sich an sehr genau umrissene Auflagen des Staates halten. Das Zweite Kaiserreich änderte die frühere Bahnpolitik grundlegend. Anstatt aus Furcht vor Monopolen die Konzessionen an kleine Gesellschaften zu vergeben, begünstigte es die Fusionen und zog es vor, mit einigen von ihm kontrollierten Gruppen zu verhandeln, da diese finanziell zuverlässiger und abgesicherter waren. Die Entwicklung in Frankreich trug also sehr ähnliche Züge wie die englische Fusionsbewegung. 1857 hatten nur noch elf Gesellschaften Konzessionen. Sechs davon hatten regionalen Charakter: die *Compagnie du Nord, du Paris-Orléans, du Paris-Lyon-Méditerrannée, du Midi, de l'Ouest, de l'Est*. Das Besondere an der Geschichte der französischen Eisenbahnen liegt darin, daß einige Finanzgruppen das Bahnnetz in ihre Hand brachten und sich hier, wie auch in Mitteleuropa und im Mittelmeer-

raum, erbarmungslos bekämpften. 1855 kontrollierte Rothschild die *Compagnie du Nord, du Paris-Orléans, du Lyon-Méditerrannée, du Lyon-Genève*, wogegen der *Crédit-Mobilier* der Gebrüder Péreire bei dem Bemühen, seinen Tätigkeitsbereich auf das gesamte Mittelmeerbecken auszuweiten, die *Compagnie du Midi* zu 100 v. H., die *Compagnie de l'Ouest* und *de l'Est* anteilig besaß. Rothschild und die Péreire wünschten die Konzession für zwei Strecken zu erhalten, die Linie Paris-Lyon wegen des Zugangs zu Marseille und die Linie durch das Zentralmassiv (*Le Grand Central*). Die Péreire hätten auf diese Weise ihr Netz an Paris anschließen können, Rothschild hätte der Weg nach Spanien offen gestanden. Der Kampf wurde im Sinne von Rothschild entschieden. Die Konzession für die Strecke Paris-Lyon fiel an Talabot von der *Compagnie du Lyon-Méditerrannée*, der die Interessen des Eisenindustriellen Schneider vertrat, eines Verbündeten von Rothschild, und der 1857 durch Fusion die *Compagnie du Paris-Lyon-Méditerrannée* gründete. Die *Compagnie du Grand Central* dagegen, die nicht viel abwarf, da die Zentrallinie durch eine schwachbesiedelte Gebirgsgegend führte, aber die dennoch eine maßlose Spekulation auslöste, in die auch des Kaisers Halbbruder, der Herzog von Morny verwickelt war, wurde auf die anderen Gesellschaften aufgeteilt. Nach Fertigstellung der Hauptstrecken ergab sich die Frage der unrentablen Nebenlinien. Der Staat handelte deshalb mit den Gesellschaften Abkommen aus, damit sie ihr Defizit mittels Subventionen abdecken konnten. Der erste Vertrag dieser Art kam 1858 zustande, nach der Krise von 1857, die die Gesellschaften getroffen hatte, der zweite 1863. Am Ende des Zweiten Kaiserreichs verband die Bahn alle einigermaßen wichtigen Provinzstädte und alle Nachbarländer mit Paris. Die Kehler Rheinbrücke wurde 1861 dem Verkehr übergeben und schloß das französische an das deutsche Bahnnetz an. Bis dahin hatte man von Frankreich nur über Belgien nach Deutschland fahren können. Der *Mont-Cenis-Tunnel*, Beginn der wichtige Alpenuntertunnelungen, ermöglichte von 1871 an direkte Zugverbindungen zwischen Frankreich und Norditalien. Man brauchte somit nicht mehr in der Postkutsche den Paß von Fréjus zu überqueren.

Deutschland besaß 1850 bereits 6000 Bahnkilometer, doppelt soviel wie Frankreich. Im Norden des Landes hatte sich ein Netz gebildet, dessen Hauptbestandteil die preußischen Eisenbahnen waren. Günstige Verbindungen existierten zwischen dem rheinischen Preußen, Berlin und Schlesien. Eine große West-Ost-Achse führte von Aachen über Hamm, Hannover, Magdeburg, Berlin, Frankfurt/Oder nach Breslau, mit einer Verlängerung nach Österreich und Krakau, zahlreichen Anschlüssen nach Bremen, Hamburg, Kiel, Rostock, Stettin, Kassel, Halle, Leipzig und Dresden. Von Leipzig ging eine Linie nach Süden bis München. Im Südwesten waren die Bahnarbeiten weit weniger vorangekommen. Es gab hier kleine Strecken ohne Anschluß an das preußische Netz, beispielsweise die Linie Frankfurt-Freiburg oder die Linie Stuttgart-Ulm. Eine der Schwierigkeiten, mit denen die deutschen Bahnen 1850 zu ringen hatten, erklärt sich aus der Vielfalt der Vorschriften, eine Folge der politischen Aufsplitterung Deutschlands. Seit 1847 kannte man zwar einen Verein Deutscher Eisenbahnverwaltungen, der einige Maßnahmen zur Zusammenarbeit beschloß, doch blieb auf diesem Gebiet noch viel zu tun. Die Hauptstrecken waren 1870 im wesentlichen fertiggestellt. Das Netz wies damals innerhalb der Reichsgrenzen von 1871 eine Länge von 19 500 km auf, übertraf somit das französische um 2000 km und erreichte nach Beendigung der Arbeiten an den Nebenstrecken (1870—90) 43 000 km (1890). Zeitlich verlief der Bahnbau demnach ganz ähnlich wie in Frankreich trotz des deutschen Vorsprungs in den fünfziger Jahren. Bau und Bewirtschaftung vollzogen sich recht unterschiedlich und uneinheitlich infolge der Vielzahl von Staaten. In Bayern, Württemberg, Baden, Hannover, Hessen-Kassel, Nassau gab es nur Staatsbahnen, in Preußen dagegen hatte die private Hand bis 1850 das Übergewicht. Mangels Geld hatte sich die preußische Regierung am Bahnbau nicht beteiligt, obschon dies der Staatstradition in diesem Land nicht entsprach, die Privatunternehmer nur über geringes Kapital verfügten und die Mißbräuche bekannt waren, deren sich in England die privaten Eisenbahnbauer schuldig gemacht hatten. Das Gesetz von 1838 hatte allerdings eine genaue Kontrolle der Gesellschaften vorgesehen, die eine Steuer an den Staat abführen mußten, um die Verluste auszugleichen, die ihm durch den Fortfall der Mautgebühren und der Postkutschen entstanden.

Doch von 1848 an änderte sich die Bahnpolitik der Regierung. Finanzminister Hansemann arbeitete einen Verstaatlichungsplan aus. Alle Bahngesellschaften sollten aufgekauft werden. In dieser Form war der Plan, der nicht zur Anwendung kam, nur schwer zu verwirklichen. Doch August von der Heydt griff ihn wieder auf und setzte sich während seiner 14jährigen Tätigkeit als Handelsminister von Preußen für eine allmähliche Übernahme der preußischen Bahnen durch den Staat ein.[11] Von 1848—62 erlaubte er den Bau nur einer einzigen privaten Linie, und sehr wenige der bestehenden Gesellschaften erhielten neue Baugenehmigungen. Die neuen Linien wurden vom Staat gelegt. Im September 1849 unterbreitete von der Heydt dem Landtag ein Projekt für große Arbeiten, deren Dauer er auf sechs Jahre veranschlagte. Danach sollte

Abb. 7: *Pullmanwagen um 1880. La Nature, Paris 1879.*

das Bahnnetz im Osten, das der Staat 1847 zurückgekauft hatte, fertiggestellt und Berlin mit Königsberg verbunden werden. Der Ausbau dieser Strecke war für die wirtschaftliche Entwicklung und die militärische Verteidigung Ostpreußens notwendig. Überdies wurde die westfälische Eisenbahnlinie Warburg-Hamm und die saarländische Eisenbahn in Auftrag gegeben. Dadurch würde das französische an das deutsche Netz angeschlossen, Kohle und Eisen von der Saar fänden Absatzmärkte. Die Arbeiten gingen zügig voran, 1853 erreichte man Königsberg, die Strecke Saarbrücken-Neunkirchen war 1852 in Betrieb, wurde nach Norden bis Trier bzw. Luxemburg verlängert (1859). Außerdem benutzte von der Heydt die finanziellen Schwierigkeiten der Gesellschaften dazu, sie mit denselben Geldern aufzukaufen, die sie als Steuern an den Staat entrichten mußten. Auf diese Weise kamen folgende Gesellschaften in staatliche Hände: die *Elberfeld-Dortmunder*,

die *Aachen-Düsseldorfer*, die *Ruhrort-Krefeld-Mönchen-Gladbacher*. Die Eisenbahnlinie von Niederschlesien nach der Mark wurde 1852 gegen den Widerstand des Finanzministers Karl von Bodelschwingh verstaatlicht. Die oberschlesische Eisenbahn ging erst 1857 in Staatsbesitz über. Die Linien, die von der Heydt nicht verstaatlichen konnte, suchte er zu kontrollieren. Diese Politik führte zu dem Ergebnis, daß 1857 ungefähr die Hälfte der preußischen Bahnen dem Staat gehörte oder unter seiner Aufsicht stand. Von der Heydt setzte sich mit aller Energie dafür ein, daß die Gesellschaften einigen Maßnahmen zustimmten, die er für eine Transportverbesserung und die wirtschaftliche Entwicklung des Landes als unerläßlich ansah. So mußte auf allen Hauptstrecken ein Nachtzug verkehren, um die Reisedauer zu verkürzen. Auf der andern Seite wurden die Kohletransporte verbilligt. Dies ließ sich nicht ohne heftige Konflikte durchsetzen. 1848 weigerten sich die Direktoren der Linie Niederschlesien-Mark, nachts Züge fahren zu lassen, falls die Regierung ihnen nicht die Unkosten zahlte. Als man in Berlin darauf nicht einging, beschloß die Aktionärsversammlung, nachts statt Lokomotiven Pferde vorzuspannen. Von der Heydt mußte den Direktoren Sanktionen androhen, damit er seine Pläne durchsetzen konnte. Die Frage der Transporttarife für Kohle war grundlegend, weil davon die Entwicklungsmöglichkeiten der schlesischen und der Ruhrkohle abhingen. In den fünfziger Jahren kostete englische Kohle in Berlin weniger als Kohle aus Schlesien oder dem Ruhrgebiet. Von der Heydt erzwang 1852 die Einführung des Ein-Pfennig-Tarifs auf zwei schlesischen Strecken mit dem Ergebnis, daß der Verbrauch schlesischer Kohle in Berlin zwischen 1850 und 1857 von 5382 t auf 191 708 t anstieg. Doch erst 1860 erteilten die Vereinigten Norddeutschen Eisenbahnen ihre Zustimmung und beförderten Ruhrkohle zu einem Vorzugspreis. Trotzdem zeigte sich der neue Landtag von 1858 wenig angetan von der dirigistischen Politik des Handelsministers, und man stellte sie zurück. Sein Nachfolger von Itzenplitz (1862 bis 1873) vergab wieder Bauaufträge an private Gruppen, doch leitete diese Reaktion keineswegs eine Reprivatisierung der Staatsgesellschaften ein. Die privaten Eisenbahnbauer erlebten in den zwei Jahren zwischen der Reichsgründung und der Krise von 1873 zwar eine Hochkonjunktur, teilweise wegen der 5 Milliarden Kriegsentschädigung, die Frankreich zu zahlen hatte, aber das staatliche Bahnnetz wuchs noch schneller, weil nach dem Feldzug von 1866 die Staatsbahnen von Hannover, Hessen-Kassel und Nassau, nach 1871 die elsaß-lothringischen Strecken an Preußen gefallen waren.
Die Reichsgründung gab diesem Problem indes eine andere Richtung. Bismarck hätte sich aus drei Gründen die Schaffung

eines einheitlichen Bahnnetzes gewünscht: Er strebte zunächst Vereinfachung und Koordinierung an, ließ sich aber auch von militärischen Überlegungen leiten, denn die Kriege von 1866 und 1870—71 hatten die strategische Bedeutung der Eisenbahn für den Truppentransport klar erwiesen. Schließlich boten verstaatlichte Bahnen im Deutschland der Beamten und Militärs der zweiten Jahrhunderthälfte einen weiteren Vorzug: Sie wurden nicht bestreikt. Doch politisch war es unmöglich, das System zu vereinheitlichen, da die Staaten Süddeutschlands an ihrer Eisenbahnautonomie festhielten. Selbst Preußen trat seine Bahnen nicht ans Reich ab. Bismarck mußte sich mit der Einrichtung eines kaiserlichen Bahnamtes begnügen (1872), das den Bau und die Bewirtschaftung der einzelnen Netze zu koordinieren hatte. In Preußen verfolgte er nach der Krise von 1873 eine systematische Aufkaufpolitik, nachdem vier Gesellschaften Konkurs angemeldet hatten. Zwischen 1879—85 gingen die Bahnkilometer, die in Preußen der privaten Hand gehörten, von 10 000 auf 1650 zurück. Die deutschen Bahnen waren künftig Staatsbahnen, bekannt für ihre militärische Organisation und für ihre Pünktlichkeit. Sie hatten die Bildung der deutschen Einheit beschleunigt, sie spielten eine entscheidende Rolle in der wirtschaftlichen Entwicklung des neuen Reiches.

Die übrigen Länder Europas hatten 1850 im Vergleich zu England, Frankreich und Deutschland wenig aufzuweisen. Im Westteil der Habsburgermonarchie entstand ein Eisenbahnnetz; in Italien gab es bereits einige ausgebaute Strecken. Holland, Spanien, die skandinavischen Länder, das Osmanische Reich, die Schweiz und Rußland begannen allerdings eben erst mit dem Eisenbahnbau. Spanien, Portugal, Italien, der Schweiz, Österreich, dem Balkan und Rußland war eines gemeinsam:[12] Die Strecken wurden hier von französischen Gesellschaften gebaut oder von nationalen, die aber meist mit französischen Geldern arbeiteten und die fast immer französische Techniker beschäftigten. Der Kampf, der von 1850 bis 1867 zwischen den beiden großen französischen Finanzgruppen tobte, dem *Crédit Mobilier* der Gebrüder Péreire und Rothschild, wurde in ganz Europa ausgetragen, wobei beide versuchten, Bahnen in einem Teil Europas zu bauen. Österreich, der Iberischen Halbinsel, Italien, der Schweiz, dem Osmanischen Reich und Rußland mangelte es an privatem und staatlichem Kapital, Voraussetzung für ein Bahnnetz. Außerdem verfügten diese Länder nur über eine kleine Zahl von Ingenieuren.

Die Habsburger hatten mit dem Bau eines Netzes begonnen, doch zwangen die finanziellen Schwierigkeiten, die riesige Staatsverschuldung und die Geldentwertung zum Abbruch der

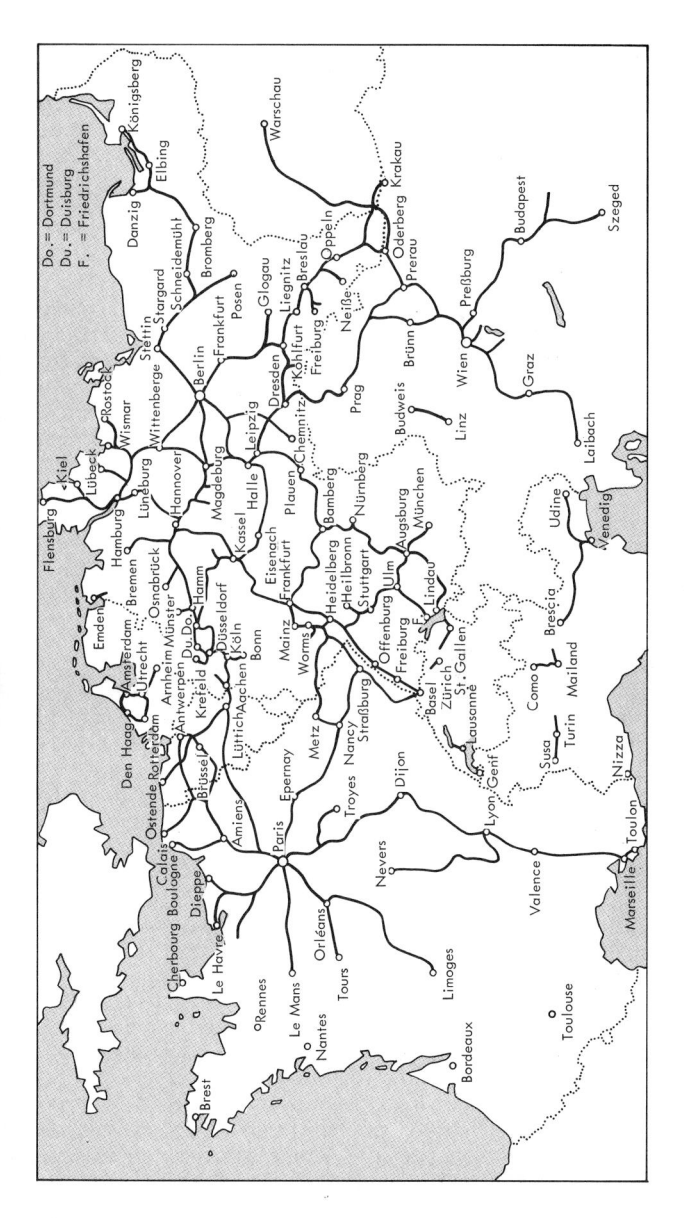

Abb. 8: *Das Eisenbahnnetz in Europa um 1855*

99

Arbeiten; um 1850 gab es nur 1700 Bahnkilometer, hauptsächlich im Westen. Die Verbindung Krakau-Triest, die geplant war und das Kohlebecken von Laibach und Klagenfurt aufwerten sollte, blieb ein Torso. Es fehlten nämlich zwei Teilstrecken, die Linie Semmering-Graz (die erst 1854 in Betrieb genommen wurde mit einem Haupttunnel und 14 kleineren Tunnels, mit ihren 16 Viadukten, von denen einer 1,5 km lang war – eine großartige Ingenieurleistung –) und die Strecke Laibach-Triest. Eine Abzweigung ermöglichte, Prag mit Wien zu verbinden. In der Lombardei stand die Linie Venedig-Mailand vor ihrem Abschluß. 1854 nahm die österreichische Regierung Gespräche mit dem Pariser *Crédit Mobilier* auf und schlug ihm den Kauf der Staatsbahnen sowie die Fertigstellung des restlichen Netzes vor. Es kam zur Vertragsunterzeichnung. Eine neue Gesellschaft, die *Gesellschaft der Österreichischen Staatsbahnen*, verwaltete die meisten vorhandenen Linien, außerdem metallverarbeitende Betriebe, darunter eine Lokomotivfabrik. Der Vorsitzende und die Hälfte der Mitglieder des Verwaltungsrats mußten Österreicher sein; doch der französische Einfluß überwog bis zur Verstaatlichung der Bahnen in Ungarn (1891) und Österreich (1909). Zwei Linien hatte der Staat allerdings nicht abgetreten, die Südbahn (Wien-Triest) und die Strecke Mailand-Venedig. Zu diesem Zeitpunkt ging Rothschild zum Gegenangriff über. Die Bank bediente sich dabei der Kreditanstalt, die sie in Wien gegründet hatte, um die Gebrüder Péreire am Ausbau einer Monopolstellung zu hindern. Rothschild erwarb die Linie Mailand-Venedig. Dadurch konnten die mittelitalienischen Eisenbahnen, deren Konzession die Bank bereits erhalten hatte, nach Norden angeschlossen werden. Als der *Crédit Mobilier* aufgrund der Krise von 1857 ein Jahr später in Schwierigkeiten geriet, kaufte Rothschild die Südbahn. Die Regierung in Wien überließ dem Pariser Bankhaus außerdem alle gebauten oder erst geplanten Linien der Steiermark, Kärntens, Kroatiens und Tirols. Um dieses Eisenbahnnetz von rund 3000 km zu verwalten – 1400 km wurden bereits bewirtschaftet –, gründete man eine neue Gesellschaft, die *Südösterreichische, Lombardovenetische und Mittelitalienische Eisenbahngesellschaft*. 1870 besaß das Habsburgerreich also ein Bahnnetz von etwa 6000 km, das sich zwei Gesellschaften teilten. Sie arbeiteten mit französischem Geld, in den führenden Positionen saßen Franzosen, und die Lokomotiven stammten gleichfalls aus Frankreich. Nach Schätzungen von Rothschild flossen aus französischen Kassen 600 Millionen Franken bei einer Gesamtkostensumme von 1 Milliarde. Die Rothschildsche Gesellschaft kontrollierte den Süden des Landes mit seinen vielen Gebirgsstrecken. Die Rentabilität der Strecken blieb zwar gering, doch mußte man bis 1882 den Semmeringtunnel (Brenner 1867) benutzen, wollte man von Italien nach Österreich oder Deutschland fahren. Danach erst war der Gotthardtunnel fertiggestellt. Die Gesellschaft der Gebrüder Péreire dagegen orientierte sich zum Balkan hin, erreichte Rumänien 1869. Außerdem faßte sie im Nordwesten Fuß und schloß Böhmen an Schlesien (1873) an. Während der sechs Jahre zwischen der Verkündung des Dualismus (1867) und der Krise von 1873 ergriff das Eisenbahnfieber Transleithanien, wo der Bau von mehreren tausend Kilometern an zwölf Gesellschaften vergeben wurde, die staatliche Garantien erhielten. Bei Ausbruch der Krise mußte der Staat die Gesellschaften aufkaufen. Daher entstand aus einer Notlage heraus ein staatliches Bahnnetz, das durch die Nationalisierung der sich im Besitz von zwei österreichischen Gesellschaften befindlichen Linien ergänzt wurde (1891). In Cisleithanien dagegen verblieben die beiden Gesellschaften bis zu ihrer Verstaatlichung (1909) unter französischem Einfluß.

In Italien boten die Eisenbahnen 1850 ein ähnliches Bild wie die politische Landkarte der Halbinsel. Ein Gesamtplan fehlte. Jeder Staat hatte den Bau eigener Linien unternommen, deren Länge von der Finanzlage abhing. Piemont, der einzige moderne Staat Italiens, verfügte 1848 lediglich über 17 Bahnkilometer. Doch Viktor Emmanuel II. und sein Minister Cavour waren überzeugt von der Wichtigkeit der Rolle, die die Eisenbahn für die wirtschaftliche Entwicklung spielen würde, weil nur sie es Piemont ermöglichte, die Einheit Italiens zu seinen Gunsten herbeizuführen. Allerdings reichten die finanziellen Mittel für ein Eisenbahnnetz nicht aus, das die Alpen überquerte und Savoyen mit Turin verband. Der Staat übernahm bloß den Bau der Linie Genua-Turin, der 1854 beendet war. Dieser Strecke kam eine außergewöhnliche Bedeutung zu, da Cavour aus Genua einen Umschlaghafen für französische und deutsche Güter machen wollte, um so Piemont dem industriellen Europa einzugliedern. Die Verbindung mit Frankreich sollte durch die Eisenbahngesellschaft *Viktor Emmanuel* sichergestellt werden, der nur Engländer und Franzosen angehörten. 1852 gegründet, hatte sie große Schwierigkeiten zu überwinden, von denen der Tunnel unter dem *Mont-Cenis* nicht die geringste war, obschon die piemontesische Regierung die Hälfte der Kosten trug. Die Abtretung Savoyens an Frankreich (1859), noch vor Beginn der Bauarbeiten, brachte alle Pläne durcheinander. Die Gesellschaft mußte fortan in zwei verschiedenen Staaten tätig werden. Sie verkaufte schließlich ihre italienischen Linien an Piemont, die savoyischen an die *Compagnie Paris-Lyon-Méditerrannée*. Andererseits hatte Cavour weitere Konzessionen an Privatgesellschaften vergeben. 1859 besaß Piemont ungefähr 900 Bahnkilometer, das heißt soviel wie Restitalien. Die Toskana verfügte über 250 bis 300 km, die jedoch nicht an die Netze der Nachbarstaaten angeschlossen waren und größtenteils der von Rothschild abhängigen Mittelitalienischen Eisenbahngesellschaft gehörten. Im Kirchenstaat hatte die französisch finanzierte *Römische Eisenbahngesellschaft* lediglich die Linie Rom—Cività Vecchia eröffnet. Im Königreich beider Sizilien gab es nicht einmal 100 km Bahngleise. Die Eisenbahnen der Lombardei und Venetiens, von Rothschild kontrolliert, gehörten zum österreichischen Netz, waren aber mit Piemont verbunden. In den zwei Jahren vor der Ausrufung des Königreichs Italien gingen die Arbeiten allerdings rasch voran, zahlreiche neue Konzessionen wurden vergeben. Ende 1862 existierten im Kirchenstaat 550 km. Franz II., König beider Sizilien, überließ 1860 den Bau mehrerer Linien einem von Rothschild geleiteten Syndikat. Die Entstehung des Königreichs Italien erforderte eine Koordinierung all dieser planlosen Unternehmungen. Das italienische Netz wurde in vier Regionalnetze unterteilt, die von vier Gesellschaften bewirtschaftet wurden. Die wichtigste, die *Oberitalienische Eisenbahngesellschaft*, die sämtliche Strecken Piemonts übernommen hatte, griff mit ihrer Tätigkeit immer stärker auf den ganzen Norden der Halbinsel aus. Als Venetien 1866 von Italien wiedergewonnen wurde, kamen dessen Bahnlinien an eben diese Gesellschaft, damit an Rothschild. Sie machte sich die Schwierigkeiten der andern Gesellschaften zunutze und erweiterte ihr Netz auf deren Kosten. Nach R. Cameron hatten sich die Franzosen mit 1,3 Milliarden Franken am Bau der 9000 Bahnkilometer beteiligt, die es 1862 in Italien gab, das heißt, Frankreich trug 60 v. H. der Gesamtkosten. Diese finanzielle Abhängigkeit, die das Nationalbewußtsein eines werdenden Staates nicht ertragen konnte, führte zum selben Ergebnis wie in Österreich-Ungarn, der Verstaatlichung. 1881 wurden Rothschilds Eisenbahnen vom italienischen Staat aufgekauft.

Ganz ähnlich, mit Hilfe französischen Kapitals, entstanden die spanischen Bahnen, die 1850 noch gar nicht existierten (28 km). Rothschild und die Gebrüder Péreire beherrschten fast ausschließlich das Eisenbahnnetz und kontrollierten zwei der drei großen Gesellschaften des Landes. Rothschild stand hinter der Gesellschaft, die den Bau der Strecke Madrid-Saragossa-Alicante besorgte, von den Péreire hing die Nordspanische Gesellschaft ab. Zwischen 1855—70 wurden die großen Linien gelegt. Um 1870 verfügte Spanien über ein Netz, dessen Kosten französisches Kapital zu 60 v. H. übernommen hatte. Dasselbe galt für die Schweiz, deren Bahnen 1897 verstaatlicht wurden. 1850 waren die holländischen Eisenbahnen über Anfänge nicht hinausgekommen (176 km), weil die Wirtschaftskreise, die an der Rheinschiffahrt interessiert waren, sich widersetzten. Negativ wirkten sich aber auch die wegen der großen Zahl von Kanalbrücken hohen Baukosten aus, (zwischen Amsterdam und Rotterdam zählte man 98 Brücken). Erst 1856 wurde das holländische an das preußische Netz angeschlossen. 1871 schuf man die Verbindung mit Belgien durch eine 2 km lange Maasbrücke. Die französische Firma Gouin & Co. hatte die Arbeiten übernommen. Sie besorgte den Brückenbau für fast alle europäischen Bahnlinien.

Um 1870 war Europa also überzogen mit einem Eisenbahnnetz, das eine rasche Durchquerung des Kontinents erlaubte, die Isolierung der Randzonen beseitigte, überall die Provinzen mit der Hauptstadt verband. Eine Ausnahme davon bildeten die skandinavischen Länder, wo der geringe Kapitalbestand, die technischen Schwierigkeiten, die sich aus dem von Fjorden zerklüfteten Gebirgsrelief ergaben, und die geringe Bevölkerungsdichte den Eisenbahnbau stark verzögerten (die norwegische Strecke wurde 1859 eröffnet). Zwischen 1850 bis 1870 wurden demnach 75 000 km Gleise gelegt, nicht zu reden vom russischen oder türkischen Bahnnetz. Dies war nur wegen der wirtschaftlichen Expansion und dank einer gezielten Verwendung der Spareinlagen möglich, wie sie die verbesserte Bankstruktur mit sich brachte. In Deutschland und im Vereinigten Königreich stand genügend Kapital für diese Aufgabe zur Verfügung, in den übrigen Ländern blieben französische Investitionen ausschlaggebend.

Die Rolle des Eisenbahnbaus für das wirtschaftliche Wachstum war eine zweifache. Er schuf die Voraussetzungen für diese Entwicklung und war gleichzeitig einer ihrer Faktoren. Zu den Voraussetzungen gehörte die Bildung einer staatlichen Wirtschaftseinheit, wodurch ein nationaler Markt für Konsum- und Produktionsgüter sowie Produktionsfaktoren entstand. Solange die einzelnen Regionen nicht spezialisiert waren, die Transporte nicht verbilligt, ließ der entscheidende Fortschritt auf sich warten. Die Landwirtschaftsgebiete konnten sich nicht ausschließlich ihren eigentlichen Produktionen widmen, wenn ihre Versorgung mit anderen Erzeugnissen und ein nationaler Absatzmarkt nicht sichergestellt waren, leicht verderbliche Güter nicht schnell befördert werden konnten. Das industrielle Wachstum setzte voraus, daß die Erz- und Kohlengruben miteinander verbunden wurden, daß man die Fabrikerzeugnisse überallhin verschicken konnte. 1847 mußte man für 1 t Kohle in Paris 50 F zahlen, obschon sie vor Ort nur 10 F kostete. 1857 bekam man dieselbe Tonne in Paris für 39 F, obwohl der Preis in den Gruben auf 15,9 F gestiegen war. Die Senkung der Transportkosten übte also gewiß eine entscheidende Wirkung auf die industrielle Entwicklung im 19. Jahrhundert aus, weil sie einen wachsenden Bedarf an Industrie- und Landwirtschaftsgütern weckte, der zwar im Verhältnis zu den Preisen stark schwankte, aber den Erzeugern eine Steigerung ihrer Gewinne erlaubte. Schließlich half die Eisenbahn den produktionsschwachen Branchen und Gegenden mit ihrem Überangebot an Arbeitskräften. Die Menschen waren fortan beweglicher und konnten in wachstumsträchtige Sektoren abwandern. Die Eisenbahn hat jedoch nicht nur die staatliche Wirtschaftseinheit verwirklicht. Sie hat auch die Möglichkeiten des internationalen Handels verbessert, weil die Preise für ausländische Güter sanken, und hat somit zur Spezialisierung zwischen den einzelnen Nationen beigetragen. Der Eisenbahnbau war andererseits ein Faktor wirtschaftlichen Wachstums, insofern er überhaupt die Wirtschaft beschleunigte und auffächerte. Die Gleise und der Wagenpark lösten eine merklich steigende Nachfrage nach Metallerzeugnissen aus. In England machte dieser Bedarf der Bahn an Eisen und Roheisen ca. 20 v. H. der Gesamtproduktion aus.[13]

	1835–43	1844–51	1852–59	1860–69
Eisenbahnbedarf in Prozenten der engl. Produktion:	7,2	17,9	8,6	8,0
Eisenbahnbedarf in Prozenten der verfügbaren Produktion:	9,8	28,6	16,8	15,1

In England wirkte sich diese Nachfrage auf die metallverarbeitende Industrie am stärksten zwischen 1844–51 aus; anderswo in Europa stellte sich die Erscheinung zwischen 1850 bis 1870 ein. Allein der Bau von rund 75 000 Bahnkilometern zwischen 1850 und 70 erforderte mehr als 5,25 Millionen Tonnen Eisen (70 t pro km). In Frankreich schließlich brauchte man zum Bau der 6380 km (1850–60) mindestens 450 000 t Eisen. Nimmt man den für die etwa 2000 Loks und für die 40 000 Waggons jener Jahre benötigte Metallmenge dazu, kann man den Bedarf an Eisen auf 1 Millionen t veranschlagen, wenn nicht mehr, was ungefähr der Produktion von zwei Jahren gleichkommt (das entspricht den 20 v. H. in England). Die Entwicklung der Gesamtausgaben für den Eisenbahnbau in Frankreich bestätigt diese zeitliche Abfolge, denn der Bedarf der Eisenbahn lag im Jahrzehnt von 1855–64 am höchsten:[14]

1825–34	4 Mill. t	1865–74	263 Mill. t
1835–44	34 Mill. t	1875–84	398 Mill. t
1845–54	175 Mill. t	1885–94	280 Mill. t
1855–64	437 Mill. t	1895–1904	210 Mill. t

Diese starke Nachfrage der Eisenbahn vermochte sicher in der metallverarbeitenden Industrie kein langfristiges Wachstum zu garantieren. Tatsächlich verlangsamte sich die Zuwachsrate in der englischen und französischen Metallproduktion nach 1870. Man kann sich sogar fragen, ob das eigentliche Startzeichen auf diesem Sektor nicht erst durch die Rüstung im Ersten Weltkrieg gegeben wurde.

Dagegen mußten die Bergwerke einem regelmäßig steigenden Brennstoffbedarf der Bahn nachkommen. In Frankreich entfielen 10—15 v. H. der verbrauchten Kohle auf die Bahn.

Letztlich erhöhte die Eisenbahn ganz beträchtlich das Stellenangebot der Bauunternehmen, der Metallindustrie, der Bergwerke und schuf Arbeitsmöglichkeiten für die Eisenbahner (in England waren es 1851 29 000 Plätze, 1891 dagegen 212 000; in Frankreich belief sich die Zahl auf 28 000 bzw. auf 240 000 Plätze). Die Gesamthöhe der ausbezahlten Löhne wuchs und schlug sich im steigenden Bedarf an Konsumgütern nieder. Dadurch wurde die Produktion angekurbelt und ein kumulativer Wachstumsmechanismus des Sozialprodukts ausgelöst. Der Eisenbahnbau revolutionierte also nicht nur das Transportwesen, schuf nicht nur einen wirtschaftlichen Unterbau; er war ebenfalls ein führender Wirtschaftszweig.

Die Seeschiffahrt

Die Eisenbahn schloß also den Kontinent enger zusammen. Auf der andern Seite verringerten die Fortschritte in der Schiffahrt die Isolierung Europas und begannen, einen Weltwirtschaftsmarkt zu schaffen. Die europäischen Güter mußten mit den überseeischen konkurrieren, Europas Industrie gewann ferne Absatzmärkte, die Auswanderung nach Nordamerika und Australien wurde endlich möglich. Das Jahrzehnt von 1850—60 war für die Entwicklung der Schiffbautechnik so entscheidend wie für die Landtransporte. 1850 stand die Überlegenheit des Motorschiffs gegenüber dem Segler noch nicht fest, da die Segelschiffahrt gerade ihren Höhepunkt erreichte; die Probleme, die sich dem Dampfschiff stellten, harrten auf der andern Seite noch einer Lösung. Die bestechenden amerikanischen *clippers* waren schneller als ihre motorgetriebenen Rivalen und blieben es auch bis ca. 1880. Die *Lightning*, die 1853 vom Stapel lief, fuhr mit 18 Knoten. Die besten *steamers* kamen damals nicht über 13 Knoten hinaus. Außerdem waren die Segler seetüchtiger, benötigten keine Brennstofflager, wenn sie unterwegs festmachten, ebenso erübrigten sich hochspezialisierte Mannschaften. Für die Dampfer sprach lediglich ihre viel beträchtlichere Transportkapazität. Auf alle Fälle fuhren die großen englischen Gesellschaften meist noch mit Segelschiffen. Ein beachtlicher Fortschritt wurde erzielt, als man das Schaufelrad durch die Schiffsschraube ersetzte. Die Schraube, die man seit zehn Jahren verwendete, wies noch zu viele Mängel auf, wie die Wettfahrt (1849) der schraubengetriebenen *Niger* und der (siegreichen) radgetriebenen *Basilisk* klarmachte. Die Schraube der fünfziger Jahre mit ihren vier Flügeln zeigte sich der dreiflügeligen Schraube unterlegen. Dies stellte man zufällig fest, als bei einem Unfall ein Schraubenflügel brach, und das Schiff wider Erwarten schneller fuhr. 1860 hatte sich die Schiffsschraube endgültig durchgesetzt; schneller als das Rad, geschmeidiger beim Manövrieren, platzsparend steigerte sie zudem merklich die Seetüchtigkeit der *steamers*, damit deren Sicherheit. 1863 führte die *Cunard* die Schraube auf all ihren Schiffen ein.

Ein weiterer Fortschritt wurde durch den Übergang vom Holz- auf den Metallrumpf erzielt. Die Dampfer von 1850 waren aus Holz. Zwischen 1855 und 1865 setzte sich allmählich das Eisen durch, erhöhte die Festigkeit und erlaubte den Einbau von stärkeren Motoren. Dadurch wuchsen auch die Ausmaße der Schiffe und ihre Geschwindigkeit. Stahl wurde trotz seiner höheren Qualität erst von 1875—80 an — und nur zögernd — verwendet. Die Dampfer der fünfziger Jahre benutzten zusätzlich Hilfssegel; die steigende Motorstärke und der Einbau von *Compound*-Dampfkesseln (nach 1860), brachten sie zum Verschwinden und verliehen dem Dampfschiff seine endgültige Form. 1890 wurde die Dampfturbine erfunden.

Die durchschnittliche Größe der Schiffe wuchs ununterbrochen zwischen 1850 und 1914. Die *Great Eastern* (1853) war 207 m lang, hatte 19 000 BRT, vermochte 4000 Passagiere zu befördern, fuhr mit ihren zwei Motoren 14 Knoten; der eine trieb die Schaufelräder, der andere die Schiffsschraube an. Dieses Schiff war ein Monstrum ohne Verwendungsmöglichkeiten, zu groß für die Bedürfnisse der Zeit. Es wurde schließlich bei der Verlegung des transatlantischen Telegrafenkabels verwendet und 1888 abgewrackt. Die Schiffe mit über 20 000 BRT setzten sich erst nach 1900 allgemein durch. Schließlich senkten die dank der Technologie gefallenen Kohle- und Eisenpreise die Bau- und Unterhaltskosten der Dampfer. Gleichzeitig erweiterte die Versorgung der Häfen mit Brennstoff (dazu verkehrten eigens Kohletransporter wie die *John Brewer* (1852) den Aktionsradius. Zwischen 1850 und 1860 verbanden regelmäßig Linienschiffe alle Kontinente.

Diese technischen Umwandlungen verfehlten natürlich nicht ihre Wirkung auf die wirtschaftlichen Aspekte der Seetransporte. Die Baukosten für Schiffe stiegen derart, daß die Mittel des Reeders alten Stils überfordert waren. Er trat seine Rolle an mächtige Gesellschaften ab, die über ein großes Kapital verfügten, das ihnen Bankgruppen zur Verfügung stellten. Oft kamen sie auch in den Genuß staatlicher Subventionen und hatten beinahe das Monopol der Bewirtschaftung ihrer Linien. Wie bei der Eisenbahn zog der technische Fortschritt auch hier Fusionen nach sich, veranlaßte den Übergang vom Konkurrenzkapitalismus zum oligopolistischen, wenn nicht geradezu dem monopolistischen Kapitalismus. In England gab es diese großen Gesellschaften bereits um 1850. Die *Cunard* hatte sich, gegen eine jährliche Subvention von 35 000 Pfund, als erste verpflichtet, alle zwei Monate den Liniendienst zwischen Liverpool-Halifax-Boston zu übernehmen und die Post nach Kanada und den USA zu befördern. Daneben gab es die *Peninsular and Oriental,* die *British India,* die *Imman Linie.* In Frankreich wurden in den ersten Jahren des Zweiten Kaiserreichs ähnliche Gesellschaften gegründet. Ab 1851 besorgten die *Messageries Maritimes* den Liniendienst im Mittelmeer. Ausgangshafen war Marseille. 1855 rief der *Crédit Mobilier* der Gebrüder Péreire die *Société Générale Maritime* ins Leben, die die Konzession für die Nord- und Südamerika-Linie erhielt (der Firmenname wurde 1861 in *Compagnie Générale Transatlantique* abgeändert). In Deutschland wurde die *Hamburg-Amerika-Linie,* die zur mächtigsten Gesellschaft der Welt aufstieg, 1847 gegründet, *Norddeutscher Lloyd* 1857.

Eine weitere Folge dieser Umwandlungen war die Senkung der Frachtgebühren, verbunden mit einem rasch steigenden Frachtvolumen. Die Transportkosten für einen Scheffel Weizen von den USA nach England fielen von 0,60 F (1860) auf 0,15 F (1880), dann auf 0,005 F (1910).

Die Handelsflotte der europäischen Länder wuchs schnell, aber die neuen Bauverfahren brachten vor allem für die Industrienationen Vorteile. Zwar besaß das Vereinigte Königreich 1850 mit 3 565 000 BRT die größte Handelsflotte der Welt, doch bedrohten die den englischen Fregatten weit überlegenen amerikanischen *clippers* diese Vormachtstellung. Der Übergang von Holz zu Eisen und die Verwendung von Kohle gaben der englischen Flotte wieder Auftrieb. 1870 erreichte sie 5 691 000 BRT, 1900 waren es 9 304 000 BRT. Frankreich mit 680 000 BRT (1850) und 1 072 000 BRT (1870) lag an zweiter Stelle in Europa. Seine Handelsflotte vergrößerte sich bis 1900 kaum und blieb beträchtlich hinter der deutschen zurück, die ihre Kapazität von 982 000 BRT (1870) auf 1 942 000 BRT (1900) steigerte. Dies zeigt, daß das Reich in den achtziger Jahren als Wirtschaftsmacht in Europa den zweiten Platz erlangt hatte. Norwegen mit der drittgrößten europäischen Flotte (1850) hielt seine Stellung und überholte Frankreich. Holland dagegen, der alten Seemacht, gelang die Anpassung an die neuen Verhältnisse kaum, und seine Handelsflotte wuchs zwischen 1850–1900 nur wenig.

Als letzte Folge der Fortschritte der Marine ergab sich eine Verkehrskonzentration in den wichtigen großen Häfen, die dafür gerüstet waren, die kleineren Häfen dagegen erlebten ihren Niedergang. Gewaltige Arbeiten wurden in den bedeutendsten Häfen ausgeführt, um die großen Schiffe aufzunehmen und dem wachsenden Handelsvolumen gerecht zu werden: Bau von neuen Hafenbecken, Vertiefen der vorhandenen, Ausbaggern von Kanälen. So wurden etwa in Frankreich die in Marseille von der Julimonarchie begonnenen Arbeiten unter dem Zweiten Kaiserreich fortgesetzt und in Le Havre entstanden zwei neue Becken. Unter der Dritten Republik wurden im Rahmen des Freycinet-Plans (1879) die Hafenanlagen in Marseille, Le Havre, Bordeaux und Boulogne weiter verbessert. In Belgien entwickelten sich Antwerpen, in Holland Rotterdam und Amsterdam nach der Fertigstellung von Kanälen und Kais entlang den Flußmündungen zu den Häfen des nordwesteuropäischen Industriegebietes. Hamburg war mittlerweile nach London und Antwerpen der drittgrößte Hafen Europas. Eine wesentliche Rolle für das Wachstum dieser Häfen spielten übrigens die Gleisanschlüsse. So überflügelte in England Southampton aufgrund seiner besseren Bahnverbindungen rasch Dover und Falmouth, die diese Vorzüge nicht hatten. Bereits in den fünfziger Jahren waren sich einige Verantwortliche in der Wirtschaft, wie die Péreire, die sich gleichzeitig an Eisenbahnen und an Schiffahrtsgesellschaften beteiligten, bewußt, daß Europas Zukunft auf der Verbindung von Schiene und Wasserstraße beruhen würde.

Schließlich schwanden die Entfernungen durch den Bau eines Telegrafennetzes. Der elektrische Telegraf galt 1850 als ganz neue Erfindung, nur wenige Leitungen existierten. 1870 war Europa telegrafisch verbunden. 1851 verlegten Crampton und Brett ein Kabel zwischen Dover und Calais; in den Folgejahren durchzogen weitere Kabel die Nordsee und das Mittelmeer. Doch erst 1866 gelang es, nicht ohne erhebliche Schwierigkeiten, die Verbindung zwischen Europa und Nordamerika herzustellen. Das Telefon, das Bell 1876 entwickelt hatte, breitete sich allmählich aus. In Paris wurde das erste Telefonamt 1870 eröffnet.

c) Investitionen, Geldkapitalbildung, Veränderungen im Kreditwesen

Für Wirtschaftswissenschaftler bewirken Investitionen Wachstum. Doch soll man das Schema der Wirtschaftsentwicklung nicht mechanisch anwenden und mit Rostow glauben,[15] daß der Beginn der Industriellen Revolution eine Investitionsrate von 10 v. H. oder mehr voraussetzte. Wir verfügen nicht über ausreichende Grundlagen, die eine Antwort auf die Frage geben könnten. Doch lagen die Investitionsraten wohl stets weit unter 10 v. H., sooft ein wirtschaftlicher Aufschwung einsetzte,[16] auch wenn Frankreich diese Hypothese nicht zu bestätigen scheint.

Entwicklung der Nettoanlagekapitalbildung in Prozentzahlen des Nettosozialprodukts[17]

1788–1839	+ 3 v. H.	1880–1892	+ 12,9 v. H.
1839–1852	+ 8 v. H.	1892–1902	+ 12,4 v. H.
1852–1880	+12,1 v. H.	1902–1912	+ 12,2 v. H.

Allerdings wurden diese Raten nicht in bezug auf das gesamte Sozialprodukt berechnet, und andererseits sind die Zeitabstände zu groß, um genau anzugeben, wann die Investitionen zwischen 1852–80 begannen. Das Ansteigen der Investitionsraten war eher die Folge als die Ursache, die den Wachstumsrhythmus der Produktion unterbrach ... Entscheidender vielleicht als die Modifizierung der verfügbaren Kapitalmenge war eine gesteigerte Intensität und Wirksamkeit, mit der dieses Geld eingesetzt wurde. Die Investitionen spielten auf jeden Fall eine wichtige Rolle, und man muß sich nach den Faktoren fragen, die ihre Höhe bestimmten: einmal das Vorhandensein von Kapital, um die Investitionen zu finanzieren, dann aber der Wille und die Möglichkeit, das Kapital in produktive Investitionen umzusetzen. Die Investitionen konnten einen dreifachen Anlaß haben: Geldschöpfung *ex nihilo*, inländische oder ausländische Geldkapitalbildung. Die Geldschöpfung war im 19. Jahrhundert begrenzt, auf alle Fälle hing sie nicht von den Investitionsbedürfnissen ab, da sie in einem Verhältnis zu den Rücklagen des Emissionsinstituts oder zu den Spargeldern der Depositenkassen stand. Demnach gab die Höhe der Sparguthaben den Ausschlag.

1850 ließen sich in Europa drei Ländergruppen unterscheiden. Einmal Großbritannien und Frankreich, wo man mit Hilfe der vorhandenen Spargelder die Entwicklung ausreichend finanzieren konnte. In Frankreich verwendete der Staat allerdings zwischen 1850 und 1890 einen Teil dieser Gelder, setzte sie über den Haushalt mehr oder weniger für produktive Zwecke ein. Unter Napoleon III. geschah dies, um die öffentlichen Bauarbeiten zu bezahlen, 1871, um die Reparationssumme von 5 Milliarden Franken an Deutschland aufzubringen. Gerade die Schnelligkeit, mit der diese Kriegsschuld beglichen wurde, und die Leichtigkeit, mit der Frankreich im Unterschied zum Reich die Krise von 1873 überwand, beweisen, daß im Land erhebliche Sparrücklagen zur Verfügung standen. Schließlich dienten diese Gelder der Finanzierung des Freycinet-Plans. Für Frankreich stellte sich die Frage nach einer Zusammenfassung der Spareinlagen. Auch in England reichte die Kapitalbildung aus. Man könnte höchstens sagen, daß die Sparquote nach 1850 geringfügig abnahm, weil die *middle class*, die eigentlichen Sparer, stärker dem Konsum huldigte. Jedenfalls wurde das Wachstum in diesen beiden Ländern nicht infolge Kapitalmangels gebremst. Doch besteht unter Fachleuten Einigkeit darüber, daß es durch die Höhe des Kapitalexports verlangsamt wurde. England und Frankreich verwandelten sich in Rentnerländer, die lieber Zinsen von ihrem im Ausland angelegten Geld bezogen als auf nützlichere Weise ihre Wirtschaft zu fördern. In England haben wir folgende Entwicklung der inländischen Nettokapitalbildung (Schwankungen in den Beständen sind berücksichtigt) und des Kapitalexports:[18]

	Nettokapitalbildung (jährl. Durchschnittszahl)	Kapitalexport
1870—74	93 Mill. Pfund St.	59 Mill. Pfund St.
1875—79	77 Mill. Pfund St.	5 Mill. Pfund St.
1880—84	90 Mill. Pfund St.	33 Mill. Pfund St.
1885—89	70 Mill. Pfund St.	63 Mill. Pfund St.
1890—94	69 Mill. Pfund St.	51 Mill. Pfund St.
1895—99	130 Mill. Pfund St.	29 Mill. Pfund St.

An dieser Tabelle kann man die Höhe der Spareinlagen in der Wachstumsphase von 1850—75 ablesen, die noch in den ersten Jahren nach 1870 anhielt. Die Krise bewirkte einen fast völligen Stillstand des Kapitalexports, wogegen die inländische Kapitalbildung (ohne die exportierten Beträge) nur um rund 20 v. H. sank. Anschließend läßt sich eindeutig eine Stagnation der inländischen Investitionen feststellen, die durch steigenden Export ausgeglichen wurde. Erst 1895 belebte sich die Investitionstätigkeit im Inland und leitete so eine neue Expansionsphase ein, die für den Kapitalexport ungünstige Folgen hatte. Man muß sich fragen, ob die Stagnation zwischen 1880 und 1895 durch die Höhe des exportierten Kapitals zu erklären ist, das den Bedürfnissen der inländischen Wirtschaft entzogen wurde, oder ob im Gegenteil die in den Krisenjahren gesparten Gelder zwangsläufig abwanderten, da sie im Innern keine Verwendung fanden. Im Falle Frankreichs lassen sich über die Geldkapitalbildung nur schwer genaue Angaben machen. Dank den Arbeiten von R. Cameron kann man wenigstens den Gesamtkapitalexport zwischen 1852 und 1881 auf 15 Milliarden Franken veranschlagen. Diese Summe teilte sich folgendermaßen auf (siehe nebenstehende Tabelle):[19]

Man sieht, daß die Staatsanleihen die Hälfte des exportierten Kapitals ausmachten, was die Psychologie der französischen Sparer kennzeichnet, die ihr Geld sicher anlegen wollten, selbst bei geringer Rentabilität. Zu den Ländern, denen dieses exportierte Kapital nützte, zählten in erster Linie Italien, Spanien und Portugal, und zwar aus Gründen der Religion und des

	Öffentliche Anleihen	Transport	Industrie und Banken	Insgesamt
Mittelmeerländer	14,6 v. H.	16,4 v. H.	4,9 v. H.	35,9 v. H.
Vorderer Orient	19,0 v. H.	2,7 v. H.	1,3 v. H.	23,0 v. H.
Zentraleuropa	5,3 v. H.	9,7 v. H.	3,7 v. H.	18,7 v. H.
Osteuropa	6,6 v. H.	1,6 v. H.	0,7 v. H.	8,9 v. H.
Nord-Westeuropa	0,7 v. H.	1,9 v. H.	1,3 v. H.	3,9 v. H.
Kolonien	0,7 v. H.	2,3 v. H.	1,3 v. H.	4,3 v. H.
Restliche Länder	4,7 v. H.	0,5 v. H.	0,2 v. H.	5,4 v. H.
Zusammen	51,6 v. H.	35,0 v. H.	13,4 v. H.	100,0 v. H.

Gefühls, es folgte das Osmanische Reich, dessen Regierung auf dem Pariser Geldmarkt mehrere Anleihen auflegte, dann Österreich-Ungarn und die Schweiz. Nach 1880 lag Rußland an der Spitze der Länder, die französisches Kapital einführten.

Die zweite Kategorie umfaßte jene Länder, die ihre Entwicklung aus eigenen Mitteln und ohne besonderen Kapitalimport finanzieren konnten. Ihr Kapitalexport erreichte nicht die gleiche Höhe wie der Englands oder Frankreichs. Hier muß Deutschland erwähnt werden. Allerdings bedeutete die Kriegsschuld von 5 Milliarden Franken, die Frankreich 1871 entrichtete, eine Spritze für die deutsche Wirtschaft zwischen 1871 und 1873, den Gründerjahren. Die dritte Gruppe schloß die Kreditnehmer ein, deren Eisenbahnnetz und deren Industrialisierung mit Hilfe ausländischen Kapitals ermöglicht wurde, sei es durch direkte Beteiligung ausländischer Gesellschaften, sei es durch Vermittlung der Regierungen, die zu diesem Zweck im Ausland Geld aufnahmen. Hierher gehörten alle übrigen europäischen Länder: Italien, Spanien, Portugal, Belgien, Holland, die Schweiz, Österreich-Ungarn, das Osmanische Reich, Rußland, Schweden, Dänemark. Allerdings hatte Dänemark von 1850—75 Kapital exportiert.

Die Umwandlung der Spareinlagen in Investitionen setzte jedoch das Vorhandensein eines unerläßlichen Verteilersystems voraus, über die das ersparte Kapital den Unternehmen zugeführt werden konnte. 1850 gab es dieses System kaum. Der herkömmliche Familienbetrieb investierte nur aus eigenen Mitteln oder lieh Geld in notwendig begrenzter Höhe bei örtlichen Banken, deren Vertrauen er genoß. Zwar trugen die Familienbande zwischen Industriellen und Bankiers in den Kleinstädten dazu bei, die Anleihen zu erleichtern, doch die modernen Großunternehmen mit ihrem gesteigerten Kapitalbedarf, vor allem in einer Zeit beginnender Industrialisierung, in der die früher erzielten Gewinne die erforderlichen Investitionen nicht decken konnten, mußten auf den Börsenmarkt zurückgreifen oder auf die großen Emissionsbanken. Das setzte demnach eine Änderung des rechtlichen Rahmens der Firmen voraus, die in Aktiengesellschaften umgewandelt wurden, Aktien und Schuldverschreibungen ausgeben konnten. Um 1850 gab es nur wenige Aktiengesellschaften, und der Gesetzgeber in den einzelnen Ländern beobachtete sie mißtrauisch. Andererseits bot das Banksystem jener Zeit kaum eine Hilfe. Die Großbanken alten Stils befaßten sich in der Hauptsache damit, wie sie die Staatsanleihen anlegen konnten. Gewiß hatten sie sich langsam den wirtschaftlichen Veränderungen angepaßt, hatten die ersten Eisenbahngesellschaften finanziert (Rothschild besaß die französische *Compagnie des Chemins de Fer du Nord*), doch ihre finanziellen Möglichkeiten blieben an das Glück des Bankiers gebunden, so reich er auch sein mochte, und an das seiner Kunden, die gewichtig, aber nicht zahlreich waren. Auch die Bank mußte sich in eine Aktiengesellschaft verwandeln und sich außerdem eine breitere gesellschaftliche Grundlage schaffen. Wollte sie die Sparguthaben wirklich gezielt einsetzen, mußte sie die Gelder von hunderttausend kleinen und mittleren Sparern in ihrer Hand zusammenbringen. Die Rolle der Depositenbanken, die Sparrücklagen kurzfristig zu massieren, und die der Emissionsbanken, langfristig in die Wirtschaft zu investieren, war noch nicht sehr umrissen und im Banksystem der ersten Jahrhunderthälfte kaum in Ansätzen vorhanden.

England hatte hier wie auch sonst einen gewissen Vorsprung. Bis 1844 durfte zwar keine Aktiengesellschaft ohne Erlaubnis der Regierung gegründet werden, doch zahlreiche Gesetze erleichterten die Entstehung von Banken in Form einer AG. Von 1857 an konnten solche *Joint Stock Banks* frei konstituiert werden, es genügte ein einfacher Registereintrag. Später erlaubte ihnen ein Gesetz (1858), sich in eine GmbH umzuwandeln. 1850 gab es jedenfalls schon die wichtigsten *Joint Stock Banks: National and Provincial Bank, London und Westminster Bank* und die *Midland Bank*, die mit der *Lloyds* (1865) und *Barclays Bank* (1896) die fünf großen englischen Nationalbanken bildeten (›Big Five‹). Zwischen 1850 und 1870 entstanden rund 120 *Joint Stock Banks*. Danach wurden kaum mehr Banken gegründet, ja, ihre Zahl ging zurück aufgrund von Fusionen und Zusammenschlüssen, ein Ergebnis der durch die Krise von 1873 ausgelösten wirtschaftlichen Schwierigkeiten. Die *Joint Stock Banks* waren Depositenbanken; sie nahmen Einlagen für kurze Zeit entgegen, und um der Finanzorthodoxie zu genügen, verwendeten sie diese Gelder auch kurzfristig, sie gaben hauptsächlich Handelskredite.

Dagegen fehlten in England eigentliche Emissionsbanken. Die Industrie mußte sich ihre Mittel auf dem Börsenmarkt oder durch Selbstfinanzierung besorgen. Denn die herkömmlichen

Banken waren genausowenig Emissionsbanken wie die *Joint Stock Banks*. Die Großbanken, die *Merchant Banks* (Rothschild, Baring, Hambro...) interessierten sich für die Anlage von Staatswechseln und finanzierten den internationalen Handel. Die Möglichkeiten der örtlichen Banken, der *Country Banks*, die sich hauptsächlich mit der Diskontierung von Handelswechseln befaßten, blieben sehr begrenzt. Die Organisation des englischen Banksystems stützte somit den Binnen- und Außenhandel, erleichterte den Umlauf und die Ausfuhr der Güter, sie half aber viel weniger bei der Produktionssteigerung. Vielleicht kam auch hier das Altern der englischen Strukturen zum Ausdruck, die einer Erneuerung unfähig waren. Dies dürfte einer der Gründe für die wirtschaftliche Stagnation nach 1870 gewesen sein.
In Frankreich dagegen und im übrigen Europa wandelten sich die Bankstrukturen zwischen 1850 und 1870 grundlegend und ermöglichten die Finanzierung der industriellen Entwicklung. In Frankreich machte das Handelsgesetzbuch von 1870 die Gründung von Aktiengesellschaften von der ausdrücklichen Genehmigung des Staatschefs nach Beratung mit dem Staatsrat abhängig. Das ganze 19. Jahrhundert hindurch war dieser der Ansicht, daß die Aktiengesellschaften ihren Großaktionären zum Nachteil der Kleinsparer zu viel Macht verliehen, und erstellte negative Gutachten. Die Gesellschaftsgründer zogen es deshalb vor, Kommanditgesellschaften ins Leben zu rufen, anstatt sich ein Verbot einzuhandeln (zwischen 1840 und 1848 wurden 1400 Kommanditgesellschaften gegründet, dagegen nur 150 Aktiengesellschaften). Doch die Kommanditgesellschaften leisteten dem Mißbrauch ebenfalls Vorschub, und der Gesetzgeber versuchte das zu verhindern: Ein Gesetz von 1856 unterwarf die Kommanditgesellschaften gewissen Bedingungen. Ein weiteres Gesetz von 1863 definierte die GmbH, verbot ihr aber, 20 Millionen Stammkapital zu überschreiten, was für sehr große Gesellschaften unattraktiv war. Daher gab der Staat 1867 die Bildung von Aktiengesellschaften frei und schaffte die GmbH ab. Damit wurde die Zusammenziehung der kleinen Spareinlagen und die Kapitalkonzentration möglich. Auch die andern Länder Europas, die die Gründung einer AG von staatlicher Zustimmung abhängig machten, sofern ihre Gesetzgebung vom *Code Napoléon* beeinflußt war, folgten dem französischen Vorbild von 1867. In Spanien konnten sich die Aktiengesellschaften ab 1869 frei entfalten, im Norddeutschen Bund ab 1870, in Belgien ab 1873, später auch in Italien (1883), Schweden (1895), Österreich (1899).
1850 gab es in Frankreich nur wenige Banken, die auch Aktiengesellschaften waren. Das Bankwesen blieb auf die Groß- und Provinzbanken beschränkt. Doch unter Napoleon III. ent-

standen zahlreiche neue Kreditanstalten, von Regierung und Kaiser begünstigt. Sie trugen den Stempel der Ideen eines Saint-Simon und hatten das Ziel, das Wirtschaftswachstum zu finanzieren. Die alten Großbanken waren beweglich genug, um sich anzupassen und sich in Emissionsbanken umzuwandeln. Bis 1870 fehlte eine scharfe Trennungslinie zwischen Emissions- und Depositenbanken. Die Emissionsbanken bestritten ihre langfristigen Investitionen aus kurzfristigen Einlagen. Dieser Widerspruch trat anfangs wegen der Erfolge nicht klar in Erscheinung, offenbarte aber seine Gefährlichkeit in den Wirtschaftskrisen von 1857 und 1866. Nach 1870 führten bittere Erfahrungen zu einer stärkeren Spezialisierung im Bankgeschäft. Sieht man vom *Crédit Foncier* wegen seiner Besonderheit ab (er sollte eigentlich den Bauern Geld leihen und sie vom Wucher befreien, finanzierte jedoch den Wiederaufbau und die Modernisierung der Städte), so wurden im Zweiten Kaiserreich folgende Emissionsbanken gegründet: *Le Crédit Mobilier* (1852), *La Banque des Pays Bas* (1864), *La Banque de Paris* (1869) — diese beiden Institute schlossen sich 1872 zusammen und bildeten fortan *La Banque de Paris et des Pays Bas*. Als Depositenbanken entstanden zu gleicher Zeit *Le Comptoir d'Escompte de Paris* (übernommen aus der Zweiten Republik), *Le Crédit Industriel et Commercial* (1859), *Le Crédit Lyonnais* (1863), *La Société Générale* (1864). Letztere war eine Schöpfung von Rothschild und sollte mit dem *Crédit Mobilier* der Gebrüder Péreire konkurrieren.

Betrachten wir beispielsweise den *Crédit Mobilier*,[20] der bewußt versuchte, die Bankstrukturen seiner Zeit umzuwälzen und der die wirtschaftliche Entwicklung ganz Europas zwischen 1852—67 nachhaltig geprägt hat. Seine Gründer, Emile und Isaac Péreire, zuvor Makler bei Rothschild, standen unter dem Einfluß der Vorstellungen von Saint-Simon. Sie wollten das Glück der gesamten Menschheit verwirklichen durch die Nutzbarmachung aller Rohstoffe der Erde. Bereits 1830 sahen sie im groben die typischen Züge der Bank voraus, einer regelrechten Holding-Gesellschaft, auf die die Wirtschaft angewiesen war: »Das neue Kreditinstitut muß Geld verleihen und aufnehmen. Die Wirtschaft wird bei der Gesamtheit der Kapitalisten Geld zu günstigsten Bedingungen borgen durch Vermittlung der reichsten Bankiers, die die Kaution stellen. Denn so finden die Inhaber von verzinslichen Anweisungen (die eigentlichen Aktionäre dieser Gesellschaft) leichter und sicherer eine Möglichkeit, ihr Kapital anzulegen, ohne das Risiko einer Privatanleihe einzugehen.« (Isaac Péreire, zitiert nach R. Cameron.) Das Programm des 1852 gegründeten *Crédit Mobilier* entsprach dem einer Emissionsbank. Das Gesellschaftskapital von 20 Millionen Franken sollte als Bankgarantie gelten, und die Mittel der Bank sollten aus dem öffentlichen Verkauf von Schuldverschreibungen fließen. Damit könnten die Aktien der Eisenbahngesellschaften erworben werden. Die Bank würde somit die Rolle eines Regulators übernehmen, dem Publikum ein einziges Wertpapier bei gleichbleibenden Zinsen und verteiltem Risiko anbieten. Das Ziel der Gebrüder Péreire war es, diese Obligationen beim Publikum so einzuführen, als wären sie Geldscheine der Bank von Frankreich. Doch stieß der ehrgeizige Plan auf den Widerstand der *Banque de France* und erregte die Feindschaft von Rothschild. Die Regierung verbot infolgedessen dem *Crédit Mobilier*, die 600 Millionen Franken Obligationen zu verkaufen, obschon er laut Satzung dazu befugt gewesen wäre. Die Péreire mußten daher nach einer anderen Kapitalquelle suchen, da die Finanzierung nicht auf dem erhofften Weg zustande gekommen war. Sie fanden sie in den Spareinlagen ihrer Kunden. Auf diese Weise verschafften sie sich 4 Milliarden Franken. Der Erfolg der ersten Jahre war beeindruckend. 1855 schüttete der *Crédit Mobilier* 40 v. H. Dividende aus. Eine Aktie von 500 F notierte bis zu 1982 F! In Frankreich kontrollierte der *Crédit Mobilier* zwei der sechs großen Eisenbahngesellschaften, die *Compagnie Générale Transatlantique*, mehrere Gruben- und Hüttengesellschaften, die Immobiliengesellschaft der *rue de Rivoli*, die *Compagnie Générale des Omnibus de Paris*, die *Compagnie du Gaz de Paris* ...

Im Ausland spielte der *Crédit Mobilier* eine Rolle beim Eisenbahnbau in Österreich-Ungarn, Spanien, Rußland, gründete Niederlassungen in mehreren Ländern mit dem ehrgeizigen Ziel einer europäischen Holding-Gesellschaft, wie es Isaac Péreire in seinem Jahresbericht von 1855 aufzeigte (zitiert nach R. Cameron): »Die wichtigsten Staaten Mitteleuropas empfinden allmählich das Bedürfnis, alle Industriezweige kräftig anzukurbeln und dafür zu sorgen, daß ihre Erzeugnisse schneller und wirtschaftlicher an den Verbraucher gelangen. Mit der Rückkehr des Friedens wünschen die Regierungen, das finanzielle Gleichgewicht wiederherzustellen und ihre außerordentlichen Ausgaben mit Krediten zu decken. Angesichts dieser Aufgabe versteht man mühelos den Nutzen, Kreditinstitute wie unsere zu gründen. Man könnte sie als riesige Behälter auffassen, in denen das freie Kapital eines Landes zusammenfließt und denen man es entnehmen würde, um es dort einzusetzen, wo es benötigt wird ... Bei der Schaffung dieser Institute müßte man ihre Handlungsfreiheit für die Entfaltung der nationalen Industrie sichern und gleichzeitig die Gefahren einer Isolierung umgehen. Man müßte sie tatsächlich miteinander verbinden, um so ihre Expansions- und Assoziierungsfähigkeiten zu entwickeln.«

Mit Hilfe des *Crédit Mobilier* hatten 1853 der Kölner Bankier Oppenheim und der Industrielle Mevissen die *Darmstädter Bank* gegründet, deren Programm mit dem der Pariser Bank identisch war. Entgegen ihren Bemühungen vermochten die Péreire 1855 in Wien keine Bank einzurichten. Dafür erhielt Rothschild vom Kaiser das Recht, im November desselben Jahres die *K. K. Privilegierte Österreichische Kreditanstalt für Handel und Gewerbe* zu eröffnen. In Spanien dagegen blieben die Péreire erfolgreich, denn 1856 gründeten sie die *Sociedad General de Credito Mobiliero Español* mit einer Beteiligung an Eisenbahngesellschaften, an Gruben, Zuckerraffinerien ... Außerdem spielten sie bei der Gründung der größten spanischen Versicherungsgesellschaft, der *Phenix Español* eine Rolle. 1863 entstand die *Società Generale di Credito Mobiliare Italiano*, ein Werk der Péreire. Die Gesellschaft war an den Eisenbahnen der Halbinsel, an den eisenverarbeitenden Fabriken von Piombino, am Walzwerk von Terni beteiligt. Schließlich verdankte die *Kaiserlich-Osmanische Bank* den Péreire zum großen Teil ihre Entstehung (1863). Überall in Europa kam es zur Schaffung von Emissionsbanken nach dem Vorbild des *Crédit Mobilier*. In Deutschland entstanden zwischen 1853—57 mehr als zwölf Banken: Die 1851 in Berlin ins Leben gerufene *Diskonto-Gesellschaft* nach dem Vorbild des französischen *Comptoir d'Escompte* gewann sehr bald dieselbe Bedeutung wie der *Crédit Mobilier*, ebenso die *Berliner Handels-Gesellschaft*, die mit Hilfe von Rothschild entstanden war, und die *Allgemeine Deutsche Kreditanstalt* in Leipzig. In der Schweiz wurde die *St. Galler Deutsch-Schweizerische Kreditanstalt* und die *Schweizerische Kreditanstalt* eingerichtet. In Holland war es die *Algemeene Maatschappij voor Handel en Nijverheid* mit ihrer Filiale, der *Nederlandsch-Indische Handelsbank*.

In ganz Europa vollzog sich somit nach französischem Muster eine regelrechte Bankrevolution, die den Kapitalverkehr ermöglichte. Doch der *Crédit Mobilier* ging 1867 bankrott, weil er kurzfristige Einlagen langfristig verwendete. Hinzu kam noch die erbitterte Feindschaft seiner Gegner, Rothschild und die Banken alten Stils, die nur scheelen Blickes die blendenden Erfolge der Péreire, dieser Neulinge unter den Finanzaristokraten, sahen. Den Vermögensverfall verursachten letztlich die schlechten Geschäfte der *Société Immobilière* in Marseille. Auf diese Weise verloren die Sparer ihr Vertrauen und zogen ihre Gelder zurück. Der *Crédit Mobilier* vermochte nichts dagegen zu tun, da seine Mittel blockiert waren. Er ersuchte den *Crédit Foncier* und die *Banque de France* um Hilfe, die aber nur unter der Bedingung des Rücktritts der Péreire eingreifen wollten. Von dem Augenblick an sicherte sich die traditionelle Großbank das Monopol der Emissionsbanken. Es gab also 1870 auf dem Kontinent ein Netz von Banken, die die Spargelder zusammenzogen und das Wirtschaftswachstum finanzierten. Zwar entstanden nach 1870 weitere Kreditanstalten, doch entfaltete sich ihre Tätigkeit in den einzelnen Ländern ganz unterschiedlich. Die englischen Depositenbanken verboten in ihren Statuten Unternehmenfinanzierung, die deutschen Banken waren bis 1914 Emissions- und Depositenbanken in einem. In Frankreich bildete sich nach und nach eine Spezialisierung im Bankgeschäft heraus, eine Folge der Fehlkalkulation, die jene Banken in Zukunft ausschließen wollten, die Aufgaben einer Emissions- und einer Depositenbank übernommen hatten. Unter Napoleon III. war der *Crédit Mobilier* dafür ein besonders eklatantes Beispiel. Indessen, sämtliche Kreditanstalten gerieten bei der Finanzierung von Unternehmen in Schwierigkeiten. Selbst der übervorsichtige *Crédit Lyonnais*[21] kam an den Rand des Ruins, nachdem er Kapital in ein Unternehmen für chemische Farbstoffe investiert hatte, das Konkurs anmeldete.

Doch erst der aufsehenerregende Bankkrach der *Union Générale* (1882) und später die äußerst gefährliche Krise des *Comptoir d'Escompte* (1889) überzeugten die französischen Banken endgültig von der Notwendigkeit einer Spezialisierung. Die *Banque de l'Union Générale* war von Eugène Bontoux 1878 gegründet worden. Ihre Eigenart bestand darin, daß sie sich an Kunden wandte, die aus politischen und religiösen Überlegungen ihre Ersparnisse keiner jüdischen oder protestantischen Bank anvertrauen wollten: rechtsstehende Royalisten und Katholiken. Die Erfolge der Bank waren beachtlich. Sie hatte die Kontrolle über zahlreiche Betriebe in Österreich-Ungarn mit seiner traditionellen, katholischen Monarchie und begann mit dem Bau des Orient-Express. Wenige Tage vor dem Bankrott, am 5. 1. 1882, notierte eine Aktie der *Union Générale* von 500 F, an der Pariser Börse noch 3040 F! Die Ursache für den unerwarteten Zusammenbruch der *Union Générale* war der Konkurs einer kleinen Bank in Lyon, der bei den Sparern Panik auslöste. Daraufhin lösten sie ihre Konten auf und verkauften ihre Aktien. Dies war eines der Vorzeichen der zehnjährigen Krise von 1883. Boutoux versuchte sich zu wehren und benutzte seine geringen flüssigen Mittel zum Kauf seiner eigenen Aktien. Sämtliche Banken litten unter dieser Krise vom Januar 1882, doch nur die *Union Générale* ging bankrott, da die andern Banken, Konkurrenten im österreichischen Eisenbahnbau, ihre Hilfe versagten und die republikanisch gesinnten politischen Kreise keine Unterstützung gewährten. Henri Germain, der Gründer der *Crédit Lyonnais*, den bereits schlechte Erfahrungen der Industrie gegenüber sehr mißtrauisch gemacht hatten, wurde durch den Börsenkrach von 1882 in seiner Idee einer notwendigen Spezialisierung noch bestärkt, die in Finanzkreisen die *Henri Germain-Doktrin* genannt wurde, und die er viel später, im Jahr 1902, vor einer Aktionärsversammlung folgendermaßen formuliert hat: »Es gibt natürlich hervorragende Industriegeschäfte, doch die Unternehmen, auch die am besten geführten, am vorzüglichsten verwalteten, bergen Risiken in sich, die wir für unvereinbar mit der Sicherheit halten, wie sie bei der Verwendung der Rücklagen einer Depositenbank unerläßlich bleiben. Andererseits vergeht stets eine mehr oder weniger lange Zeit, ehe die Unternehmen voll entwickelt sind und die erhofften Erzeugnisse liefern. Man darf nicht warten, bis sich ein Industrievermögen gebildet hat, um die Sichteinlagen zurückzuzahlen.« Henri Germain glaubte, eine Depositenbank dürfe nicht mehr als 10 v. H. ihrer Gelder immobilisieren. Diese Vorsicht trug ihre Früchte, da der *Crédit Lyonnais* in wenigen Jahren zur bedeutendsten französischen Depositenbank aufstieg. Jene Banken, die sich Henri Germains ›Lehre‹ zunächst nicht zueigen machten, folgten ihm Jahre später, als die Gefahren der Nichtspezialisierung in der Krise des *Comptoir d'Escompte* (1889) erneut zutage traten. Diese Bank hatte sich bei ihrer Kupferpreisspekulation verrechnet. Der Selbstmord des Direktors rief Panik hervor, lediglich das Eingreifen der Regierung rettete die Bank vor dem Ruin. Man zog eine Öffnung der Bankschalter vor, um Tausende Kleinsparer vor dem Verlust ihres Geldes zu bewahren. Von da an blieben Emissions- und Depositenbanken scharf getrennt. Letztere kümmerten sich lediglich um die Zusammenfassung von Spargeldern und verwandelten sich in ›Kredit-Basare‹, richteten Filialen in der Provinz und in den verschiedenen Vierteln der Großstädte ein. Dabei übernahmen sie lokale Banken oder verbanden sich mit ihnen, eröffneten an Markt- und Ausstellungstagen in den Dörfern vorübergehend Büros, schickten ihre Vertreter in die einzelnen Bauernfamilien.

Diese vorsichtige Spezialisierung war indes ein Zeichen fortschreitender Erstarrung des französischen Kapitalismus, da sie dem Banksystem nicht mehr erlaubte, seine wirtschaftliche Funktion zu erfüllen: die Umwandlung der kurzfristigen Spareinlagen in langfristige Investitionen. Der französische Kapitalismus wählte Sicherheit auf Kosten wirtschaftlicher Wirksamkeit.

In Deutschland dagegen bestanden engere Beziehungen zwischen Banken und Industrie als in irgendeinem andern Land. Diese Beherrschung der Industrie durch das Banksystem hatte sich seit 1840 abgezeichnet.[22] 1871 erbte das Reich eine Reihe von großen Banken, die in Nord- und Mitteldeutschland lagen und so dafür sorgten, daß sich das aus ganz Deutschland zusammenströmende Kapital in Preußen konzentrierte. Berlin ersetzte fortan Frankfurt als erster Finanzplatz des Landes. 1853 war die *Darmstädter Bank* ins Leben gerufen worden, 1856 die *Diskonto Gesellschaft*. 1870 gründeten Siemens und Delbrück die *Deutsche Bank*. Mit der 1872 entstandenen *Dresdner Bank* bildeten sie die vier größten deutschen Banken, die rasch die Einlagen fast der Hälfte aller Banken kontrollierten und 75 v. H. der in den Händen von Banken befindlichen Aktien besaßen. Zwei Jahre vor der Krise von 1873, die den Ruin der *Wiener Kreditanstalt* besiegelte, kam es zur Gründung zahlreicher Banken wie der *Rheinwestphälischen Diskonto Gesellschaft* und der *Dresdner Bank*. Die Krise von 1873 hinterließ tiefe Spuren in Deutschland. Aktien und Wertpapiere sanken rapide, doch keine Großbank mußte ihre Schalter schließen. Nach 1878 ging es allmählich wieder aufwärts. Die Banken beteiligten sich an der Gründung von Unternehmen, entsandten dafür Mitglieder in die Verwaltungsräte, gewährten den Industriellen großzügige Kredite. Mehrmals riefen Krupp und Thyssen ihre Banken zu Hilfe. Nach 1885—90 machten sich die Banken den allgemeinen wirtschaftlichen Aufschwung zunutze und entfalteten ihre Aktivität auf breiter Grundlage, waren an der Finanzierung des Außenhandels beteiligt und begannen, Kreditanstalten in Übersee einzurichten: die *Deutschasiatische Bank* (1889), die *Übersee Bank* (1886), die *Deutschsüdamerikanische Bank* (1906). Gleichzeitig schlossen sie sich zusammen und teilten die Expansionsgebiete auf. Die *Deutsche Bank* investierte vor allem in der Türkei, Südamerika, Rußland, die *Darmstädter Bank* in Österreich, wogegen die *Diskonto Gesellschaft* ihren Einfluß in China und Venezuela geltend machte. Nach und nach wurde Deutschland zu einem Land der Investoren, wie das Vereinigte Königreich und Frankreich, obschon das im Ausland investierte deutsche Kapital nie die Höhe der englischen oder französischen Investitionen erreichte. 1914 besaßen die Reichsbanken 66 v. H. ihrer Wertpapierbestände in ausländischen Werten.

Die skandinavischen Länder blieben in der Organisation ihres Banksystems etwas zurück. Um 1850 existierte es noch gar nicht, Kreditgeschäfte und Zahlungsverkehr wurden für ganz Nordeuropa in Hamburg abgewickelt. 1853 versuchte eine Gruppe von Finanzleuten, in Stockholm eine Emissionsbank nach dem Muster des *Crédit Mobilier* einzurichten, die *Stockholms Handelsaktiebank*, doch die schwedische Regierung zeigte sich dieser Art Neuerung kaum geneigt und gewährte lieber einigen Stockholmer Kaufleuten das Recht, eine traditionelle Bank zu gründen, die *Stockholms Enskilda Bank*, die ab 1860 eine nicht zu unterschätzende Rolle für die wirtschaftliche Entfaltung Schwedens spielte. Sie investierte in die Holzindustrie, in die Eisen- und Kupfergruben. Doch in ganz Skandinavien waren die vorhandenen Banken zahlenmäßig zu unbedeutend, um vor 1880 die dem industriellen Wachstum unerläßliche finanzielle Stütze zu geben.

d) Das System der internationalen Wirtschaftsbeziehungen

Während die Eisenbahn Europa einigte, das Kapital freier floß und zurückgebliebenen Ländern, unterentwickelten Gebieten ihre Entfaltung ermöglichte, wuchs die Höhe des Warenaustausches beträchtlich. Insgesamt stieg der internationale Handel von 2,5 Milliarden Franken (1800) auf 27 Milliarden an (1850), dann auf 100 Milliarden (1900). In Europa spiegelte die Struktur des Warenaustausches bereits eine gewisse Spezialisierung wider. Die entwickelten Länder wie Frankreich, England und, nach 1860, Deutschland verkauften an die andern Länder Fertigwaren im Tausch gegen Landwirtschaftserzeugnisse oder industrielle Rohstoffe. Die Spezialisierung trat noch eindeutiger zwischen Europa und den übrigen Kontinenten hervor, die USA ausgenommen. Von 1850 an vollzog sich dieser ungleiche Tausch immer stärker zugunsten des am meisten entwickelten Partners. Bestimmte Länder richteten sich somit auf den Ausbau der Wirtschaft, die andern auf deren Fehlen ein. Der Liberalismus feierte Triumphe, die Handelsbanken verschwanden. Zwischen 1850 und 1870 öffnete sich Europa dem Freihandel, beseitigte die Zölle, und das internationale Währungssystem erleichterte durch seine Festigkeit die finanziellen Schwierigkeiten dieses Austausches. Nach 1870 weckten der Konjunkturrückschlag und die tiefgreifende Krise von 1873–95 den Wirtschaftsnationalismus und verleiteten die meisten Länder zum Protektionismus.

Das Währungssystem beruhte im 19. Jahrhundert auf dem Goldstandard. Die nationalen Währungen bestimmten sich nach ihrem Goldgewicht und waren konvertierbar entsprechend ihrem Gewichtsverhältnis. Es gab zwar in einigen Ländern ein auf zwei Metalle bezogenes System, auf Gold und Silber, doch brachte dies große Nachteile mit sich, weil sich im Lauf des Jahrhunderts der Handelswert der beiden Metalle änderte. Dadurch wurde der Spekulation Vorschub geleistet. Man kam somit in der zweiten Jahrhunderthälfte rasch von diesem Zweimetallsystem ab. England prägte nach 1861 keine Silbermünzen mehr, Belgien hörte 1873 damit auf, das neue Reichsgeld war 1871 ausschließlich auf Gold bezogen. 1878 schaffte die Lateinische Union, eine Währungsunion zwischen Frankreich, Belgien, der Schweiz und Italien mit einheitlichem Geld, die freie Prägung von Silberstücken ab. Silber spielte künftig nur noch eine untergeordnete Rolle, diente als Scheidemünze oder für den Asienhandel, wo im allgemeinen fast nur Silbergeld verwendet wurde. Definiert man das 19. Jahrhundert lediglich nach dem Goldstandard, gibt man sich einer Täuschung hin, denn die Zahlungen in Gold blieben äußerst selten. Das Ausgleichen der Handelsbilanzen durch eine Diskontsatzänderung, für die liberalen Nationalökonomen eine mechanische Folge des Goldstandards, die eine relative Stabilität der Währungen untereinander erlaubte, war weniger häufig, als man annimmt, außer in England, der führenden Wirtschaftsmacht im Europa des vorigen Jahrhunderts. Zwischen 1844 und 1900 änderte die Bank von England 400mal ihren Diskontsatz. Die Bank von Frankreich ergriff diese Maßnahme nur 3mal, die Reichsbank 116mal.[23] Es gab somit andere internationale Zahlungsmittel als das Gold. Das englische Pfund spielte von 1850–1914 tatsächlich in zunehmendem Maße die Rolle einer Reservewährung.[24] Geschäfte zwischen Einzelpersonen verschiedener Nationen wurden meist mit gezogenen Wechseln bezahlt, die Banken der Lombard Street akzeptierten. Ihrerseits wurden sie von andern spezialisierten Instituten in London diskontiert. Die Zentralbanken verfügten über eine Pfundreserve, die vor 1880 kaum mehr als 5 v. H. ihrer gesamten Goldrücklagen ausmachte, 1913 aber auf fast 20 v. H. angestiegen war. Diese internationale Rolle des Pfundes sicherte daher England eine Handels- und Finanzsuprematie. Auf diese Weise konnten die englischen Importeure in Pfund und nicht in Gold zahlen, der britische Außenhandel war also nicht durch eine Verknappung der Goldreserven der Zentralbank beschränkt. Dies erleichterte auch die englischen Investitionen im Ausland, die sich in Pfund vornehmen ließen. Schließlich verlieh die Rolle des Pfundes der britischen Wirtschaft innere Stabilität, weil die Schwankungen des Diskontsatzes die Kapitalbewegungen beeinflußten. Für die anderen Länder dagegen konnte derselbe Vorgang wenig wünschenswerte Preisänderungen nach sich ziehen.

Ebenso begünstigte das Freihandelssystem, das sich seit 1850 allgemein durchsetzte, die führende, das heißt die englische Wirtschaft. »Was bedeutet Freihandel? Freiheit des Kapitals«, sagte Marx im Januar 1848.[25] 1850 war allein England ein Freihandelsland. 1846 hatte die britische Regierung das Kornzollgesetz von 1815 abgeschafft, den Pfeiler des englischen Protektionismus aus der ersten Jahrhunderthälfte. Dies war das Ergebnis einer Kampagne, die Richard Cobden und die Manchester-Gruppe seit vielen Jahren für die Aufhebung des Gesetzes geführt hatten. 1849 entfiel auch das Schiffahrtsgesetz, das seit dem 17. Jahrhundert der englischen Marine das

Monopol im Hafenverkehr gesichert hatte. 1853 und 1854 wurden die Zolltarife für die meisten Erzeugnisse beseitigt, abgesehen von Spirituosen, Tee, Tabak, Spielkarten und Spielwürfeln. Welchen Zweck verfolgte der englische Industriekapitalismus mit dieser einseitigen Grenzöffnung? Zunächst einmal niedrigere Preise für Industrierohstoffe (vor allem bei Wolle und Baumwolle; die Einfuhren der Textilindustrie machten 1850 ca. 20 v. H. der Gesamtimporte aus), dann aber auch eine Senkung der Getreidepreise, um einer Lohnerhöhung auszuweichen. Schließlich stand dahinter die Hoffnung, die Nachbarstaaten würden sich dem Beispiel anschließen und englische Waren einlassen. Diese Politik barg außerdem nur geringe Risiken für die englische Wirtschaft, die ausländische Konkurrenz kaum zu fürchten hatte und die den sich rasch ausweitenden Kohlemarkt beherrschte. Außerdem hatte sie im Seeverkehr eine Monopolstellung. Zwar überwogen nach 1849 vorläufig noch die Importe den Export, doch der Gewinn aus den Frachten und dem im Ausland investierten Kapital reichte völlig, um die Zahlungsbilanz auszugleichen. Bezeichnend ist, daß diese Neuorientierung der englischen Zollpolitik in den folgenden Jahrzehnten nie ernsthaft in Frage gestellt wurde. Man darf nicht übersehen, daß die Entscheidung für den Freihandel dem Konjunkturrückschlag einige Jahre vorausging. Muß beides in Beziehung gesetzt werden wie 25 Jahre später die Rückkehr zum Protektionismus auf dem Festland beim Übergang zur B-Phase?

Holland folgte dem Beispiel Englands sofort und beseitigte 1846 die Importgebühren. Die übrigen Länder fanden sich nur zu vorsichtigen und unvollständigen Tarifsenkungen bereit. Spanien verzichtete 1850 auf seine Schutzzölle.[26] Piemont reduzierte Gebühren auf weniger als 20 v. H., *ad valorem* (1852). Auch Österreich-Ungarn schloß sich an. In Frankreich schränkten Dekrete die Abgaben für belgische und englische Kohle ein (1852; 1853), und die gleitende Skala bei Getreide wurde nach 1852 nicht mehr angewendet. Aber erst 1860 gingen Frankreich und das Festland ganz zum Freihandel über. Nicht daß die französischen Politiker und Wirtschaftsfachleute die Vorzüge des Zolliberalismus verkannt hätten! Napoleon III. hatte selber einen Teil seines Lebens in London zugebracht und dort die Manchesterthesen kennengelernt, die seinen an Saint-Simon orientierten Vorstellungen entgegenkamen. Unter seinen Wirtschaftsberatern befand sich Michel Chevalier, ein Anhänger von Saint-Simon, der davon überzeugt war, daß ein Abbau der Zollschranken der französischen Wirtschaft neue Impulse geben würde, da sie sich zu sehr in Routine festgefahren hatte, und daß er ihr ermöglichen würde, ihren Abstand gegenüber England aufzuholen. Vielleicht meinte er auch, auf diese Weise seinen Jugendtraum von der Brüderlichkeit unter den Völkern verwirklichen zu können. Doch die französischen Industriekreise fühlten sich wehrlos gegenüber der englischen Konkurrenz. Die Preise in Frankreich lagen sehr hoch, 10—20 v. H. über den englischen bei Baumwolle, 10—50 v. H. bei Stahl, fast 30 v. H. bei Kohle. Der Wunsch des Kaisers war es nun, die Industrie zu zwingen, sich zu modernisieren, die Herstellungspreise durch Beseitigung des Protektionismus, der Ursache der Erstarrung, zu senken. Dabei wollte er Kredite gewähren, Staatsaufträge erteilen, öffentliche Bauarbeiten ausführen und so die notwendigen, teuren Umwandlungen erleichtern.

Doch diejenigen Industriellen, die sich am bedrohtesten vorkamen, die Textil- und Hüttenbosse, schlossen sich zusammen, um die Regierung unter Druck zu setzen. Ihre Argumente entbehrten nicht der Grundlage, wie es Pouyer-Quertier, Spinnereibesitzer aus Rouen, darlegte:[27] »Das Beispiel Englands dürfte wohl vergeblich angeführt werden, da man diesen Einwand schon hundertmal widerlegt hat. England verzichtete erst dann auf den Schutz seiner Manufakturen, als sie ihn nicht mehr benötigten. Es öffnete sich den Erzeugnissen ausländischer Industrien erst dann, als sie für die eigene Produktion keine Konkurrenz mehr darstellten. Unter diesen Bedingungen kann man, wenn schon nicht Freihandel, so doch etwas Ähnliches schaffen. Man riskiert dabei ja nichts und macht sich nach außen um den Liberalismus verdient. Was geschähe indes, wollten wir die von unsern Nachbarn auf der andern Kanalseite vollendete Reform nachvollziehen? Diese Reform, die der englischen Industrie keine Nachteile brachte, würde unsere unwiderruflich in den Bankrott treiben, weil wir nicht über dieselbe Kapitalmenge verfügen, weil wir Kohle und viele andere Rohstoffe nicht zum selben Preis haben können, weil wir keine so zahlreichen und billigen Transportmittel besitzen, weil es bei uns keine so beachtliche Produktion gibt, die sich im selben Ausmaß spezialisieren ließe ...« Außerdem befürchteten die Arbeiter, daß ein Senken der Zölle Arbeitslosigkeit nach sich ziehen würde.

Daher fand die kaiserliche Politik nur sehr wenig Unterstützung. Allein der politische Umschwung nach 1859—60 ermöglichte die Verwirklichung von Napoleons Plänen. Die französische Italienpolitik drängte die Katholiken in die Opposition und damit auch einen Teil der Unternehmer. Das Kaiserreich mußte sich künftig liberalisieren und seine Helfer mehr links suchen. Dazu wünschte Napoleon III. eine Annäherung an England, das sich über den steigenden französischen Einfluß im Mittelmeer beunruhigt zeigte. Jedenfalls bildete der französisch-britische Handelsvertrag von 1860 einen eigenwilligen

Akt des Kaisers, und seine Gegner betrachteten dies als einen ›Staatsstreich‹. Der Vertrag war völlig geheim vorbereitet worden, lediglich Michel Chevalier und einige Minister wußten davon. In diesem Vertrag senkte Frankreich merklich die Zölle für englische Industrieerzeugnisse, Produkte der Eisenindustrie, Kohle und Textilien. Nur schwer lassen sich die wirtschaftlichen Folgen dieses Abkommens zwischen 1860 und 1870 beurteilen. Ganz gewiß bewirkte es Zusammenschlüsse und eine Modernisierung in der Eisenhüttenindustrie, wo nun endgültig die Holzkohleverhüttung aufgegeben wurde. Ebenso fusionierten Textilunternehmen, was große Probleme aufwarf und zum Verschwinden der Heimweber führte. Andererseits erlaubten die herabgesetzten englischen Zollsätze eine Ausfuhrsteigerung Pariser Erzeugnisse: Seide, Porzellan, Weine und Spirituosen. Die Wirtschaftskrise von 1867–68 übte einen negativen Einfluß aus, doch anders als die französischen Industriellen damals glaubten, war sie keine Folge des Vertrags von 1860, sondern vielmehr das Vorzeichen des Konjunkturrückschlags. Der Vertrag sollte zehn Jahre gelten, und die Protektionisten betrieben eine heftige Kampagne gegen seine Wiederauflage 1870. Sie gründeten deshalb den Hüttenausschuß. Doch läßt sich nicht sagen, daß am Vorabend des Krieges von 1870 die französischen Unternehmer allesamt gegen den Vertrag gewesen wären. Zwar lehnte die normannische und nordfranzösische Textilindustrie, desgleichen die Eisenhüttenindustrie das Abkommen ab, aber die elsässischen Textilunternehmen, die Seidenweber von Lyon, Marseille und Bordeaux gehörten zu seinen Befürwortern. Der Vertrag von 1860 enthielt schließlich die Meistbegünstigungsklausel: Wenn einer der Kontrahenten einer dritten Macht Zollvergünstigungen gewährte, verpflichtete er sich, seinen Partner in den Genuß derselben Vorteile kommen zu lassen.

In der Folgezeit schlossen nun die meisten Länder Europas mit England und Frankreich Handelsverträge, die alle die Meistbegünstigungsklausel aufwiesen. Europa wurde auf diese Weise zu einer Freihandelszone. Die Zollschranken fielen soweit irgend möglich von selbst. Frankreich unterzeichnete Verträge mit Belgien (1861), dem Zollverein (1862), Italien (1863), der Schweiz (1864), Hamburg, Bremen, Lübeck, Spanien und den Niederlanden (1865), Österreich (1866), Portugal (1867). Beim Zusammenbruch des Zweiten Kaiserreichs hatte Frankreich 26 Verträge ausgehandelt und seine Zölle abgebaut. Nie war Europa von Zollschranken derart unbehindert. Diese Ausweitung des Rahmens der Wirtschaftsprobleme nach 1850 drückte sich auch in der Unterzeichnung von internationalen Abkommen aus, die den Warenumlauf und -austausch erleichterten. 1856 wurde die Europäische Donaukommission ins Leben gerufen, 1857 schaffte Dänemark die Maut über den Sund ab, die Telegrafenunion entstand 1865. Zwischen 1850 und 1856 wurden Maßnahmen zur Sicherung der Freiheit auf den Meeren und zur Vereinheitlichung der Schiffahrtsvorschriften und Signale getroffen. Schließlich ermöglichten die Weltausstellungen einen Vergleich der Erzeugnisse aus den einzelnen Ländern. Die erste Weltausstellung öffnete ihre Tore in London am 1. 5. 1851 und vereinigte über 27 000 Aussteller. Die nächste fand in New York statt (1853), die dritte in Paris (1855); weitere folgten in London (1862) und Paris (1867).

Nach 1870 bewirkte der Konjunkturrückschlag in den meisten europäischen Ländern eine Hinwendung zum Protektionismus. Nur England, Belgien und Holland hielten sich an eine liberale Handhabung der Zölle. Die wirtschaftlichen Schwierigkeiten ließen die Industriellen, die um den Absatz ihrer Erzeugnisse bangten, und die Bauern, denen die Konkurrenz der neuen Staaten zu schaffen machte, dieselbe Forderung erheben: Schutz durch den Staat, wie es am Beispiel der USA deutlich wurde. Gegen 1880 kam es zu einer ersten Welle protektionistischer Maßnahmen, doch blieben sie vor 1890 noch vereinzelt. Das Deutsche Reich hob als erstes die Zolltarife wieder an. Mehrere Gründe erklärten diesen Schritt: das Vorhandensein einer protektionistischen Schule innerhalb der Wirtschaftswissenschaften, die besondere Problematik der Krise von 1873 und des ihr folgenden Abschwungs, schließlich das Fehlen deutscher Kolonien, die Ausweichmöglichkeiten geboten hätten. Die ›Historische Schule‹ und die ›Kathedersozialisten‹ führten die protektionistische Tradition weiter. Auf dem Eisenacher Kongreß (1872) traten Gustav Schmoller und Adolph Wagner dem Wirtschaftsliberalismus in aller Form entgegen, insbesondere dem Freihandel. Doch vor der Krise von 1873 blieben die meisten politischen Gruppen und Berufsverbände dem Freihandel verpflichtet. Die *Nationalliberale Partei* und die Industriellen erblickten immer noch im freien Spiel der Wirtschaftsmechanismen ihr Interesse, um so mehr, als die Konjunktur der Gründerjahre ihnen hohe Gewinne sicherte. Die Sozialisten befürchteten eine Verteuerung der Lebenshaltungskosten bei einer Anhebung der Zollsätze. Die Großgrundbesitzer exportierten weiterhin und forderten im 1872 gebildeten Landwirtschaftsrat eine stärkere Betonung der Freihandelspolitik. Daher beschloß das Parlament 1873 die Zollfreiheit bei Erzeugnissen der Metallindustrie. Kaum mehr als Steuern für Kaffee, Tee und Tabak blieben aus fiskalischen Gründen bestehen. Die neuen Tarife traten 1877 in Kraft. Aber nach der Krise entschieden sich die Industriellen für den Protektionismus. Die Hüttenwerke in Rheinland-Westfalen und in Schlesien, die schon zuvor dem Liberalismus sehr zurückhaltend gegenübergestanden hatten, forderten vom Staat Hilfe gegen die englische Konkurrenz und schlossen sich 1874 im *Verein Deutscher Eisen- und Stahlindustrieller* zusammen, während die Textilunternehmen, die der englischen und elsaß-lothringischen Konkurrenz ausgesetzt waren (letztere eine Folge der Annexion von 1871), sich 1873 im *Verein Süddeutscher Baumwollindustrieller* gruppierten. 1876 fusionierten all diese Zweckverbände und gründeten den mächtigen *Centralverband Deutscher Industrieller zur Beförderung und Wahrung nationaler Arbeit*. Auch die Großgrundbesitzer entschieden sich für den Protektionismus infolge der Überschwemmung des deutschen Marktes mit amerikanischem und osteuropäischem Getreide. Sie verloren dadurch jede Möglichkeit, selber in andere europäische Länder zu exportieren. Sie verlangten deshalb vom Staat, ihnen den Binnenmarkt zu reservieren, und gründeten die *Vereinigung der Deutschen Steuer- und Wirtschaftsreformer*. Gleichzeitig kehrten sich auch die konservativen Parteien vom Liberalismus ab, da sie die Interessen des grundbesitzenden Adels vertraten. Wilhelm von Kardorff, der Vorsitzende der *Deutschen Reichspartei*, war die Schlüsselfigur dieser protektionistischen Allianz. Der Freihandel fand bei der deutschen Bourgeoisie kaum noch Anhänger. Lediglich die Reeder und die Kaufleute der Hansestädte blieben ihm treu. Doch sie hatten genug Macht, um 1877 ein geplantes Gesetz der Protektionisten zu verhindern. Es dauerte mehrere Jahre, bis die Regierung diesen Forderungen nachkam, vielleicht deshalb, weil Rudolf Delbrück, Staatssekretär in der Reichskanzlei und seit 1867 Fachmann für Wirtschaftsfragen, sich dagegen stemmte.

Nach 1876 wurde Bismarck aus verschiedenen Gründen veranlaßt, seine Zollpolitik zu ändern und Delbrück zu entlassen. Der Kanzler war selbst Großgrundbesitzer und deshalb aufgeschlossen für die Argumente der Agrarier. Außerdem führte ihn seine Innenpolitik dazu, sich den Konservativen und dem Zentrum zu nähern, beide Verfechter des Protektionismus, und den Kampf gegen die den Freihandel befürwortenden Sozialdemokraten aufzunehmen. Zugleich entfremdete er sich die Nationaldemokraten, die in dieser Frage keine einheitliche Meinung vertraten. Schließlich erhoffte er von einer Anhebung der Zollgebühren zusätzliche Mittel für den stark belasteten Staatshaushalt. Am 12. 7. 1879 beschloß der Reichstag ein Gesetz, das auf Eisenerzeugnisse hohe Zölle erhob, desgleichen auf Holz, Getreide und ausländisches Fleisch. Die Aufgabe des Freihandels blieb nicht ohne Wirkung auf die Wiederbelebung der deutschen Wirtschaft nach 1880 und auf ihr sehr schnelles Wachstum. Zwar konnte dadurch die konjunkturelle Abwärtsbewegung der Agrarpreise nicht aufgehalten werden, doch erhielt der grundbesitzende Adel die Möglichkeit, seine Großdomänen und seine Einkünfte zu erhalten, sich zu modernisieren, die Landwirtschaftsproduktion zu steigern. Die Industrie zog vollen Gewinn aus dem Gesetz von 1879. In einem noch dem Freihandel verpflichteten Europa erhöhte sie ihre Ausfuhren durch eine ›Dumpingpolitik‹. Sie verkaufte im Inland, wo Zollschranken die Konkurrenz fernhielten, zu teuren Preisen, um ihre Waren im Ausland günstiger als ihre Konkurrenten absetzen zu können. Die Kehrseite dieser Politik war ein sehr hohes inländisches Preisniveau. Das Getreide kostete in Deutschland 32 v. H. mehr als in den Nachbarländern. Kurzfristig finanzierten die Verbraucher, damit die breiten Volksschichten, die Expansion. Um 1890 wurde das übrige Europa protektionistisch. Damit änderte sich die Lage für das Reich, die Allianz von Industriellen und Großgrundbesitzern war überholt. Die deutsche Industrie hatte sich in Europa den ersten Platz errungen, brauchte also keine so vollständige Protektion mehr. Die Industriellen riefen nach einer Senkung der Agrarpreise, um die Lebenshaltungskosten herabzusetzen und die Lohnforderungen zu begrenzen. Dieser nachlassende Protektionismus, diese Beachtung der Gefahren, die sich aus einer Preissteigerung ergeben konnten, kündigten den Konjunkturrückschlag von 1895 an.

Bezeichnenderweise ging man im übrigen Europa vom Freihandel nur sehr langsam ab. Protektionistische Tarife wurden erst vor dem Ende des Abschwungs eingeführt, d. h. kurz vor 1896. Frankreich spürte nur sehr wenig von der 73er Krise. Daher veranlaßte auch erst der Preisrückgang in der Landwirtschaft während der Krise von 1882 die Bauern, nach dem Schutz des Staates zu rufen. Zu den Getreideproduzenten, die, wie in Deutschland, die Konkurrenz der Amerikaner und Osteuropäer befürchteten, kamen die Rübenbauer, die die Schließung der Grenzen für den deutschen Zucker wünschten, die Winzer, denen die Reblausepidemie großen Schaden zugefügt hatte. Zwischen 1884 und 1890 wurden die Einfuhrgebühren für Landwirtschaftsprodukte merklich heraufgesetzt, ohne dem Preissturz entgegenwirken zu können. Die Getreidesteuer pro Doppelzentner, 1860 noch bei 0,65 F, stieg 1887 auf 5 F. Die Industriellen, die seit Napoleon III. zum großen Teil Protektionisten waren, riefen erst spät nach der Hand des Staates, als die Fortschritte der deutschen Industrie sie zu beunruhigen begannen. Wie im Reich 15 Jahre früher, schlossen sich unter der Leitung von Méline Bauern und Industrielle 1890 in der *Association de l'industrie et de l'agriculture française* zusammen, um auf die Regierung Druck auszuüben. 1892 wurde

Méline Landwirtschaftsminister und setzte die Verabschiedung eines protektionistischen Gesetzes durch, das einen Mindest- und einen Höchsttarif festlegte. Gesetzlich war es somit möglich, den gemäßigten Mindesttarif anzuwenden (7 v. H. auf Industrieprodukte, 5—20 v. H. auf Landwirtschaftserzeugnisse), wenn die Waren aus Ländern kamen, für die die Meistbegünstigungsklausel zutraf. Dieser ›Méline-Tarif‹, oft als Symbol des Protektionismus betrachtet, wirkte sich sehr selten aus, da der Höchstsatz nur bei wenigen Ländern zur Geltung kam (in Europa waren dies die Schweiz, Italien, Spanien). Außerdem war keine Kontingentierung vorgesehen. Es ging im wesentlichen darum, in den Augen der Bauern eine auffällige Verpflichtung zu übernehmen, da sie das Wählerreservoir der Konservativen bildeten, und gleichzeitig den von Unternehmerseite geforderten Schutz zu gewähren.

Selbst England wurde von dieser protektionistischen Welle erfaßt. Von 1880 an stellten sich unter der amerikanischen und deutschen Konkurrenz leidende Industrielle und Grundbesitzer, die der Preisrückgang traf, die Frage, ob eine Freihandelspolitik noch zu rechtfertigen sei. 1881 gründeten sie die *National Fair Trade League*, die dem einseitigen ›free trade‹ den ›fair trade‹ vorzog, weil er auf Gegenseitigkeit beruhte. Ab 1895 machte sich Joseph Chamberlain zum Fürsprecher des Protektionismus, doch England hielt bis zum Ersten Weltkrieg am Freihandel fest. Dieses Infragestellen der Lehre Cobdens bewies jedenfalls, daß Englands Wirtschaft nicht mehr dominierte, daß Amerika sie überholt hatte, dessen Wirtschaft sich hinter sehr hohen Schutzzollmauern rasch entfaltet hatte. Aber auch Deutschland war stärker geworden. Großbritannien ging vielleicht deshalb nicht vom Freihandelsprinzip ab, weil das Empire einen geschützten Markt bildete, der fehlendes Binnenmarktwachstum ersetzte.

Der Wirtschaftsliberalismus entsprach einem geschichtlichen Zeitpunkt, der das Problem begrenzter Märkte nicht kannte, an dem der europäische Kontinent im Vergleich zu England unterentwickelt war. Der Konjunkturrückschlag sollte zeigen, wie gewaltig das Weltproduktionspotential gestiegen war. Die Erzeuger standen vor folgendem Dilemma: dem Preisrückgang zuzusehen oder den Staat um sein Eingreifen zu bitten. Der Kapitalismus, der den Liberalismus befürwortete, solange die Preise anzogen, zögerte nicht, seine Wirtschaftsdogmen aufzugeben, sobald die Gewinne spärlicher ausfielen. Sein Verhältnis zur ausländischen Konkurrenz faßte er in den Begriff des politischen Nationalismus und verringerte durch Zusammenschlüsse und Kartelle die Konkurrenz im Inland. Die Verschlechterung in den Beziehungen der einzelnen Länder untereinander hing mit dem um sich greifenden Protektionismus zusammen, der internationale Reibereien verursachte. Man denke an den ›Schweinekrieg‹ zwischen Österreich-Ungarn und Serbien (ab 1880), den Zollkrieg zwischen Frankreich und Italien (ab 1887) und zwischen Frankreich und der Schweiz (1892—95). Frankreich und England begannen sich bei der Eroberung der Kolonialmärkte feindlich zu begegnen, von denen nach 1900 auch das Reich und Italien, die zuletzt Gekommenen, ihren Anteil beanspruchten. Das Zeitalter des Imperialismus war da.

III. ENTWICKLUNG DER PRODUKTION

a) Die Industrie: Vom Eisen zum Stahl

Zwei Züge sind für die Entwicklung der europäischen Industrie zwischen 1850 und 1895 typisch: auf der einen Seite eine Beschleunigung des technischen Fortschritts und ein Wandel im Verhältnis von Wissenschaft und Technik; auf der andern Seite mehr und mehr Fusionen bei der Produktionsgestaltung.

Die neuen Erfindungen
In den Jahrzehnten nach 1850 vollzogen sich in drei Industriezweigen aufgrund von Erfindungen wesentliche Änderungen: in der Hüttenindustrie, der chemischen Industrie und der Energieerzeugung. Für die Hüttenwerke war die Entdeckung des Konverters am entscheidendsten, weil dadurch die Herstellung von Stahl aus Roheisen möglich wurde. Bis dahin hatte man Stahl entweder direkt durch Puddeln erzeugt und dazu hochwertige Mineralien verwendet oder durch Einsatzhärtung. Diese Verfahren blieben jedoch teuer und beschränkten den industriellen Gebrauch von Stahl. 1856 löste Bessemer das Problem der direkten Umwandlung von Roheisen in Stahl, indem er in seinem Konverter den Kohlenstoff vom flüssigen Eisen mittels Einblasen von Preßluft trennte. Das Verfahren hatte nur einen Nachteil: Es erlaubte keine Aufbereitung phosphorhaltiger Mineralien. 1877—78 bauten Thomas und Gilchrist einen Konverter, der dies möglich machte. Eine andere, alte Art der Stahlherstellung, die industriell nie hatte ausgewertet werden können — die Verbindung von Roheisen mit Schmiedeeisen —, wurde von den Brüdern Martin angewendet, die 1864 mit Hilfe von Friedrich Siemens einen Herdflammofen entwarfen. Diese Erfindungen senkten die Stahlpreise merklich (zwischen 1850 und 1870 um ca. 50 v. H.). Damit stieg auch der Stahlbedarf.

Abb. 9: *Herstellung von Bessemerstahl. La Nature, Paris 1880*

Den größten Nutzen zog allerdings die chemische Industrie aus dem technischen Fortschritt. Die künstlichen Farbstoffe ersetzten die natürlichen. Schon 1856 stellte Perkin einen Farbstoff aus Anilin her, das Mauvëin. 1860 erfand der Schwede Nobel das Dynamit. 1856 gelang dem Belgier Solvay ein einfaches Verfahren zur Gewinnung von Natron, indem er Kohlensäure einer Salzlösung aus Ammoniak beimischte. Die Herstellungskosten für diesen wesentlichen Rohstoff der chemischen Industrie verringerten sich somit erheblich. Schließlich begannen die Chemiker Kunststoffe zu erzeugen. Das Zelluloid wurde 1867 erfunden, das Bakelit 1882, Swan und Chardonnet erprobten 1884 die erste künstliche Textilfaser. Künftig wurden die Erfindungen der Chemiker in den meisten Industriezweigen verwendet, bei der Herstellung von pharmazeutischen und kosmetischen Produkten, bei der Konservierung von Lebensmitteln, bei Textilien.

Ab 1880 traten Elektrizität und Petroleum als neue Energiequellen in Erscheinung. Sie dienten allerdings im wesentlichen nur zur Beleuchtung und wurden nicht in mechanische Energie umgesetzt. Der wichtigste Punkt, der 1850 noch auf eine Lösung wartete, betraf die Elektrizitätserzeugung in Industriemengen und zu niedrigen Preisen. Man kannte nur die chemische Batterie. Zwar hatte Faraday bereits 1832 das Dynamoprinzip gefunden, aber erst 1869 gelang es Zénobe Gramme, eine umkehrbare Maschine zu bauen, die die von der

Dampfmaschine entwickelte Energie in Elektrizität umwandelte oder elektrische Energie in Arbeit umsetzte. 1873 rüstete Aristide Bergès seine Papiermühle in Lancey mit elektrischen Generatoren aus, die durch hydraulische Kraft angetrieben wurden. Die ›weiße Kohle‹ war entdeckt. Doch ließ sich die Elektrizität trotz ihrer im Vergleich zur Energie der Dampfmaschine viel größeren Handlichkeit ohne beträchtliche Stromverluste kaum transportieren. Um 1871 löste Desprez das Problem, indem er daran dachte, den Strom unter hoher Spannung zu transportieren, was durch die kurz zuvor geglückte Erfindung des Transformators möglich geworden war. Nunmehr konnte man die Elektrizität für die Beleuchtung von Privatwohnungen mit Hilfe der Glühdrahtlampe, die Edison 1878 erfunden hatte, nutzbar machen. Die Großstädte stellten ihre Beleuchtung sehr rasch von Gas auf Strom um. In Paris stieg zwischen 1888 und 1890 die Zahl der Bogenlampen von 2700 auf 6500, die der Glühlampen von 37 000 auf 100 000. Auf dem Land dagegen trat allmählich die Petroleumlampe an die Stelle des traditionellen Kerzenlichts. Bis 1895 wurden Strom und Petroleum nur selten als Treibstoff verwendet. Zwar gab es schon 1890 Petroleum- und Elektromotoren, doch das Monopol der Dampfmaschine bestand zu Ende des Jahrhunderts noch voll und ganz. Die Kohle lieferte immer noch über 90 v. H. der erzeugten und verbrauchten Energie in Europa. Sieht man von den U-Bahnen ab, die in den europäischen Hauptstädten um 1890 entstanden, und vom Benzinautomobil, das nur sehr wenig verbreitet war, so wirkten sich diese zwei neuen Energieformen noch nicht als entscheidender wirtschaftlicher Fortschritt aus. Paradoxerweise fanden der Elektro-, der Gas- und der Benzinmotor in Handwerksbetrieben und Kleinunternehmen Verwendung und stärkten sie im Kampf gegen die Großindustrie. Diese Motoren waren nämlich bei der Anschaffung und im Unterhalt billiger als eine Dampfmaschine, die, um rentabel zu sein, eine beachtliche Leistung aufweisen und ständig in Betrieb sein mußte. Die Dampfmaschine führte zu Fusionen in der Industrie, die neuen Motoren dagegen bremsten diese Entwicklung, zumindest anfänglich.

In Europa und den USA gab es also zwischen 1850 und 1900 eine bedeutendere Zahl technischer Erfindungen als in der ersten Jahrhunderthälfte, wie aus der schnell wachsenden Zahl der Patente hervorgeht. Von 1850—60 stellte man einen Wandel im Rhythmus der technischen Entwicklung fest. Diese technologische ›Revolution‹ setzte demnach viel später als die Industrielle Revolution ein, die sich beispielsweise im England des 18. Jahrhunderts mit sehr einfachen technischen Mitteln vollzogen hatte. In der Mitte des vorigen Jahrhunderts kam es zu einer Beschleunigung des technischen Fortschritts aufgrund der engeren Verbindung von Wissenschaft, Technik und Industrie und infolge der Organisierung der technologischen Forschung. Hatte es ein bis anderthalb Jahrhunderte gedauert, ehe die Dampfmaschine funktionierte und für die Lokomotive nutzbar gemacht werden konnte (von der Maschine Newcomens, 1712, und Watts, 1760, bis zum ›klassischen‹ Zeitalter der Lokomotive), so benötigte der Elektromotor weniger als 50 Jahre, um vom Stadium der wissenschaftlichen Erkenntnis seiner Grundprinzipien (ca. 1830) über die Herstellung von Prototypen (1860–70) zur alltäglichen Verwendung zu gelangen (ab 1880). Beim Verbrennungsmotor liegen die Daten noch näher beisammen. Keine 30 Jahre trennten den Gasmotor Lenoirs (1859) und die Erfindung des Viertakters durch Beau de Rochas (1862), lagen zwischen der Experimentierung des Autos und seiner industriellen Fertigung (1890–1900).

Diese Beschleunigung läßt sich zum Teil mit einer besseren und rascheren Verbreitung des technischen Fortschritts durch die wissenschaftlichen Zeitschriften und die Weltausstellungen erklären, andererseits durch eine engere Verbindung von ›reiner‹ Wissenschaft und Technik (vor 1850 hatte die Wissenschaft nur wenig Einfluß auf die technischen Probleme, die sich den Ingenieuren stellten). Schließlich spielte eine bessere Organisation der wissenschaftlich-technologischen Forschung eine wesentliche Rolle. Der technische Bedarf führte künftig zur Erfindung. Jedes neuentstandene Problem regte die Forschungen zahlreicher Wissenschaftler an, die gleichzeitig zu ähnlichen Ergebnissen kamen oder sich ergänzten. Der Erfindung eines genialen und einsamen Technikers, oft eines Autodidakten, folgte die Erfindung als Ergebnis eines Dialogs von mehreren Wissenschaftlern, schließlich die organisierte Erfindung in den von der Industrie finanzierten Labors. Die Erfindung entpersönlichte sich. Wem gebührt der Ruhm, die Gasbeleuchtung erfunden zu haben? Zwischen 1870 und 1887 wurden mehr als 4000 diesbezügliche Patente angemeldet.

Waren die Anfänge des Autos das Werk von genialen ›Bastlern‹ in dem Maß, wie die Großindustrie die Zukunft dieser neuen Art der Fortbewegung nicht voraussah, so bot die chemische Industrie ein Beispiel für Forschungsorganisation. In Deutschland verpflichtete die Firma Bayer in Elberfeld[1] von 1875 an Chemiker mit Universitätsabschluß, deren Aufgabe es war, sich auf die Erforschung von Farbstoffen und auf neue Verfahren zu konzentrieren. Auf diese Weise entdeckte Duisberg zwischen 1884 und 1886 drei neue Farbstoffe. Forschung betrachteten die Großunternehmen somit als eine ihrer Aufgaben für die Zukunft. Sie allein konnten nämlich die Kosten für derlei Tätigkeiten tragen. Bis künstlicher Indigo produktions-

Abb. 10: *Eisenwalzwerk. Gemälde von Adolf von Menzel, 1875*

reif war, verstrichen 20 Jahre Arbeit, mußten rund 20 Millionen Franken aufgebracht werden. Die wachsende Kompliziertheit der Technik führte mit zu Fusionen in der Industrie.
Die zunehmende Verbindung von Universität und Industrie in Deutschland stellte eine weitere Neuerung dar. Direkter als anderswo bereiteten die Universitätsstudien auf die Technologie vor. Gleichzeitig hielten die Fabriklabors Kontakt zu den Labors der Hochschulen. Diese bessere Organisierung der Forschung in der deutschen Industrie blieb nicht ohne Einfluß darauf, daß Deutschland von 1880 an Frankreich und Großbritannien aus ihrer technischen Führungsposition verdrängte. Im übrigen müßte man genau angeben können, wie weit diese bessere Organisation der Forschung in Deutschland Ursache und Folge für die höheren Zuwachsraten der deutschen Industrie nach 1880 war.
Die Geschichte der Technik im 19. Jahrhundert brachte schließlich noch ein Problem, das sich aber zur Zeit kaum klären läßt: die Beziehung von Erfindung und Konjunktur. Man kann sich nämlich fragen, ob die für die Forschung besonders günstigen Epochen Expansionsphasen sind, wo die Höhe der erzielten Gewinne es den Unternehmen erlaubt, Kapital in neue Verfahren mit unsicherer Rentabilität zu investieren, oder ob es im Gegenteil die Abschwungphasen sind, wo die technische Erfindung als eine Lösung bei der Bekämpfung des Preis- und Profitrückgangs erschiene. Es sieht so aus, als sei die Krise von 1873–95 besonders reich auf dem Gebiet der technischen Erfindungen gewesen. Die kapitalistische Wirt-

schaft schien von dem Augenblick an dazu verurteilt, stets Neuerungen zu schaffen. Dabei ging es aber nicht bloß um technische Erfindungen. Nach der Analyse, die Schumpeter vor 30 Jahren gab, gehörte auch die betriebswirtschaftliche Erneuerung hierher, das heißt eine bessere Organisation der Produktion und des Marktes.

b) Zusammenschlüsse in der Industrie

Zwischen 1850 und 1893 pendelte sich die Zahl der Unternehmen ein oder verringerte sich, wogegen die Produktion merklich anstieg. In Frankreich z. B. ging die Zahl der Fabriken von 1866–96 um die Hälfte zurück, 1 450 223 bzw. 784 240 in der ›Großindustrie‹; zwischen 1851 und 1881 reduzierte sich die Zahl der Industriellen von 124 133 auf 98 409. Die Zahl der Arbeiter wuchs dagegen von 675 670 auf 946 815 an. Betrachtet man einen Sektor, wo die Zusammenschlüsse sich besonders schnell vollzogen, die Hüttenindustrie, stellt man fest, daß es zwar 75 v. H. weniger Hochöfen gab, die Roheisenproduktion aber doppelt so hoch lag. 1861 erzeugten 395 Hochöfen 967 000 t Roheisen; 1895 gab es nur noch 96 Öfen mit einem Ausstoß von 2 004 000 t. Zu gleichen Ergebnissen würde man auch in andern Ländern und Bereichen gelangen.

Zwei Gründe erklären diese Zusammenschlüsse. Zunächst steigerte die komplizierter werdende Technik die Kosten für die eingesetzten Maschinen, damit auch den durchschnittlichen Kapitalkoeffizienten, das Verhältnis von Produktionswert und Wert des verwendeten Anlagekapitals in der Großindustrie. Gleichzeitig lag die untere quantitative Produktionsschwelle höher, die ein Betrieb übersteigen mußte, wollte er sich neue Maschinen leisten. Der technische Fortschritt spielte also meist eine Rolle bei Zusammenschlüssen. So erforderten in der Hüttenindustrie die Bessemer- und Thomas-Konverter, die Martinöfen, die Walzstraßen mit großer Kapazität Investitionen, die nur ein Großunternehmen aufzubringen vermochte. Die zweite Überlegung, die Zusammenschlüsse bewirkte, entsprang der Suche nach größter Rentabilität. Der wachsende Umfang der Fabriken ermöglichte es, bestimmte ständige Kosten durch eine gesteigerte Produktion abzufangen, das Material gründlicher auszunutzen, modernere Maschinen anzuschaffen, die die Arbeitsproduktivität hoben und auf diese Weise die Durchschnittskosten für jede produzierte Einheit senkten. Der zunehmende technologisch bedingte Preisrückgang in der Industrie drängte zu kleine und technisch überholte Unternehmen in eine Randlage, an die Grenze der Rentabilität. Die zyklischen Krisen trafen gerade sie und verursachten ihr Verschwinden. Das Streben nach Rentabilität durch eine abgestufte Organisation der Wirtschaft, die Verteidigung der Gewinne oder auch nur der Existenzkampf veranlaßten daher die Betriebe zu Zusammenschlüssen, besonders in Flautezeiten. Die Fusionen vollzogen sich entweder horizontal, Zusammenschluß gleichartiger Unternehmen, oder vertikal durch Eingliederung einander ergänzender Betriebe in den Produktionsprozeß.

Doch waren die Zusammenschlüsse nicht rein technisch oder geographisch bedingt, sie bestanden nicht nur in einer Vergrößerung der Produktionseinheit. Sie konnten auf diskretere Weise vor sich gehen, nach außen weniger sichtbar. Beispielsweise gab es finanzielle Verknüpfungen zwischen einzelnen Unternehmen, und zwar unterschiedlicher Art. Das gegenseitige Abhängigkeitsverhältnis der Beteiligten konnte mehr oder minder straff sein. In einem *Trust* übertrugen die Unternehmer die Vertretung ihrer Interessen einem Finanzkonsortium, das die Aktienmehrheit besaß und die Entscheidungen fällte. Im Kartell dagegen wahrten die Firmen ihre Unabhängigkeit im Produktionsbereich und einigten sich nur auf einen gemeinsamen Verkaufspreis. Oft vertrieben sie ihre Erzeugnisse über ein gemeinsames Verkaufskontor. Ziel all dieser Absprachen war es, das Spiel der Konkurrenz zu stören und beim Verkauf höhere Gewinne zu erzielen. Während der Zollprotektionismus allmählich den Liberalismus der Jahrhundertmitte ablöste, organisierten die Unternehmen den Markt nach ihren Interessen.

Abb. 11: *Lyoneser Seidenweberei. Magasin Pittoresque, Paris 1855*

Diese Entwicklung der Produktionsstrukturen darf aber nicht vergessen lassen, daß die ganz kleinen Fabriken mit wenigen Arbeitern am Ende des vorigen Jahrhunderts statistisch die Oberhand hatten, auch wenn ihr Anteil an der Gesamtproduktion stark zurückgegangen war. Die Volkszählung von 1896 in Frankreich ergab, daß die Arbeitnehmerzahl pro Unternehmen durchschnittlich 6,5 v. H. betrug; 80 v. H. der Betriebe mit mindestens einem Lohnempfänger beschäftigten nur einen, zwei oder drei Arbeiter. Gewiß schwankte dieses Verhältnis sehr je nach Industriesektor, denn in französischen Eisenhütten und im Bergbau arbeiteten 1896 durchschnittlich 400—500 Menschen. In der Textilindustrie lag die Zahl bei 50 Arbeitern je Fabrik. Genauso traten auch in den andern Ländern die Fusionen mehr oder weniger stark hervor.

In Deutschland vollzogen sie sich am schnellsten und nachhaltigsten. In der Hüttenindustrie und im Bergbau, in der Chemie, Elektrotechnik und Textilindustrie bildeten sich zwischen 1850 und 1895 sehr große Unternehmen heraus. Für alle stehe die Firma *Krupp*. Um die Jahrhundertmitte war sie noch ein Kleinbetrieb, der während der Krise von 1847 nur 76 Arbeiter beschäftigte. 1848 wurde die Lage so schlecht, daß Alfred Krupp das Familiensilber einschmelzen lassen mußte, um sein Personal zu entlohnen.[2] Von 1850 an besserten sich die Geschäfte rasch. Die Fabrik stellte für die Eisenbahngesellschaften Radbereifungen aus Gußstahl her und begann, sich einen Namen als Kanonenproduzent zu machen. Auf der Londoner Weltausstellung von 1851 erhielt *Krupp* eine Bronzemedaille für ein großkalibriges Artilleriegeschütz und für einen zwei Tonnen schweren Block aus Gußstahl. 1857 beschäftigte das Unternehmen 1000 Arbeiter, 1861 2000, 1865 8000. Von da an belieferte Krupp nicht nur die preußische Armee mit Kanonen, sondern auch mehrere ausländische Heere (1863 hatte die russische Regierung eine große Bestellung in Auftrag gegeben). Schon vor 1871 war die Firma ein Konzern, der vertikal verschiedene Produktionszweige integriert hatte, seine eigenen Eisen- und Kohlengruben besaß. Beim Tode Alfred Krupps (1887) arbeiteten 20 000 Menschen im Betrieb. Nicht weniger bezeichnend ist die Entstehungsgeschichte des *Haniel-Konzerns*, der die Kohlegruben Rheinpreußen von Homberg und die Gutehoffnungshütte umfaßte. Ähnlich der *Thyssen-Konzern*, der sich zuerst auf Walzstraßen beschränkte, dann Kohle- und Eisengruben aufkaufte und schließlich Stahlwerke. In finanzieller Hinsicht führten die Fusionen in Deutschland hauptsächlich zu Kartellen, die sich nach 1870 sehr rasch entwickelten. Doch die ganz großen Kartelle mit einem sehr starken Produktionsanteil auf einem Sektor oder in einem geographischen Raum entstanden erst nach 1880. Von den etwa 300 aktiven Kartellen zu Ende des Jahrhunderts existierten 6 vor 1870, 14 entstanden zwischen 1870 und 1872, 76 zwischen 1879 und 1885 und 120 zwischen 1885 und 1890[3], beispielsweise das *Rheinisch-Westphälische Kohlensyndikat* (1893). Die Erklärung für diese besonders augenfälligen Zusammenschlüsse in Deutschland ist nicht einfach. Nach 1870 verzeichnete das Reich die höchsten wirtschaftlichen Wachstumsraten in Europa. In Deutschland schlug sich der technische Fortschritt am schnellsten in der Massenproduktion nieder. Die Deutschen gewannen unleugbar einen Vorsprung bei der Stahlherstellung, in der chemischen Industrie und der Elektrotechnik. Eine zweite Erklärung könnte in der schnellen Rückkehr zum Protektionismus liegen. Er verband die Kartellbildung im Innern, von Zollschranken geschützt, mit einer Dumpingpolitik nach außen. Schließlich stand der Staat der Umgruppierung der Betriebe wohlwollend gegenüber. Weit entfernt davon, sie zu unterbinden, sah er viel eher die positiven Folgen, die sie für die Handelsbilanz hatte.

Abb. 12: *Gußstahlfabrik Friedrich Krupp Essen im Jahr 1835*

In England dagegen blieben die Fusionen vor 1895 beschränkt. Sicher gab es sehr große Unternehmen, Preisabsprachen und *Trade-Associations*, doch zu ausgeprägten Zusammenschlüssen kam es erst nach 1895 durch Amalgamierung (Großbetriebe wie *Courtaulds, Lever*, Kartelle wie die *Steel Sheet Makers Association*). Diese späten Fusionen lassen sich genau umgekehrt zur deutschen Entwicklung erklären. In erster Linie bestand der Freihandel fort, und die Engländer verfochten den Wirtschaftsliberalismus, den man mehr oder weniger bewußt für englisches Wirtschaftswachstum und viktorianische Größe verantwortlich machte. Daneben erschwerten ererbte Strukturen die Fusionen. Die Industriealisierung hatte sich etwas ungeordnet und geographisch uneinheitlich vollzogen. Außerdem wurde der technische Fortschritt langsamer verarbeitet. Die Besitzer der Eisenhütten begriffen z. B. erst nach mehreren Jahren, welche Bedeutung die Erfindung ihres Landsmanns Bessemer hatte, wogegen Alfred Krupp sofort bei Bessemer eine Herstellungslizenz anforderte. Dasselbe galt für den chemischen und elektrotechnischen Bereich. Auch hier paßte England sich nur langsam an. Schließlich war bezeichnend, daß der Verbrennungsmotor und die ersten Autos nicht von Engländern, sondern Franzosen und Deutschen zur Fabrikreife gebracht wurden.

Auch Frankreich erlebte keine so intensive Fusionierung wie Deutschland. Natürlich fanden sich in Frankreich schon unter dem Zweiten Kaiserreich sehr große Unternehmen. Aber zwischen 1870 und 1895 entwickelten sich die Strukturen nur langsam, was mit den geringen Wachstumsraten zusammenhing. Vor 1895 kennt man kaum mehr als zwei Beispiele für Kartelle. Einmal den *Comptoir Métallurgique de Longwy* (1877), der die Produktion seiner Mitglieder aufkaufte und sich um den Verkauf kümmerte, der aber den Produktionsstand nicht kontrollierte und es den Mitgliedern freistellte zu exportieren, ohne einen gemeinsamen Preis festzusetzen. Zum andern gab es das *Comité Central des Houillères*. Das 1864 gegründete *Comité des Forges* war bis zu Beginn des 20. Jahrhunderts lediglich ein Interessenverband der Hüttenindustrie. Zwischen 1895 und 1914 scheint es dann viel schneller zu Zusammenschlüssen gekommen zu sein.

Vergleicht man die Fusionen in den drei Ländern, stößt man auf das Problem des Verhältnisses von Konjunktur und Zusammenschluß. Mit dem Blick auf Deutschland sagt man oft, daß die Kartelle ›Kinder des Elends‹ seien. Tatsächlich schlossen sich während der Krisenjahre 1873—95 im Reich besonders viele Firmen zusammen. Doch löste dieselbe Flaute in Frankreich und England weit weniger Fusionsbewegungen aus. In der Expansionsphase von 1895—1914 steigerte sich der Drang zu Fusionen noch. Vielleicht erklärt sich die intensive Fusionierung in Deutschland eher aus der Krise von 1873, die das Reich besonders schwer traf. Dadurch sahen sich die Industriellen veranlaßt, ihren Binnenmarkt zu organisieren in dem Maße, wie die ausländischen Märkte von englischen Waren beherrscht wurden und Deutschland im Gegensatz zu Frankreich und England Märkte in den Kolonien fehlten.

c) Steigerung der Produktivität

Sie war die Folge des technischen Fortschritts und der Zusammenschlüsse in der Industrie. Die Spärlichkeit statistischer Quellen für das 19. Jahrhundert läßt es kaum zu, die Entwicklung der Faktorenproduktivität zu beurteilen. Desgleichen bleibt ein Vergleich der einzelnen Länder ausgeschlossen.

Wachstumsquote der Gesamtproduktion (Industrie und Landwirtschaft) pro Arbeitskraft und pro Stunde zwischen 1870 und 1913[4]

Schweden	+ 2,7 v. H.	Frankreich	+ 1,8 v. H.
Dänemark	+ 2,6 v. H.	Norwegen	+ 1,8 v. H.
USA	+ 2,4 v. H.	Schweiz	+ 1,6 v. H.
Kanada	+ 2,1 v. H.	England	+ 1,5 v. H.
Deutschland	+ 2,1 v. H.	Niederlande	+ 1,1 v. H.
Belgien	+ 2,0 v. H.		

Für Frankreich besitzen wir eine Produktionsberechnung der industriellen Arbeit *in natura*[5]. Zu diesem Zweck wurde das Industrieprodukt durch die aktive Industriebevölkerung geteilt. Trotz aller Ungenauigkeit bei solchen Berechnungen (die Schwankungen in der Zahl der Arbeitstage und der durchschnittlichen Arbeitsdauer etwa blieben unberücksichtigt; letztere verkürzte sich zwischen 1850 und 1900), die zu einer Unterschätzung des Produktivitätsgewinns führen könnte, läßt sich wohl sagen, daß die Arbeitsproduktivität regelmäßig stieg, vergleicht man die französischen Durchschnittswerte von 1835 bis 1845 mit denen von 1865–74. Dazu waren die Jahrzehnte 1865–74/1875–84, d. h. die erste Hälfte der Krisenphase, von einer eindeutigen Verlangsamung im Produktivitätswachstum geprägt. Der Aufschwung vollzog sich im zweiten Jahrzehnt der Flaute. In Frankreich wirkte sich die Krise allerdings erst nach dem Abschwung von 1882 wirklich aus. Man könnte somit den Produktivitätszuwachs zwischen 1880 und 1890 als die Lösung auffassen, die die Industriellen gefunden hatten, um ihrer Schwierigkeiten Herr zu werden, und außerdem als Ergebnis der konjunkturbedingten, immer stärker um sich greifenden Konkurse von Randbetrieben. Überraschender scheint das Absinken der Produktivität in den Jahren 1885 bis 1894 und 1895–1904. Dafür gibt es nur eine hypothetische Erklärung. Es genügt nicht, lediglich die Verkürzung der Arbeitszeit anzuführen, die durch das Gesetz von 1892 eingeleitet wurde und die Regelung der Arbeitsdauer von zehn Stunden für Kinder, Frauen und Minderjährige nach sich zog. Vielleicht verleitete die Konjunkturbelebung nach 1895 die Betriebe durch steigende Profite dazu, einige Jahre lang der Niedrighaltung ihrer Lohnkosten weniger Aufmerksamkeit zu schenken. Produktionswachstum und Konjunktur schienen also nicht einfach parallel zu laufen. Man kann die Gesamtproduktivität Frankreichs und der europäischen Länder kaum vergleichen, weil unter aktiver Bevölkerung stets etwas anderes verstanden wird (vgl. den Versuch von M. Marczewski: Histoire quantitative de l'économie française, Cahiers de l'ISEA, Juli 1965, Schema 18 und 19). Zumindest ist es sicher, daß die Produktivität in England höher lag als in Frankreich (dies läßt sich an Hand genauer Beispiele belegen, etwa der jährlichen Durchschnittsproduktion eines Bergmannes), daß das Produktivitätswachstum in Deutschland sich nach 1870 rasch steigerte und Frankreich zurückblieb.

Jahresproduktion der Kohle pro Arbeiter

	in England	in Frankreich
1874	235 t	—
1879	284 t	167 t
1884	309 t	184 t
1889	305 t	222 t
1894	267 t	205 t
1899	302 t	214 t

Zehnjahresdurchschnitt der Produktivität pro Kopf in Frankreich

1825–34	1.213 Fr.	1875–84	2.052 Fr.
1835–44	1.268 Fr.	1885–94	2.322 Fr.
1845–54	14.37 Fr.	1895–1904	2.187 Fr.
1855–64	1.675 Fr.	1904–13	2.534 Fr.
1865–74	2.024 Fr.		

d) Die industrielle Stärke der europäischen Staaten: ein Vergleich

Zwischen 1850 und 1900 änderte sich die Reihenfolge der europäischen Wirtschaftsmächte. Um die Jahrhundertmitte hatte England so etwas wie ein Industriemonopol in Europa inne. Auf dem zweiten Platz folgte Frankreich, dessen Produktion aber schon viel geringer war. Sonst gab es in Europa inmitten einer Agrarwelt nur einige Pole industrieller Entwicklung: Belgien, die Ruhr, Sachsen, Schlesien. Nach 1860 produzierte die deutsche Industrie mehr als die französische. Der Abstand vergrößerte sich mit den Jahren, und von 1890 bis 1900 holte Deutschland die britische Wirtschaft ein. Gleichzeitig waren die meisten europäischen Länder nunmehr industrialisiert: Österreich, Ungarn, Norditalien, die skandinavischen Staaten ... Agrareuropa beschränkte sich auf die Mittelmeerländer (Spanien, Süditalien, Osmanisches Reich) und auf die slawischen Gebiete. Im zaristischen Rußland setzte die Industrialisierung zwar ein, doch überlagerte, wie in einem Entwicklungsland, die russische Industrie die traditionelle

Abb. 13: *Gußstahlfabrik Friedrich Krupp Essen im Jahr 1880*

Struktur, ohne sie zu ändern oder das Funktionieren der Gesamtwirtschaft zu verwandeln. Die Hauptfaktoren der Zeit waren somit langsamere Wachstumsquoten in der englischen und französischen Industrie nach 1855 (vgl. Tabelle), schnelles Wachstum der deutschen Industrie und nach 1870 beginnende Industrialisierung neuer Länder.

Diese drei Feststellungen lassen sich noch erhärten, nimmt man die Kohle-, Eisen-, Roheisen- und Stahlproduktion zum Vergleich, die Grundlagen der Industrieerzeugung im 19. Jahrhundert.

1854 produzierte das Vereinigte Königreich 64,7 Millionen Tonnen Kohle. Die französische Produktion belief sich auf nur 6,8 Millionen, das heißt, sie betrug nur etwa ein Zehntel davon, und dies trotz der größeren Bevölkerungszahl. Außerdem lagen die Herstellungskosten für Kohle in Frankreich viel höher als in England. Deutschland (in den Grenzen von 1871) förderte 1850 5 Millionen Tonnen, 10 Millionen 1857, also etwa ebensoviel wie Frankreich. Ab 1870 überstieg die deutsche Kohleproduktion die französische um ein Vielfaches. 1885 förderte das Reich 58 Millionen Tonnen Steinkohle und 15,3 Millionen Tonnen Braunkohle. Frankreich kam über 19,5 Millionen Tonnen nie hinaus. England produzierte allerdings 162 Millionen Tonnen. 1900 ergab Europas Kohleproduktion folgendes Bild (Braun- und Steinkohle in Millionen Tonnen):

England	228,8	Belgien	23,5
Deutschland	150,0	Rußland	16,1
Frankreich	33,4	Ungarn	6,6
Österreich	32,5	Spanien	2,7

Die Roheisenherstellung zeigt dieselbe Entwicklung. 1850 produzierte England rund 2,2 Millionen Tonnen, Frankreich ca. 0,4, Deutschland 0,2 Millionen Tonnen. 1900 erreichte das Reich fast den englischen Stand mit 8,5 Millionen Tonnen gegen 9,0 Millionen, während Frankreich sich auf 2 Millionen

Gußeisenerzeugung in Millionen Tonnen

	1870	1880	1890	1900
England	6 059	7 873	7 534	9 103
Deutschland	1 262	2 468	4 100	7 550
Deutschland in v. H. der engl. Produktion	29 v. H.	31 v. H.	54 v. H.	83 v. H.
Frankreich	1 178	1 725	1 962	2 714
Belgien	565	608	788	1 019
Österreich	249	320	666	1 000
Luxemburg	129	261	420	971
Schweden	351 (1875)	406	456	527
Ungarn	124	144	299	456
Italien	28 (1875)	17	14	24

(nach dem Statistischen Jahrbuch Frankreichs; zusammenfassender Rückblick 1966)

beschränkte. Auch am Beispiel der Gußeisenproduktion wird ersichtlich, wie Deutschland zwischen 1870 und 1900 England eingeholt hat (siehe vorstehende Tabelle).
Das Vereinigte Königreich hatte somit seine Monopolstellung auf dem Weltmarkt eingebüßt. Dazu trat es sehr stark hinter den USA zurück, die schon zu Ende des vorigen Jahrhunderts die erste kapitalistische Macht der Welt waren.

e) Die Landwirtschaftsproduktion in der zweiten Hälfte des 19. Jahrhunderts

Die Fortschrittte in der Landwirtschaft waren zunächst nicht so groß wie in der Industrie, doch auch sehr beachtlich, bei allen Unterschieden, die es von Staat zu Staat gab. Diese Fortschritte waren nicht so ins Auge fallend wie in der Industrie, da sie weniger die Menge der Erzeugnisse als die Produktivität betrafen. Die Agrarproduktion Europas reichte aus, zumal die Herabsetzung der Transportkosten es nunmehr erlaubte, zu niedrigeren Preisen die Erzeugnisse extensiver Landwirtschaft aus den neuen Ländern zu importieren; Mißernten führten kaum mehr zu Unterernährung. Die Agrarkrise von 1847 scheint als letzte soziale und demographische Folgen gehabt zu haben, die sich im Falle Irlands allerdings dramatisch auswirkten. Zwischen 1850 und 1900 verzeichnete man dagegen Fortschritte in der Produktivität. Dies verdankte man einer Verbesserung der Techniken, zu der die verringerte bäuerliche Arbeitskraft, Ergebnis der Landflucht, und der Preisrückgang für Agrarprodukte nach 1873, verursacht durch die außereuropäische Konkurrenz, zwangen.

f) Verbesserte Technik

Die Anbautechniken änderten sich positiv durch den Einsatz von Maschinen und die Verwendung von Düngemitteln. Der Pflug wurde in der zweiten Jahrhunderthälfte nur geringfügig verbessert (nämlich die Form von Streichbrett und Pflugschar). Neu dagegen war, ihn von der Dampfmaschine ziehen zu lassen. Das erste Dampfpflugsystem in Europa hatten Smith und Howard ersonnen, die nur mit einer Maschine arbeiteten; sehr schnell jedoch setzte sich das von Fowler entwickelte System durch. Es bestand aus zwei getrennt montierten Lokomobilen, die den Pflug hin und her zogen (1851). In England und Deutschland fand die neue Technik rasch Eingang. 1867 wurden in England nach dem *Fowler-System* schon mehr als 80 000 ha gepflügt. In Deutschland wurde der Dampfpflug erst Ende der sechziger Jahre allgemein angewendet. In Frankreich machten sich die Fortschritte weit weniger bemerk-

Abb. 14: *Hammer ›Fritz‹, den Alfred Krupp 1861 entworfen hat.*

bar. Die Mechanisierung erschien zwar den aufgeschlossenen Geistern sehr bestechend, setzte aber Flächen von mehr als 400 ha voraus, sollte sie rentabel sein. Die Kosten für einen Hektar beliefen sich bei landwirtschaftlichen Großbetrieben in Deutschland auf rund 34 Mark, zogen Ochsen den Pflug, auf 40—50 Mark, ließ man zwei *Flowler*-Maschinen arbeiten. Mit Zusatzteilen und je nach ihrer Stärke[6] machten sie Investitionen in Höhe von 31 000—36 000 Mark erforderlich. Der Einsatz von Maschinen kam also teuer und war nur bei großen Flächen sinnvoll. Doch hatte er zwei Vorteile: Man konnte schnell arbeiten und tief pflügen. Nur sehr ausgedehnte Anwesen leisteten sich Maschinen, es sei denn, die Bauern schlossen sich wie in Deutschland zu Maschinengenossenschaften zusammen (ein erstes Beispiel gab es 1873 im Oderbruch). Maschinen machten somit in der Organisation der landwirtschaftlichen Produktion den Übergang zum Kapitalismus nötig. Auf diese Weise erklärt sich die geringe Mechanisierung in Frankreich, wo neben großen kapitalistischen Betrieben zahlreiche Kleinanwesen weiterbestanden, viele individualistische und traditionell gesinnte Kleinbauern lebten. Dieser Unterschied zwischen England und Deutschland auf der einen, Frankreich auf der andern Seite zeigte sich auch bei der Verwendung anderer Maschinen, die um die Jahrhundertmitte bereitstanden: Dampfdreschmaschinen, Mähmaschinen (1852 tauchte die amerikanische Mähmaschine *Mac Cormick* in Europa auf), mechanische Sämaschinen, die dank besserer Eggen eingesetzt werden konnten (englische Doppeleggen, norwegische Rolleggen, *Valcourt-Eggen* in Frankreich). In England hielten diese Maschinen überall Einzug; zwischen 1850 und 1880 verdrängte die Dampfdreschmaschine den Dreschflegel in Wales. Dagegen zählte man in Frankreich 1862 100 733 Dampfdreschmaschinen und 8900 Mähmaschinen. 1882 waren es 211 045 bzw. 16 025. Der ab 1866 vorhandene Karrenpflug fand lange kaum Verwendung. In Randzonen des wirtschaftlichen Fortschritts wie der Limagne betrachtete man noch 1913 die Sense, die sonst in Frankreich unter Napoléon III. die Sichel abgelöst hatte, mit dem Mißtrauen, das bäuerliche Mentalität dem Neuen entgegenbrachte.[7] In Mitteleuropa und im Mittelmeerraum vollzog sich die Umstellung noch schleppender.

Der Einsatz von Maschinen steigerte zwar die Produktivität der Landarbeit, aber er erhöhte weder die Produktion noch die Erträge. Erst Düngemittel bewirkten eine Ertragsverbesserung. Sie durchbrachen den Teufelskreis der herkömmlichen Landwirtschaft, ließen die Brache verschwinden und vergrößerten so die nutzbare Ackerfläche. In England, Deutschland, Frankreich (1821 lagen hier 26,9 v. H. Land brach, 1852 19,7 v. H.,

Abb. 15: *Dampfbetriebener Sutherlandpflug. Magasin Pittoresque, Paris 1879*

1892 13,2 v. H.), Belgien, Holland und Dänemark ging von 1850 an der nicht bestellte Boden merklich zurück. Im restlichen Europa dagegen bestand die Brache noch lange weiter. Bis 1840 verwendete man fast nur Naturdünger. Nach 1850 begannen die Staaten Europas aus Südamerika *Guano* einzuführen, der bis 1860—65 überall benutzt wurde. England importierte schon 1855 282 000 Tonnen davon. In Schweden und Norwegen streute man *Fischguano*. Doch die Arbeiten von Liebig, Chevreul und ihren Nachfolgern ermöglichten die Herstellung von Kunstdünger. Um 1860 begann man in Westeuropa die Düngung mit Nitraten, Phosphaten und Pottasche. In Deutschland wurde Pottasche bei Staßfurt abgebaut. Frankreich eröffnete 1856 in den Ardennen eine Fabrik, um Phosphate aus Kalkfossilien aufzubereiten. Andererseits kamen chilenische Nitrate auf den Markt. Das rasche Wachstum der chemischen Industrie in Deutschland, England und Frankreich stellte von 1870 an die benötigten Kunstdüngermengen bereit. Doch ebensowenig wie beim Einsatz von Maschinen darf man bei der Verwendung von Kunstdünger übersehen, daß sich der Fortschritt nur allmählich ausbreitete und auf einen Teil Europas beschränkt blieb.

Die Investitionen für Maschinen, die Ausgaben für Düngemittel überstiegen meist die Finanzen der Bauern, denen ab 1873 die fallenden Agrarpreise zu schaffen machten. Die seit je verschuldeten Landwirtschaftsgebiete Europas waren dem Wucher ausgeliefert, ehe es Raiffeisenkassen gab. In Holland, Dänemark und Deutschland wurden von der Mitte des 19. Jahrhunderts an Genossenschaften gegründet, die eine Kapitalkonzentration ermöglichten. In Frankreich dagegen scheiterten die ersten Versuche. Der *Crédit Foncier*, der den Bauern helfen sollte, finanzierte die Umgestaltung der Städte. Die Krankenversicherungsvereine, die ab 1884 entstanden, konnten daran mangels Geld nichts ändern. Erst 1899 gab es die *Caisses Régionales de Crédit Agricole*.

Auch auf diesem Sektor vergrößerte sich der Abstand zwischen dem entwickelten Europa und dem Rest, der am Rand des technischen Fortschritts lag.

g) Fortschritte in der landwirtschaftlichen Produktivität

Um die Jahrhundertmitte verzeichnete das Vereinigte Königreich Erträge und eine Arbeitsproduktivität, die weit über dem Niveau der andern Länder Europas lagen. Während man in England 25—40 hl auf einem Hektar erntete, waren es in Frankreich nur 10—20 hl.

Man kann versuchen, den relativen Stand der landwirtschaftlichen Entwicklung in den einzelnen Ländern und die Steigerung der Produktivität genauer zu bestimmen. Nach der Höhe der Landwirtschaftsproduktivität ergaben sich um 1850 vier Gruppen.[8] Zur ersten Gruppe gehörten die Länder mit großer Produktivität, die USA und England; zur zweiten die Länder mit durchschnittlicher Produktivität, Frankreich; zur dritten Staaten mit schwächerer Produktivität, Belgien, Deutschland, Spanien, Schweden, die Schweiz; zur vierten Länder mit schwacher Produktivität, Italien, Japan, Rußland. Die Entwicklung zwischen 1850 und 1900 war gekennzeichnet von einem schnellen Wachstum der deutschen Landwirtschaftsproduktivität, die zwischen 1900 und 1910 die englische überflügelte. In den andern Ländern Europas blieb das Wachstum bescheiden. Wenigstens hat es den Anschein, daß der Abstand zwischen der Produktivität der am meisten entwickelten Länder Europas (England und Deutschland) und der am stärksten zurückgebliebenen (Spanien, Italien, Rußland) sich in der zweiten Jahrhunderthälfte vergrößerte.

Entwicklungsstand in der Landwirtschaft

(Überschlag der reinen Jahresproduktion von einer Million direkter Kalorien eines männlichen Landarbeiters; S. P. Bairoch, a.a.O., S. 1096)

	1810	1840	1860	1880	1900	1910
Deutschland	—	7,5	10,5	14,5	22,0	25,0
Belgien	—	10,0	11,0	13,0	15,0	18,0
Spanien	—	—	11,0	7,0	7,5	8,5
USA	—	21,5	22,5	29,0	31,0	42,0
Frankreich	7,0	11,5	14,5	14,0	15,5	17,0
Italien	—	4,0	5,0	6,0	6,0	6,5
Japan	—	—	—	1,6	2,0	2,6
England	14,0	17,5	20,0	23,5	22,5	23,5
Rußland	—	7,0	7,5	7,7	9,0	11,0
Schweden	6,5	7,5	10,5	11,5	13,0	16,0
Schweiz	—	8,0	9,0	12,0	15,0	17,0

Durchschnittliche Jahreswachstumsrate der Landwirtschaftsproduktivität

(s. P. Bairoch, a.a.O., S. 1099)

	1840–80	1880–1910	1840–1910
Deutschland	1,6	1,9	1,7
Belgien	0,6	1,1	0,9
Spanien (1860–80)	−1,2	0,5	−0,7
USA	0,8	1,3	1,0
Frankreich	0,5	0,8	0,6
Italien	1,1	0,3	0,7
Japan	—	1,8	—
England	0,7	fast null	0,4
Rußland	fast null	1,6	0,7
Schweden	1,0	1,2	1,1
Schweiz	1,1	1,2	1,1

Ganz auffallend entspricht also der Stand der industriellen dem der Agrarentwicklung, und auch die in beiden Bereichen erzielten Fortschritte gehen parallel. Es gab keine Aufspaltung in ein grünes, landwirtschaftlich ausgerichtetes und ein schwarzes, industrielles Europa. Dafür bestand der Gegensatz zwischen einem industrialisierten Europa mit starker Agrarproduktivität und einem nicht industriellen Europa mit schwacher landwirtschaftlicher Produktivität. Fortschritte auf dem Agrarsektor waren zugleich Bedingung und Folge der Fortschritte in der Industrie.

Schlußbetrachtung: Europas Stellung in der Weltwirtschaft

In den Jahren 1850–1890/1900 verlor Europa seine beherrschende Stellung in der Landwirtschafts- und Industrieproduktion. Die USA sicherten sich ihren Platz als erste Wirtschaftsmacht, neue Länder traten als Landwirtschaftsproduzenten in Erscheinung.

Europas Anteil an der industriellen Weltproduktion in Prozenten nahm nach 1850 stetig ab. Nach Jürgen Kuczynski[9] ergibt sich folgende Entwicklung:

	Deutschland	England	Frankreich	USA	Rußland
1840	12	45	?	11	?
1850	15	39	?	15	?
1860	16	36	12	17	4
1870	13	32	10	23	4
1880	13	28	9	28	3
1890	14	22	8	31	3
1900	16	18	7	31	6

Von 1850 an erschienen die USA als die Wirtschaftsmacht mit den schnellsten Fortschritten. Gegenüber der durchschnittlichen Wachstumsrate des deutschen Bruttoinlandsprodukts (2,9 v. H.) verzeichneten die USA zwischen 1870 und 1913 + 4,3 v. H. Derselbe Unterschied läßt sich beobachten beim Wachstum der Produktivität: +2,1 v. H. in Deutschland, +2,4 v. H. in den USA für denselben Zeitraum. Am Ende des Jahrhunderts wiesen die USA eine sehr viel höhere Durchschnittsproduktivität auf als Europa.

Nach P. Bairoch[10] hatte die amerikanische Landwirtschaft schon 1840 einen Entwicklungsstand erreicht, der über dem englischen lag. Industriell wurde das Vereinigte Königreich von den USA zwischen 1880 und 1900 überflügelt. Doch bereits 1910 hatte die Industrie in den USA ein Entwicklungsniveau, das dem Frankreichs und Deutschlands überlegen war.

In der Getreide- und Fleischproduktion traten neue Konkurrenten gegen die Europäer an: Australien, Argentinien, die USA. Sie gingen nach extensiven Anbau- und Aufzuchtmethoden vor, was ihnen eine größere Produktivität sicherte. Sie boten ihre Erzeugnisse zu niedrigeren Preisen an. Um 1890 war amerikanisches Fleisch, dessen Lieferung die Erfindung des Kühlschranks möglich machte, in Le Havre (einschließlich der Transportkosten) halb so teuer wie französisches Fleisch.

Doch hielt Europa auf verschiedenen Gebieten den ersten Platz. Dazu gehörten die internationalen Märkte, auf denen die Amerikaner sich noch nicht durchgesetzt hatten, der Seeverkehr und der Kapitalmarkt. Die Summenbilanz Westeuropas blieb weitgehend positiv. Der Gewinn aus den Investitionen Frankreichs, Englands, Deutschlands und Belgiens in Osteuropa, in Nord- und Südamerika, im Vorderen Orient und in den Kolonien erlaubten es diesen Ländern, ohne Mühe ihre Zahlungsbilanz in Ordnung zu bringen. Der europäische Industriekapitalismus wurde zu einem Rentenkapitalismus, dessen starre Strukturen und Anpassungsunfähigkeit bis hin zur großen Krise von 1929 und vielleicht bis zur Erneuerung in den fünfziger Jahren durch den Schock des Ersten Weltkriegs zutage traten.

3. Die Gesellschaft und ihre Gruppen

So wurde Europa kapitalistisch und industrialisierte sich. Von Marx bis Sombart versuchte die eben entstandene Soziologie die Zusammensetzung der modernen Gesellschaft zu analysieren, Kriterien aufzustellen, die eine Zuordnung des einzelnen zu einer bestimmten Gruppe möglich machten, und unter Umständen die Dynamik der gesellschaftlichen Kräfte aufzuzeigen. Welche Kriterien sollte man festhalten? Das Einkommen, dessen Bedeutung in einer vom Geld beherrschten Gesellschaft ständig wuchs? Zu diesem Ergebnis, freilich in etwas abgewandelter Form, kam am Ausgang des Jahrhunderts Sombart,[1] in einem Augenblick, wo die Stabilität sich durchzusetzen schien, wo es so aussah, als füge sich alles in eine feste Hierarchie, ja, als könne man von einer Schichtenbildung innerhalb der Gesellschaft sprechen. Für Sombart gliederte sich das kaiserliche Deutschland an der Wende vom 19. zum 20. Jahrhundert in vier oder drei Gesellschaftsgruppen: das Großbürgertum (Jahreseinkommen über 12 000 Mark) und die bürgerliche Mittelschicht (Jahreseinkommen 3000 – 12 000 Mark) — beide zusammen machten etwas weniger als 5 v. H. der Bevölkerung aus — das Kleinbürgertum (ca. 25 v. H. der Bevölkerung) und das Proletariat im weitesten Sinn (70 v. H. der Bevölkerung). Diese Aufteilung erlaubt räumliche wie zeitliche Vergleiche. Auf diese Weise könnte man zu Ende des vorigen Jahrhunderts fast überall dieselbe Gesellschaftsstruktur entdecken, wenn auch in verschiedenen Proportionen, da der Wohlstand in den einzelnen Ländern nicht einheitlich wuchs. So war die englische Oberschicht zahlenmäßig nicht groß, aber vermögender, gehörte zu ihr doch eine Arbeiteraristokratie, die ihresgleichen suchte. Zum Proletariat ließen sich Fabrik- und Landarbeiter, Handwerker und kleine Angestellte rechnen, d. h. 80 v. H. der Bevölkerung. In Frankreich könnte man zum Großbürgertum und zur bürgerlichen Mittelschicht alle jene zählen, deren Jahreseinkommen um 1880 bis 1890 über 5000 Franken lagen (etwas weniger als 5 v. H. der Familien). Wer keine 2000 Franken verdiente, lebte kärglich.[2]

So stellt sich uns die Entwicklung am Ende dar. Doch welche Veränderungen verbargen sich hinter einer Schichtenbildung, von der man sich einredete, sie sei ein für allemal gegeben, unverrückbar! Zwei Gesellschaftsgruppen entwickelten sich und setzten sich durch, das Bürgertum und das Proletariat.

Nehmen wir jetzt nach Aussage der Steuerunterlagen ungefähr dieselben Einkommensgrenzen und gehen 40 oder 50 Jahre zurück. In Preußen[3] stellten 1852 die begüterten Klassen (Einkommen über 3200 Taler) 0,1 v. H. der Steuerpflichtigen, ebenso 1867. Zur Mittelschicht (Einkommen 1000 bis 3200 Taler) zählten 0,7 v. H. der Steuerzahler (1852), 1867 waren es 0,9 v. H., alles in allem eine hauchdünne Schicht von ›Reichen‹. Die am schlechtesten gestellten sozialen Gruppen der Zeit, die Handwerker, Händler, Kleinbauern, Hausbediensteten ließen noch keineswegs eine neue Kraft erkennen, der man allmählich den Namen Proletariat gab. Man begnügte sich damit, sie als ›Arme‹ zu bezeichnen, was den Schluß nahelegt, daß ihnen Geschlossenheit als Gesellschaftsklasse völlig fehlte.

Man muß von dieser groben Klassifizierung abkommen und sich der unterschiedlichen Bedingungen bewußt werden und des Pluralismus, der in der Gesellschaft herrschte. Man kann eine genauere, analytische Beschreibung der einzelnen gesellschaftlich-beruflichen Kategorien geben, wie der Nationalökonom Gregory King am Ende des 17. Jahrhunderts bereits gezeigt hat.[4] Im Falle Englands ergibt sich für das ausgehende 19. Jahrhundert folgendes Bild:[5]

Hochadel, squires	80 000
hoher Klerus, hohe Beamte, Großhandel, freie Berufe	225 000
reiche Bürger, Reeder, Kaufleute, Fabrikanten	270 000
Kleinbürgertum, niederer Klerus, kleine Beamte, Kleinhändler	357 000
Handwerker und Arbeiter	23 000 000
Großzinsbauern	220 000
Bauern, kleine Zinsbauern	600 000
Pächter	960 000
Landarbeiter	1 500 000
Häusler	1 000 000
Landstreicher	200 000

Es ist aber auch wichtig, die Beziehungen hervorzuheben, die zwischen diesen Gruppen bestanden, sie verbanden oder trennten. Jede Gruppe entwickelte sich in einer Zeit des Umbruchs, der Konflikte und Zusammenstöße, aber auch Solidarität blieb nicht aus.

Sollte man schließlich auch von der Psychologie sprechen, von der Wertskala, die unausgesprochen in der Gesamtheit der Gesellschaft galt? Gladstone behauptete, die Engländer kultivierten die Ungleichheit. Ohne Zweifel hielt dieses Land, Vorbild für die Entfaltung des Kapitalismus im Zeitalter des Liberalismus, an den alten hierarchischen Unterscheidungen fest, ja, es ließ sie eher noch schärfer hervortreten. Eine Schranke trennte die ›ehrbaren‹ Mitglieder der Gesellschaft von den andern. Vom Kleinbürger bis zum Pair befolgten sie

Verhaltensmuster, die die alten Werte des Adels mit den neuen bürgerlichen Tugenden verbanden. Der andere Teil der Gesellschaft, die Handarbeiter, blieben verstoßen und nahmen nicht am gesellschaftlichen Leben teil, das der Oberschicht die gewünschte Selbstbestätigung bot. Innerhalb dieser beiden großen Klassen lassen sich zahlreiche, für Untergruppen typische Merkmale, Symbole, Verhaltensweisen erkennen.
All diese Teilanalysen müssen die Züge hervortreten lassen, die den liberalen Gesellschaften in ihrer Gesamtheit anhafteten: Gegensatz von Herrschenden und Beherrschten, besser, Opposition von Proletariat zu triumphierendem Bürgertum, wie sie Marx dargelegt hat, aber auch eine bestimmte Vielfalt in der Zusammensetzung beider Gruppen. Manche ahnten nicht, daß ihr Ende bevorstand; landbesitzender Adel und Bauern setzten sich zur Wehr, das Handwerk verschwand. Neben den überlebenden Klassen entstanden neue. Dabei ging es in der Ober- und Unterschicht nicht ohne Kompromisse ab. Jede Klasse ihrerseits war in sich nicht geschlossen, reagierte nur bei wichtigen Anlässen nach einem einfachen Muster. Wir müssen deshalb der Reihe nach die Arbeiterklassen, die Bourgeoisie, den Adel und die Bauern näher prüfen, um ein Bild von diesen eng miteinander verflochtenen vier Gesellschaftskräften zu zeichnen, Typisches festzulegen, die Abweichungen zwischen England, Frankreich und Deutschland aufzuzeigen. In allen drei Ländern bildeten sich eigenständige Gesellschaftsmodelle heraus. Oft hing Modernes und Archaisches unentwirrbar zusammen. So ist es zwar richtig, daß die europäische Wirtschaft des 19. Jahrhunderts eindeutig unsere heutige ankündigte, die Schwerfälligkeit der Gesellschaft gab aber weiterhin den Ausschlag für die Beziehung von Mensch zu Mensch, wie in der Vergangenheit. Erst eine tiefe Krise, der Erste Weltkrieg, bewirkte hier einen Wandel.

I. DIE ARBEITERKLASSEN

Eine Klasse brach gleichsam herein und schien die bestehende Ordnung zu bedrohen, die Arbeiterklasse. Sie hatte sich in England in der ersten Jahrhunderthälfte voll entwickelt, etwas später in Frankreich, zuletzt in Deutschland. Zwischen 1850 und 1880 umfaßte sie überall ein Viertel bis ein Drittel der Bevölkerung. Ihre Lebensbedingungen vereinheitlichten sich, je mehr die Handwerksarbeit alten Stils zurückging, der Übergang von der Werkstatt zur modernen Fabrik sich vollzog. In den Arbeitersiedlungen Europas herrschte eine ziemliche Monotonie, die den Zeitgenossen auffiel und bedrückend wirkte. In Frankreich weigerte sich der romantische Historiker Michelet lange Zeit, dieses neue Geschichtskapitel zu schreiben, weil es seinem Denken so fremd war. Mit der Wiedererweckung der Vergangenheit befaßt, vermochte Michelet seine Zeit nicht zu verstehen. In England schilderte Carlyle[1] klagend die häßliche moderne Welt, der junge Disraeli sprach von zwei Nationen, den Reichen und den Arbeitern.[2] Marx seinerseits betonte, daß der Proletarier heimatlos sei, d. h. daß er sich in erster Linie durch sein Ausgeschlossensein bestimmte.

Und doch erlebte diese verelendete und verfluchte Klasse, wie sich ihre Lage besserte, da sie ihr Teil am allgemeinen Produktivitätszuwachs erhielt. Gleichzeitig differenzierte sie sich, je höher ihre Zahl stieg. In welchem Zustand befand sie sich 1850, wie stand es um sie 30 Jahre später? Welchen Weg hatte sie zurückgelegt? Es sei darauf hingewiesen, daß es um die Arbeiterklasse im engeren Sinne geht und nicht um die Berufszweige, die Sombart zum Proletariat rechnete, die Hausbediensteten, die Angestellten im Handel und Transportwesen, die unteren Angestellten des öffentlichen Dienstes, die Landarbeiter oder gar kleine unabhängige Arbeiter wie Kutscher, Lieferanten ... Unsere Definition ist wirtschaftlicher Natur, wenigstens zu Beginn. Später muß man sie erweitern, um den unterschiedlichen Lebensbedingungen und dem Sozialstatus Rechnung zu tragen, unabhängig von der Einkommensstufe. Ein erster unscharfer Begriff: In der Gruppe, die der Soziologe mit Proletariat bezeichnet, gehörte eine von zwei Personen nicht zur Arbeiterklasse, wenn man sie nach wirtschaftlichen Kriterien definiert.

a) Die englische Arbeiterklasse

Um 1840—50 stellten die Arbeiter etwa ein Viertel der Bevölkerung, und in England bildete sich zuerst eine moderne Arbeiterklasse heraus, sobald die Maschine in den sechziger Jahren des 18. Jahrhunderts in Spinnereien und Webereien ihren Einzug gehalten hatte. In der ersten Hälfte des 19. Jahrhunderts, im Kohle- und Eisenzeitalter, wuchs dieses Proletariat beachtlich. Engels veröffentlichte 1845 sein Buch *Die Lage der arbeitenden Klassen in England*[3] und meinte: »Die proletarischen Zustände existieren aber in ihrer *klassischen Form,* in ihrer Vollendung nur im britischen Reich, namentlich im eigentlichen England ...« Aus Engels' Werk, aus zahlreichen Arbeiten der königlichen Untersuchungskommissionen, Beschreibungen von Ärzten und Pastoren, aus Romanen von Dickens und Disraeli oder von weniger bekannten Autoren wie Elizabeth Gaskell, deren Roman *Mary Bar-*

ton das Leben der Arbeiter in Lancashire 1848 zum Thema hat[4] — aus all diesen Quellen kennen wir die Lebensbedingungen zur damaligen Zeit sehr gut, zweifelsohne die einer ganz dunklen Epoche.

Die Lage des Arbeiters in der Neuzeit läßt sich vom wirtschaftlichen Standpunkt aus so definieren: freie Wahl des Arbeitsplatzes, Beweglichkeit der Arbeitskräfte entsprechend dem Angebot auf dem Arbeitsmarkt, vorwiegende Beschäftigung in den großen Industriezentren, streng geregelte Arbeit an der Maschine, Entlohnung vor allem nach Stückzahl.[5] Der Arbeiter besaß nur seine Arbeitskraft, wurde also aus wirtschaftlicher, nicht aus politischer oder rechtlicher Notwendigkeit zur Arbeit gezwungen. Über mehrere Generationen hin hatte er sich an ein Dasein gewöhnt, das vom herkömmlichen Landleben abgeschnitten war, denn als Arbeiterkind wurde er bereits von klein auf zur Arbeit genötigt.

Heißt das, daß die Arbeiterschaft ein einheitliches Bild bot und zu gleichen Bedingungen arbeitete? Irland schickte jährlich 50 000 Arbeiter nach England. In London zählte Engels 120 000 Iren, in Manchester 49 000. Wegen ihrer Rüpelhaftigkeit, ihrer Armut, ihrer Bereitschaft, alle harten Arbeiten gegen ein lächerliches Entgelt auszuführen, bildeten diese Einwanderer eine Sondergruppe. Doch die Anwesenheit dieser irischen ›Reservearmee‹ war nur ein Element unter all denen, die der Arbeiterwelt das Gepräge gaben. An der Spitze standen die Facharbeiter, die die Maschinen herstellten und reparierten; sie gehörten fast schon zur Mittelschicht, zu der sie eines Tages wie George Stephenson aufzusteigen hoffen konnten. Ihr Lohn betrug 5—6 Schilling pro Tag. Ihnen am nächsten kam die Masse der Fabrikarbeiter und -arbeiterinnen. Ihre Arbeitszeit schwankte zwischen 15 und 16 Stunden am Tag. Die Baumwollindustrie beschäftigte zur Hälfte Frauen, selbst Kinder bis zu einem Viertel der Belegschaft; sie bot eine unsichere, von Arbeitslosigkeit bedrohte Erwerbsmöglichkeit mit Löhnen von 2—4 Schilling. Die Bergleute führten eine Existenz am Rande, wilder und schwieriger. Noch schlechter bezahlt (1 Schilling) waren die Heimarbeiter, Trikotagenhersteller in Leicester, Seiden- und Wollweber in Yorkshire, Baumwollweber in Lancashire. Die einfachen Hilfsarbeiter waren völlig heimatlos. Oft irischer Herkunft, bauten sie Eisenbahnen, verrichteten Erdarbeiten in den Großstädten, verdingten sich als Schauerleute. Ganz zuunterst stand die Masse der Arbeitsuntauglichen, die man von 1834 an in den *workhouses* internierte (mindestens 200 000 Personen). Die Löhne waren viel gestaffelter als im 20. Jahrhundert. Heute besteht zwischen dem Gehalt eines Ingenieurs und dem durchschnittlichen Lohn eines Arbeiters ein Verhältnis von 4:1.

1850 führten die englischen Arbeiter mit das schwierigste Leben in Europa. Innerhalb von 50 Jahren wuchs eine Stadt wie Leeds von 50 000 auf 400 000 Einwohner an. Bei der Erweiterung der Stadt blieben Hygienefragen unberücksichtigt. Die Arbeiterviertel hatten weder Luft noch Licht, weder Wasser noch Kanalisation. Man mußte sich seinen Weg mitten durch die Kloaken und Müllhaufen bahnen.

Doch veränderte sich die Lage während der Wohlstandsperiode, die damals einsetzte. Uns interessiert hier der Wandel nur, insofern er 1. die Arbeitsbedingungen, 2. die Löhne, 3. die Lebensbedingungen betraf. 1. Ohne von den Fortschritten in der Sicherheit und Arbeitshygiene zu sprechen, verzeichnete man einen klaren Rückgang der Kinderarbeit, wie aus den Debatten über die von Shaftesbury 1861 ins Leben gerufene Untersuchungskommission hervorgeht, ebenso eine Verkürzung des Arbeitstages. Um 1870 verbrachten die Arbeiter 12 Stunden in der Fabrik, eine Pause von 1 $^{1}/_{2}$ Stunden für die Mahlzeiten abgerechnet. In der Textilindustrie betrug der Arbeitstag $10^{1}/_{2}$, die Arbeitswoche 60 Stunden mit freiem Samstagnachmittag. Um 1880 arbeitete man oft 10, manchmal sogar nur 9 Stunden. Diese Verkürzung der Arbeitszeit schien damit unumstößlich geworden. Der Produktivzuwachs hatte sie ermöglicht: Die Arbeiter produzierten mehr in weniger Zeit. Dazu verschwand der wilde Kapitalismus der Gründerjahre. Man war sich darüber einig, daß ein erschöpfter Arbeiter nichts Brauchbares herstellte, daß aus einem verkrüppelten Kind nie ein widerstandsfähiger Erwachsener würde. Man befürwortete die Einschränkung der unbegrenzten Freiheit bei Einstellungen, obwohl sie doch die Grundlage des Liberalismus darstellte.

2. Vor allem die Löhne der Facharbeiter stiegen an,[6] und immer mehr Arbeiter zählten zu dieser Gruppe. Zwischen 1850 und 1865 sollen die Löhne der Facharbeiter um 25 v. H. angehoben worden sein, während die Lebenshaltungskosten nur 10 v. H. höher lagen. Um 1880 waren die Preise infolge des Konjunkturrückschlags gesunken, für dasselbe Geld konnte man ein Drittel, sogar die Hälfte mehr bekommen als 1850. Damals spottete Marx über die Verbürgerlichung einer Arbeiteraristokratie, die wohl ein Fünftel der Arbeiterschaft ausmachte: »Wie bald die englischen Arbeiter von ihrer scheinbaren Bourgeoisansteckung sich befreien, muß man abwarten.«[7] Für die Mehrzahl der Arbeiter stieg der Lohn zwischen 1850 und 1865 kaum schneller als die Lebenshaltungskosten. Nach 1865 wuchs der Reallohn eindeutig. 1880 lag er 10 v. H. über dem von 1850. Auf der untersten Stufe ging die Zahl der erwachsenen Armen und Arbeitsunfähigen zurück. In England betrug das Verhältnis 48:1000, in Schottland 40:1000

(1850), 30 Jahre später 34:1000 (England) bzw. 30:1000 (Schottland).
3. Die Lebensbedingungen wurden teilweise erträglicher durch bessere Wohnungen und eine bessere Hygiene in den Arbeiterstädten. Alle Mißstände der früheren Jahre waren bei weitem nicht beseitigt. In London gab es noch sehr viele Elendsviertel, ebenso in den Bergarbeiterstädten. Doch die Stadtverwaltungen begannen, sich um Stadtplanung zu kümmern, für die Allgemeinheit Sportplätze u. ä. zu schaffen, das tägliche Leben zu verbessern. Der französische Geograph Elisée Reclus bemerkte 1878: »Die englischen Arbeiter mit festem Arbeitsplatz wohnen meist in Häusern, die besser sind als die Wohnungen der französischen Bauern und Bürger, außen wie innen.«[8] Die Handwerker und Angestellten besaßen »massive Möbelstücke, Teppiche, Luxusgegenstände«. Manche Arbeiter aßen Weißbrot, tranken Tee, Kaffee, Schokolade. Diese Ausführungen legen nahe, daß sich eine langsame und ungleiche Entwicklung vollzog. Ein sehr kleiner Teil der Arbeiterschaft, der sich dem Kleinbürgertum verwandt fühlte, erlebte somit nach einem wenig versprechenden Start um die Jahrhundertmitte einen spürbaren Fortschritt.
Die schwärzesten Vorhersagen der vierziger Jahre traten also nicht ein. Die Verarmung nahm nicht zu. Die Struktur der Gesellschaft war nicht einfacher geworden, weil sich etwa die fachliche Qualifikation vereinheitlicht hätte. Der englische Historiker G.D.H. Cole unterteilte die männliche Arbeiterklasse um 1870 folgendermaßen: 30 v. H. Facharbeiter, 40 v. H. zum Teil geschulte Arbeiter, 30 v. H. ungelernte Arbeiter.[9] Vielleicht liegt hier einer der Schlüssel für die Erklärung, wie sich die Arbeiterbewegung entwickelte.[10]

b) Die französische Arbeiterklasse

Zu dem Zeitpunkt, da in Frankreich die Krise von 1848 behoben wurde, lebten Arbeiter hauptsächlich in vier Gegenden: im Pariser Raum gab es Kunsthandwerk- und Textilbetriebe, Nahrungsmittel- und eine kleine Metallindustrie, im Norden und den Ardennen Textil- und kleine Metallindustrie, in der Normandie Textilbetriebe, Spinnereien und Webereien, in der Gegend von Lyon Textil- und Metallbetriebe. Jedes dieser Gebiete besaß seine eigene Tradition, seine typischen Züge. Nirgends kam es zu einer der irischen Einwanderung nach England vergleichbaren Bewegung. Wir wollen uns ein wenig die Verteilung der Arbeiter nach geographischen Gesichtspunkten ansehen, wie es eine Industriezählung nahelegt, die vom Arbeitsausschuß der verfassunggebenden Versammlung 1848 besorgt wurde.[11] Dabei überrascht besonders die außerordentliche Aufsplitterung der Bereiche, in denen Arbeiter tätig waren, und zwar in allen Departements. Selbst die Räume, die man später als Landwirtschaftsgebiete bezeichnete, besaßen Kleinindustrie. Das Departement Cantal im Zentralmassiv, weit ab von den großen Verkehrsadern, hatte ein eigenes Textilzentrum, Chaudesaigues. 1000 Arbeiter, darunter 400 Kinder, spannen Wolle, webten am Webstuhl, strickten mit der Hand neben den Weiden, auf denen Schafherden grasten. In Montigny (Burgund), in einer Waldgegend, arbeiteten 400 Menschen an kleinen Hochöfen und holzbefeuerten Eisenhütten. Gab es auch Industriezentren mit mehr als 5000 Arbeitern? Abgesehen von den drei Großstädten Paris, Lyon, Marseille lebten in 24 Kantonen mehr als 5000 Arbeiter. Diese Kantone bestanden aus kleinen Provinzstädten und den umliegenden Landgemeinden. Nur einer dieser Kantone verfügte nicht über Textilindustrie, der Kanton Soissons, wo es Gießereien und Glasfabriken gab. Überall sonst fanden sich Textilbetriebe in großer Zahl: Spinnereien (oft Handspinnereien), Baumwoll-, Woll- und Leinenwebereien, Bandwebereien, Stickereibetriebe, Nessel- und Spitzenhersteller. Unter Napoleon III. gewannen die großen Industriezentren an Gewicht, die Kohlebecken entwickelten sich, in der Metallindustrie kam es zu Fusionierungen. Doch blieb das industrielle Dickicht bestehen. Es gab also in Frankreich eine nicht zu unterschätzende Arbeiterklasse, die sich jedoch von der englischen völlig unterschied.

Versuchen wir nun zu sehen, wie sich die französische Arbeiterklasse zusammensetzte, welche Tätigkeiten sie verrichtete, wie sie strukturiert war.[12] Auch in Frankreich wurden wie in England Frauen und Kinder zur Arbeit herangezogen. Die Frauen arbeiteten in der Textilindustrie und im Druckereigewerbe, die Kinder zwischen 12 und 16 Jahren (nicht ganz 5 v. H. aller Arbeitskräfte) in der Textilindustrie und in verschiedenen Handwerksbetrieben. Doch traten sie nicht so stark wie in England in Erscheinung. Es gab nur sehr wenig ungeschulte Arbeitskräfte.

Der Handwerksberuf blieb nämlich ein angesehener Beruf. Die Handwerker waren stolz darauf, dagegen wurde die eigentliche Industriearbeit verachtet. Wie läßt sich dieses Handwerk kennzeichnen? Es ging wohl eher um eine Einstellung und weniger um eine mit Hilfe von Statistiken bestimmbare Lage. In den Druckereien herrschte ein Handwerksgeist, selbst dann, wenn 15 Arbeiter im selben Betrieb tätig waren. Die Gesinnung hielt sich lange nach 1850, verschwand aber stufenweise, nicht ohne Wehmut zu hinterlassen. Ein Arbeiter sagte 1872 vor einer Untersuchungskommission aus: »Früher waren wir 20 Mann beim Gießer T. Man kannte sich gegenseitig. Abends saßen wir im Kerzenschein beim Chef. Heute sind wir 400. Die Leute werden wahllos eingestellt ... Ihr habt uns an den Rand von Paris gedrängt. Früher waren die Beziehungen zwischen dem Arbeiter vom 4. Stock und dem Bewohner des ersten höflich; wenn nötig, half man sich.« Und doch herrschte eine erstaunliche Vielfalt von Gewohnheiten unter den Handwerkern. Jede Innung kannte ihre eigenen Gebräuche und Traditionen, bildete eine Art Kleinst-Gesellschaft. Im Kunsthandwerk, bei den Setzern, Juwelieren, Bronzegießern erlernte man das Metier sorgfältig zwischen 12 und 18 Jahren. Danach zog man wie eh und je durch Frankreich. Diese Sitte hielt sich etwa bei den Kunsttischlern bis zum Ende des Jahrhunderts. Eine geregelte Arbeitszeit fehlte im Unterschied zu den Großbetrieben. Der Tageslohn betrug ungefähr 5 Franken. Trotz allem lag dieser Betrag unter dem Entgelt der englischen Facharbeiter, doch weit über dem, was die Mehrzahl der französischen Arbeiter erhielt.

Auf der andern Seite konnten die Bauarbeiter mehrere Monate lang arbeitslos bleiben. Die Heimarbeiter lebten ganz ungesichert, da man ihnen nicht regelmäßig Arbeit gab. Die Arbeitssituation der Seidenweber von Lyon konnte man als archaisch und verworren bezeichnen, da das hierarchische Verhältnis zwischen dem Chef des Ateliers, der seine Arbeit von ›Fabrikanten‹ zugeteilt bekam, und den einfachen Gesellen, die der Chef neben sich einstellte, fortbestand. Die Weber auf dem Land in der Normandie verdienten lediglich 0,75 Franken am Tag, die meisten Fabrikarbeiter 1 Franken oder 1,5 Franken. Innerhalb der Arbeiterklasse gab es sehr beträchtliche Lohnschwankungen wie überall zu der Zeit. Zuoberst stand, wer im Arbeitsprozeß gewissermaßen sein ›eigener Herr‹ blieb. Dagegen verdienten die Frauen am wenigsten, verrichteten mechanische Tätigkeiten ohne Eigeninitiative. Handspinnerinnen erhielten nur 0,30 Franken, sonst bekamen die Frauen zwischen 0,60 Franken und 0,80 Franken. Noch ein weiterer archaischer Zug läßt sich feststellen: In manchen Berufen wie denen der Töpfer und Weber wurden die Arbeiter teils in Geld, teils in Naturalien abgefunden. Sie wurden vom Arbeitgeber verpflegt, manchmal gab er ihnen auch Heizmaterial.

Für Frankreich typisch war also die geographische Aufsplitterung, gewaltige Lohnunterschiede, Unterschiedlichkeit in der gesellschaftlichen Stellung, altertümliche Aspekte jeder Art, so daß es sich fragt, ob man von einem einheitlichen Arbeitsmarkt sprechen kann. Versucht man dennoch, einen Gesamtüberblick zu gewinnen, so war diese Arbeiterklasse zahlenmäßig stärker, als man denken könnte. Um 1850 arbeitete genau wie in England etwas mehr als ein Viertel der aktiven

Bevölkerung in der Industrie. Und wie in England fühlte sich dieser Bevölkerungsteil ausgeschlossen. Auch in Frankreich gab es Untersuchungen[13], besonders in den vierziger Jahren, und sie entwarfen ein bedrückendes Bild von bestimmten Elendssituationen der Arbeiter. Die Untersuchung von Adolphe Blanqui nach der Krise von 1848 gehört zu den bemerkenswertesten und gescheitesten[14]. Ihre Folgerungen sind eindeutig.

In Frankreich lagen die Dinge nicht einfach. Es vollzog sich zwar eine industrielle Entwicklung mit all ihren Folgen für die Gesellschaft, aber es gab andererseits veraltete Strukturen, die sich nicht erneuern ließen. Von den drei oder vier Millionen Arbeitern unter Napoleon III. war nur ein Drittel in der Großindustrie beschäftigt. Es fehlt nicht an Gründen, die für den Rückstand Frankreichs auf diesem Gebiet ausschlaggebend sind. Die Städte entwickelten sich nur schwach, denn die Handwerker auf dem Land existierten weiterhin in großer Zahl. Die Unternehmen und Betriebe fusionierten wenig. Ein Betrieb hatte im Durchschnitt weniger als fünf Arbeiter. Der Arbeitsprozeß war nur geringfügig mechanisiert. Die Textilindustrie beschäftigte ungefähr die Hälfte aller Arbeiter, die Bau und Holzwirtschaft ein gutes Viertel, die Metallindustrie lediglich 9 v. H. Vom wirtschaftlichen Standpunkt aus handelte es sich um Arbeit alten Stils mit geringer Produktivität, außer in einigen Spitzenbereichen. Die Textilindustrie lieferte nur 40 v. H. des Industrieprodukts, obschon die Hälfte aller Arbeiter hier tätig war.

So war die Lage nicht nur um die Jahrhundertmitte, sondern mindestens auch in den folgenden 30 Jahren.[15] Wie verlief die Entwicklung nun in ihren wichtigsten Zügen? Es sieht so aus, als hätte sich die Zahl der Arbeiter insgesamt im Zweiten Kaiserreich um 15 v. H. erhöht, eine bescheidene Zunahme zwar, die aber über dem allgemeinen Bevölkerungswachstum von 5 v. H. lag (der Verlust von Elsaß-Lothringen 1871 bleibt hier unberücksichtigt). Doch in der Folgezeit erfuhr die Arbeiterklasse 20 Jahre lang keine Ausweitung. Daß die Produktion stieg, hing lediglich mit dem Fortschritt der Technik zusammen. Allerdings vollzog sich ein bestimmter Wandel in der beruflichen Qualifikation. Im Bergbau und in der Metallindustrie wuchs die Zahl der Arbeitskräfte. Hier gab es mehr Aktiengesellschaften und Fusionierungen. Einige Handwerkszweige starben ab, vor allem nach 1870. Berufe wie die der Nagelschmiede, der Metallwarenhändler, der Schlosser, der Faßbinder starben nach 1880 aus. Bei den Setzern, Uhrmachern, in der Bauwirtschaft traten dagegen nur wenige Änderungen ein. Die Landarbeiter zogen in Städte mit Textilindustrie. So stieg die Einwohnerzahl von Roubaix unter Napoleon III.

von 35 000 auf 76 000. Doch diese Bewegung führte selten zur Landflucht, verursachte keine Entwurzelung. Meist kamen die Zuwanderer aus dem umliegenden Land. Der Arbeiter blieb somit der Scholle verbunden, von ihr geprägt wie die Kollektivpsychologie überhaupt. Ja, hier und da bestanden überkommene bäuerliche Tätigkeiten weiter. Elisée Reclus beschreibt das Weben von verschiedenfarbigen Stoffen in Sainte Marie aux Mines (Vogesen) folgendermaßen: »Die um die Stadt herum in den Bergtälern verstreuten Weber arbeiten meist zu Hause. Bei schönem Wetter sieht man sie auf ihren Feldern und in ihren Gärten.«
Prüft man die Lage der Arbeiter im einzelnen, lassen sich eindeutige Verbesserungen wie in England erkennen, aber sie blieben auf bestimmte Gebiete und Arbeitergruppen beschränkt. Die Löhne stiegen im Zweiten Kaiserreich, aber das Leben verteuerte sich auch. Der Reallohn wuchs deshalb nur wenig. Nach 1870 sanken die Preise eher, und um 1880 lagen die Löhne der Weber (sie waren vergleichsweise niedrig, denkt man an die Bezüge der Facharbeiter) nominell 80 v. H. über den Löhnen von 1850. Zur selben Zeit kosteten gängige Artikel nur 35 v. H. mehr als 1850. Daraus ergibt sich ein Anwachsen des Reallohns um ein Drittel gegenüber 1850. Nach 1880 stiegen die Löhne viel langsamer, wohl deshalb, weil die französische Industrie eine gewisse Stagnierung erreicht hatte, die erst in den allerletzten Jahren des Jahrhunderts ihr Ende fand. Zwischen 1850 und 1880 wuchsen die Löhne jedenfalls unbestreitbar, was nicht verwunderlich ist. Sehr oft war dies nur eine Folge von Mehrarbeit, für die Leistungsprämien und Akkordlöhne einen Anreiz boten. Die Arbeitsproduktivität war zu Beginn äußerst schwach, wuchs rasch, so stark, daß die Lohnexplosion die Gewinne der Unternehmen nicht in Frage stellte. In den achtziger Jahren lag der Durchschnittslohn bei 4.20 Franken. Der Bauarbeiter, der den untersten Platz auf der Lohnskala einnahm, bezog 2.50, ein Dreher 4, ein Maschinenmeister in einer Druckerei 6 F. Die Dauer des Arbeitstages betrug im allgemeinen 10 oder 11 Stunden.
Allerdings blieb die Arbeiterklasse Opfer der Unsicherheit. Die Arbeitslosigkeit drohte ständig. Während der Krise von 1857 mußte die Hälfte der Arbeiter ihre Tätigkeit einstellen. Andererseits schwankten die Lebensmittelpreise kurzfristig, schnellten bei Mißernten hoch. Das Leben eines Arbeiters war weiterhin hart. Die Fabrikarbeit, die zum Teil die Werkstattarbeit ersetzte, brachte eine gewisse Vereinheitlichung. Die Arbeitsdauer war nicht geregelt. Die Sicherheit, die Hygiene am Arbeitsplatz unterschieden sich nur wenig von den Verhältnissen um 1850. Auch hier fehlte jegliche Regelung. Der Arbeiter sah sich vom Arbeitgeber überwacht, bespitzelt und

verlor damit das Freiheitsgefühl des Handwerkers. Ob er in Roubaix, einer reinen Textilstadt, oder in Le Creusot, einer Stadt mit ausschließlich Metallindustrien, zur Welt kam: das weitere Leben des Arbeiters stand fest. Er glaubte nicht einmal mehr, daß er eine Wahl treffen könne.

Und der Alltag? Unter Napoleon III. entwickelten sich die Fabrikzentren ohne Plan. In einer Stadt wie Armentières baute man nach dem gleichen Schema Häuser aus schlechten Ziegelsteinen mit zwei Räumen, einer Küche im Erdgeschoß, einem Zimmer im ersten Stock. Die Gassen waren ungepflastert. Die in verschmutzten Vororten zusammengepferchten Proletarier bildeten nur eine ungestalte Masse. In den Großstädten verließen die Arbeiter das Zentrum wegen der steigenden Mietpreise und siedelten sich am Stadtrand an. Die Arbeitgeber traten nur sehr selten fürsorgerisch in Erscheinung. Die protestantischen Arbeitgeber von Mülhausen, die für den Bau von Arbeiterwohnungen in den fünfziger Jahren verantwortlich waren, blieben eine Ausnahme: »Das Stadtviertel *cité* in Mülhausen umfaßt mehr als 1000 bequeme, gesunde, einheitliche Häuser, umgeben von Spazierwegen und Gärten. Die Bausumme wird jährlich mit der Miete abgegolten, und nach 14 Jahren besitzt die Familie das Haus, das sie gemietet hat.« (Elisée Reclus)

Insgesamt erbrachten die Änderungen zwischen 1850 und 1880 einige feststellbare Verbesserungen, aber sie haben eher Bitterkeit und graue Alltagsstimmung verbreitet im Unterschied zur Entwicklung in England. Frankreich übernahm nur langsam die modernsten Formen der Industriekultur und verspürte vornehmlich die negativen Auswirkungen der Umstellung.

c) Die deutsche Arbeiterklasse

In Deutschland entstand die moderne Arbeiterklasse später als in England und Frankreich, entwickelte sich aber sehr rasch mit für sie typischen Zügen.[16] Um 1860 arbeiteten 2 800 000 Menschen (Bergleute inbegriffen) in der Industrie. Nimmt man die Familien hinzu, so war dies ein Viertel der Gesamtbevölkerung des Zollvereins, in Preußen sogar die Hälfte, also kaum weniger als in Frankreich oder England. Allerdings handelte es sich in der Hauptsache noch nicht um Großindustrie. Die Zahl der Fabrikarbeiter in der Großindustrie betrug nur 450 000, und sie stellten mit ihren Familien lediglich 4 v. H. der Gesamtbevölkerung. Der Rest gehörte zu den Handwerksinnungen. Die Fabrikarbeiter teilten sich folgendermaßen auf:

Textilindustrie	154 000	Chemische Industrie	10 000
Maschinenbau	45 000	Rest (Zement-, Papierfabriken ...)	
Metallverarbeitung	97 000		35 000
Bergbau	100 000		

Vor 1848 bildeten Betriebe mit mehr als 10 Arbeitern eine Ausnahme. Doch nach 1850 wuchs das Fabrikproletariat schnell an, konzentrierte sich dabei auf eine kleine Zahl von Bezirken. 1880 gab es 5 Millionen Fabrikarbeiter, 1900 über 8 Millionen. Die deutsche Arbeiterklasse war gerade wegen ihrer späten Entstehung die modernste Europas. Wie teilte sie sich geographisch auf, unter welchen Bedingungen mußte sie leben, wie lassen sich die allgemeinen Züge der Entwicklung fassen? Wieder stoßen wir auf Feststellungen, die wir bereits in England und Frankreich gemacht haben: Handwerkergesinnung in den fünfziger Jahren, große Lohnschwankungen, unterschiedliche Lebensbedingungen. Aber nach 1860 trat ein Wandel ein.

Auf die alte, für das Handwerk typische Zersplitterung folgte damals die Konzentration in einigen Industriegegenden, ein Prozeß, der sich in den achtziger Jahren immer mehr beschleunigte: Aachen, Berlin, das rheinische Preußen von Düsseldorf bis Köln (mit der Ruhr), Schlesien (Oppeln und Breslau), Westfalen (Arnsberg), Sachsen. Die großen Bevölkerungsumschichtungen, die die schnelle Entstehung der modernen deutschen Arbeiterklasse begleiteten, hoben sich vom französischen Beharren ab; in Frankreich entfernten sich die Menschen nicht weit, die Arbeiter blieben mit dem Land ihrer bäuerlichen Vorfahren verbunden.

Die Lebensbedingungen glichen anfangs ziemlich stark den englischen und französischen. Wir sind wieder auf dieselben Quellen angewiesen: Romane, Beschreibungen, Zeitungsartikel. 1836 schilderte der Romanschriftsteller Immermann in seinem Buch *Die Epigonen* die Lage der Arbeiter: »Abschreckend war die kränkliche Gesichtsfarbe der Arbeiter. Jener zweite Stand, von welchem die Vorsteher geredet hatten, unterschied sich auch dadurch von dem dem Ackerbau Treugebliebenen, daß seine Genossen bei Feuer und Erz oder hinter dem Webstuhle nicht nur sich selbst bereits den Keim des Todes eingeimpft, sondern denselben auch schon ihren Kindern vermacht hatten, welche, bleich und aufgedunsen, auf Wegen und Stegen umherkrochen.« Engels beschrieb die Fabriken von Barmen und Elberfeld im Wupper-Tal 1839 wie folgt: »Das Arbeiten in den niedrigen Räumen, wo die Leute mehr Kohlendampf und Staub einatmen als Sauerstoff, und das meistens schon von ihrem sechsten Jahre an, ist grade dazu gemacht, ihnen alle Kraft und Lebenslust zu rauben. Die Weber, die einzelne Stühle in ihren Häusern haben, sitzen vom Morgen bis in die Nacht gebückt dabei und lassen sich vom heißen Ofen das Rückenmark ausdörren. Was von diesen Leuten dem Mystizismus nicht in die Hände gerät, verfällt ins Branntweintrinken.«[17]

1843—44 veröffentlichte der Journalist Wilhelm Wolff mehrere Artikel in der Breslauer Zeitung, um die Kasematten schlesischer Arbeiter zu beschreiben. Es läßt sich mit fast völliger Sicherheit behaupten, daß in der ersten Jahrhunderthälfte die Fleischvorräte nicht so rasch wuchsen wie die Bevölkerung, daß die Arbeitsdauer länger wurde, daß die Löhne nur eine Art Lebensminimum erlaubten. 1850—60 verbrachten die Arbeiter 16 Stunden am Tag in der Fabrik. Zur Fabrikbelegschaft gehörten Bauern, die ihr Land aufgegeben hatten, bankrotte Handwerker, Frauen und selbst Kinder unter 14 Jahren, die 10 v. H. aller Arbeitskräfte ausmachten. Daneben hatte das Handwerk immer noch ein starkes Gewicht, ohne immer ein besseres Los zu kennen. In Frankreich gehörte zum Handwerk nur eine Einstellung, im deutschen Raum war es noch eine rechtliche Form, da die Innungssatzungen weiter bestanden.

Hier vollzog sich nun von 1860 an ein Wandel. Für Deutschland typisch war der Aufschwung in dem Moment, als die Zahl der Proletarier erheblich stieg. Da die Auswirkungen der Industriellen Revolution später eintraten, blieb Deutschland von einer Verelendung, wie sie England erlebt hatte, verschont.

Wie sah diese Entwicklung aus? Die Arbeitsdauer verringerte sich. Zwischen 1860 und 1870 arbeitete man 12 bis 13 Stunden am Tag, in den achtziger Jahren 10 Stunden. Zur selben Zeit verschaffte die Sozialgesetzgebung den deutschen Arbeitern eindeutige Vorteile gegenüber ihren ausländischen Kollegen. Die Wohnverhältnisse besserten sich oft (außer in Berlin) dank den Anstrengungen sehr paternalistischer Arbeitgeber. Die Löhne stiegen durch den unglaublichen Zuwachs der Industrieproduktivität, das erstaunliche Wachstum des Nationaleinkommens.

Zwischen 1860 und 1870 galt etwa folgende Lohnskala: Ein Tagelöhner oder nicht spezialisierter Arbeiter erhielt einen Wochenlohn (12—13 Arbeitsstunden pro Tag) von 1,5—2 Talern auf dem Land, 2,5 Taler in der Stadt. Ein gelernter Textil- oder Metallarbeiter bekam rund 4 Taler im Durchschnitt; ein Arbeiter in einer Waggonfabrik erhielt 6 Taler, ein Mechaniker in Elberfeld 10 Taler, ein Vorarbeiter in der Fabrik 5 oder 6 Taler. Man hat ausgerechnet, daß für die laufenden Ausgaben einer vierköpfigen Arbeiterfamilie im Jahr folgende Beträge erforderlich waren:

Nahrungsmittel	80 Taler auf dem Land,	150 in der Stadt
Kleidung	20 Taler auf dem Land,	30 in der Stadt
Miete und Licht	15 Taler auf dem Land,	43 in der Stadt
Sonstiges	19 Taler auf dem Land,	38 in der Stadt

Es ist leicht ersichtlich, daß ein Landarbeiter oder ein durchschnittlicher Fabrikarbeiter in der Stadt seine Familie mit einem einzigen Verdienst nicht ernähren konnte. Nur wenn die Frau oder die Kinder mitarbeiteten, ließ sich das Nötigste beschaffen. Um 1880 lag die Kaufkraft der Reallöhne um 10 v. H. höher als in den sechziger Jahren. Zwischen 1880 und 1890 stieg dieser Reallohn noch um ein Viertel.
Vielleicht sind hier einige Bemerkungen angebracht: Der Lohnzuwachs kam hauptsächlich den Facharbeitern im Maschinenbau, in der Metall- und der chemischen Industrie zugute. Die Arbeitsbedingungen blieben hart wegen der strengen Ordnung in den Werkhallen. Die Sozialgesetze wurden nicht sofort angewandt, weil eine Kontrolle fehlte. Die Wohnungsmiete bildete manchmal eine schwere Belastung in übervölkerten Siedlungsgebieten. Trotzdem hatte die Arbeiterklasse von 1890 nur noch wenig mit jener zu tun, von der Immermann gesprochen hatte, und innerhalb weniger Jahre waren die Innungen einem neuen Proletariat gewichen, das die Traditionen nicht mehr kannte.
Lassalles ›ehernes Lohngesetz‹ war in der Arbeiterbewegung kaum ein Begriff geworden, als es sich in seiner Problematik zeigte: »Das eherne Wirtschaftsgesetz, das den Lohn nach dem Verhältnis von Angebot und Nachfrage regelt, lautet folgendermaßen: der Durchschnittslohn übersteigt nie das, was nach den nationalen Gepflogenheiten unerläßlich ist, um das Leben der Arbeiter und den Fortbestand der Rasse zu sichern.«[18] Der Zeitpunkt lag nicht mehr fern, wo Edouard Bernstein aufgrund seiner Beobachtungen die Arbeiterbewegung dazu drängen sollte, »dem noch als Proletarier lebenden Arbeiter einen bürgerlichen Status zu verschaffen und folglich die bürgerliche Lebenshaltung zu verallgemeinern.«[19]
War dies ein frommer Wunsch oder die Ankündigung der Änderungen, die sich im 20. Jahrhundert ergaben? Das letzte Wort ist vielleicht noch nicht gesprochen. Selbst heute bleibt es schwierig, die Lage der Arbeiterklasse am Ende des vorigen Jahrhunderts genau zu beschreiben, und noch schwieriger, sich zum Begriff Proletariat zu äußern, das neben den Arbeitern auch die große Zahl der Kleinverdiener umfaßte. In Ermangelung einer allgemein akzeptierten soziologischen Theorie muß man sich mit der Feststellung begnügen, daß die Zahl der Lohnabhängigen wuchs, was nicht unbedingt Proletarisierung bedeutete. Genau zu der Zeit erarbeiteten die Vertreter der neuen Marginalistenschule eine Lohntheorie, die sich auf die Idee von der Marginalproduktivität gründete.

II. DAS BÜRGERTUM IN DEN EINZELNEN LÄNDERN

Die Bourgeoisie auf ihrem Eroberungszug war immer noch eine Klasse mit Zukunft. Marx selber hat ihr im Manifest Lob gespendet: »Erst sie hat bewiesen, was die Tätigkeit der Menschen zustande bringen kann. Sie hat ganz andere Wunderwerke vollbracht als ägyptische Pyramiden, römische Wasserleitungen und gotische Kathedralen, sie hat ganz andere Züge ausgeführt als Völkerwanderungen und Kreuzzüge ... Die Bourgeoisie hebt mehr und mehr die Zersplitterung der Produktionsmittel, des Besitzes und der Bevölkerung auf.« Was ist dieses Lob wert? Eigentlich sollte man von Bourgeoisien sprechen und nicht von einer geschlossenen Klasse, die sich ihrer Macht bewußt war. Ein Teil des Bürgertums zog Nutzen aus der kapitalistischen Entwicklung, trieb sie voran und fand sich an führender Stelle in der Gesellschaft neben dem alten Adel. Ein mehr der Tradition zugewandtes Bürgertum lebte fern von Fabrikrauch in stillen kleinen Provinzstädten von seiner Rente, stand in Verbindung zur Landbevölkerung, war ohne ehrgeizige Ziele.

a) Das englische Bürgertum

Im viktorianischen England verstand sich das Bürgertum als Mittelschicht. Zu ihr gehörten reiche Fabrikanten, wohlhabende Kaufleute, Ärzte, Rechtsanwälte, Offiziere, Bischöfe, aber ebenso auf einer niedrigeren Stufe Großpächter, Ladenbesitzer, bestimmte Angestellte. Nach oben wie nach unten waren die Grenzen fließend. Doch für die Kollektivpsychologie, die Sitten und das Leben der Gesellschaft gab es irgendwo eine Schranke, die das Bürgertum vom alten Adel schied, eine andere Schranke trennte es von allen, die nicht ›ehrbar‹ waren. Wir wollen versuchen, diese Bourgeoisie in der pyramidal aufgebauten englischen Gesellschaft schärfer zu umreißen.
Ihr Anteil an der Bevölkerung ist vielleicht nicht uninteressant. Welche Kriterien man auch zugrunde legt, ob man die Höhe des Einkommens berücksichtigt, ob die damit verbundenen Aufgaben und Würden, auf jeden Fall bildete das Bürgertum eine ganz kleine Oligarchie. Großbürgertum und bürgerliche Mittelschicht machten 1840 ungefähr 1 v. H. der Bevölkerung aus, 1870 kaum 2 v. H., kaum mehr 1880 oder 1890. Die Klasse hatte sich um 1880 sozusagen geschlossen. Zum Adel zählten im Frankreich Ludwigs XIV. rund 1 v. H. aller Franzosen. Das viktorianische Bürgertum war nicht ganz so oligarchisch wie der alte Adel, aber doch eine Oligarchie in unsern Augen, trotz der Bezeichnung Mittelschicht.
Zwischen 1840 und 1880 vollzog sich etwas Entscheidendes,

eine Art stille Revolution, wie sie nur in England möglich war. Großbürgertum und bürgerliche Mittelschicht vermochten die Schranke zu überwinden, die sie vom Adel trennte. Neue Gewohnheiten ließen einen verwandten Lebensstil entstehen, der sich nicht mehr in der Art, sondern nur noch im Grad unterschied.[1] Vor 1848 gelang es nicht einmal einem Premier wie Sir Robert Peel (baronet), einem ehemaligen Wunderkind der Universität Oxford und Studenten der klassischen Philologie, seine Abstammung von einem geadelten Fabrikanten aus Lancashire in Vergessenheit zu bringen, der 15 000 Arbeiter beschäftigte. »Wenn er spricht oder einen Raum betritt, merkt man ihm seine nichtadlige Herkunft doch an«, hieß es in den Salons der Hauptstadt. Um so mehr war dies bei weniger hervorragenden Bürgerlichen der Fall. Wenn das Industriebürgertum manchmal gegen die Umgangsformen verstieß und bestimmte ungepflegte Manieren hatte, so lag das an seiner schlechten Erziehung. Die Fabrikherren schufen einen individuellen Kapitalismus mit ihren persönlichen Spargeldern, finanzierten sich selbst, Fremdkapital diente höchstens als Zusatz. Viele kamen aus bescheidenen Verhältnissen wie Owen in der ersten Jahrhunderthälfte. Hatten sie eine höhere Schule besucht, so war dies eine *grammar school*, nicht eine *public school*, die sich der Adel vorbehielt. Sie wohnten in der Nähe ihrer Fabrik, erschienen im Werk gegen 6 Uhr oder 7 Uhr morgens, gingen erst 10 oder 11 Stunden später nach Hause. Damit erklären sich ihre Eßgewohnheiten: ein ausgiebiges Frühstück am Morgen, ein Abendessen um 17 Uhr. Am Wochenende blieben sie zu Hause, Ferien, selbst Sport gab es nicht. Alle trugen sie den dunklen Rock. Auch die Religion trennte sie von der Oberschicht, da viele von ihnen Nonkonformisten waren und der offiziellen Kirche nicht angehörten. Sie bekannten sich zu den Presbyterianern, Quäkern, Baptisten, Kongregationalisten, Methodisten. Natürlich ließen es sich vom Adel beeinflußte Schriftsteller wie der junge Disraeli nicht nehmen, den Egoismus und die Härte dieser Industriellenklasse zu rügen.

Die gegenseitige Durchdringung von Großbürgertum und Adel, die schon 1850 eingesetzt hatte, wurde immer mehr Wirklichkeit. Der einst leichtlebige und ausschweifende Adel hielt sich an die moralischen Werte der viktorianischen Zeit. Die Söhne der größten Bankiers und Industriellen besuchten die Universitäten, galten als *gentlemen*, verkehrten in den Clubs, gingen ins Theater, sammelten Gemälde. In der bürgerlichen Mittelschicht führte die Nachahmung zu einer gewissen Uniformität, ›snobistisch‹ gefärbt, wie Thackeray sagte.

Im übrigen vollzogen sich bestimmte Änderungen in der Zu-

sammensetzung des Handelsbürgertums. Neben den alten Familien fanden sich jetzt Verwaltungsräte der Aktiengesellschaften.
Nimmt man die kapitalistischen Pächter und die wenigen wohlhabenden Bauern dazu, machte das Kleinbürgertum 20 v. H. der Bevölkerung aus. Berücksichtigt man aber nur das städtische Kleinbürgertum der Ladenbesitzer und der vermögenden Angestellten, so kommt man nicht über 10 v. H.. Ganz natürlich übernahm auch das Kleinbürgertum den ›ehrbaren‹ Lebensstil des viktorianischen England. Wesentlich war, daß viele Lohnempfänger, kleine Angestellte und Facharbeiter die kleinbürgerliche Lebensart nachahmten, ein bescheidenes Abbild des ›ehrbaren‹ Typus, der bei den führenden Schichten der Gesellschaft in Ansehen stand.
Das viktorianische England kannte gewiß die stärkste gesellschaftliche Ungleichheit in Europa, geht man von den ganz unterschiedlichen Besitzverhältnissen aus. Selbst innerhalb der Gruppe der ›Ehrbaren‹ gab es keine Gemeinsamkeit zwischen einem prunkliebenden Herzog und einem nur wohlhabenden Kaufmann. Es bildete sich allerdings eine Art unmerkliche Abstufung heraus. Adelsgesellschaft ja, aber »jeder blickte über sich, nicht neidvoll, sondern mit Achtung. Es war durchaus möglich, aufzusteigen und durch Achtung vor der Oberschicht den Respekt derer zu gewinnen, die die unteren Ränge der Gesellschaft belegten« (Halévy). Die Stärke der bürgerlichen Oligarchie war es, die Übergänge innerhalb der Gesellschaft gleitend zu gestalten.

b) Das deutsche Bürgertum

Das deutsche Bürgertum war höchstens ein schüchternes Versprechen zu Beginn des Industriezeitalters. Das Großbürgertum und die bürgerliche Mittelschicht erhoben zwar in den 48er Revolutionen ihre Stimme, machten aber nicht einmal 1 v. H. der Bevölkerung aus. Bei der Reichsproklamation betrug die Bourgeoisie 1 v. H., fast wie im England von 1840. Neben dem Großgrundbesitz nahm sie sich auch weiterhin bescheiden aus. Und doch folgte auf die Gründerjahre rasch die Entfaltung des kaiserlichen Bürgertums. Es zog den größten Nutzen aus der wirtschaftlichen Entwicklung, auch wenn durch den allgemein wachsenden Reichtum gleichzeitig das Arbeiterelend beseitigt wurde. Die preußischen Steuerunterlagen zeigen, daß zwischen 1852 und 1867 die begüterten Klassen und die Mittelschicht zunehmend steuerpflichtige Einkommen bezogen: 22 v. H. statt 16 v. H. Diese Entwicklung ging auch in der Folgezeit weiter.
Doch mehr als anderswo stößt man in Deutschland auf Bour-

geoisien und nicht auf ein einheitliches Bürgertum.² Eine liberale Spielart leitete sich aus der städtischen Gesellschaft früherer Zeiten her. Den Bürger alter Art gab es lange vor der Entstehung der Industrie. Er wohnte in einer alten Stadt, die mit Stolz auf ihre Vergangenheit und ihre Freiheiten blickte. Über mehrere Generationen hin hatte seine Familie eine Ehrenstellung bekleidet, und in einigen frei gebliebenen Städten erhielt sich dieses Privileg durch das Zensuswahlrecht. Es ging hier um eine Gesellschaftsgruppe, der ihre Verhaltensnormen, ihre Tradition und vor allem ihre Kultur ein einheitliches Gepräge verlieh. Sie vermochte in einigen kaum industrialisierten Städten ihre Geschlossenheit zu bewahren. Anderswo, wie in Hamburg, Frankfurt, Köln und Düsseldorf, verband sie sich mit den bürgerlichen Kaufleuten. Die kulturelle Tradition blieb lebendig. Jede Stadt besaß ihre Akademie, ihren Konzertsaal, ihre Bibliothek. Die Kinder besuchten das Gymnasium. Ärzte, Rechtsanwälte, Professoren und Beamte waren im wesentlichen die Erben dieses alten Bürgertums.

Das Handelsbürgertum war dagegen der Motor der wirtschaftlichen Revolution. Großkaufleute, Fabrikbesitzer mit mehr als 50 Arbeitern, Bankiers — insgesamt einige 10 000 Personen — bildeten das Großbürgertum. Zur bürgerlichen Mittelschicht gehörten Kaufleute, Kleinunternehmer, Ärzte, Anwälte und andere Freiberufliche. In den ersten Jahren des Reiches, den Gründerjahren, blieb der Kapitalismus ein wenig wie in England auf Familien beschränkt, die stärkeren Ehrgeiz und Wagemut zeigten, sich mehr um die Qualität und den Ruf ihrer Unternehmen sorgten, ohne den Gewinn aus den Augen zu verlieren. Diese strengen und gewissenhaften Industriellen verhielten sich vor allem anders zu ihren Arbeitern. Sie kümmerten sich um deren seelisches Wohlergehen wie um die Arbeitsleistung. Sie führten ein nüchternes Privatleben. Geschicklichkeit, Wagemut und Ausnutzung der Technik hatten sie zu Vermögen kommen lassen. Diese Männer waren die Erben kleiner Familienbetriebe (Alfred Krupp, Hugo Stinnes) oder kamen aus dem Handel (Albert Ballin), von der Bank (August Thyssen, David Hansemann), ja, aus dem Handwerk (Borsig, Hartmann), ohne die alten Erfinder oder Ingenieure in der optischen oder Elektroindustrie zu zählen. Unvermittelt über ihren gesellschaftlichen Rang hinausgehoben, verloren sie jegliche Verbindung zu ihrer alten Umwelt und bildeten eine Kaste für sich. Der Adel, dessen Lebensstil sie nachahmen wollten, lehnte sie ab. Sie bauten Schlösser, Empfangshallen, kleideten ihre Bediensteten in Livreen. In den Industriegebieten betrachteten die ›Industriebarone‹ die Arbeiter als ihre Leute, ihre Untergebenen. Diese neuen ›Grundherrschaften‹ gestalteten recht und schlecht die patriarchalisch geprägten menschlichen Beziehungen nach, wie sie östlich der Elbe existierten. Gegen 1880 erzwang eine neue Generation endlich den Durchbruch und stieg in die offizielle ›gute Gesellschaft‹ auf. Das in den Geschäften tätige Großbürgertum löste sich endgültig von der bürgerlichen Mittelschicht und fand Eingang in die Kreise des Adels, der hohen Verwaltung, ja der Armee, immer auf der Suche nach Titeln und Auszeichnungen. Wie in England vollzog sich eine Verschmelzung nach oben, und eine neue Oberschicht aus altem Adel und Großbürgertum übernahm alle Hebel der Macht. Zu ihr zählten Familien, die gleichzeitig Offiziere, hohe Beamte und Bankiers stellten, alle gründlich klassisch-humanistisch gebildet, Familien großer Ruhrindustrieller, die mit Stolz den Kaiser bei sich zu Hause empfingen, Reederfamilien aus den großen Hafenstädten: Dies waren die mächtigsten Vertreter der neuen Oberschicht. In zweifacher Hinsicht unterschieden sie sich aber von den englischen *gentlemen*. Der Kompromiß begünstigte weit mehr den landbesitzenden Adel, bürgerliche Werte spielten eine geringere Rolle. Zum andern fehlte die unmerkliche englische Abstufung zwischen den Herren des Tages und dem Kleinbürgertum, all die Schattierungen, die die Ungleichheit verbargen durch den nahtlosen Übergang von Größe zu Mittelmäßigkeit.

Die bürgerliche Mittelschicht und das Kleinbürgertum waren ziemlich weit entfernt vom Bereich der Macht. Sie zeigten nur wenig Interesse für staatliche Belange. In wirtschaftlicher Hinsicht spielten sie nicht die entscheidende Rolle. Das Handwerk war zwischen 1860 und 1870 nicht widerspruchslos zugrunde gegangen. Von einem archaischen Deutschland mit Kleinunternehmen zu träumen, blieb fortan unmöglich. Zahlreiche Kleinstädte, einst wichtig wegen ihres Ansehens und ihrer Funktion als winzige Hauptstädte, wurden von den industriellen Umwälzungen nicht berührt. Das Kleinbürgertum bildete nur noch eine passive Klasse, die sich auf ein tugendhaftes Leben beschränkte, aber die Handarbeiter verachtete. Allerdings wuchs seine Zahl in dem Augenblick, wo es seine aktive Rolle ausgespielt hatte, und zwar durch den Zuzug vieler Angestellter, Techniker, mittlerer Führungskräfte. 1870 machte es rund 15 v. H. der Bevölkerung aus, 1900 25 v. H.

c) Das französische Bürgertum

In Frankreich blickte das Bürgertum anders als in England und Deutschland auf eine politische Tradition zurück. Man hat sogar behaupten können, daß die bekanntesten Namen dieses Bürgertums ihr Vermögen, ihre Macht, ihren Sitz in den Aufsichtsräten der Großbanken oder Eisenbahngesellschaften nur dem politischen Einfluß verdankten, den sie seit der Französischen Revolution unter allen Regimen geltend machten.[3] Die Bourgeoisie saß in allen Volksvertretungen, in den Departements wie in Paris. Durch ihre hervorragende politische Stellung kam ihr in der Gesellschaft ein ganz anderes Gewicht zu als in den Nachbarländern. Und wie stand es mit ihrer wirtschaftlichen Macht, ihrem Reichtum insgesamt, wenn man die großen Namen, Zielscheibe der Polemiker, einmal nicht berücksichtigt? Es ging viel eher um eine bürgerliche Mittelschicht, nicht so sehr um ein mit Geschäften befaßtes Großbürgertum. Die französische Bourgeoisie setzte sich im wesentlichen aus Rentnern, Grundbesitzern, Beamten zusammen. Im Verhältnis zum englischen Bürgertum zahlenmäßig stärker, aber bedeutend weniger wohlhabend, bildete die Bourgeoisie um 1870—80 eine nach unten sich stark verbreiternde Pyramide, ohne feste Grenze zum Kleinbürgertum hin. Erst zu Beginn unseres Jahrhunderts gewann ein moderneres Bürgertum die Oberhand. Die Jahre zwischen 1850 und 1880 waren gewiß eine Übergangszeit, in der man das Bürgertum nach eindeutig wirtschaftlichen Kriterien nicht definieren darf, wo man ebenfalls darauf verzichten muß, es im Gegensatz zu einer zu früh auf politischem und gesellschaftlichem Gebiet überwundenen Aristokratie zu sehen.

Was war also ein Bürger? Einer, der über Geld verfügte, vor allem aber einer, der es bürgerlich verwendete, der Buch führte, einer, der vorgab, dem Materiellen zu entgehen, und nur eines wünschte, sich aus dem Berufsleben zurückzuziehen, um ›bürgerlich‹ sein Dasein zu gestalten. Bürgerlich war, wer einem geregelten Beruf nachging, der es ihm erlaubte, seine gesellschaftliche Stellung zu wahren. Gleichzeitig schuf er sich Rücklagen fürs Alter. Um seinen Platz in der Gesellschaft zu behaupten, brauchte man in Paris ein Einkommen von 8000 fr, in der Provinz eines von 5000 fr. Das heißt, daß man für Kleidung, Wohnung, Vergnügungen und Bedienstete Beträge einsetzen mußte, die das Kleinbürgertum nicht aufbringen konnte. Aber damit nicht genug. Man benötigte eine bestimmte Erziehung, was mindestens zwei Generationen bürgerliches Leben voraussetzte. Um 1870 traf dies für 500 000 Familienväter zu. Sie bildeten das Großbürgertum und die bürgerliche Mittelschicht, besaßen insgesamt ein Einkommen von 7 Milliarden, durchschnittlich also von 14 000 fr (ca. 11 000 Mark), wenn Durchschnittswerte überhaupt einen Sinn haben. Auf 4,5 v. H. der Familien entfiel somit ein Drittel des Einkommens. Wichtiger als diese Durchschnittszahl war die Verwendung der Einkünfte. Für Nahrungsmittel wurden rund 3000 F ausgegeben, für Miete 2000 F für Kleidung ebensoviel, für zwei Bedienstete ein Teil des Restes. Doch mindestens ein Drit-

tel wurde zurückgelegt. Der Begriff Sparen ist wesentlich, will man den französischen Bürger definieren.
An der Spitze dieser Klasse befand sich das Pariser Großbürgertum, eine Sondergesellschaft, eine geschlossene Gruppe, die in engstem Kontakt mit der Macht lebte. 1869 veröffentlichte der Polemiker Duchêne ein Buch mit dem Titel *L' Empire industriel*. Danach beherrschten 183 Männer die Wirtschaft. Die bekanntesten Namen waren Mallet, Hottinguer, Rothschild, Fould, Talabot, Schneider... Neben einigen Großindustriellen fanden sich hier Direktoren von Banken, Schiffahrts- und Eisenbahngesellschaften, die angesehensten Makler und Börsenmakler. Dazu kamen noch die Ärzte, denen der gesellschaftliche Aufstieg gelungen war, die großen Anwälte, die hohen Beamten, die Politiker und einfach die ›Besitzer‹ (von Ländereien und Stadthäusern). In den Provinzstädten setzte sich die bürgerliche Gesellschaft aus Fabrikanten, Ingenieuren, Bürochefs der Präfekturen, Freiberuflichen und noch stärker aus Rentnern zusammen.
Insgesamt machten die Industriellen nur ein Viertel der bürgerlichen Oberschicht aus. Der größte Teil der bürgerlichen Einkommen fiel Personen zu, die in ihrem Leben nie eine Fabrik betreten hatten. Und Kapitalanlagen? Das französische Bürgertum verachtete Industriegeschäfte, war unfähig, den Gewinn aus einem staatlichen Wertpapier und einer Aktie gegeneinander abzuwägen, zog einfache Lösungen einer ernsthaften wirtschaftlichen Information vor. Im übrigen warf der Besitz von Grund und Boden bis um 1880 immer noch ausreichende Gewinne ab, und man konnte sein Geld in Stadthäuser günstig investieren, da sich die Mieten zwischen 1850 und 1900 verdreifachten. Trotz der allgemeinen Vorsicht des Bürgertums und seiner Ablehnung der Geschäfte wuchs sein Reichtum zwischen 1850 und 1870 wie in den andern Industrieländern ganz erheblich. Die Summe der ererbten Vermögen verdoppelte sich in 20 Jahren, der Anteil der Mobilienwerte am Privatvermögen stieg von 5 v. H. auf 21 v. H., die Zahl der Rentner nahm zu.
Wie sah nun die bürgerliche Minderheit aus, die die Geschäfte leitete und der Masse des Bürgertums den größten Anteil am zunehmenden Nationalreichtum (Folge des Wirtschaftswachstums) überließ?[4] Wie in England oder in Deutschland war der Unternehmer zwischen 1850 und 1860 ein bescheidener Mensch, aber weniger kämpferisch als seine englischen oder deutschen Nachbarn. Er kam meist aus dem Handel, blieb vorsichtig, sträubte sich gegen Fremdkapital. Er versuchte, mit dem Eigenen auszukommen, so wenig wie möglich seine Maschinen zu erneuern. Die internationale Konkurrenz, wie sie der französisch-englische Vertrag von 1860 in Aussicht stell-

te, jagte ihm einen Schrecken ein. Einige außergewöhnliche Leistungen hoben sich im Zweiten Kaiserreich von dieser Mittelmäßigkeit ab. Innerhalb der großen Kaufhäuser erlebte man die Blitzkarrieren von *self-made-men* wie Boucicaut, in der Textilindustrie wäre Pouyer-Quertier zu nennen. Einen ehemaligen Chemieprofessor, Frédéric Kuhlmann, führte die Freude am Risiko in die neu entstehende chemische Industrie. In der Metallindustrie bestimmten Schneider oder die Familie Wendel wie Könige. Sieht man genauer hin, stiegen Einzelgänger allerdings selten auf. Sie stützten sich dabei auf Banken, auf Verbindungen mit alten Familien, auf Kompromisse mit bereits fest eingeführten Unternehmern. Um 1880 erneuerte sich die Geschäftswelt nicht einmal mehr. Die Großunternehmer nahmen am Leben ihrer Betriebe nur noch ganz von fern teil und überließen dem Chefingenieur die Verwaltung der laufenden Geschäfte.

Unterhalb des Großbürgertums und der bürgerlichen Mittelschicht gab es noch zahlreiche Zwischengruppen, die Masse des Kleinbürgertums, um 1870 rund 4 Millionen Menschen: selbständige Kleinunternehmer, Ladeninhaber, kleine Beamte, Angestellte. Manche hingen an der Vergangenheit wie die Handwerker und Ladenbesitzer, andere hofften auf die Zukunft wie die Büroangestellten. Das Durchschnittseinkommen belief sich auf 1600—1800 fr; es war kaum mehr als das der Bauern und Arbeiter. Aber auch hier sparte man, selbst wenn dadurch bestimmte Ausgaben eingeschränkt werden mußten, die Geburten beschränkt wurden. Dieses Kleinbürgertum nahm auf seine Weise an den bürgerlichen Werten teil, durch seinen Ernst, seinen Lebensstil und gehörte voll in das politische Spiel der III. Republik. Oft beteiligte es sich leidenschaftlich an politischen Streitigkeiten, die sich in den kleinen Ortschaften in unendlichen Diskussionen fortsetzten. Seiner Stimme kam bei Wahlen ein starkes Gewicht zu.

Welche Folgerungen lassen sich für die Gesamtheit der Bourgeoisie ziehen? Sie war eine zahlenmäßig begrenzte und doch uneinheitliche Klasse mit geringerer Dynamik, als es zunächst scheinen könnte, und oft ängstlich. Sie übte die Macht aus, aber bereits um 1880—90 gab es Anzeichen, die für das reife, wenn nicht gar das fortgeschrittene Alter typisch waren. Überall begegnete man der Bourgeoisie. Ihre Werte setzten sich mit Hilfe des Kleinbürgertums durch, das Ende des Jahrhunderts den Ton angab, auch wenn es fern von den eigentlichen Entscheidungszentren lebte.

III. DER ADEL

Frankreich bildete eine Ausnahme, da hier der Adel früher als anderswo seine rechtlichen Privilegien eingebüßt, seine beherrschende Stellung im Staatsapparat, der hohen Verwaltung, der Armee verloren hatte. Seit 1830 betrachtete sich der französische Adel als besiegt. Immerhin behielt er 50 Jahre lang einen starken politischen Einfluß in bestimmten Landgegenden und behauptete sich in den großen Körperschaften, selbst als Minderheit, weil einige seiner Mitglieder mit den jeweiligen Machthabern paktierten. Sonst blieb der Adel die beherrschende Gruppe, auch als die Industrielle Revolution triumphierte. Besaß der Adel wirtschaftliche Macht? Die Adligen bezogen ihre Einkünfte im wesentlichen aus dem Grundbesitz, und das Land warf weiterhin große Pachtsummen ab. Vor den achtziger Jahren wirkte sich die europäische Landwirtschaftskrise kaum aus. Hatte der Adel politische Macht? Nach den Revolutionen von 1848, die die Grundlagen einer hierarchisch aufgebauten aristokratisch ausgerichteten Welt erschütterten und den Weg für die Entfaltung des Industriekapitalismus öffneten, lebte nur ein Viertel der Franzosen und Deutschen, die Hälfte der Engländer in der Stadt. In der Agrargesellschaft, die eine feste Realität blieb, übte der Adel tatsächlich die Macht aus. England schien dabei eine Sonderstellung zuzukommen, doch das Land war nach dem englischen Wahlsystem besser vertreten als die Städte. Aber selbst wo vorzeitige Wandlungen der Agrargesellschaft eintraten wie in Großbritannien, bot der Adel dem Bürgertum die Stirn bis zu den großen Reformen von Gladstone und Disraeli. Nach 1880 bestimmte der Adel in den Gesellschaftskreisen von Paris, Berlin, London und Wien den Ton. Proust und Musil haben in ihren Werken die Erinnerung an diese Salonaristokratie wachgehalten, die zu Ende des Jahrhunderts zum letzten Mal in ihrem Glanz erschien.

Der englische Adel war 1850 im Unterschied zum Adel in Frankreich und Deutschland am mächtigsten und einflußreichsten an der Spitze der großen Körperschaften. Seine wirtschaftliche Stärke beruhte auf dem Grundbesitz, seine politische Macht auf der ausschließlichen Beherrschung der Provinzinstitutionen. Die englischen Pairs besaßen das bedeutendste Vermögen, obwohl die Industrielle Revolution schon stattgefunden hatte. Die ersten Kapitalisten in England waren oft keine Großunternehmer und konnten auf keinen Fall mit jahrhundertealtem Reichtum konkurrieren. Den Pairs allein gehörten 6 240 000 ha, jeder hatte im Durchschnitt 12 000 ha und ein Durchschnittseinkommen von 625 000 Franken (= 27 000 Pfund bzw. 167 000 Taler). Daneben gab es einfache Edelleute, die ebenfalls Domänen besaßen. Zwei Drittel des Bodens befanden sich in den Händen von 10 000 *landlords,* von denen jeder durchschnittlich über 1300 ha verfügte. Obgleich England nicht sonderlich viele landwirtschaftliche Möglichkeiten bot, erlaubte eine geschickte Bewirtschaftung seitens der auf Viehzucht spezialisierten Pächter, den Gutsbesitzern die höchsten Pachtsummen Europas zu zahlen. Auf den Schlössern oder Landsitzen, in Chatsworth beim Herzog von Devonshire, in Blenheim beim Herzog von Marlborough, in Hatfield bei Lord Salisbury herrschte ein fürstlicher Lebensstil. Ja, der Adel besaß auch Bodenschätze und scheute sich nicht, Kohle abzubauen, wie Lord Durham. In allen Bereichen des gesellschaftlichen Lebens gab der Adel den Ton an. Ihm stand die humanistische Erziehung in den *public schools* offen, ihn nahmen die alten Universitäten Cambridge und Oxford auf, für ihn waren die Pfründen der Hochkirche da. Die ältesten Söhne saßen im Unterhaus und warteten, bis sie den Titel erbten, der ihnen den Weg ins Oberhaus freimachte. Die jüngeren Söhne traten in die Armee ein, in die Marine, in die Kirche. Söhne, Neffen, Vettern der Lords stellten ein gutes Fünftel der Unterhausabgeordneten. Von den 16 Mitgliedern des 2. Kabinetts Disraeli waren 6 Pairs, dieselbe Zahl fand sich im 3. Kabinett Gladstone (14 Mitglieder). Doch im Lauf der Jahre paßte sich der Adel der Entwicklung an und gestand der bürgerlichen Elite einen Platz zu. Nach und nach bildete sich so eine neue Führungsschicht, die der neuen *gentlemen,* die die Ausbildung ›muskulöser Christen‹ erhalten hatte. 1870 oder 1880 war dieser Prozeß abgeschlossen. Die neue Klasse fühlte sich teilweise der Adelstradition verpflichtet. Die Einkünfte aus dem Grundbesitz schrumpften zwar nach 1875 mit dem Zusammenbruch der englischen Landwirtschaft, aber viele Adlige beteiligten sich mehr oder weniger direkt an Bank- und Kolonialgeschäften, an großen Handelsoperationen. Im kapitalistischsten Land der damaligen Zeit besaß auch der Adel das bedeutendste Vermögen.

Der deutsche Adel, sicherlich weniger begütert als der englische, hatte ein noch stärkeres Gewicht wegen seiner militärischen und beinahe feudalen Vergangenheit. In allen deutschen Hauptstädten gab es einen Hofadel, der gewöhnlich die wichtigsten Posten der fürstlichen Verwaltung besetzte. Doch von Preußen abgesehen, übte dieser Adel im allgemeinen keinen übermäßigen Einfluß aus. Er bildete für das Bürgertum kein Hindernis, beherrschte keineswegs das Land, obschon er hier und da große Güter besaß. Nur die preußischen Junker zählten als Gruppe.[1]

Der Junker bewirtschaftete einen Teil seiner Güter mit einem Verwalter und Landarbeitern. Ländereien in Randlage überließ er kleinen Halbpächtern, die die Hälfte ihrer Ernte ablieferten. Der Junker sorgte für den Verkauf der Erzeugnisse. Diese Adelsgüter machten 1872 49 v. H. des Bodens in Schlesien und Posen aus, 48 v. H. in Pommern, 28 v. H. in Brandenburg, 26 v. H. in Ostpreußen. Von 1850 an erlebten die Junker eine herrliche Wohlstandszeit. Durch die steigenden Landwirtschaftspreise und die Summen, die sie für ihren Verzicht auf Frondienste und Herrenrechte erhielten, entstand unter ihren Händen ein regelrechter Grundkapitalismus. Zukkerfabriken und Schnapsbrennereien rundeten den Besitz oft ab. Östlich der Elbe führten die Junker um 1860–1870 eine Agrarrevolution zu Ende, die um 1820 eingesetzt hatte. Sie kauften Ländereien auf, um ihre Domänen zu erweitern, sie modernisierten den Maschinenpark und produzierten für den Export.

Bei der Reichsgründung bildeten die Junker eine einheitliche Gruppe von 25 000 Edelleuten. Zu ihnen zählten nicht immer nur Adlige mit altem Stammbaum, da auch Bürgerliche durch Heirat oder Landkauf in die Gruppe aufgenommen wurden. Trotzdem verbanden dieselben Empfindungen alle Junker. Kastengeist zeichnete sie aus, Verachtung für das industrielle und liberale Bürgertum, politisch und religiös neigten sie zum Konservatismus, hatten Freude an der Kriegskunst. Sie beherrschten nicht nur die ostpreußischen Provinzialräte, nicht nur den preußischen Landtag, dessen Wahlsystem zu ihren Gunsten ersonnen war. Sie hatten außerdem zwei Drittel der entscheidenden Stellen in der Reichsverwaltung, in der Armee, in der Diplomatie inne. Der Staatsapparat befand sich in den ersten 20 Jahren nach der Reichsgründung völlig in ihrer Hand. Gegen 1880 schwächte sich ihre wirtschaftliche Stellung infolge der sinkenden Einkünfte aus dem Grundbesitz ab, und sie mußten sich wohl oder übel mit den ›Stahlbossen‹ arrangieren, die sie doch verabscheuten. Doch ihre Vorstellungen, ihre Vorlieben und Traditionen blieben unverändert.

In Frankreich hatte die Aristokratie weder denselben Reichtum noch denselben Einfluß. Doch das ganze 19. Jahrhundert hindurch behielt sie ihr Ansehen. Sie bildete keine einheitliche Klasse. Neben dem alten vorrevolutionären Adel gehörten zu ihr Adlige, die ihren Rang Napoleon I. verdankten oder unter der Restauration aufgestiegen waren (1815–30). Auch die Höhe des persönlichen Vermögens schwankte von Fall zu Fall. Stolze Armut und üppiger Lebensstil lagen dicht beieinander. Um 1870 waren 50 000–60 000 Familienoberhäupter adlig. Dazu muß man noch bürgerliche Honoratioren rechnen, die zwar nicht zum Adel zählten, aber wie Aristokraten lebten. Nimmt man die Familien hinzu, so war dies ein Personenkreis von rund 300 000, der ein Gesamteinkommen von 1,5

Milliarden fr bezog, hauptsächlich aus dem Grundbesitz. Sehr viele Adlige lebten zurückgezogen auf ihren Landsitzen, sie rangen sich zu einer Erneuerung der Bewirtschaftungsmethoden durch. In der Bretagne, in Aquitanien und in der Provence war der Adel ziemlich arm. Dagegen herrschte im Loire-Tal und in der Normandie größerer Reichtum. Den Sommer verbrachte man auf einem Landgut, den Winter in der Stadt, alles in allem ein bequemes Leben, das von Kartenspiel und Gebetsübungen unterbrochen wurde. 1870 befand sich ein Zehntel der Bürgermeisterposten in den Dörfern in adligen Händen, ein Siebtel der Sitze in den Generalräten. 1848 und 1871, angesichts der Gesellschaftskrisen, drangen die Adligen scharenweise in die aus dem allgemeinen Wahlrecht hervorgegangenen Nationalversammlungen. Es schien ganz selbstverständlich, daß man ihnen in schwerer Stunde die Geschicke des Landes anvertraute. 1871 waren 34 v. H. der Abgeordneten adlig, 1893 noch 29 v. H. Zwar saßen die Adligen nicht mehr auf den hohen Verwaltungsposten, stellten aber zahlreiche Offiziere und Botschafter, unter Napoleon III. wie unter der neuen Republik von Thiers und MacMahon. Der Niedergang setzte erst spät ein, nach 1880, dann aber unaufhaltsam. Und selbst hier muß man noch unterscheiden. In Paris führten einige Dutzend große Familien aus dem Adel die Tradition des Salonlebens, der Empfänge, der Feste des Faubourg Saint Germain fort. In der Provinz behielten sehr viele adlige Familien einen festen Rückhalt, lebten außerhalb ihrer Zeit, fern von Wissenschaft, Handel und Industrie. Ärzte, Notare, kleine Honoratioren und Bauern brachten ihnen Verehrung entgegen.

Man wundert sich vielleicht, daß der Adel überall irgendwie auf merkwürdige Weise überlebte. Dieses Überleben ist das sichtbarste Zeichen für die Festigkeit der gesellschaftlichen Strukturen im 19. Jahrhundert, wo außergewöhnliche Veränderungen quantitativer Art keine qualitativen Umbrüche nach sich zogen, die man hätte erwarten können. Gleichzeitig werden die Grenzen der bürgerlichen Eroberung deutlich. Die Bourgeoisie empfand so etwas wie einen Minderwertigkeitskomplex vor den alten Hierarchien. Sie dachte viel eher daran, sich in das Überkommene einzugliedern, als es zu beseitigen, es sklavisch nachzuahmen, statt etwas Neues zu schaffen. Sie besaß die wirtschaftliche Macht und übertrug einem Teil der alten Führungsschicht sozusagen eine entscheidende Rolle in Politik und Verwaltung.

IV. DIE BAUERN

Bleibt noch eine gewaltige, weniger aufgewühlte, etwas abseits liegende Welt, die Welt der Bauern. In England bildete sie nurmehr eine Randerscheinung. Die Bauern machten hier um 1880 kaum 10 v. H. der aktiven Bevölkerung aus. An der Spitze gab es hier und dort einige reiche Bauern. Die Großpächter der *landlords* lebten in Wohlstand. Kleinpächter, Kleinbauern aus Schottland und Irland, die sich für schwere Arbeiten verdingten, Häusler mit einem kleinen Häuschen ohne Land waren in der Überzahl. Um 1860—70 vermochte diese kleine Welt gerade noch, England fünf Monate im Jahr zu versorgen. Die übrigen Lebensmittel wurden eingeführt. Die Landwirtschaftskrise, die sich in den siebziger Jahren ankündigte, vertrieb die unverbesserlichen Kleinstverdiener, die sich an ihr Stückchen Land klammerten und die Bewirtschaftung der großen Höfe in Frage stellten. Von Bauerntum konnte man da nicht mehr sprechen. Den übrigen landwirtschaftlichen Anwesen fehlte jegliche Beziehung zur bäuerlichen Vergangenheit. Sie waren lediglich Anhängsel der neuen städtischen und industriellen Welt, unterlagen denselben Bewirtschaftungsvorschriften wie irgendein anderes Unternehmen. England beschritt einen Weg, auf dem ihm die Länder des Kontinents ein Jahrhundert später folgen sollten.

In Deutschland lagen die Dinge viel verwickelter. Zwei Räume berührten sich hier. Der eine stand unter dem Einfluß der mittel- und osteuropäischen, der andere unter dem Einfluß der westeuropäischen Agrargesellschaften. Östlich der Elbe hatte sich das alte patriarchalische System beträchtlich weiterentwickelt. Die Bauernbefreiung hatte sich seit 1815 in mehreren Stufen vollzogen. Die ersten Befreiungsgesetze stammten von 1816 und 1821 und wurden nur langsam angewendet. Die Lex Manteuffel (1850), nach den Revolutionen von 1848, rief die stärksten Auswirkungen hervor. Die eigentliche Befreiung fiel in die Jahre 1850—60, obschon die Gutshöfe der Junker bis 1892 bestimmte Polizeivollmachten behielten. Nach der Befreiung gab es drei Klassen von Bauern: Kleingrundbesitzer, Halbpächter auf den Domänen der Junker, Landarbeiter. Lediglich die reichsten konnten selbst Besitz erwerben, und viele erhielten nur schlechtes Land. Nach einigen Jahren zogen es manche vor, ihre Parzellen zu verkaufen und in die Städte zu ziehen. Die ärmsten zwang die Befreiung, ein Dasein als Landarbeiter zu fristen, da die Landreform den Bauern 1,5 Millionen ha entzog. Die Löhne für Landarbeit waren niedrig, und der Landarbeiter betrachtete den Junker psychologisch weiterhin als seinen Herrn und Meister. Das Verschwinden der Gutsherrschaft löste zwar gewaltige wirtschaftliche Folgen aus, kam aber insgesamt den Bauern wenig zugute. Westlich der Elbe, in den Ländern mit Grundherrschaft, zeigten sich starke Unterschiede. Zwischen Elbe und Weser, in Schleswig, Hannover und Oldenburg fand sich eine Übergangszone. Neben den Junkern lebten unabhängige, wohlhabende Bauern. Sonst machte das alte Grundherrschaftssystem überall völlig freien, mehr oder minder reichen Bauern Platz. Im Rheinland, in Thüringen, südlich des Mains erhob der Grundherr Steuern und verlangte wie einst jedes Jahr einige Tage Frondienst. Zu Beginn des letzten Jahrhunderts hatte man mit der Ablösung der Fron begonnen, die Naturalrente wurde in eine Geldrente umgewandelt. Die reichsten Bauern konnten sich endgültig zwischen 1815 und 1848 freikaufen. Nach den Revolutionen von 1848 erfaßte dieser Vorgang breitere Kreise; um 1870—80 war er in Württemberg und Bayern abgeschlossen. Die Lage der Bauernschaft war danach allerdings keineswegs einheitlich. Man kann die Hütte in der Hannoveraner Heide, den großen fränkischen Hof, den Moselwinzer und den Bergbauern nicht auf eine Stufe stellen. Doch gab es allerorts überwiegend den kleinen, grundbesitzenden Landwirt, der seinen Boden mit seiner Familie bewirtschaftete. In Bayern, Württemberg und Baden befanden sich nur 3 v. H. des Landes in Händen von Besitzern mit mehr als 10 ha. Ab und zu stieß man auf ein altes adliges Gut oder auf ein bürgerliches, das ein Pächter verwaltete, aber nur 6 v. H. des Bodens gehörten zu großen Anwesen im Reich. Für einen Kleinbauern bildete eine kleine Pacht die unumgängliche Unterhaltsstütze. Zwischen 1850 und 1870 war das Leben dieser Kleinbauern insgesamt immer noch primitiv, die Verkehrsverbindungen gestalteten sich schwierig, da Gemeindewege fehlten, die alten Bauernfeste gehörten immer noch zum Arbeitsrhythmus mit seinen unveränderten, uralten Methoden. Gegen 1860 begannen sich allerdings Wandlungen anzubahnen. So wurde beispielsweise die alte Dreifelderwirtschaft (Roggen-Gerste-Brache) aufgegeben. Entscheidend waren die Jahre zwischen 1870 und 1890, eine schwierige Periode zwar wegen der ausländischen Konkurrenz (die Gewinne blieben niedrig, weil die Preise sanken), doch die Kleinbauern wurden in Deutschland nicht Opfer der Entwicklung. Sie konnten widerstehen und überlebten dank einer raschen und beharrlichen Anpassung, einem radikalen Wandel in den Anbaumethoden und vor allem dank ihrer Zusammenarbeit untereinander und den Landwirtschaftskrediten. Die Besitzer von Kleinstparzellen verließen das Land und suchten sich eine Arbeit in der Stadt. Die übrigen organisierten sich. 1862 riefen die westfälischen Bauern den Deutschen Bauernverband ins Leben. Zwischen 1870 und 1880 setzte sich Friedrich Wilhelm Raiffeisen unablässig für die Einkaufs- und Verkaufsgenossenschaften ein, gründete die *Raiffeisen-Zentralbank*. Um 1890 umfaßten die Genossenschaften zwei Drittel der Landwirte. Es gab damals 280 000 Besitzer mit mehr als 20 ha, eine Million mit 5—20 ha, eine Million mit 1—5 ha. Das Landwirtschaftsproletariat ging beträchtlich zurück. In Deutschland vollzog sich somit gleichzeitig eine doppelte Entwicklung. Im Osten fanden in immer stärkerem Ausmaß nichtansässige Gelegenheitsarbeiter auf den großen Gütern Beschäftigung, im Westen wurde der kleine Landwirtschaftsbetrieb neu organisiert.

In Frankreich blieben die Bauern zahlenmäßig so stark wie in Deutschland, aber die Entwicklung ging langsamer voran. Seit der Revolution von 1789 waren die Bauern von der Grundherrschaft befreit. Frankreich war ein Land mit kleinen, freien, unabhängigen Bauern, denen an Neuerungen wenig lag. Frankreich hatte das stärkste bäuerliche Gepräge in Westeuropa. Das ganze Jahrhundert über lebte die Mehrheit der Bevölkerung auf dem Land. Frankreich war tief von bäuerlichem **Denken** geprägt. Der Geograph Elisée Reclus bemerkte 1878: »**Man** könnte, ohne paradox zu werden, behaupten, daß der Bauer derzeit Herr in Frankreich ist.« Das gesamte Land hatte die Leidenschaft, der Wahn des Grundbesitzes erfaßt, 8 Millionen Franzosen, keineswegs alle Bauern, besaßen Boden, d. h. sieben von zehn Erwachsenen. Die Bauernschaft umfaßte zwischen 1850 und 1880 ungefähr die Hälfte der aktiven Bevölkerung. Logischerweise müßte man sich mit den Bauern so ausführlich beschäftigen wie mit allen andern Klassen der Gesellschaft zusammen! Wie sah nun diese verkannte Klasse aus? Gegen 1860 gab es 5,5 Millionen aktive Bauern. Nimmt **man** die Familien hinzu, betrug die bäuerliche Bevölkerung 25 Millionen Menschen. Nie war das Land so stark besiedelt gewesen. In der Gegend von Cambrai betrug die Bevölkerungsdichte auf dem Land 199 Einwohner je qkm, und dies u.a., weil zusätzlich zahlreiche Handwerker im Holz-, Metall- und Textilgewerbe arbeiteten. Im Süden machte man entlang ausgetrockneter Hänge Terrassen fruchtbar ... 4 Millionen Bauern waren Besitzer und bewirtschafteten ihre Ländereien. Rund die Hälfte von ihnen pachtete noch einige Parzellen, um ihr Anwesen abzurunden. Neben diesen Grundbesitzern gab es Tagelöhner, von denen die Hälfte Kleinstgrundstücke besaß, und Pächter oder Halbpächter, die auf adligen oder bürgerlichen Gütern lebten. Um 1880 verstärkte sich also der Trend zum kleinen Grundbesitz. Es gab weniger landlose Bauern, dafür hatte sich die durchschnittlich bearbeitete Fläche der Landwirtschaftsbetriebe verringert. Ob Besitzer, Pächter oder Halbpächter, der französische Bauer bewirtschaftete in drei Viertel der Fälle weniger als 10 ha. Als überzeugter

Einzelgänger lehnte er Zusammenarbeit ab, jedenfalls bis in die neunziger Jahre. Diese Feststellung gilt allerdings nicht ohne Einschränkungen. Im Pariser Becken gab es große Anwesen von 100 ha, die von einem Typ kapitalistischer Pächter verwaltet wurden, der das ganze Jahr hindurch lohnabhängige Landarbeiter beschäftigte. Jedoch fand sich dieses Phänomen in keiner andern Gegend. Was erreichten die französischen Bauern? Was verdienten sie im Vergleich zu den andern Gruppen der Gesellschaft? Durch gewissenhaftes, umsichtiges Arbeiten erzielten sie trotz des Fehlens von Kunstdünger und Maschinen achtbare Erfolge. Im 19. Jahrhundert vollzog sich der Fortschritt in der Landwirtschaft langsam, hielt aber Überraschungen bereit. Die Erträge stiegen, bestimmte Gegenden begannen sich zu spezialisieren, im Süden auf Gemüse und Frühgemüse, im Languedoc auf Wein. In vielen anderen Gebieten schien sich nichts zu regen. 1860 beschrieb Léonce de Lavergne in seinem Buch *Economie rurale de la France* das patriarchalische, archaische Berry, das den Eindruck erweckte, außerhalb seiner Zeit zu leben. Doch selbst in dieser Provinz ließen sich in der zweiten Jahrhunderthälfte begrenzte Fortschritte feststellen.

Gegen 1870 betrug das Durchschnittseinkommen eines Grundbesitzers von 10 ha rund 1200 Franken, lag also etwas über dem eines durchschnittlichen Industriearbeiters. Drückt man das Einkommen in Geld aus, so heißt das, daß die meisten Bauern weniger verdienten als ein Arbeiter in der Stadt, da sie keine 10 ha bestellten. Aber dieser Vergleich wird unsinnig, da die Bauern nur für sich selber wirtschafteten. Sie lebten von ihrem Boden, verbrauchten, was sie erzeugten, schränkten ihre Kleiderausgaben ein, sammelten in den umliegenden Wäldern Brennholz und freuten sich, niemand über sich zu haben, der Arbeit anordnete. Unberührt von den gewaltigen Umwälzungen in der Industrie und im Transportwesen, überlebte das französische Bauerntum bis zur Krise der achtziger Jahre. Es war eine in sich ruhende Welt ohne besondere Forderungen.

Zusammenfassung

Wir haben versucht, zu einer Zeit voller Umwandlungen, voller Umbrüche, in der Europa in die Phase der Industriellen Revolution eintrat, die gesellschaftlichen Kräfte zu untersuchen. Wir haben dabei auf die Vielfalt ihrer Beziehungen, auf die Widerstände gegen Änderungen hingewiesen. Industrielles Europa? Was soll man dann von den französischen Bauern sagen, von der archaischen Einstellung in ostpreußischen Dörfern, von der erstaunlichen Anpassung der Landwirte im Neckartal oder in der Rheinebene? Bürgerliches Europa? Wie soll man dann die Vorrangstellung eines im wesentlichen grundbesitzenden Adels erklären? Vereinfachung der gesellschaftlichen Gegensätze durch eine wachsende Verhärtung der Fronten zwischen Kapitalisten und Proletariern? Wie verhält sich dazu aber die Feststellung, daß die bürgerliche Mittelschicht in Frankreich aus Furcht die kapitalistische Entwicklung ablehnte, das immer größer werdende Kleinbürgertum die Arbeiterschaft verachtete? Was soll man schließlich zu dem Auseinanderbrechen der Arbeiterklasse sagen, das besonders klar in England zutage trat? Zwei Begriffe standen unablässig in Widerstreit, Beharrung und Neuerung. Das Neue wirkte sich oft folgenschwer aus. Innerhalb von 20 Jahren verschwanden etwa in Deutschland die Handwerker, an ihre Stelle trat eine moderne Arbeiterklasse. Einige Großbürgerliche stiegen in die aristokratische Führungsschicht auf, obschon dieselben Männer in früheren Zeiten verachtet und abgelehnt worden waren. Beharrung gab es in allen Klassen, und sie setzte sich gegen die Neuerungen durch.

Wegen ihrer Beispielhaftigkeit wollten wir drei Gesellschaften vergleichen, die englische, die französische und die deutsche. In den übrigen Ländern Westeuropas vollzog sich ein ähnlicher Wandel. England hatte 1850 den größten Vorsprung, kannte die stärksten Ungleichheiten und entwickelte sich in den 30 folgenden Jahren ohne bedeutende Widerstände. Drei typische Züge sind dabei festzuhalten: Das Bürgertum verschaffte sich Zugang zu den entscheidenden Stellen, die Armut der Arbeiter schwand, das Kleinbürgertum gewann neues Gewicht und bezog auch die Arbeiteraristokratie mit ein, was wesentlich zum gesellschaftlichen Gleichgewicht beitrug. Frankreich schien zwar 1850 ziemlich weit fortgeschritten, sträubte sich aber in der Folgezeit gegen Veränderungen, obwohl es unter Napoleon III. an Versuchen nicht fehlte, den Weg für die Entwicklung zu ebnen. Bürgertum und Bauerntum bildeten in Frankreich die beiden großen beharrenden Kräfte, die Arbeiterklasse blieb archaisch, wenngleich die Gründe für ihre Unzufriedenheit sich häuften. In Deutschland, 1850 noch weit zurück, lebte die dynamischste Gesellschaft. Sie industrialisierte sich, ohne dabei die Bauern zu opfern, und vermied gleichzeitig eine zu krasse Verelendung der Arbeiter.

Wuchsen die gesellschaftlichen Ungleichheiten oder schwächten sie sich ab? Nahm die Armut zu oder schwand sie? Der Aufschwung der Produktivkräfte und der technische Fortschritt lösten ein allgemeines Produktionswachstum pro Einwohner aus, ein Wachstum, das uns eher langsam vorkommt, mit einer Quote zwischen 1 v. H. − 1,5 v. H. im Jahr. Allen kam dies zugute, doch die Dividenden des Fortschritts wurden

nicht gleichmäßig verteilt. Die Armut wurde zwar mehr und mehr zu einer Randerscheinung, die nur noch die gesellschaftlich Ausgeschlossenen traf, die Landstreicher, die Arbeitslosen in Krisenzeiten, die ihrer Existenz beraubten Kleinbauern. Aber zugleich gewann die Ungleichheit schärfere Konturen. Wer in der Stadt ein Haus besaß oder Gewinn erzielte, verfügte über ganz andere Einkünfte als ein Lohnempfänger. Bei den Lohnabhängigen war die Breite der Lohnskala eigentlich nichts Neues. Allerdings zählten immer mehr Lohnempfänger zur Arbeiteroberschicht. Ein neues Kleinbürgertum trat an die Stelle der früheren Handwerker und Ladenbesitzer, schob sich zwischen das Großbürgertum und das Proletariat.
Und die Übergänge zwischen den Gesellschaftsschichten? Sie haben die Gemüter wohl am meisten beschäftigt. Zwar wurde entwurzelt, wer in die neue Arbeiterklasse eintrat, zwar stieg der kleine Unternehmer zum Herrn über Industriereiche auf, immatrikulierte sich der Sohn eines Bürgerlichen mit den jungen Adligen in Oxford. Doch im allgemeinen waren solche Vorgänge selten, häufiger allerdings als vor 1848 und nach 1890. Von 1880 oder 1890 an hatte sich die neue Welt verfestigt, war starr geworden.

V. MENSCH, LEBEN UND TOD

100 Millionen Menschen lebten in dem Teil des Kontinents, der sich am stärksten entwickelt hatte. Sie sahen den Beginn einer neuen Industriekultur, die Landschaft und Gesellschaft veränderte. Der Schluß drängt sich auf, daß die Wandlung in den gesellschaftlichen Beziehungen langwierig und nicht unproblematisch war, da die beharrenden Kräfte sich voll auswirkten. Doch wie lebten die Menschen? In welchem Rahmen spielte sich ihr Dasein ab? Wie wurden sie vom Wirtschaftsrevolution betroffen? Wir wollen ein Bild ihres Lebens zu zeichnen versuchen, angefangen bei der Geburt. Wir werden von ihrem Verhalten sprechen, ihren Lebenschancen, der Art, wie sie in den Städten wohnten, ihren Gefühlen.

a) Demographie und Gesellschaft

Wir kennen heute die Demographie der Epoche, die der Industriellen Revolution vorausging, ganz gut. Auf die ersten Arbeiten Heckschers[1] über die schwedische Bevölkerung folgten ähnliche Untersuchungen in großer Zahl. Wie stellte sich diese Zeit nun vom demographischen Standpunkt aus dar? Die Geburtenziffer lag hoch, entsprach fast der ›natürlichen‹ Quote, weil eine Geburtenkontrolle fehlte. Die Sterbeziffer lag ebenfalls hoch, besonders bei den Kindern, regelrechte Krisen kehrten immer wieder, wenn die Lebensmittel ausgingen, verheerende Epidemien suchten die Bevölkerung heim. An der Schwelle zum Industriezeitalter ermöglichte so etwas wie eine demographische Revolution das Anwachsen der Bevölkerung, da sie andere Voraussetzungen schuf. Das Ansteigen des Reichtums, der Rückgang der Hungersnöte und die Fortschritte der Medizin brachten die demographischen Krisen allmählich zum Verschwinden. Der Geburtenüberschuß verließ den Bereich des Zufälligen, die große Gruppe der Jugendlichen sorgte im Reifealter für eine noch zahlreichere Nachkommenschaft. Doch diese demographische Revolution zeitigte ihre Folgen in den einzelnen Ländern mit starken chronologischen Verschiebungen. Die Lebenswerwartung war nicht überall dieselbe. Auch wo die sanitären Zustände am zufriedenstellendsten waren, suchten sich Krankheiten wie Bronchitis oder Lungenentzündung ihre Opfer, von der Tuberkulose gar nicht zu reden. Typhus, Masern und Diphtherie rafften die Kinder dahin. Alle Erkenntnisse der Medizin blieben äußerst gefährdet. Vor allem schwankte die Geburtenzahl von einer Sozialgruppe zur andern, von Land zu Land.

Beginnen wir zuerst bei den Ländern, wo die demographische Revolution sich noch nicht voll auswirkte.[2] In Spanien lebten um 1800 mehr Menschen als in England. Die Bevölkerung wuchs aber dann nur langsam. Auf 1000 Einwohner kamen 35 Geburten, die Sterblichkeit lag bei 30:1000. Eine Choleraepidemie forderte 1885 120 000 Tote. Italien hatte um 1870 eine fast ›natürliche‹ Geburtenziffer von 37 v. T., allerdings auch eine Sterblichkeitsrate von 30 v. T. In Belgien und den Niederlanden vollzogen sich nach 1870 tiefgreifende Änderungen, die Sterbefälle sanken rasch auf 20 v. T., die Geburten lagen über 30 v. T.

In Deutschland hielten sich die vorindustriellen Zustände bis ungefähr 1840—50. Die hohen Geburtenzahlen von 40 v. T. (manchmal 46 v. T.) in den östlichen Provinzen wurden durch eine hohe Sterblichkeitsziffer von 27 v. T. — 30 v. T. ausgeglichen, wobei ein Großteil dieser Zahlen sich auf Kinder beziehen. Nur zögernd kam die demographische Revolution in den fünfziger Jahren in Gang, doch ihre Auswirkungen waren während der ganzen zweiten Jahrhunderthälfte zu spüren. In einer Art ›Marsch zur Arbeit‹ wanderten die Süd- und Ostdeutschen in die Großstädte, nach Berlin, München, Köln, Essen, Chemnitz, Düsseldorf. Die alten patriarchalischen Lebensformen lösten sich auf. Die Neuankömmlinge stauten sich in den Arbeiterstädten, und hier nahmen die Geburten zu. Ein Höhepunkt in Bruttozahlen wurde um 1871—80 erreicht, die

Sterblichkeit sank nach und nach auf 26 v. T. In einer zweiten Phase, die um 1880 einsetzte, gingen die Geburten zurück, die Sterbeziffern verringerten sich ebenfalls rasch infolge der hygienischen Fortschritte zu Ende des Jahrhunderts. Die durchschnittliche Lebensdauer betrug um 1875 35 Jahre, was für ein noch archaisches Europa typisch war; sie wurde danach aber höher. Allerdings hatte Deutschland gegen 1880 keineswegs sämtliche archaischen Züge verloren. Berlin mit seiner Sterblichkeitsrate von 30 v. T. schlug alle Rekorde der Großstädte im industrialisierten Europa (für Paris lag die Zahl bei 23 v. T., für London bei 22 v. T.). In Deutschland betrug die Sterblichkeit 27 v. T., in England dagegen 21 v. T.

Insgesamt wuchs die Bevölkerung wegen einer hohen Geburtenziffer, die allerdings unter der englischen lag, und nicht wegen sinkender Sterbeziffern. Deutschlands Bevölkerung war somit jung, die Arbeits- und Produktionsfähigen machten mindestens die Hälfte aus. Der Nationalökonom Engel teilte nach der Volkszählung vom 3. 12. 1867 Preußens Bevölkerung folgendermaßen auf:

Alter	Personenzahl (in Tausend)	Prozentsatz
unter 10 Jahren	5 966	24,9
10—19 Jahre	4 792	26,0
20—29 Jahre	3 937	16,4
30—39 Jahre	3 128	13,0
40—49 Jahre	2 664	11,2
50—59 Jahre	1 815	8,0
60—70 Jahre	1 148	4,5
über 70 Jahre	517	2,0

In England hatte sich die demographische Revolution seit langem auf die Bevölkerung ausgewirkt, und dieser Prozeß war noch nicht abgeschlossen. In den englischen Städten, wo 1850 die Hälfte der Bevölkerung wohnte, gab es gewaltige, wenig differenzierte Menschenmassen, die ein primitives, zurückgebliebenes Dasein fristeten, rein instinktiv reagierten. Ein Verhalten, das sich in erster Linie nach physiologischen Gesetzen richtete, sorgte für eine ziemlich hohe Geburtenquote (35 v. T.), die erst nach 1880—90 zurückging. Die reichste Klasse ihrerseits kontrollierte aus religiösen Erwägungen vor den siebziger Jahren ihre Geburten nicht. Die Sterblichkeitsziffer wog schwer, schwankte aber sehr stark zwischen den einzelnen Gesellschaftsklassen. In York betrug 1840 die durchschnittliche Lebensdauer bei der ›gentry‹ 48 Jahre, bei den Kaufleuten 31 Jahre, bei den Arbeitslosen 24 Jahre. Für ganz England lag sie 1840 bei 41 Jahren, war also höher als die deutschen Werte von 1875. Auf diese Weise wuchs die Bevölkerung immer rascher, ohne daß sich ihre Zusammensetzung nach Altersgruppen änderte. Und doch vollzog sich in England früher als in Deutschland etwas, das man so umschreiben könnte: plötzlicher Geburtenrückgang, allmähliche Verringerung der Sterbefälle, verlangsamtes Wachstum, Altern. Die ersten Anzeichen hierfür waren die Verallgemeinerungen malthusianischer Praktiken beim Adel um 1870—80, sinkende Geburtenzahlen in der Mittelschicht, Empfehlungen zur Geburtenkontrolle in Broschüren von Charles Bradlaught und Mrs. Annie Besant 1877.

Die zwischen 1825 und 1849 geborenen Mitglieder des Oberhauses hatten im Durchschnitt 4,06 Kinder, bei den zwischen 1850 und 1874 geborenen waren es nur noch 2,75[3]. Gegen 1880 belief sich die Fruchtbarkeitsziffer bei den Bergarbeitern auf 870, bei den ungeschulten Arbeitern auf 789, bei den Freiberuflichen auf 650. Diese Unterschiede überraschen stärker als die Ungleichheit bei den Sterbeziffern dieser Zeit. In London betrug die Sterblichkeit 22 v. T., in der Industriestadt Manchester 28 v. T. Trotzdem lag die Zahl der Geburten im allgemeinen hoch, betrug die Quote in London doch 36 v. T. (1880), und der Geburtenüberschuß war der höchste Europas. Die Massen der britischen Bevölkerung heirateten meist früher und waren fruchtbarer als die französischen.

Frankreich nahm eine absolut außergewöhnliche Stellung im Europa des 19. Jahrhunderts ein. Seit langem hatten man sich im Unterschied zu Deutschland von den überkommenen Verhaltensweisen abgekehrt, ohne daß jedoch die Industrialisierung dieselben massiven Auswirkungen wie in England gehabt hätte. Durch ihre Zahl und Ideologie waren zwei Gesellschaftsgruppen bestimmend: die freien und befreiten Kleinbauern und das Kleinbürgertum. Beide Gruppen wünschten nicht zu viele Kinder, da der Kleinbesitz sonst zu sehr aufgesplittert würde. Und seit der Revolution von 1789 übte die Religion keinerlei Einfluß mehr auf das sexuelle Verhalten aus. Das jähe Absinken der Geburtenziffer wurde zwar zwischen 1850 und 1870 gebremst, hielt aber das ganze Jahrhundert über an und hatte die allmähliche Überalterung der Bevölkerung zur Folge.[4]

Der Geograph Elisée Reclus stellte 1878 fest: »Absichtlich verzichteten sie auf die gleiche Kinderzahl wie die Kanadier, ihre Brüder in Amerika, oder die Engländer, ihre Nachbarn, um jedem Erben ein ausreichendes Erbe zu sichern. Moralphilosophen wie John St. Mill billigen diese Vorsicht der französischen Eltern. Sie beweist nämlich ihre große Sorge um das Wohlergehen der Familie, sie zeugt aber auch von einer schwachen Initiative bei der Kindererziehung, einem traurigen, der Routine verhafteten Geist bei der Schaffung neuen

Reichtums, dem völligen Fehlen von Vertrauen in die Zukunft.« Hier trafen zwei Erscheinungen zusammen, das hohe Ausmaß der Ehelosigkeit (51 v. H. der Männer über 21 und 48 v. H. der Frauen lebten unverheiratet) und die geringe Fruchtbarkeit der Ehepaare. Eine Familie hatte 2,91 Kinder, noch weniger in den Departements mit einer reichen Bauernschaft, 2,14 im Departement Gironde, 2,15 im Departement Eure. In England waren es dagegen 4 oder 5. Man heiratete spät, die Männer mit 28, die Frauen mit 23,5. Die Geburtenziffer betrug in Frankreich 26:1000. Diese etwas harte Behauptung müßte man noch stark differenzieren. In einer großbürgerlichen Industriellenfamilie, bei den Wendel, lebten 4–5 Kinder. In einer Arbeiterstadt wie Lille betrug die Geburtenziffer 50 v. T. in den Arbeitervierteln, mit vielen unehelichen Geburten.[5] In Frankreich waren insgesamt 7 v. H. der Geburten unehelich, diese Kinder kamen in den ärmsten Schichten zur Welt. Aber gerade in Lille starb 20 v. H. der Neugeborenen vor Vollendung ihres ersten Lebensjahres, und mit 20 war eine Altersklasse auf die Hälfte geschrumpft. Bei Kleinbürgern und Kleinbauern gab es eine Geburtenbeschränkung, die Kinder von Hilfsarbeitern, Tagelöhnern und Arbeitern starben dagegen vorzeitig an Tuberkulose, Ruhr, Lungenembolien, Meningitis und Rachitis. Die Kindersterblichkeit ging langsam zurück. 1865 waren es 179 Sterbefälle bei 1000 Geburten, 1885 war das Verhältnis 167:1000. Hungersnöte, Cholera und Krimkrieg forderten eine größere Zahl von Menschenleben als durch Geburten 1854–55 ausgeglichen wurden. 1870 und 1871 wiederholte sich derselbe Vorgang. Die Sterblichkeitsziffer lag bei 23:1000. Die Bevölkerung alterte somit übermäßig und machte aus Frankreich das Land mit den meisten alten Menschen in Europa. Die Gruppe der Sechzigjährigen betrug 1870 in Frankreich 115:1000, in Deutschland 77:1000, in England 75:1000.

Das Leben triumphierte also überall, die Bevölkerung vermehrte sich, wenn auch ungleich. Die Kindheit, die frühe Kindheit wurden aufgewertet. Man betrachtete das Neugeborene, das Kleinkind mit bislang kaum gewohnter Aufmerksamkeit, die sich noch verstärkte, je näher die achtziger Jahre rückten. Das zarte Alter erweckte Rührung.

Es gab Kinderkleidung, Kindererziehung, man kann sogar behaupten, daß sich eine besondere Religion für Kinder entwickelte. Die Erwachsenen sprachen mit den Kindern vom ›lieben Gott‹, ein neuer Ausdruck, der sich seit der Jahrhundertmitte immer größerer Beliebtheit erfreute. Diesem Triumph des Babys, soweit es jedenfalls die besitzenden Klassen betraf, entsprach ein subtiler Wille, den Jugendlichen möglichst lange in der vermeintlichen Zauberwelt der Kindheit festzuhalten, fern aller Häßlichkeit, die der Eintritt in die Erwachsenenwelt mit sich brachte.

Die Medizin, Ursache und Folge dieser Lebenssteigerung, gewann 1850 eine neue Stellung.[6] Für die Ausübung des Arztberufs wurden damals Regeln festgesetzt, die über Jahrzehnte hin unverändert blieben. Zwei außergewöhnliche Typen bildeten sich heraus, der praktische Arzt und der Krankenhausarzt. Der erstere, Hausarzt, Arzt eines Stadtviertels oder Landarzt war Gynäkologe, Dermatologe, Hals-Nasen-Ohren-Arzt, sogar Chirurg. Er opferte sich für seine Patienten auf, wurde ihr gesuchter Ratgeber, spielte seine Rolle als Handwerker und Künstler zugleich. In der Diagnose Künstler, war er für die Therapie Handwerker zu einer Zeit, wo man einheitliche pharmazeutische Fachgebiete nicht kannte. Der Arzt im Krankenhaus, ›Mandarin‹, selbstherrlicher ›Medizinfürst‹, kommentierte bei Visiten die Leiden seiner Kranken, hielt Vorlesungen in den Hörsälen. Wie der berühmte Jurist oder Literat in Gesellschaftskreisen sehr begehrt, verkörperte er die Wissenschaft, aber eine Wissenschaft, deren Mittel noch begrenzt waren. Die Klinik begann damals ihre eigentliche Rolle zu spielen, psychiatrische Kliniken entstanden, aber die Erinnerung an das alte Hospital mit seinen zerlumpten, armseligen Kranken und Verseuchten war noch immer lebendig. Die meisten Patienten dachten, sie seien verloren, sobald man sie zum Operationstisch fuhr. Den Chirurgen fehlte nicht nur jede Ahnung von Antisepsis, sie kannten nicht einmal die Grundregeln der Hygiene. Die jungen Mütter wurden Opfer entsetzlicher Infektionen.

Im Pariser Hôtel Dieu teilten sich noch unter Napoleon III. drei Mütter ein Bett. Semmelweis, ›der Retter der Mütter‹, ein großer Chirurg aus Pest, versuchte das Waschen der Hände, der Instrumente und der Wäsche einzuführen. Opfer von Intrigen, wurde er 1865 in Wien interniert. Erst nach den wichtigen Arbeiten des Engländers Lister über Antisepsis um 1870—80 nahm die Chirurgie ihren Aufschwung. In diese Zeit fielen auch die Anfänge der Mikrobiologie mit den Untersuchungen Pasteurs zum Milzbrand und der Tollwut, den Arbeiten des Deutschen Koch über die Tuberkulose. Die Grundlagen der modernen Medizin wurden nach 1880 geschaffen. Hier wie anderswo trat der große Umschwung eher am Ende als in der Mitte des Jahrhunderts ein. Die große liberale Epoche von 1850—80 bildete für die Menschen eine harte Zeit, in mancherlei Hinsicht brutal, wo die Demographie den Zufällen der Natur unterworfen blieb, auch wenn die Angst der Resignation oder einer schüchternen Zuversicht wich.

b) Raum und Bevölkerung

Dichte und Verteilung der Bevölkerung
Im 18. Jahrhundert fand sich fast überall in Westeuropa eine durchschnittliche Bevölkerungsdichte von 30 bis 50 Bewohnern je km². Das allgemeine Wachstum der Bevölkerung wirkte sich in den einzelnen Ländern, Regionen oder Städten nicht gleichmäßig aus. In England und Wales stieg die Bevölkerungszahl zwischen 1850 und 1880 um 45 v. H., in Dänemark, Norwegen und Schweden um 32 v. H., in Belgien und den Niederlanden um 29 v. H., in Deutschland um 26 v. H., in der Schweiz um 18 v. H., in Frankreich um 7 v. H. Der Teil Europas, der sich damals am weitesten entwickelte, lag an der Nordsee und am Rhein. Hier, in diesem Europa zwischen England und Ostfrankreich, Belgien und Westfalen ließ sich die stärkste Bevölkerungsdichte feststellen: 100 Bewohner je km². Gegen 1870—80 lebten in Belgien die meisten Menschen, 187 pro km². Es folgte das Vereinigte Königreich mit 108 (für England allein lag die Zahl bei 165). In Deutschland betrug die Bevölkerungsdichte 81, lag aber im Rheinland, Baden und Sachsen meist über 150.

Es schien damals ein Gesetz zu sein, daß die Bevölkerung sich immer ungleichmäßiger entwickelte. Manche Gegenden verloren ihre Bewohner. Man hat so von 1850 an von der Entstehung einer französischen ›Wüste‹ sprechen können. Wüste im Pariser Becken, das buchstäblich von der Entwicklung der Hauptstadt ausgesogen wurde, Wüste in den Berggegenden des Zentralmassivs. Andere Gebiete wurden zu Entwicklungsschwerpunkten. Man hat ausgerechnet, daß das Anwachsen der englischen Bevölkerung sieben Räumen zugute kam: London und Umgebung, Lancashire (zwischen York und Nottingham), den Midlands (Staffordshire, Warwickshire, Worcestershire, Leicestershire, Northamptonshire), Northumberland und Durham, Mittelschottland und dem Gebiet von Cardiff. In Deutschland verfestigte sich die geographische Verteilung der Bevölkerung endgültig um 1860—70. Ausschlaggebend waren dabei die Kohlevorkommen im Rheinland, Sachsen und Schlesien.

Innerhalb dieser Ballungsräume gab es bezeichnende Unterschiede. So hatte sich in allen wichtigen Industriegebieten Sachsens (Chemnitz, Reichenbach, Schönburg, Burgstädt, Werdau, Stollberg, Falkenstein, Zittau, Annaberg, Schneeberg, Reichenau) die Bevölkerung zwischen 1850 und 1860 verdoppelt, ja, manchmal verzehnfacht, nimmt man frühere Zeiten zum Vergleich, und diese Entwicklung hielt in der Folgezeit an. Das nördliche Neckartal in Württemberg bot dasselbe Bild, in Baden hoben sich Waldshut, Säckingen,

Wyhlen, Lörrach, Schopfheim, Zell, Schönau und Todtnau ab. Die Städte wuchsen am schnellsten.[7] Der demographische Höhepunkt auf dem Land — in absoluten Zahlen — war in Frankreich um 1850—60 erreicht, in den meisten deutschen Staaten um 1860—70, bisweilen auch schon vorher. In Württemberg stieg die Einwohnerzahl der Städte von 386 000, 1846, auf 433 000, 1858, die Landbevölkerung sank von 1 366 000 auf 1 257 000. In Sachsen kamen zwischen 1850 und 1860 mindestens drei Fünftel des gesamten Bevölkerungswachstums den Städten zugute. Sieht man jedoch genauer hin, stellte die Entwicklung der Städte keinen einfachen Vorgang dar. Sie vollzog sich nicht ohne Bedenken, ohne Zögern, vor allem nicht in Frankreich. Dort wuchsen unter Napoleon III. die mittleren Städte mit einer Einwohnerzahl von unter 50 000 und die kleinen alten städtischen Mittelpunkte fast gar nicht. Diese winzigen Regionalhauptstädte, unerläßliche Zwischenstationen, kleine Textil- und Metallzentren, Hotel- und Beamtenstädte erlebten, wie ihre Aktivitäten infolge des Eisenbahnbaus zurückgingen. Durch die Umwälzungen im Transportwesen hatten sie zunächst ihre Rolle den Großstädten abgetreten. Diese kleinen Städte gefielen sich übrigens in ihren Eigenheiten, hielten am Mobiliar aus der Zeit Louis Philippes fest, hatten bis zum Ende des Jahrhunderts eine eigene Uhrzeit. Erst 1896 kam es in Frankreich hier zu einer Vereinheitlichung. Nur in den französischen Großstädten fand ein mit England oder Deutschland vergleichbarer Wandel statt. Doch auch in Deutschland stockte die Entwicklung vieler Kleinstädte mit weniger als 20 000 Einwohnern. Alte Städte wie Trier, Speyer, Worms, Würzburg, Bamberg, Bayreuth oder Gotha mit einem reichen geistigen Leben und zahlreichen Baudenkmälern entfalteten sich nur langsam.[8] Allgemein läßt sich sagen, daß die Städte um so rascher wuchsen, je größer sie waren. Dies galt besonders für die Hauptstädte. In den französischen Städten mit über 50 000 Einwohnern lebte 1850 ein Zwanzigstel der Bevölkerung. Sie wuchsen um 1,8 Millionen unter dem Zweiten Kaiserreich. Noch mehr traf dies bei zehn Städten zwischen 100 000 und 200 000 Einwohnern zu, vor allem bei Lyon und Marseille, die mit 300 000 Einwohnern klar an der Spitze lagen.

Nach 1870 vereinigten drei Städte den höchsten Anteil am Bevölkerungswachstum auf sich: Paris, Lyon, Marseille. Auch in Deutschland nahm die Einwohnerzahl in den größten Städten am schnellsten zu. Zwischen 1871 und 1875 wuchsen die 12 Städte mit mehr als 100 000 Einwohnern um 14,83 v.H., die 88 Städte mit 20 000—100 000 Einwohnern um 12,4 v. H., die 593 Städte mit 5000—20 000 Einwohnern um 10,74 v. H., die 1835 Städte zwischen 2000—5000 Einwohnern um 5,5 v. H. Zwei Schwerpunkte hoben sich ab, Berlin und das Ruhrgebiet. England hatte diese Entwicklung als erstes durchgemacht. 1850 zählte man hier schon 28 Städte mit über 100 000 Einwohnern, in denen ein Fünftel der Bevölkerung lebte. Zwischen 1850 und 1880 stieg die Bevölkerung in den Städten mit über 100 000 Menschen um 11 v. H., dreimal schneller als im übrigen England.

Das ungleichmäßige Bevölkerungswachstum war also ein Gesetz, ein Gesetz, dem man in Frankreich fast mit Bedauern Folge leistete. Die neue Verteilung der Menschen, die sich daraus ergab, gehörte zu den augenfälligsten Beispielen dieser für das Europa des 19. Jahrhundrts so bezeichnenden quantitativen Veränderungen, auch wenn die Menschen selber sich nur wenig wandelten.

c) Europa und seine Hauptstädte

Wie sahen die neuen Städte aus? Wie lebte man in ihnen, wie waren die Aktivitäten aufgeteilt? Man muß sich die Hauptstädte um 1880 vergegenwärtigen, London, Paris, Berlin, um die damalige Stadtplanung zu ermessen, die tiefen Wandlungen, die sich seit einer Generation vollzogen hatten, die neuen Probleme, die sich für die Städter ergaben.

London
London zählte 1860 2,8 Millionen Einwohner, 1870 waren es 3,2, 1878 schon 3,6 Millionen. London war die wichtigste Stadt Europas, hier traten die neuen Charakteristika der Städte am besten zutage.[9] Große Umschichtungen führten zu einer anderen Verteilung der städtischen Bevölkerung. Der Stadtkern, die *City*, entvölkerte sich jeden Tag mehr und wurde ein modernes Viertel für die Geschäftswelt. Zwischen 1840 und 1880 verließen 50 000 Arbeiter die *City*. 1861 fanden sich auf 293 ha 13 298 Häuser mit 112 000 Einwohnern, 1871 wohnten 74 000 Menschen in 7000 Häusern. Die großen Prachtstraßen rissen Lücken in ärmliche Häusergruppen. Allein die Verlängerung der Farringdon Street vertrieb 8000 Arbeiter und Handwerker. Man errichtete Banken, Büros für Finanzgesellschaften im Renaissancestil. Diese Paläste aus Granit, Marmor oder Ziegelstein mit fünf bis sechs Stockwerken waren miteinander durch ein Labyrinth von Gassen, Höfen und Treppen verbunden, standen nachts fast menschenleer. Zurück blieben nur Nachtwächter und Polizisten. In andern Teilen der Stadt bildete sich ein schichtenspezifisches Gepräge der Wohnviertel heraus. Die Elendsviertel lagen gleich neben der *City*, beim Tower und den Docks sowie süd-

lich der Themse. Lassen wir wieder einmal den Geographen Elisée Reclus zu Wort kommen: »Der Schlamm der Straßen findet sich auch in den Hausgängen, die Wände sind schmutzbefleckt, an den Fenstern hängen Lumpen, abgestandene und faulige Gerüche erfüllen die Luft. Die meisten Männer und Frauen, die man auf der Straße trifft, haben hohle Augen, sind abgemagert, dreckig gekleidet. Ihre abgetragenen Klamotten wurden zehnmal von Trödler zu Trödler verkauft, befanden sich einst im Besitz der *gentlemen* und *ladies* aus den schönen Vierteln des Westend, bevor sie wie Lumpen die Leiber der Bewohner von Shadwell und Wapping bedecken.«

Etwas weiter, nördlich und nordwestlich der *City*, lag das ehrbare Viertel der Handwerker. Hier trennte ein Graben von einigen Metern Breite die Fassade der Häuser von der Straße, Symbol für den Willen, sich von der Straße abzusetzen, Symbol des Häuslichkeitssinns, abgekapselte Koketterie des Kleinbürgertums. Im Westen, in *Marylebone*, standen höhere Häuser, gab es mehr Grünflächen. Hier wohnte das Großbürgertum. Noch weiter westlich, in der Nähe des *Hyde-Parks*, lagen die Wohnungen des Adels. Gärten, Balkons, Terrassen, Treibhäuser mit tropischen Pflanzen schufen hier eine künstliche Natur, höchstes Raffinement des Städters. Nach Osten erstreckten sich in einem weiten Halbkreis die Industrieviertel: *Spitalfields, Clerckenwell, Bethnal-Green, Mile End, Rotherhithe, Southwark, Lambeth*.

Für die damalige Zeit war London etwas Ungeheuerliches, eine Stadt, wo die Polizei jährlich 80 000 Personen festnahm, wo jedes Jahr 5000 Menschen verschwanden, ohne daß ihre Familien etwas über ihr Schicksal erfuhren. Dennoch war es eine Stadt, in der es sich leben ließ. Die Bevölkerungsdichte betrug 179 Einwohner je ha, zählte zu den geringsten in Europa. Londons Bewohner waren in 530 000 Häusern untergebracht, das heißt, in einem Haus lebten 6,7 Personen; der englische Durchschnitt lag bei 7,8. Es gab moderne Parks wie *St.-James, Green-Park, Hyde-Park, Kensington, Regent's-Park*. 1859 wurde die Kanalisation gelegt. Zwar erweckte die Stadt den Eindruck maßloser Weite, war aber kreuz und quer von Eisenbahnlinien durchzogen. In den siebziger Jahren zählte man 150 Bahnhöfe. Die U-Bahn und die andern Bahnen, die auf hohen Arkaden über den Häusern fuhren oder tief unter den Gebäuden in unterirdischen Schächten, wurden wie die Straßen der *City* und die Themse täglich von Hunderttausenden von Menschen benutzt. Mindestens 100 Millionen Fahrgäste stiegen jedes Jahr in Londons Bahnhöfen ein und aus.

London bot im Industriezeitalter das erste Beispiel für einen Versuch, das Stadtgebiet nach funktionellen Gesichtspunkten zu gliedern. Was von 1880 bis heute an Änderungen hinzukam, fällt wenig ins Gewicht. Die Stadt fand ihr Gleichgewicht. Vier Fünftel des jährlichen Bevölkerungszuwachses ging auf eine steigende Geburtenziffer zurück. Dies alles schien von selbst entstanden zu sein, je nach Belieben der zahlreichen Initiativen, ohne daß eine zentrale Autorität ihre Politik durchgesetzt hätte. Die *City* und die 39 Stadtbezirke hatten jeweils ihren Gemeinderat. Zwar gab es besondere Gremien für Hygiene, Erziehung, öffentliche Arbeiten, aber sie trafen keine Entscheidungen. London existierte nicht einmal als Verwaltungseinheit. Nichts versinnbildlichte den Erfolg des Liberalismus mehr, einen Erfolg, den sich weder der Staat noch die Behörden der Verwaltung zugute halten konnten.

Aufteilung der arbeitenden Bevölkerung Londons 1871

Industrieangestellte	725 695 davon	220 923 Frauen
Transportangestellte	134 014 davon	1 096 Frauen
Hilfsarbeiter, Taglöhner	122 162 davon	13 782 Frauen
Städtische und staatliche Angestellte	31 952 davon	1 591 Frauen
Hausangestellte	314 711 davon	262 100 Frauen
Händler	86 957 davon	8 757 Frauen
Professoren, Künstler, freie Berufe	96 096 davon	37 781 Frauen

Paris
Im Unterschied zu London vollzogen sich die Änderungen in Paris durch einen Willensakt, eine autoritäre Politik. War England das liberale Musterland, so verdankte Frankreich dem Staat die Impulse, die von der Privatinitiative nicht ausgehen konnten.
Napoleon III. ernannte zum Präfekten des Departements Seine einen Beamten mit ›breitem Rücken‹, Haussmann, der sein Amt 16 Jahre ausübte, von 1853 bis 1869.[10] In London bestimmten funktionelle Überlegungen die Umwandlung der Stadt, in Paris dagegen spielte das Prestige die wesentliche Rolle. Man wollte die schönste Hauptstadt Europas haben. Anstelle des administrativen Wirrwarrs gab man der Stadt die Einheit, die sie bis heute behalten hat. Die umliegenden Dörfer wurden angeschlossen, das Stadtgebiet in 20 Arrondissements aufgeteilt. Haussmann war mehr am Effekt interessiert und hatte viel weniger den Willen, eine neue städtische Welt zu schaffen. Ästhetische Erwägungen? Der Präfekt brachte durch Freilegungen Gebäude zur Wirkung, ließ aber dazu die Wohnhäuser des alten Paris auf der *Ile de la Cité,* um *Notre Dame* und sogar um den *Louvre* herum abreißen. Ab und zu legte er kleine baumbestandene Plätze an. Er erbaute die Oper und vor allem Kirchen, *St. Augustin, la Trinité* usw. Seine einzige architektonische Glanzleistung waren die Markthallen,

herrliche, gußeiserne Konstruktionen von Baltard, eine Zukunftsvision, bei der modernes Baumaterial funktionell eingesetzt wurde. Städteplanerische Erwägungen? Haussmann zog die großen, schnurgeraden und breiten Straßen mit ihren großen Querachsen, eine Nord-Süd-Achse, *boulevard de Sébastopol, boulevard Saint Michel*, eine Ost-West-Achse, *rue de Rivoli*, die sich im Zentrum kreuzten, *Place du Châtelet*.

Weitere Boulevards entstanden in einiger Entfernung vom historischen Stadtkern. Unbestreitbar fand Paris auf diese Weise nachträglich eine Art Gliederung, die London fehlte. Busse verkehrten auf diesen Boulevards, die damals für die Beförderung ausreichten. Links und rechts von diesen schönen, hell erleuchteten Straßen entstanden Geschäfte und Theater, man ging hier spazieren. Sie stellten die strahlende Seite der Stadtkultur dar, die Seite, die den Bummler auf den ersten Blick fesselte. Doch schon in den gewundenen Nebengassen fand man kleine Läden, die gleich geblieben waren. Hier bummelte man auch nicht mehr, die Passanten, Männer und Frauen, verbrachten ihr Leben in unbequemen Häusern. Haussmann bereicherte ein nur wenig gewandeltes Stadtbild um einige schöne Versatzstücke, die des Reizes nicht entbehrten. Zu den großen Leistungen des Präfekten zählten die 800 km lange Kanalisation, die Gas- und Wasserleitungen, der Bau neuer Bahnhöfe am Stadtrand, um das Zentrum zu entlasten, die Konstruktion von 14 Brücken über die Seine, die Neugestaltung der Flußufer, die Asphaltierung der Straßen. Wie in London hatten diese Arbeiten auch in Paris zur Folge, daß die einzelnen Stadtviertel je nach ihren Bewohnern spezifische Züge erhielten. Das Volk wurde aus dem historischen Stadtkern vertrieben, wo im Unterschied zu London die Verwaltung sich niederließ. 74 000 Häuser wurden gebaut, damit veränderte sich zum Teil die Geographie der Stadt. Neue, elegante Viertel wuchsen im Westen, *Etoile, Ternes, Parc Monceau*.

Arbeiterviertel entstanden im Osten, *Belleville*. In der voraufgehenden Epoche war es oft vorgekommen, daß ein Bourgeois im ersten Stock eines Wohnhauses lebte, ein Angestellter im zweiten, ein Arbeiter im letzten. Auf diese senkrechte Differenzierung folgte nun im neuen Paris eine völlige Trennung. So stieg die Einwohnerzahl der Hauptstadt, die hinter glänzenden Fassaden ihr Elend verbarg, von 1,7 Millionen (1860) auf etwas über 2 Millionen (1880). Paris stand in dem Ruf, eine angenehme Stadt zu sein; nichts konnte ihn ihr nehmen.

Die Umwandlungen von Paris zwischen 1850 und 1870 stellten die bewußteste und vollständigste Anstrengung der Stadtplanung im letzten Jahrhundert dar. Bummelte man über die schnurgeraden Boulevards, ohne auf schmutzige Gassen zu stoßen, da sie Verwaltungsgebäuden Platz gemacht hatten, entdeckte man die Grünflächen, erging man sich auf Spazierwegen im *Bois de Boulogne* oder im *Bois de Vincennes*, so erkannte man die Stadt nicht wieder. Es war eine neue Stadt geworden, die ungerührt alten Schmuck abgestreift hatte, auch um den Preis verheerender Verunstaltungen. Die Goncourts konnten an »ein amerikanisches Babel der Zukunft« denken. In Wirklichkeit hatte Haussmann ein altes Schema modernen Anforderungen angepaßt, aber keinerlei neue Grundlagen geschaffen.

Berlin
Nach London und Paris war Berlin die dritte Hauptstadt. Doch waren die Schwierigkeiten bei der Stadtplanung hier ziemlich anders gelagert. In Berlin brauchte man kein altes Stadtzentrum mit verschlungenen Gassen abzureißen. Berlins Mitte mit ihren offiziellen Gebäuden war von den Architekten Friedrichs II. nach einem Gesamtplan geschaffen worden, war funktionell. Die Straßen waren lang, fast alle wie mit dem Lineal gezogen. Um diese Mitte herum entwickelte sich Berlin kreisförmig und unheimlich rasch:

Einwohner	Jahr
380 000	1845
418 000	1850
493 000	1860
6 57 000	1865
1 059 000	1875

In den neunziger Jahren lebten 1,8 Millionen Menschen in der Stadt, bereits 1875 lag die Bevölkerungsdichte mit 186 Einwohnern je ha über der Londons. Um einer noch größeren Dichte zu entgehen, mußte man endlose Vororte bauen, die Verkehrsprobleme mit sich brachten. Wohnung und Transport bildeten die Hauptschwierigkeiten Berlins.[11]

Der Stadt fehlte die ungeheuerliche und malerische Belebtheit des Londoner Hafens und der oberflächliche Charme von Paris,[12] ihre Straßen schienen kaum überfüllt. Der Geograph Elisée Reclus sah sie folgendermaßen: »Eine Stadt mit primitiven Häusern inmitten einer häßlichen Ebene, sicher eine Musterstadt, aber für eine Welt von Angestellten und Freunden des Papierkriegs.« Dieses Urteil ist stark übertrieben. Aber es stimmt ohne Zweifel, daß zwischen 1850 und 1880 wenig große originelle Gebäude entstanden. Man legte im allgemeinen mehr Wert auf Quantität als auf Qualität. Höchstens die in maurischem Stil errichtete *Synagoge* (1859–60) verdient Erwähnung, die *Reichsbank* (1869–76) im Renaissancestil, das *Palais des Fürsten von Pless*, das der Franzose Detailleurs erbaute, und später dann der *Reichstag* (1884–94), bei dem man ebenfalls die Renaissance zum Vorbild nahm. Auf einem Raum von kaum mehr als 1200 m² drängten sich das *Rathaus*, das *Schloß*, das *Zeughaus*, die Universität, die Akademie, die Museen, die *Bibliothek*, die *Oper*, die großen Theater, die *Börse*, die Kirchen. Mit der breiten Allee *Unter den Linden*, die sich vom Opernplatz bis zum *Brandenburger Tor* zog, bildete dieser Kern die eigentliche Mitte des Reiches, ein Zentrum von unwiderstehlicher Anziehungskraft. Die wegen ihrer Bibliothek und ihren Labors berühmte Universität besaß die beste Ausstattung im Reich und wohl auch in Europa.

Elegante Herren und Damen ritten im *Tiergarten* aus. Doch trog dieses Bild. Berlin wurde zur Industriestadt, wo die Hälfte der Bevölkerung in Werkhallen und Fabriken arbeitete. Bürger und Beamte bauten ihre Villen in der Nähe des *Tiergartens*, besonders in die mit Parks und Brunnen belebte Gegend zwischen dem *Tiergarten* und dem *Landwehrkanal*. Neue Viertel entstanden im Westen um den *Potsdamer-* und *Anhalter Bahnhof* in Richtung *Moabit*, im Nordwesten jenseits des *Lehrter* und *Stettiner Bahnhofs*. Im Norden kam man unmerklich in die Industrievororte *Wedding* und *Gesundbrunnen*. Fern vom Zentrum wurde mit dem Bau von Boulevards begonnen, Plätze wurden schon vorher festgelegt, die Stellen für Statuen und Kirchen bestimmt in Erwartung der städtischen Flut. Im Westen war *Charlottenburg* (1880: 30 000 Einwohner; am Ende des Jahrhunderts: 200 000) ein wohlhabender Villenvorort. Im Südwesten gaben die Fabriken der Metallindustrie den Vorstädten das Gepräge. Von 1860 an lagen nach Norden die Maschinenfabriken, nach Nordosten die Textilbetriebe.

Im Laufe des Jahres 1876 benutzten 40 Millionen Menschen die Busse und Straßenbahnen, 6 240 000 die Züge. In jedem Wohnhaus lebten durchschnittlich 47 Personen. Die Stadt entschied sich für billige, massive Bauten, große mehrstöckige Gebäude mit Innenhöfen. In Wirklichkeit war eine von zwei Personen schlecht untergebracht. Bei der Zählung von 1885 gab es 31 000 Wohnungen mit nur einem Raum, 152 000 mit einem Zimmer und einer Küche, manchmal lebten hier sogar 6 Personen zusammen. Typisch für Arbeiterwohnungen wurden die Mietskasernen, eine Reihe von sechs fünfstöckigen Wohnhäusern, die hintereinander und parallel zur Straße lagen. In den neunziger Jahren begannen Genossenschaften die Arbeiterwohnungen zu verbessern. Doch blieb Berlin lange eine Stadt des Elends. Von 564 696 Steuerzahlern im Jahre 1896 hatten 425 000 ein Einkommen zwischen 750 und 1200 Mark, kaum mehr als der Durchschnitt der Arbeiter in den sechziger Jahren. Zu Ende des Jahrhunderts nahm Berlin die ›mythische Stadt‹ der *Expressionisten* vorweg: Maschinen, traurige Eintönigkeit, Energieverschleiß.

Abb. 16: *Berlin, Nollendorfplatz um 1885*

Abb. 17: *Berlin, Nollendorfplatz um 1902*

d) Stadt und Städter

Die Privatinitiative hatte eine bedeutende Rolle beim Ausbau der Hauptstädte gespielt[13]. Man konnte immerhin einen gemeinsamen Willen, eine gemeinsame Politik entdecken, wenn auch ein Plan fehlte. Meist entwickelten sich die Städte

ohne Konzept. Ein Arbeitervorort lag neben dem andern, fern vom alten Stadtkern. Wie *Manchester* umgab sich auch *Chemnitz* mit einem regelrechten Fabrikgürtel: *Limbach, Hohenstein, Gablenz, Stollberg, Gelenau, Zschopau, Frankenberg;* Fabriken und Arbeiterwohnungen reihten sich aneinander.
Manch eine neue Stadt ohne historische Mitte wurde nach einem geometrischen Plan wie *Krefeld* errichtet. Dies beeindruckte die Zeitgenossen so stark, daß sie von einem ›amerikanischen Äußeren‹ sprachen. Die für das Ruhrgebiet typischen Züge prägten sich damals aus: Städte mittlerer Größe, die um eine Fabrik oder Kohlengrube entstanden waren, reihten sich aneinander. Um *Elberfeld-Barmen* — wie um Krefeld — lagen dicht gedrängt weitere Orte: *Sonnborn, Gräfrath, Ronsdorf, Lüttringhausen, Lennep, Wermelskirchen, Cronberg* glichen Elberfelder Vororten, die, weit von der Stadt weg, zufällig über das Land verteilt waren. Doch diese ungeordnete Entwicklung kannte eine Konstante, die bei der Erneuerung der Hauptstädte ganz klar zutage trat: die Trennung von armen und reichen Stadtvierteln. Ohne von London, Paris oder Berlin zu sprechen, lassen sich noch andere Beispiele finden: Die Stadtbezirke der Wohlhabenden in *Elberfeld* und *Barmen* etwa hoben sich von den Vorstädten ab, ebenso die eleganten Hamburger Viertel, die nach der Feuersbrunst von 1846 um die Binnenalster wieder aufgebaut wurden. Man denke auch an den Gegensatz zwischen den beiden Weserufern in Bremen, wo links Seeleute und Arbeiter, rechts Bürger lebten.
Die Stadtplanung der Jahre 1850—80 war rein oberflächlich[14]. Selbst in den Hauptstädten löste sie keine Umwälzung aus. Man verstand es, die Rolle der einzelnen Stadtteile zu analysieren, den Nutzen eines großen Gebäudes abzuschätzen (Hallen von Paris; Bahnhöfe), doch ging es dabei nur um Detailfragen. Man plante zögernd, ohne daß es gelungen wäre, einen umfassenden Architekturstil zu schaffen, wie es der neuen Zeit entsprochen hätte. In bestimmten neuen Vierteln folgten die frisch angelegten Straßen den Spuren der Gemüsefelder mit ihrer ungewöhnlichen Linienführung. Architekten und Ingenieure arbeiteten fast nie zusammen. Man riß eine Straße auf, um Wasserleitungen zu legen, obgleich sie gerade elegant gepflastert worden war. Bei großen Bauvorhaben zögerte man und suchte Entscheidungen zu umgehen. 1853 beschloß man in Bordeaux, Wasserleitungen anzulegen. Es kam zu langwierigen Verhandlungen in allen Stadtteilen, die sich über zwölf Jahre hinzogen. Darauf gab es solche Schwierigkeiten wegen der Kanalisation, daß man sich mit einer Hauptkanalisation begnügte. In Marseille legte man um die Altstadt neue Boulevards, doch der Bahnhof war sehr schlecht mit dem Hafen ver-

bunden. In Lille wurden zwei große Straßen gebaut, die aber in die Außenbezirke führten und den Verkehr in der Altstadt keineswegs entlasteten. In Paris lagen zwischen den breiten, geraden Prachtstraßen alte Wohnhäuser, alte Straßen mit ihren Händlern.

Die Aufmerksamkeit richtete sich auf einige große Gebäude, die Bahnhöfe, Rathäuser, Museen, Bibliotheken, Handelsschulen. Ein Reisender bemerkte, daß der eleganteste Bau von Chemnitz der Bahnhof war. Manchester, Leeds, Birmingham schmückten ihre Zentren mit derartigen Gebäuden von imponierendem Äußeren. Allerdings ahmte man dabei nur die Renaissance und die Gotik nach. Selten benutzte man wie Baltard in Paris neue Baustoffe. Ein so origineller und zukunftweisender Essay wie »Das neue Architektursystem« des Engländers W. V. Pickett, der über diese Baumaterialien sprach, blieb unverstanden. Die Architekten wußten zwar, Pläne zu machen, ließen aber jeglichen Geschmack vermissen, wenn es um Außendekor ging. Kirchen wie *Montmartre* in Paris, *Fourvière* in Lyon, *Notre-Dame de la Garde* in Marseille vereinigen vergangene Stilelemente und bleiben ein Ausbund von Häßlichkeit.

Lebte man denn wenigstens bequem und angenehm in den Städten? Wasserleitungen und Kanalisationen waren 1880 natürlich noch lange nicht überall fertiggestellt. In den mittleren Städten wie Bordeaux oder Lille verkehrten seit 1879 Straßenbahnen. Letztlich mußte man jedoch das Ende des Jahrhunderts abwarten, ehe sich die Lebensbedingungen in den Städten wirklich besserten. Die Städte des 19. Jahrhunderts blendeten sehr oft die überraschten Augen des Reisenden, waren indes für ihre Bewohner eine schmutzige Wirklichkeit.

e) Elemente für eine Anthropologie

Immer mehr Menschen, oft entwurzelte, trafen sich in den Städten und brachen mit ihrem alten Lebensstil, sahen den Untergang des Handwerks und die Entstehung der Industrie. Wen hätte hier nicht der Schwindel erfaßt? Angesichts dieser Umwälzungen mußte man Werte betonen, Urteile abgeben, sein Verhalten überdenken. Wir können versuchen, die Stimme der Zeit zu vernehmen, wir können die Schriften der Zeitgenossen durchforschen, Schriften von Journalisten und berühmten Literaten. So bleibt es dann uns überlassen, ihre gesamten vor uns liegenden Gedanken zu begreifen, den Hymnus auf die Wissenschaft, den zuversichtlichen Glauben, die literarischen oder künstlerischen Manifeste. Doch man kann sich ebensogut an den alltäglichen Verhaltensweisen und Handlungen orientieren, an den Gesten, und die darin enthaltenen Widersprüche bloßlegen, die verborgene Unzufriedenheit, die Unentschlossenheit.

Eine der ersten Fragen betrifft die kulturellen Gruppen: Wie bildete das Erziehungssystem Gruppen aus, innerhalb derer der Geist sich nach der einen oder anderen Methode bewegte? Wir wollen dabei weniger auf den Inhalt des Unterrichts als auf die gesellschaftlichen Werte sehen, die ihm zugeschrieben wurden, sowie auf den Informationsfluß.

Wir wollen dann prüfen, wie weit religiöse Überzeugungen gelebt wurden, welche Moral herrschte, nach welchen Gesichtspunkten der einzelne sein Urteil fällte. Wir müssen die Voraussetzungen des verbindlichen Geschmacks untersuchen, gleichbleibende Themen aufzeigen, die für das Denken maßgeblich waren. Anhand von bestimmten Beispielen gilt es, auch die Art und Weise darzustellen, nach welchen Vorstellungen man den Menschen formte.

Erziehung, Information, Gesellschaft

Daß die ehrbaren Leute sich an ihrer Erziehung erkannten und ein Teil der Handarbeiter seinen gesellschaftlichen Rahmen zu verlassen suchte, um das Kleinbürgertum nachzuahmen, zeigt klar, welch wichtiger Platz der Erziehung für die Gruppenbildung in der Gesellschaft zukam. Sollte das Volk die Grundschule besuchen oder nicht? Wo sollte das Bürgertum seine Kinder ausbilden lassen? Solche Fragen stellte man sich damals, und dadurch wurde sich die Gesellschaft ihrer Bestrebungen und Spannungen bewußt.

Die Dreiteilung: Grundschule, Oberschule, Universität stammte nicht aus der damaligen Zeit. Man kann nicht behaupten, die Unterrichtsstrukturen seien wirklich in ihrer Gesamtorganisation verändert worden. Alles erweckte nämlich den Anschein, als gäbe es keine Zusammenhänge, als bestünden die drei Bereiche unabhängig nebeneinander. Eine fast unwiderstehlich anmutende Kraft führte überall zu einer Ausweitung der Grundschule, auch gegen Hindernisse. In England, das auch hier aristokratisch dachte, äußerte man die stärksten Bedenken, so sehr legte die Führungsschicht Wert darauf, daß die Distanzen innerhalb der Gesellschaft gewahrt blieben. Dem liberalen Staat widerstrebte es, diese derart wichtige Aufgabe zu übernehmen und den unabhängigen Eltern Vorschriften zu erteilen. Die ganze erste Hälfte des Jahrhunderts hindurch befand sich das Grundschulwesen in privaten Händen. Grundschulen wurden von karitativen Vereinigungen der verschiedenen Kirchen gegründet. Der Staat beauftragte lediglich Schulräte, die einzelnen Unterrichtsstätten zu besuchen; später gab es teilweise auch staatliche Subventionen. 1870 wurde in England und Wales der Schulbesuch fast zur Pflicht gemacht, in indirekter Form, 1872 auch in Schottland. 1891 konnte jedermann die Grundschule besuchen und brauchte bis zum 12. Lebensjahr keine Gebühren dafür zu entrichten. 1840 unterschrieb die Hälfte der Neuverheirateten im Standesregister von Manchester mit einem Kreuz. 1840—45 waren ein Drittel der Männer und fast 50 v. H. der Frauen Analphabeten, 1870—75 nur noch 18 v. H. der Männer, 25 v. H. der Frauen. In Frankreich führte die *Loi Guizot* 1833 die Grundschule von Staats wegen ein, doch wurden die Auswirkungen nur allmählich spürbar. So wenig wie in England schien eine allgemeine Volksschulbildung in Frankreich ein vorrangiges, gemeinsames Ziel zu sein, das rasch zu erreichen war. 1865—70 vermochten 26 v. H. der Männer und 33 v. H. der Frauen weder zu lesen noch zu schreiben. Die jüngeren Generationen holten diesen Rückstand allerdings auf, und um 1870—80, vor den wichtigen Gesetzen Jules Ferrys, besuchten 80 v. H. der Kinder die Schule, im Pariser Raum sogar 95 v. H. »Der preußische Volksschullehrer hat Frankreich 1870 besiegt«, sagte man gern nach der Vernichtung des Zweiten Kaiserreiches durch die deutschen Staaten. Tatsächlich gab es 1871 in allen Gemeinden des neuen deutschen Reiches gesetzlich vorgeschriebene Schulen, nur 6 v. H. der Kinder besuchten keine Schule. In Württemberg konnten alle Rekruten lesen und schreiben, in Pommern 6 v. H. nicht, in Preußen 10 v. H., vor allem wegen der Ostprovinzen, nicht. Alle Volksschullehrer waren Staatsbeamte. Gewiß bedurfte der Unterricht in den Grundschulen noch vieler Verbesserungen, war die Zahl der Lehrer gering und die Bezahlung schlecht. Doch Deutschland verstand es, sich in diesem für die Zukunft so entscheidenden Bereich einen Vorsprung zu verschaffen. Alle andern Länder brachten zwar dem Wissen ihre Verehrung entgegen, hegten **aber bis in die achtziger Jahre ein instinktives Mißtrauen, das** sich auch auf den Volksschullehrer übertrug. Er formte die Geister, stieß jedoch überall auf Verachtung, ja, man verdächtigte ihn in Frankreich nach der 48er Revolution umstürzlerischer Umtriebe. Ungenügend bezahlt und überwacht, führte er eine Randexistenz. Der Historiker Michelet schrieb 1846: »Der Mann, der sich in Frankreich die größten Verdienste erworben, der am elendsten lebt und den man völlig vergißt, ist der Schulmeister. Der Staat, der nicht nur seine eigentlichen Werkzeuge und seine Stärke nicht kennt, der nicht vermutet, daß sein wirkungsvollster moralischer Hebel diese Gruppe von Menschen sein könnte, der Staat, sage ich, überläßt die Lehrer seinen Feinden.« Und als Jules Ferry in den achtziger Jahren das Grundschulwesen reformierte, wandte er sich mit folgenden Worten an die Volksschullehrer: »Zum ersten Mal, meine Herren, wurden Ihnen die bürgerlichen Rechte in dieser großen französischen Gemeinschaft zuerkannt, der Sie angehören.«[15] Bürgerrecht bedeutet hier soviel wie ›vollgültiger Bürger zu sein‹.

Die Oberschule blieb einer Minderheit aus der Mittelschicht vorbehalten; hier wurden die künftigen Führungskräfte ausgebildet. Um 1870 besuchten 170 000 Schüler in Deutschland die höheren Schulen, Gymnasien, Progymnasien, Realschulen, Bürgerschulen. In Frankreich gingen 140 000 Jugendliche in humanistische Gymnasien und Internate, konfessionell gebundene oder freie Privatschulen. Diese Schüler machten höchstens 4—5 v. H. ihrer Altersgruppe aus. Das entsprach auch dem Anteil des Großbürgertums und der bürgerlichen Mittelschicht an der Gesamtbevölkerung, und es steht außer Zweifel, daß, von Ausnahmen abgesehen, der Besuch der Oberschule ein Merkmal für die Zugehörigkeit zu dieser Gesellschaftsschicht war.[16] Frankreich zeigte sich zwar knauserig, wo es um die Grundschule ging, sparte aber viel weniger bei der höheren Schule, weil hier das Ansehen des Bürgertums auf dem Spiel stand. In England ergab sich eine seltsame Lage. Das höhere Schulwesen mit 20 000 Schülern schien hier geradezu grotesk unterentwickelt. Ginge man von deutschen Verhältnissen aus, käme man nämlich auf 125 000 Schüler. Sicher interessierte sich die Mittelschicht weniger für Geistiges, und die meisten Industriellen und Ingenieure erhielten ihre Ausbildung am Arbeitsplatz... Aber in England bildeten die *Public Schools* das Modell für die Oberschule, die alten *Public Schools* von *Eton, Rugby, Harrow, Winchester*, die neuen von *Clifton, Halleybury* und *Marlborough*. Diese für die Eltern äußerst teuren Privatschulen wurden um 1840 auf Anregung von Thomas Arnold modernisiert. Ihr Ziel wurde es nun, neben athletischen Pastoren, hohe Beamte, Diplomaten und Spitzenanwälte auszubilden, vor allem aber einen Menschentyp zu formen, ein standardisiertes Produkt, das den Gruppensport perfekt beherrschte, von Moral durchdrungen war und die Universitäten besuchte.[17]

Was soll man zu dem elitären Charakter des Hochschulwesens sagen? Lediglich in Deutschland war es gut entwickelt. Hier gab es 1880 25 000 Studenten, 22 Universitäten, zahlreiche polytechnische Schulen, eine davon in Charlottenburg. Mit ihren 3 050 Studenten erschien die bedeutendste Hochschule, die Leipziger Universität, schon Riesenausmaße zu haben, Berlin, mit 2 140 Studenten, verfügte über die besten Einrichtungen. Die Fremden strömten in diese Musterschulen, nicht nur aus dem benachbarten Österreich-Ungarn, sondern selbst aus den USA. Von den 766 Heidelberger Studenten kamen 494 aus dem Ausland. Frankreich, mit 15 000 Hochschülern, belegte den zweiten Platz. Die Mehrzahl der französischen Studenten studierte Medizin und Jura, eine einzige Hochschule hatte Bedeutung, die Pariser Universität. Frankreich hatte außerdem ein originelles System von Eliteschulen herausgebildet, in die man durch einen *concours* eintrat: *Ecole Polytechnique, Ecole Centrale, Ecole des Mines, Ecole des Ponts & Chaussées* (für Ingenieure), *Ecole Normale Supérieure* (für künftige Gymnasiallehrer). In England betrieben *Oxford* und *Cambridge* nicht mehr vorrangig Theologie, sie modernisierten sich und paßten sich der neuen Zeit an. Auch sie sahen wie die *Public Schools* ihre Aufgabe in der Ausbildung des neuen *gentleman*, des ›muskulösen Christen‹, der freigebig, sportlich, dynamisch, unternehmend, aber nicht zu intellektuell sein sollte. In der Hauptsache studierte man Literatur. Humanistische Bildung blieb weiterhin die Voraussetzung für den Zugang zur Universität. Es galt als etwas ganz Besonderes, als 1888 in Deutschland die einzige Schule eröffnet wurde, die nach anfänglichem gemeinsamen Unterrichtsprogramm den Schülern die Wahl zwischen einem humanistischen und einem modernen Zweig ließ, der ebenfalls zur Universitätsreife führte. Im allgemeinen blieb das Erziehungswesen traditionell mit Betonung der Literatur und der Rechte. Damit entfernte es sich aber von der Wirklichkeit der Zeit. Vor allem aber bedeutete die Verlängerung der Schulzeit einen Luxus. Ein Sohn, der aufs Gymnasium ging, kostete seine Eltern um 1880 jährlich 500 fr, ein Student 2000 fr (= 400 Mark, bzw. 1 600 Mark).

Die kulturellen Gruppen deckten sich also völlig mit den Gesellschaftsgruppen, die Hierarchie der einen verstärkte lediglich die Hierarchie der andern. Zwischen den Gruppen bestand eine Art Trennungslinie, die nur mühsam überschritten werden konnte. Und doch fehlte es nicht an Information, in erster Linie durch die Presse.[18] Auch für die Presse begann um 1860–70 eine neue Zeit. Hatte Hegel den Sinn der Wandlung vorhergesagt, als er die Zeitungslektüre mit einem profanen Morgengebet verglich? 1825 betrug die Zahl aller auf die politische Pariser Presse (der einzig vorhandenen) Abonnierten 54 600. 1846 hatten die Pariser Tageszeitungen eine Gesamtauflage von 200 000 Exemplaren. Die wichtigsten Blätter waren *La Presse* und *Le Siècle* mit einer Auflage von knapp 40 000. Nehmen wir an, daß jede Zeitung von drei oder vier Personen gelesen wurde, meist Männern, dann machte dies ca. 1 v. H. der männlichen Erwachsenen aus. In England[19] treffen wir dasselbe Bild an. 1850 gab es 560 Zeitungen, davon nur 9 Tageszeitungen, die lediglich in London erschienen mit insgesamt 65 000 Exemplaren; 50 000 entfielen auf die *Times*, 3000 auf die zweitgrößte Zeitung, *The Morning Post*. In beiden Fällen haben wir es mit teuren, politischen Blättern zu tun, die schwer zu lesen und einer winzigen Elite vorbehalten waren, und diese Elite stellte die öffentliche Meinung dar. Aus zwei Gründen vollzog sich nun ein Wandel. Einmal wurden neue Techniken erfunden, der Telegraf, das Telefon, die Rotationsmaschine, zum andern wurden die Pressesteuern aufgehoben. In England schaffte man die Pressesteuer 1855, die Papiersteuer 1861 ab. Der Verkaufspreis senkte sich dadurch auf ein Fünftel bis ein Zehntel. Die erste große Zeitung, die der *Times* Konkurrenz machte, der *Daily Telegraph*, kostete nur noch einen penny statt fünf pence und erreichte innerhalb von sechs Jahren eine Auflage von 150 000. Gleichzeitig entwickelten sich Provinzblätter. 1887 druckte der *Daily Telegraph* 250 000 Exemplare, blieb aber eine anspruchsvolle Zeitung und sprach nicht das gesamte Kleinbürgertum an. Erst der *Daily Mail* (1896: 400 000 Exemplare) und der *Daily Express* (1900) leiteten die moderne Zeit ein. Eigentlich entstand wohl in Frankreich das, was wir heute mit ›Massenblätter‹ bezeichnen. 1870 erreichte die politische Presse in Paris die Auflagenhöhe von 350 000 Exemplaren, doch die Neuerscheinung *Le Petit Journal* allein wurde mit 1 Million aufgelegt. 1863 von einem raffinierten Geschäftemacher, Millaud, gegründet, wurde die Zeitung zu einem Preis von 5 Centimes abgesetzt, während die übrigen Blätter mindestens 20 Centimes kosteten.[20] Ihr primitiver Stil, ihr selbstsicheres Urteil, ihr Hang zum Genießerischen, ihre Sensationsgier sicherten ihren Erfolg. 1885 zählte man 1 540 Zeitungen in Paris, 2810 in der Provinz mit insgesamt 2–3 Millionen Exemplaren. Über die Hälfte der Männer dürften wohl diese Zeitungen gelesen haben, was zu denken gibt. Die billige Presse befriedigte den Geschmack eines andern Publikums, das man damals zum ersten Mal das ›breite Publikum‹ nannte. In diesen Zeitungen wurden die politischen Entscheidungen nicht mehr kommentiert, sondern nur noch Fakten vermittelt. Die Texte boten stereotype Bilder, Feuilleton- und Kriminalromanstil bei Prozeßberichten, reduzierten die politischen Ereignisse und wandelten sie in ein lokales Geschehen um. Nach solchen Gesetzen verfuhr die ›Boulevardpresse‹. 1890 fuhr eine Französin, Séverine, als erste Journalistin vor Ort in St.-Etienne, sie interviewte auch als erste einen Papst, Leo XIII. Was bedeutete also dieser packende und beeindruckende Bericht des unmittelbar Erlebten, wenn nicht ein Bedürfnis nach Weltflucht und Rührseligkeit? Vielleicht lebte die Zeitung von der gewaltigen Enttäuschung der meisten Leser über den Alltag. Künftig bewegten sich das Kleinbürgertum und ein Teil des Proletariats in einer Welt, die in ein riesiges Theater umgewandelt war. Dadurch wurde der Wunsch nach Größe gestillt, der Wunsch, jemand anderer zu sein, anderswo zu leben. Dabei war dies nur der Anfang der neuen Epoche. Es sieht nicht so aus, als habe es in Deutschland vor 1890 eine Massenpresse gegeben. Eine Vielzahl von Zeitungen gab es nach 1848 in allen Großstädten, doch erreichte die tägliche Gesamtauflage um 1880 noch keine Million. Die 2500 Zeitungen von damals lassen sich in zwei Gruppen aufteilen, in solche, die mit einer Partei, und in solche, die mit der Geschäftswelt in Verbindung standen. Den stärksten Einfluß übte die *Kölnische Zeitung* aus, ein liberales Blatt mit 35 000 Exemplaren. Man könnte auch die *Frankfurter Zeitung* und die *Magdeburger Zeitung* erwähnen, aber keine erreichte eine Auflage von mehr als 40 000. In Deutschland war die Zeitung an wichtige Städte gebunden, sorgte für den geistigen Zusammenhalt innerhalb eines kleinen ›Landes‹. In gewisser Weise hing sie von einem bestimmten Ort ab, wandte sich an eine Minderheit.[21]

Vergleicht man die große Zeit des Liberalismus zwischen 1850 und 1890 mit der unseren, soweit es den Zugang zu Bildung und Information betrifft, muß man die starken Unterschiede hervorheben. Dann erscheint nämlich die Bildung eng begrenzt und determiniert durch gesellschaftliche Verhältnisse, der Platz, der ihr zukam, war nicht eindeutig. Doch nach Jahrzehnten ebneten sich die Wege für die später aufkommende Massengesellschaft.

Religiöse Zweifel
Die Zeit war materialistisch, glaubte an die Beherrschung der Natur, an die Maschine, die technischen und gesellschaftlichen Mechanismen, an Automatismen, eine neue Form des Fatalismus. Der Klerus der etablierten Kirchen, der zu stark mit den mächtigsten oder traditionellsten Klassen verbunden war, erwies sich kaum als fähig, mit der neuen Notwendigkeit der Evangelisierung fertig zu werden.[22] Zweifelsohne hatte eine religiöse Krise die Volksschichten erfaßt. In der vorausgehenden Epoche hatte die Religion jede Handlung des bäuerlichen Lebens durchdrungen, die Kirche bildete ein Element des gesellschaftlichen Lebens. Im Frankreich des 18. Jahrhunderts bat man die Priester um gute Ernten, ließ Messen lesen, um Regen zu bekommen. Die neuen städtischen Massen bewegten sich dagegen in einer völlig profanen Welt, in der nichts mehr an ein Eingreifen der Übernatur erinnerte. In den Städten blieben praktizierende Christen in der Minderheit. 1875 wurden von 13 785 Ehen nur 3819 (= 27 v. H.) in der Kirche geschlossen. In Dresden nahmen weniger als 10 v. H. der Protestanten am religiösen Leben teil. In den englischen Großstädten war nur ein Drittel der Bewohner praktizierende Gläubige, Angehörige des Bürgertums und Privilegierte der

Arbeiterschaft. Die große Masse blieb dem Kult fern, wenn sie nicht sogar jeglicher religiöser Prägung entbehrte. Allen Beobachtern fiel die antiklerikale Einstellung der Arbeiterschaft von Paris und Lyon auf.

Ein französischer Protestant, Léon Pilatte, beschrieb die Evangelisierungsprobleme der sechziger Jahre sehr treffend: »Eines der ernstesten Hindernisse für die Ausbreitung des Evangeliums bilden die Mittel der Verkündigung. Man entsendet Männer mit dem erklärten Auftrag, Proselyten zu gewinnen. Sie heißen Pastoren, Evangelisten, Missionare; sie eröffnen ›Versammlungslokale‹, ›Kultstätten‹, laden die Leute ein ... In den von ihnen geleiteten Versammlungen lesen sie vor, lassen singen, sprechen Gebete, überraschen ihre zufällig anwesenden Hörer mit religiösen Handlungen, auf die das Publikum nicht vorbereitet ist und die es ablehnt. Dieses Vorgehen macht die Leute jedoch sehr vorsichtig, sehr mißtrauisch ... Und dann geschieht es: Jeder Missionar wird sofort für einen ›Bekehrer‹ gehalten. Da er keinen Beruf ausübt, kein Händler und kein Handwerker ist und dennoch lebt, liegt der Schluß auf der Hand, jemand bezahle ihn. Er selber braucht nicht zu verbergen, daß er von dieser oder jener Gesellschaft oder Kirche ein Gehalt empfängt. Dies ist kein Grund, sich zu schämen. Er weiß zur Genüge und seine Brüder ebenso, daß sein Eifer, seine Liebe zu Christus und für die Seelen sein Handeln motivieren. Diese Gründe bleiben aber unwissenden, rüden, ungläubigen Menschen, an die er sich wendet, in deren Mitte er als Unbekannter kommt, verschlossen. Sie glauben nicht daran. Sie urteilen lediglich nach dem Äußeren und sind davon überzeugt, daß der Evangelist dieses Geschäft so gut wie ein anderes erledigt, nur damit er Geld verdient. Viele bilden sich sogar ein, er bekomme eine Prämie für jede neue Bekehrung ...« Léon Pilatte schlug vor, christliche Handwerker mit einer diskreten Werbung zu beauftragen.

In Frankreich zeigte sich die religiöse Krise vielleicht in ihrem ganzen Ausmaß. Nicht nur die Arbeiterstädte hatten den Glauben verloren, auch bestimmte Landstriche waren vom Glaubensschwund betroffen, und diese Erscheinung war nicht neu. Es gab zwar immer noch christliche Gegenden im Zentralmassiv, in den Pyrenäen, im Westen der Bretagne und der Vendée, aber viele Franzosen glaubten nicht mehr, ob sie nun im Languedoc, der Charente oder dem Limousin wohnten. In den Weiten des Pariser Beckens wurde der Glaube nur mittelmäßig praktiziert, ein Viertel der Bevölkerung nahm Ostern die Sakramente. In den Oberschulen herrschte entgegen allem Anschein so gut wie keine religiöse Atmosphäre. Viele Intellektuelle hegten der katholischen Kirche gegenüber eine feindliche Einstellung. 1851 besuchte der Abbé Freppel eine Vorlesung von Michelet im Collège de France und fand sich inmitten von 1200 Studenten: »Man kann sich in den Hörsälen des Colllège de France weder in Soutane noch Soutanelle zeigen... Ich hatte beschlossen hinzugehen, aber völlig verkleidet. Ich zog den kleinen Gehrock an, den Du kennst, meine weiße Krawatte, einen Mantel, setzte eine blaue Brille auf, und so begleitete ich einen mir bekannten jungen Anwalt ins Collège de France. Der Abbé Martin teilt meine Unbekümmertheit absolut nicht... Hätte man mich nämlich erkannt, ich glaube, ich wäre zusammengeschlagen worden... Michelet vertrat folgende These: das Christentum ist eine Riesenlüge. Es vermag Brüderlichkeit nicht zu geben, weil es die Freiheit verweigert... Beifall war selten, außer wenn er lästerte. Dann klatschten sie alle. Da kann man sich für die Zukunft auf etwas gefaßt machen![23]«

Bei vielen Gelehrten ersetzten Wissenschaft und Fortschritt die Religion. Der Chemiker Bertholt behauptete: »Die Welt hat heute keine Geheimnisse mehr. Der Rationalismus will alles aufhellen, alles verstehen... Durch die Erkenntnis der physikalischen Gesetze hat die Wissenschaft ihr Weltbild erneuert und ein für allemal die Begriffe Wunder und Übernatur ausgemerzt.« Schließlich machten viele der katholischen Kirche ihr Festhalten an der Dynastie der Bourbonen zum Vorwurf. Der Antiklerikalismus hatte viele Seiten und Gründe, der Atheismus gewann um so mehr Anhänger, als die katholische Kirche von keiner andern ersetzt wurde. Die französischen Protestanten umfaßten nur 2 v. H. der Bevölkerung, bildeten also eine winzige Minderheit, die dazu noch durch Konflikte gespalten war.

Und doch beschäftigten Religion und Moral die Geister in allen Ländern. Die herrschenden Klassen hatten ihr religiöses Gefühl nie so stark hervorgekehrt wie damals. Die Hälfte der französischen Oberschüler besuchte katholische Institute, die Mädchen wurden in den Schulen des *Sacré-Coeur*, der *Sainte-Union* und der Augustinerinnen erzogen. Zwischen 1820 und 1840 gab der englische Adel sein lockeres Leben auf, kehrte zu den guten Sitten zurück. *Squires* und *gentlemen* beteten mit ihren Bediensteten. Die Sonntagsruhe war heilig. Um die Jahrhundertmitte erlebte England mit dem Aufstieg einfacher bürgerlicher Schichten verstärkt eine Hinwendung zu Moral und Religion, eine Art moralisierende Religiosität, die konformistisch gefärbt war. Vor allem die Rivalitäten der einzelnen Kirchen trugen dazu bei, den Eifer der Gläubigen wachzuhalten. Die mächtige Methodistenbewegung breitete sich weiter aus. Verglichen mit der offiziellen Kirche, gewannen die Sekten, die auf das Kleinbürgertum und die bürgerliche

Mittelschicht einen großen Einfluß ausübten, an Boden. In der ersten Jahrhunderthälfte gehörten rund 40 v. H. der aktiven Christen einer Sekte an, um 1880 wohl über die Hälfte. Die zahlenmäßig so gut wie unbedeutenden römischen Katholiken machten sich die irische Einwanderung zunutze und die religiöse Unruhe einer geistigen Elite, die am Moralismus und der geistlichen Verflachung der Protestanten kein Gefallen fand. Ein Drittel der Bevölkerung blieb gleichgültig, viel weniger als in Frankreich, und dieses Drittel setzte sich aus den armen Klassen der Städte zusammen.

In Deutschland bildeten nach den 48er Revolutionen der dogmatisch konservative Protestantismus und der politische Konservatismus in den einzelnen Staaten eine Einheit. Ein Großteil der protestantischen Kirchen hielt an der bischöflichen Funktion des Staates fest. Kierkegaard steht in den germanischen Ländern allein, wenn er sagt: »Entweder muß ein Mensch den Wunsch haben, der Öffentlichkeit zu dienen, der bestehenden Ordnung, und es auch tun. In dem Fall mißt sich sein Verdienst nach der Treue und Zuverlässigkeit, mit der er sich in die bestehende Ordnung einfügt... Oder aber der Mensch muß wirklich etwas Ungewöhnliches sein und den vorgeschriebenen Rahmen verlassen, innerhalb dessen er keinen Platz mehr findet.« Die neulutherische Sakramentalistenbewegung betonte Dogma und Ritus, forderte die Rückkehr zur Vergangenheit. Demgegenüber leugneten liberale Protestanten wie Otto Pfleiderer in Jena oder Daniel Schenkel in Heidelberg das Wunder, fanden sich mit einer undogmatischen Lehre ab, mit der Profanisierung der Kirche und zeigten sich bereit, Christen aufzunehmen, die sich nicht ausdrücklich zum Christentum bekannten und den Kirchen fernstanden.

Die Kirchen, ob katholisch oder protestantisch, standen im Mittelpunkt aller Widersprüche. Das Verhältnis dieser Kirchen zum Staat beschäftigte die Geister unablässig, so klar schien es, daß die beiden Ordnungen ohne einander nichts vermochten. Zur selben Zeit vermehrten sich die kleinen Sekten, die neue Bedürfnisse befriedigen konnten, Bedürfnisse, für die die Menschen in ihrer Gruppe sonst keine Hilfe fanden, weder durch ihre Erziehung noch im Alltag. Orthodoxie bestand in einem verschwommenen religiösen Gefühl, das der Frömmigkeit und den guten Werken den ersten Platz einräumte. Doch manche kritisierten die Mittelmäßigkeit exegetischer oder theologischer Schriften, suchten ihren Glauben zu vertiefen, den Sinn für das Geheimnis wiederzuentdecken. Fanatismus fand sich neben Liberalismus. Der Klerus war verweltlicht, führte ein ziemlich bequemes Leben, das moralisch keineswegs verwerflich war, aber jeglichen Wagemut vermissen ließ. Der französische Pfarrer las um fünf Uhr mor-

gens seine Messe, ging um neun Uhr abends zu Bett, erwartete die Gläubigen, die ihn sprechen wollten, in der Sakristei und spielte mit einem wohlmeinenden Pfarrmitglied Karten. Umgekehrt verurteilte Charles Booth, ursprünglich Methodist, den ›Schlachthof unserer Kultur‹, mietete einen Zirkus, um die Massen von Cardiff zu evangelisieren, bevor er sich 1865 der Londoner Unterwelt widmete. Die Bischöfe waren meist als Menschen von Bedeutung Schriftsteller, Verwalter, aber ihre unflexible Auffassung von Hierarchie, ihre pessimistische Einstellung zur Gegenwart hielten sie vom Handeln ab. In Frankreich bildete der Bischof Dupanloup eine Ausnahme, der 1861 schrieb: »Wir billigen und verkünden den selbstlosen Geist, den eigentlichen Geist der Französischen Revolution, auch wenn wir wie Monsieur Thiers ihre Auswüchse und Irrtümer bedauern. Wir billigen und verkünden die Grundsätze und Freiheiten von 1789, die Gewissensfreiheit, die bürgerliche Freiheit, die Freiheit in der Erziehung, die Meinungsfreiheit, die Gleichheit vor dem Gesetz, die gleichmäßige Verteilung von Steuern und öffentlichen Lasten ... Vielleicht wird man diese Worte im Munde eines Priesters kühn finden, und ich möchte hinzufügen eines Priesters, der sich nicht als Revolutionär fühlt, aber ich sage es ohne Zögern: Ihr habt die 89er Revolution ohne und gegen uns gemacht, aber für uns, auch wenn dies ohne euren Willen geschah. Gott wollte es so.[24]«
In Wirklichkeit lagen im religiösen Bewußtsein moralischer Konformismus, Sinn für Hierarchie und Ordnung, Ablehnung von Änderungen mit einer gewissen Unruhe im Streit, die sich mühsam artikulierten und versuchten, den Panzer alter Formeln zu durchbrechen.

Ein wohlgestalteter Körper
Man hat behaupten können, daß die Geschichte jeder Gesellschaft bis heute die Geschichte der Freizeit gewesen sei, die Geschichte ihrer Aufteilung auf die einzelnen Klassen der Gesellschaft, die Geschichte ihrer Ausfüllung. Auf alle Fälle nahm die Freizeit bei einem kleinen Teil der Gesellschaft einen wichtigen Platz ein. Sport war die wesentliche Freizeitbeschäftigung im 19. Jahrhundert. Die Vorlieben, die sich im Sport kundtaten, verrieten Geschmack und Tendenzen bei den aktiv Beteiligten wie bei den Zuschauern, ähnlich wie auf Festen früherer Zeiten. Der Sport war aber noch mehr, er formte den Menschen.
Taine bemerkte auf seiner Reise durch England, daß die *gentlemen* den Ehrgeiz und die Lebensweise altgriechischer Athleten hätten.[25] Obschon einige Sportarten älter waren, beispielsweise Krickett, das im 18. Jahrhundert Mode wurde,

oder das Rudern, gab England dem modernen Sport in den vierziger Jahren Auftrieb, und diese Bewegung ging gleichermaßen von den *Public Schools* und den Universitäten aus, das heißt von den jungen Adligen. Dies war eines der Ergebnisse des Werkes von Thomas Arnold in *Rugby*, ein Werk, das überall begeisterte Nachahmung fand. 1842 führten *Harrow* und *Shrewsbury*, 1849 *Eton* den Sport in ihren Erziehungsplan ein. Um 1850 entstanden die Clubs der Universitäts-Colleges, wurden Meisterschaften ausgetragen. Nach dem neuen System wurde jede Woche an drei Halbtagen Sport getrieben. Auf dem Rasen maßen die Schüler ihre Kräfte ohne Aufsicht von Fachlehrern und wählten den ›Mannschaftskapitän‹, der während des Kampfes entschied. Das Internatsleben förderte die Mannschaftsbildung, das Land bot Spielplätze. Seinem Ursprung nach diente der Universitätssport nicht einfach der Zerstreuung, er bereitete auf das Leben in der Gesellschaft vor, weckte Freude an der Anstrengung, an der Zucht, am Training. Alles trug dazu bei, die genauen Spielvorschriften, der Sinn für *fair play*.

Das 1825 erfundene *Rugby-Spiel* wurde bald in Regeln gefaßt, der Nachwuchs kam stets aus der Oberschicht. 1863 entstand der Fußballverband als Gründung von 20 Clubs, die dem Spiel der Schule von *Marlborough* treu geblieben waren. Die Erfindung des Kautschukballs 1870 machte das Spiel weiten Kreisen zugänglich. Samstags schaute die Arbeiteroberschicht dem Spiel zu und fand nach und nach Aufnahme in den Fußballclubs. Der Zuschauer galt als ebenso sportlich wie der Spieler. Man sah sich aber auch die Austragung von Leichtathletikwettkämpfen an, gab dabei den Läufen den Vorzug, weil der kämpferische Aspekt hier mehr zur Geltung kam. 1864 wurde der erste Leichtathletikwettkampf zwischen *Cambridge* und *Oxford* veranstaltet. Auch das Boxen wurde ein vornehmer Sport. Tennis wurde um 1875–80 erfunden, die ersten Schwimmwettkämpfe fanden in den siebziger Jahren statt. Die Presse spendete der Leistung des Kapitäns Matthew Webb großes Lob, der 1875 in 21 Stunden und 39 Minuten den Kanal durchschwamm. Der sich stärker und stärker verbreitende Geschmack am Sport begünstigte den Berufssport. In Manchester besuchten 1865 30 000 Zuschauer einen Meilenlauf von Berufsläufern.

In Deutschland war die Rolle des Sports zu Beginn eher patriotisch als aristokratisch.[26] In seinen *Reden an die deutsche Nation* plante Fichte neue Erziehungsmethoden, wodurch die physische Anstrengung gefördert werden sollte. Jahn († 1852) verbreitete ein Turnideal. Er gründete ›Turnplätze‹ mit Reck, Pferd und Barren. In Berlin nahmen 1861 6000 Jugendliche an einem Sportfest teil, 1863 in Leipzig 20 000.

Die Oberschulen förderten Wettläufe und Spiele im Freien. Die Turnerschaft zählte 1850 300 Gruppen, in den sechziger Jahren waren es rund 2000. Zur selben Zeit entstanden die Arbeitersportvereine. Die offiziellen Kreise ermutigten diese Verbreitung des Sports; der preußische Minister Gustav von Gossler schrieb: »Man soll der Jugend Gelegenheit geben, Kraft und Geschicklichkeit wirksamer und freier zu erwerben, als es die Turnhallen erlauben, man soll sie in den Stand versetzen, sich voll zu engagieren, wenn sie herausgefordert wird, wenn Einsatz verlangt wird, wie es in jedem gut geleiteten Spiel geschieht.« Von den siebziger Jahren an übernahm Deutschland in großem Umfang die in England gepflegten Sportarten wie den Fußball. Auch hier war der Sport ein Schauspiel, der die Massen in einer Empfindung vereinte. So verfolgte man jährlich mit Aufmerksamkeit den Staffettenlauf über 25 km zwischen Berlin und Potsdam, zu dem zahlreiche Mannschaften antraten.

In Frankreich wurde der Sportunterricht in den Schulen nicht gefördert. Der stark ausgefüllte Stundenplan ließ keinen Raum für Sport. 1852 eröffnete man in Joinville eine militärische Spezialschule für Gymnastik und Fechten. Nur Gymnastik gehörte zur Ausbildung der Soldaten. Zur selben Zeit gründeten einige Adlige den Pariser Regatta-Verein, im Grunde ein geschlossener Club. Amateure veranstalteten 1868 das erste Radrennen in der Nähe von Paris, ein Jahr darauf fand ein Radrennen von Paris nach Rouen statt. Die Niederlage von 1870 bewirkte einen Wandel der Geister. In einem Werk vaterländischer Propaganda hieß es: »Der 70er Krieg war nicht zuletzt die Ursache für die Entstehung zahlreicher Schützenvereine und Turnvereine, die man ohne Übertreibung Rettungsvereine nennen könnte... Sollten wir nicht durch Schieß- und Turnübungen unsern Kindern den Beginn ihres Militärdienstes erleichtern, der sie alle mit 21 erwartet? Werden in den Schützen- und Turnvereinen nicht die künftigen Soldaten ausgebildet?« Um 1880 gründeten einige Pariser Oberschüler von der Schule unabhängige Leichtathletikclubs in einer Art Spontanhandlung. So entstanden der *Racing-Club* und das *Stade Français*. Sehr bald wurden diese Anstrengungen von einigen vorausschauenden Personen unterstützt. Sie riefen das Komitee für die Verbreitung von Turnübungen in der Erziehung ins Leben. Gegen 1890 kamen Rugby und Fußball in Frankreich auf. Außerhalb der höheren Schulen fand der Sport nur bei einigen Adligen wie dem Vicomte Léon de Janzé Anhänger, der das Tennisspiel aus Liebhaberei einführte. Die eigentliche Wende vollzog sich erst ganz am Ende des Jahrhunderts, als eine wagemutigere und kämpferischere Jugend im Sport die Möglichkeit entdeckte, sich selbst zu bestätigen, und die Massen sich für die Fliegerei und den Radsport begeisterten. Dennoch muß man der Gestalt Pierre de Coubertins einen Sonderplatz einräumen, der nach langwierigen Anstrengungen 1896 die Olympischen Spiele wieder ins Leben rufen konnte. Er sah in der neuen Kultur vier wesentliche, ihr eigentümliche Züge: den Komfort, die Spezialisierung, den Nationalismus, die Demokratie, und er schlug eine Art Schutz vor, der die Gefahren oder negativen Seiten der neuen Zeit eindämmen würde. Sport, Allgemeinbildung, Unterricht in Weltgeschichte, Schulbildung für jedermann sollten der Abwehr dienen, und die olympische Idee erfüllte diese Forderungen für Coubertin alle auf einmal.

Es läßt sich nicht leugnen, daß der Sport einen neuen Stellenwert gewann, einem neuen Bedürfnis entsprach, stärker als früher wegen seiner humanitären, patriotischen oder einfach seiner pädagogischen Rolle von der Gesellschaft geschätzt wurde.

Lebensstile

In den von Menschen wimmelnden Städten hatte sich der Lebensstil gewandelt. Wir haben schon davon gesprochen, als wir die gesellschaftlichen Kräfte untersuchten. Die bürgerliche Lebensart gab den Ausschlag und beeinflußte allmählich alle andern Lebensweisen. Der Komfort, ein englischer Begriff, bildete einen wichtigen Bestandteil dieser Lebensart. Das häusliche Leben im Kreise der Familie erhielt einen neuen Sinn. Tapeten, Chinavasen, Teppiche verschönerten den Rahmen des Alltagslebens. Auch die wohlhabenderen Arbeiter kümmerten sich um ihre Wohnung und strebten nach Hause, sobald sie ihre Arbeit beendet hatten, sie hielten sich nicht mehr in Kneipen auf. Dem Kind wuchs in der Familie eine neue Rolle zu. Man schmiedete Zukunftspläne für das Kind, besprach Erziehungsfragen, dachte an sein Vermögen, seine Heirat, wie aus dem Goncourt-Roman *Renée de Mauperin* (1864) hervorgeht. Man begann, den Geburtstag zu feiern, die alten Eltern zu besuchen. Gefühl zu haben zählte zu den bürgerlichen Tugenden, alles wurde ehrbar. Welcher Ernst, vor allem aber, welche Langeweile ... In England verkörperte das Königspaar Viktoria und Albert aufs beste diese Tugenden. Selbst der Adel verzichtete auf seine exzentrischen Verrücktheiten, seine leichtlebige Existenz.

In Deutschland versuchten die Arbeitgeber den Arbeitern diesen Lebensstil aufzuzwingen. Den Arbeitern wurde nahegelegt, Musikvereinen oder andern Vereinen beizutreten, um jegliche Ausschweifung zu vermeiden. Sie mußten zur Kirche gehen, sollten nicht in Kneipen sitzen. Notfalls wachte eine besondere Polizei über die Gesundheit der Moral. Ein Industrieller wie Stumm aus Neunkirchen (Saar) gründete eine eigene Schule, eine eigene Kirche. Und doch blieben fast überall ›dunkle Punkte‹, Gruppen, die sich nichts vormachen ließen. So widersetzten sich in England mindestens bis in die siebziger Jahre etwa die ungeschulten Arbeiter. Sinn für Häuslichkeit? Pastor Alston, ein Prediger, beschrieb die Arbeiterviertel des Londoner East End so: »Es ist keine Seltenheit, wenn man hier einen Mann, seine Frau, vier oder fünf Kinder findet, manchmal noch dazu die Großeltern, die in einem Raum von 10 oder 12 Fuß Seitenlänge arbeiten, essen und schlafen... Von 10 Familienvätern besitzt nicht einer mehr als seine Arbeitskleider. Viele haben keine andere Decke für die Nacht als ihre Kleidung, schlafen auf einem Strohsack und auf Lumpen.« Diese Beschreibung traf auf die fünfziger Jahre zu. 1883 veröffentlichte ein Kongregationalist ein bedrückendes Werk über das Elend in London, *The bitter cry of Out-cast London*, was die Einsetzung einer königlichen Untersuchungskommission zur Folge hatte. In Paris befand sich nur die Hälfte der Wohnungen in einem angemessenen Zustand. Der Arzt Du Mesnil stellte 1878 fest: »Überall kann man sehen, daß eine große Zahl möblierter Wohnungen gesundheitsschädlich sind. Feuchtigkeit ist an der Tagesordnung. Lüftung und Beleuchtung lassen zu wünschen übrig, die Wohnungen starren vor Schmutz und sind oft völlig den Unbilden des Wetters ausgesetzt. In den Höfen und Hinterhöfen häufen sich faulende Abfälle jeder Art, Regenwasser und Abflüsse aus den Haushalten fließen nicht ab und zersetzen sich.«[27] Auch in Berlin waren, wie schon gesagt, die Hälfte der Wohnungen zu dieser Zeit ungenügend.[28] Der bürgerliche Lebensstil wurde bestimmt durch den Gegensatz zu diesem gesellschaftlichen Elend, durch das schamhafte Verschweigen, mit dem man diese Tatsachen umgab.

Die bürgerliche Lebensweise hing also mit einer scheinheiligen und dominierenden Gesinnung zusammen, mit einer bestimmten Art von gutem Gewissen. Man wandte den Blick von der Häßlichkeit des niederen Alltags ab, ergötzte sich dafür am Klang laut verkündeter Werte.[29] Der Snobismus war ein typischer Zug dieser Kultur. Er zeichnete jene aus, die alles daran setzten, eine höhere Stellung in der Gesellschaft zu erreichen, als ihnen ihre Geburt zuwies. In England beispielsweise äußerte sich dies in dem Bestreben, für einen *gentleman* gehalten zu werden, ohne es wirklich zu sein. All dies haben die damaligen Moralisten treffend geschildert, man denke nur an den anonymen Verfasser des Buches *The Habits of Good Society* (1855): »Die Johnsons, früher Strickwarenhändler, können die Jacksons eigentlich nicht besuchen, die zuvor ein Wäschegeschäft betrieben. Aber sie haben alles getan, um bei den Jamesons eingeführt zu werden, die immer noch arbeiten. Die Jamesons laden die Johnsons zwar ein, aber sie spielen sie an die Wand, indem sie sofort von ›unseren Freunden, den Williams‹ sprechen, die einen Vetter im Parlament sitzen haben, und die Williams bringen ununterbrochen diesen Vetter ins Gespräch, um die Jamesons zu beeindrucken.« Ein anderer Zug dieses Lebensstils war die Prüderie, die Weigerung, die Dinge beim Namen zu nennen. Es gab Tabu-Wörter wie Bett, Bein, ja sogar Frau...

Doch dieser Lebensstil prägt auch die Gegenstände des täglichen Lebens nach einem bestimmten Schema, schuf einen Dekor, ließ allmählich in der Verzierung eine Geschmacksrichtung hervortreten. Wie immer, waren auch hier die Architekten und Dekorateure die Interpreten dieses Geschmacks. Am besten wird man sich dessen bewußt, wenn man H. Taines Reise durch England verfolgt, das bürgerliche Musterland: »Von London Bridge bis Hampton Court sind es acht Meilen, fast drei Meilen mit Gebäuden. Auf die Straßen und Stadtviertel, die in einem Zug gebaut wurden, die wie ein Bienenstock wirken, folgen zahllose Stadthäuser, kleine Villen inmitten von Grünflächen und Bäumen in allen Stilformen, gotischen, griechischen, byzantinischen, italienischen, mittelalterlichen oder im Renaissancestil, in allen Stilmischungen und Nuancen. Gewöhnlich bilden sie eine Reihe oder Gruppe von fünf, zehn oder zwanzig ähnlichen Bauten, sind ganz offensichtlich vom selben Unternehmer errichtet, wie es auch von einer Vase oder Bronzefigur mehrere identische Stücke gibt. Sie gehen mit ihren Häusern so um wie wir mit Pariser Gebrauchsartikeln. Wie viele Leute können hier ein aufwendiges, komfortables und reiches Leben führen! Eine hohe Gewinne erzielende Bourgeoisie, die ganz anders als die so gehemmte und verkrampfte französische Bourgeoisie ihr Geld ausgibt. Die bescheideneren Häuser aus braunem Ziegelstein sind hübsch wegen ihrer Sauberkeit. Ihre Fenster sind spiegelblank, vor dem Haus ist fast immer ein grüner, blumengeschmückter Vorgarten angelegt, die Vorderfront ziert Efeu, Geißblatt oder Glyzinien.« Es bereitet keine Mühe, den Hintergrund dieses Dekors aufzudecken. Das Wiederaufkommen des gotischen Stils, der die Gebäude so wesentlich prägte, wollte einen religiösen Anstrich verleihen in einer eher materialistischen Zeit, war das Ziel reaktionärer Architekten, die sich gegen die Erfindung funktionaler Formen sträubten. Der Vorgarten verriet eine Sehnsucht nach einem bestimmten Land, dem Land des Landedelmannes. An der Straßenecke hingen Ladenschilder mit alten Buchstabenformen, die Telegrafeneinrichtungen wurden hinter einem Grabstein-Dekor versteckt. Die Verzierung verschleierte die Funktion, zumal die Beziehung zu dieser Funktion fehlte. Auch im Innern war das bürgerliche Haus nicht frei von Heuchelei. Die Bediensteten lebten im Kellergeschoß, das Eßzimmer befand sich im Erdgeschoß, im wenig zugänglichen Salon empfing eine würdige und bescheidene Dame des Hauses. Das Schlafzimmer lag immer im ersten Stock ...

Zusammenfassung
Ruskin machte die Feststellung, daß die Bahnfahrt ein intensives Betrachten der Landschaft verhindere, und trauerte dem »Glück der Abendstunden« nach, »wo der Reisende von der Anhöhe des zuletzt erklommenen Hügels das stille Dorf erblickte, wo er die Nacht verbringen wollte«. In dem Augenblick, wo sich die ewige Ordnung der Felder auflöste, wurde der Raum nicht mehr so beherrscht wie in früheren Jahrhunderten, er wurde auch nicht mehr so bewohnt. Desgleichen hatte sich auch der städtische Raum gewandelt, wie es alle jene gespürt hatten, die sich zu den Veränderungen in den Hauptstädten geäußert hatten. Angesichts dieser vielen tiefgreifenden Umwälzungen industrieller, demographischer, städtischer und schulischer Art, hatten die Geister, denen dank der Entwicklung der Wissenschaft ein neues intellektuelles Rüstzeug zur Verfügung stand, neue Darstellungsweisen der Wissensgebiete erarbeitet, wo die Biologie, die Nationalökonomie, die Geographie und sehr viele andere Disziplinen, die vom Menschen handeln, ihren Platz fanden. Haben sie aber diese neue Welt wirklich in den Griff bekommen? Man hat zu oft wiederholt, daß das Neue für die Zeit selbstverständlich war, daß der Wandel mit Vertrauen zum Fortschritt hingenommen wurde, mit Optimismus, ja, mit leichtgläubiger Naivität. Das Leben ändern wollte man schon, doch dies war weniger ein bewußt verfolgtes Ziel als vielmehr Fatalismus, dem man sich auslieferte, das Werk unsichtbarer Strukturen, die ebensoviel vernichteten, wie sie Neues schufen. Wie rasch vollzog sich dieser Vorgang, für wen, für welche Art von Lebensqualität?
Trotz aufsehenerregender Umwälzungen wie das Bevölkerungswachstum, die neue Verteilung der Menschen, der Informationsfluß gingen die Veränderungen in der Tiefe nur langsam vor sich, viel langsamer, als wir es heute gewöhnt sind, und vor allem war die Entwicklung nicht geradlinig. Zwischen 1890 und 1900 befand sich Europa in jeder Hinsicht im Rückstand, was aus heutiger Sicht verwunderlich erscheint. Die Gesellschaftsstrukturen prägten alle Erscheinungen unauslöschlich. Nichts erreichte die Menschen unabhängig von den gesellschaftlichen Voraussetzungen, und dies mehr als je zu

einer andern Zeit. Die Verteilungsgesetze waren unerbittlich, und die sich daraus ergebende Lebensqualität hinterläßt bei uns ein ungutes Gefühl, auch wenn wir die Existenz der am meisten Begünstigten ins Auge fassen. Keine der Erscheinungen dieser Kultur war ein unbestreitbarer Vorteil für die menschliche Entwicklung. Ließ sich dann aber ein kulturelles Modell für das Handeln aller aufstellen, dank dem man wirklich ein Austauschsystem zwischen den Gruppen der Gesellschaft erdacht hätte und das erlaubt hätte, das Funktionieren der Organisationen zu verstehen, ob es nun um die Güterproduktion, die Verwaltung, die Krankenpflege, die Erziehung, den Ideenfluß ging? Nichts stand liberalem Denken ferner. Daher das Gefühl der Leere, des Zweifels, die Sehnsucht nach dem Alten, die Flucht in eine imaginäre Welt, aber auch Revolten.

VI. SOZIALISTISCHE BEWEGUNGEN UND IDEOLOGIEN

»Ein Gespenst geht um in Europa — das Gespenst des Kommunismus«, hatte Marx 1848 gesagt. In welchem Umfang haben die Spannungen und Widersprüche der liberalen Gesellschaft zur Entstehung sozialistischer Bewegungen beigetragen? Alle Zeitgenossen gaben auf die eine oder andere Weise die Schwere des Arbeiterproblems zu, viele lebten in der Angst vor einer Erhebung. Die Gewerkschaftsbewegung entwickelte sich allmählich in den sechziger Jahren. Der Sozialismus reichte allerdings weiter zurück, löste sich dann aber von der Utopie und trat mit der Bildung der 1. Internationale in eine neue Phase. Die Kommune von 1871 nimmt in der Geschichte der Arbeiterbewegung eine ganz andere Stellung ein als die 48er Revolution. Es schien so, als befände sich das seiner Erfolge noch nicht ganz sichere Europa, das auf seinem Weg ins Maschinenzeitalter zögerte, am Rande des Bürgerkriegs, da es im Innern von denen angefochten wurde, die sich ausgebeutet fühlten.
Die Arbeiterbewegung zerfiel in einen sozialistischen[1] und in einen gewerkschaftlich ausgerichteten Teil[2]. Zweifelsohne gab es zwischen beiden Berührungspunkte, doch verlief ihre Geschichte parallel, wurde nicht einheitlich. Auf der einen Seite standen die Forderungen der Arbeiter, auf der andern gab es die politische Kritik, die die Spielregeln der liberalen Gesellschaft insgesamt verändern wollte. Das Verhalten der Arbeiter bewegte sich zwischen diesen zwei Polen, war abwechselnd friedlich und gewalttätig, ähnlich den alten Bauernaufständen, die im Allgemeinbewußtsein sehr wohl noch lebten.

a) Forderungen und Utopien 1848

1848 war die englische Gesellschaft am weitesten entwickelt, sie allein hatte eine moderne Arbeiterklasse im vollen Wortsinn. Und doch entging nur sie der revolutionären Flut. Die 48er Revolutionen waren liberal, national, bürgerlich, die Arbeiter traten dabei nur zufällig in Erscheinung, in ein paar besonders heftigen Erhebungen. England schien für eine Revolution unerreichbar, da deren Ergebnisse schon lange vorlagen. Das heißt aber nicht, daß die Kritik der Arbeiter und Sozialisten gefehlt hätte. Kritische Auseinandersetzungen fanden zunächst im Bereich der Ideen statt, man denke an Robert Owen und seinen utopischen Sozialismus, der eine bessere Welt verhieß. Nach der Gründung kommunistischer Kolonien in Mexiko (1825) bemühte sich Owen in den dreißiger Jahren um die Förderung des Genossenschaftswesens in England, trat für menschlichere Beziehungen durch Schaffung eines Tauschkaufhauses ein, wo die Arbeiter ihre Einkäufe mit Arbeitsbons bezahlten. Doch Owen wandte sich an die philanthropischen Arbeitgeber ebenso wie an die Arbeiter und machte sich nicht zum Sprecher bestimmter Forderungen. Innerhalb der Arbeiterbewegung selber kam es in den vierziger Jahren zu zwei unterschiedlichen Organisationsformen, dem *Chartismus* und dem *Unionismus*. Zwischen 1838 und 1842, dann wieder zwischen 1847 und 1848 beherrschte der *Chartismus*, eine große politische Massenbewegung, die Szene, beeinflußte zahlreiche Arbeiter ohne gesicherten Arbeitsplatz[3]. Gelegentlich gewalttätig, stützte sich der *Chartismus* auf Randelemente und Ausgeschlossene der Gesellschaft, vornehmlich auf die irischen Einwanderer, vermochte jedoch nicht, eine spontane Revolte mit unklarem Programm in eine Bewegung von Dauer überzuführen. Daneben entwickelte sich allmählich zwischen 1840 und 1860 ein korporativ ausgerichteter *Unionismus*, der von Stadt zu Stadt und Innung für Innung ganz verschiedene Gruppen der Arbeiterschaft einschloß: Handwerker, Mechaniker, Kesselschmiede, Arbeiter, denen die wirtschaftliche Lage zugute kam. Dies war der Ausgangspunkt für die spätere Gewerkschaftsbewegung, man sprach aber wenig von dieser Erscheinung, da ihr die für eine tiefgehende Strömung typischen Züge fehlten.

Die Widersprüche innerhalb der Arbeiterbewegung waren nur Ausdruck für die fehlende Geschlossenheit der Arbeiterklasse. Der *Chartismus* schwankte zwischen Barrikaden und Petitionen, der Gewalt und der friedlichen Demonstration. Er erwies sich vor allem als unfähig, seine Forderungen in sinnvoller Form vorzutragen. Er wollte eine Art Parallelparlament wählen, das den Volkswillen verkörpern sollte, träumte von demokratischer Bildung. Manche Chartisten gründeten chartistische Kirchen, andere schlossen sich der Kampagne der radikalen Fabrikanten an, um die Steuer für Importgetreide abzuschaffen. Die Leitung des Iren O'Connor, eines vierschrötigen Mannes, der oft seine Meinung änderte, trug auch nicht zur Festlegung einer klaren Linie bei. In der Chartistenbewegung schwang so etwas wie ein Echo alter irischer Bauernaufstände mit. Sie war weit mehr ein episodisches Auflodern, ein Ausbruch der Unzufriedenheit als eine Doktrin, stand aber auch am Beginn des demokratischen Sozialismus mit seiner Forderung nach Verbreiterung der Grundlagen für die politische Demokratie und nach einem Platz im Staat für die Arbeiterklasse, die in der liberalen Demokratie unerwünscht war.

Das sozialistische Gedankengut war 1848 in Frankreich reicher und stärker verbreitet als in England. Doch war es die Frucht von Überlegungen bürgerlicher oder kleinbürgerlicher Denker, unabhängig von jeglichem Klassenkampf, und betraf Handwerker oder besonders gut gestellte Arbeiter[4]. Der Protest der Arbeiter drückte sich viel typischer in der Zerstörung von Maschinen in Reims oder Armentières (1847) als in politischen Forderungen aus. Von örtlichen Erhebungen abgesehen, zeigte sich die Arbeiterklasse im Vergleich zum Kleinbürgertum passiv, löste die 48er Revolution in Paris nicht aus. Doch erwies sich das Frühjahr 1848 für die Ausbreitung des sozialistischen Gedankenguts als sehr günstig. Dies geschah in den zahlreich gegründeten Pariser Clubs, wo sich einige angesehene Denker, autodidaktische Arbeiter und Handwerker einfanden. Viele hatten die Werke der großen sozialistischen Theoretiker Louis Blanc, Proudhon, Leroux, Victor Considérant und Cabet nicht gelesen, wußten aber, daß Menschen sich bemüht hatten, ihrem Elend ein Ende zu setzen. Die Ohnmacht der Luxemburger Kommission, eine ›Lösung‹ der Arbeiterfrage zu finden, das Scheitern der Nationalwerkstätten, die von der provisorischen Regierung eingerichtet worden waren[5], die Niederschlagung des Pariser Arbeiteraufstandes vom Juni 1848, an dem Maschinisten, Fuhrleute, Kohlenhändler und Entlader teilnahmen, setzten einer lyrischen sozialistischen Täuschung ein Ende. Die Pariser Arbeiterklasse vermochte sich nicht in einer selbständigen Bewegung Gehör zu verschaffen. Nach dem Juni 1848 verstummte sie oder schloß sich der demokratischen Bewegung des Kleinbürgertums an. In der Provinz blieben die Arbeiter am Rande der politischen Auseinandersetzung. Zwischen 1848 und 1851 gab es nur selten Streiks, nur wenige Gruppen ohne sonderlichen Einfluß stellten Forderungen. Es schien, als herrsche bei der wirtschaftlichen Depression so etwas wie eine Windstille in der

Gesellschaft. Natürlich war der Streik eine Waffe des Arbeiters in der Großindustrie, aber gerade diese Gruppe fühlte sich in ihren Lebensbedingungen weniger betroffen als die Bauarbeiter und die Handwerker, die wie die Schuster für einen Konsum in großem Ausmaß arbeiteten. Allein durch genossenschaftliche Aktionen ließ sich die Masse der Arbeiter mobilisieren, trotz polizeilicher Schikanen. Produktionsgemeinschaften, in denen viele utopische Denker den Weg zur Beseitigung der Löhne erblickten, wurden anfangs sogar durch staatliche Kredite gefördert. Bis 1850 gründete man in Paris ein gutes Hundert von solchen Gemeinschaften, ungefähr ein Drittel machte glänzende Geschäfte und konnte in den folgenden Jahren überleben: Vereinigung der Klavierbauer, der Klempner, der Drechsler, der Brillenmacher, der Maurer. Alle hatten sie ihre Gemeinschaftskasse. Diese Art von Organisationsform bezeugte hier auch die Lebenskraft der Kleinwerkstatt, wo der Arbeiter stolz auf seinen ›Beruf‹ war.
Noch weniger als in Frankreich konnte die Arbeiterklasse in Deutschland den 48er Revolutionen ihr Gepräge geben[6]. Immer noch bestand eine überholte Gesetzgebung, die die alten Innungen am Leben hielt, die die Handwerksarbeit regelte und sie Kontrollen korporativer Art unterwarf. Ungefähr zwischen 1840 und 1860 nahm die bedrohte Handwerkerklasse in Ablehnung der entstehenden Großindustrie ihre Zuflucht zu restriktiven Forderungen. Man verlangte im wesentlichen die Rückkehr zur Vergangenheit, Verstärkung der Innungen. Die deklassierten Fabrikarbeiter waren maschinenfeindlich, träumten selber vom Kleingewerbe. Solche Forderungen stellten die Natur der politischen Macht nicht in Frage, da die konservativsten Führungskreise ebenfalls an eine Rückkehr zum Vergangenen dachten, den Industriebossen und Großunternehmern meist feindlich begegneten und auf alle Fälle von der Notwendigkeit eines schützenden staatlichen Eingriffs überzeugt waren. Indessen kam es 1848 zum ersten unvermittelten Aufflackern des Sozialismus in Deutschland, denn anders als in Frankreich war sozialistisches Denken nur eine Randerscheinung in den vierziger Jahren. Die Reaktion wurde mit diesem Vorstoß des Sozialismus auch mühelos fertig. Daß der Sozialismus überhaupt ins Bewußtsein der Zeit getreten war, verdankte er dem Zusammenspiel einer harten aus der Verzweiflung geborenen aufständischen Bewegung und dem Wirken eine Handvoll intellektueller Agitatoren. Diese Männer, linke Hegelianer, übten einen bestimmten Einfluß im Rheinland und in Westfalen aus. In Köln, Hamburg und Berlin nahmen Mitglieder der Kommunistischen Liga, für die Marx und Engels ihr *Kommunistisches Manifest* veröffentlichten, Kontakt zu Arbeiterbildungsvereinen auf. Marx selber ließ sich

in Köln nieder. Er bemühte sich, die geschichtlichen Kennzeichen der Revolution zu bestimmen, und sah in ihr eine bürgerliche Revolution, die auf extremistische Positionen verzichtete aus Sorge, zu schnell vorzugehen und sich somit von der demokratischen bürgerlichen Bewegung abzuschneiden. In den Vorstädten und auf dem Land zerstreut, wurden die bewaffneten aufständischen Arbeiter von 1849 ohne Schwierigkeiten vernichtet.

b) Das neue Profil der Arbeiterbewegung und die I. Internationale

Das Abflauen der Chartistenbewegung in England, die Machtübernahme Louis Napoléon Bonapartes in Frankreich, der auf die wohlwollende Neutralität der Arbeiter zählen konnte, da sie der bürgerlichen Republik rasch überdrüssig geworden waren, die politische Reaktion in Deutschland — all dies bewirkte eine Art Bruch für die Entwicklung der Ideen und der Arbeiterbewegung. Damals bildeten sich die wesentlichen Züge einer sozialistischen Geschichte heraus, die sich weit ins 20. Jahrhundert hinein ohne wesentliche Änderungen fortsetzte.

Charakteristika der Arbeiterorganisation
Die Arbeiter organisierten sich allmählich. Dies war ein neuer und entscheidender Vorgang, der parallel lief zu den Fusionierungen in der Großindustrie. In England entwickelte sich der *Unionismus,* der zwar nur einer dünnen Arbeiterschicht vorbehalten blieb, deren Zahl jedoch stieg, bis ein Viertel oder ein Drittel der Arbeiterklasse dazu gehörte. Diese Gewerkschaftsbewegung der Arbeiteraristokratie hatte keinerlei politische Hintergedanken.[7] Um 1860 umfaßte sie 800 000 Mitglieder, war demnach mächtig genug, um Druck auf die Arbeitgeber auszuüben, da sich die Arbeiter bei Arbeitskonflikten gegenseitig Hilfe leisteten. Auf der Londoner Weltausstellung von 1862 traf eine Abordnung französischer Arbeiter mit Führern der englischen Gewerkschaften zusammen. Die Franzosen zeigten sich überrascht über die hohen Löhne ihrer Gesprächspartner, über die gute Durchführung von Streiks. Der erste englische Gewerkschaftskongreß fand 1868 unter der Leitung von William Allen, George Howell und Henry Broodhurst statt, die alle gemäßigte Ansichten vertraten. Man zählte damals insgesamt eine Million Gewerkschaftsmitglieder, das heißt, fast alle Facharbeiter gehörten der Bewegung an. 1871 und 1876 wurde die Freiheit der Gewerkschaften gesetzlich festgelegt und der Idee von Kollektivverträgen zum Sieg verholfen, die von den Gewerkschaften im Namen ihrer Anhänger ausgehandelt wurden. Dies bedeutete

eine Überwindung der individualistischen Grundsätze des Liberalismus. Aber erst der Streik der Londoner Hafenarbeiter von 1889 führte die ungelernten Arbeiter in die Gewerkschaft. Zu dem Zeitpunkt waren die Gewerkschaften eine durchaus respektgebietende Institution geworden. 1869 erging sich Thomas Brassey, Sohn eines großen Eisenbahnbauers, vor dem Unterhaus in Lobeshymnen über die Gewerkschaften und versicherte, sie würden den Charakter der Arbeiter bessern. Die Gewerkschaftsführer hatten sich daran gewöhnt, mit den Arbeitgebern zu verhandeln, der Streik diente lediglich als Drohung in schwieriger Lage. Diese Taktik bewirkte, wie wir gesehen haben, die Verkürzung des Arbeitstages und eine erhebliche Lohnsteigerung. Neben der Gewerkschaftsbewegung gab es auch Einrichtungen für Arbeiterbildung, ob sie nun von den Kirchen abhingen mit moralischem und geistigem Ziel oder ob es sich um Berufsbildungszentren handelte wie die »*Mechanic's Institutes*«, die von den Arbeitgebern getragen wurden. Nicht selten versuchten die Arbeiter, die Kontrolle dieser Institutionen zu übernehmen. Aber auch dann blieb ihr Ziel das Fortkommen des einzelnen Arbeiters. Zu dem Zeitpunkt fehlte eine organisierte sozialistische Bewegung. Höchstens einige Arbeitervereine hatten eine Wahlrechtsreform verlangt, um sich Zugang zum politischen Leben zu verschaffen. Die Reformen von 1867—84 kamen diesem Verlangen nach. Seit 1870 verband eine Liga für die Arbeitervertretung Liberale und einige Gewerkschaftler. Sie wollten, daß bei Wahlen auch Arbeiter gewählt würden, »die durch ihren Charakter und ihre Fähigkeiten das Vertrauen ihrer Klasse gewinnen konnten«. Die Liga verzeichnete fast nur bei Gemeindewahlen Erfolge. Es gab auch einen Parlamentsausschuß der Gewerkschaften, der vor wichtigen Abstimmungen die Abgeordneten an die Interessen der Arbeiter erinnern sollte. Aber die Zeit war noch nicht reif für eine großangelegte Arbeiterkandidatenliste bei Unterhauswahlen. 1874 wurden nur zwei Arbeiter gewählt. An vielen Zeichen läßt sich eine Stagnation der Arbeiterorganisation nach 1880 ablesen. Die wesentlichen politischen Forderungen waren erfüllt (Wahlrecht; Anerkennung der Gewerkschaften), und die meisten Arbeiterführer schlossen sich dem Programm der liberalen Partei an. Die in den siebziger Jahren noch zahlreichen Streiks wurden seltener, trotz eindeutiger Verschlechterung der Konjunktur.

In Frankreich wurden die Arbeiter viel stärker überwacht als in England. Nach der Niederlage der den Handwerkern nahestehenden Pariser Arbeiter wäre es logisch gewesen, daß sich eine der englischen ähnliche Gewerkschaftsbewegung entwickelt hätte, der die Oberschicht der Arbeiter in der Großindustrie beigetreten wäre. Das hätte jedoch bedeutet, daß die Arbeiter wegen eines Verstoßes gegen das Koalitionsgesetz zur Rechenschaft hätten gezogen werden können. Aus individualistischen Erwägungen hatte die Französische Revolution von 1789 Koalitionen untersagt. Napoleon I. hatte dieses Verbot verschärft, die gesetzgebende Versammlung 1849 ein weiteres Gesetz gegen die Koalitionen beschlossen. Gleichgültig aus welchen Gründen, Koalitionen blieben verboten, ungeachtet der Wege, wie sie zustande kamen, ungeachtet ihrer Ergebnisse. Erst 1864 war Koalition kein Vergehen mehr. Wie stand es in diesem Augenblick mit der Organisation der Arbeiter? Es gab immer noch für einzelne Berufszweige typische Geheimbünde mit besonderen Riten. Das religiöse Element trat allerdings mehr und mehr in den Hintergrund, die Geheimbünde übernahmen Beistandsfunktionen, vor allem bei den Zimmerleuten und Schustern. Jedenfalls handelte es sich nicht um Kampforganisationen. Unter dem Namen von Krankenversicherungsvereinen gab es allerdings Vereinigungen, die den Arbeitgebern Widerstand leisteten, etwa bei den Setzern und Hutmachern. 1862 wurden 200 Delegierte von den Arbeitern aus 50 Pariser Berufsgruppen gewählt, die zur Londoner Weltausstellung gehen sollten. In ihren Berichten empfahlen sie anschließend die Organisation in Form von kooperativen Verbänden. Dieser Gedanke gewann um 1867/68 mit der Forderung nach einer Gewerkschaftskammer stärker Gestalt. Auf alle Fälle schien die Gewerkschaftsidee nur die Arbeiter anzugehen, die dem Handwerk am nächsten standen, die in kleinen Werkstätten arbeiteten. Sie hielten auch den Gedanken der Produktions- und Konsumgenossenschaften hoch, des Kredits auf Gegenseitigkeit, um so das Lohnproblem zu lösen. All dies verriet eine Gesinnung, die man im allgemeinen auf Proudhon zurückführt († 1865).[8] In politischer Hinsicht zeichnete sich diese Einstellung durch äußerstes Mißtrauen gegen die bürgerlichen Republikaner aus, das heißt aber durch eine Gleichgültigkeit gegenüber dem Wahlmechanismus, wie er im Liberalismus funktionierte. Außerhalb derartiger Bewegungen brachen gelegentlich Sozialkonflikte aus, in den Großbetrieben kam es dann zu harten und langen Streiks. Von 1864/65 an erlebte man ein regelrechtes Streikfieber, etwa bei den Bergleuten von Denain in Nordfrankreich oder bei den Metallarbeitern von Lille. 1869/70 brachen heftige Streiks aus, die den Einsatz von Truppen zur Folge hatten. 1865/66 waren die Metallarbeiter von Lille in Streik getreten, um die Abschaffung der Akkordarbeit zu erreichen, nahmen aber nach 49 Tagen die Arbeit wieder auf, ohne Erfolge erzielt zu haben. 1869 streikten die Bergarbeiter von Saint-Etienne, um höhere Löhne durchzusetzen, und stießen mit den Truppen zusam-

men, die die Gruben schützten. Im März 1870 riefen die Metallarbeiter von Le Creusot einen Streik wegen Lohnfragen aus, wieder griff die Armee mit 3000 Mann ein.[9] Zweifellos trieb am Ende des Kaiserreichs Napoleons III. eine weit verbreitete Unzufriedenheit viele Arbeiter in eine dem bestehenden Regime feindliche Haltung, die mit der wohlwollenden Neutralität früherer Jahre nichts mehr gemein hatte. Zu diesem Zeitpunkt spielten unerwartete und manchmal gewalttätige Aktionen wieder eine wesentliche Rolle. Ausbrüche, die sich mittelbar auf die Politik auswirkten, auch wenn sie ohne klares Programm blieben. Diese Entwicklung trat im Verhalten der *Internationale* zutage. Die erste französische Abteilung der *Internationale*, 1864 von Tolain gegründet, wurde von Napoleon III. geduldet und orientierte sich an Proudhon. 1867 wurde sie aufgelöst, aber von Varlin und Malon wieder aufgebaut; sie befürwortete die Idee einer ›sozialistischen, universellen Republik‹ und billigte die allgemeine Enteignung[10]. Insgesamt war die Organisation der französischen Arbeiterschaft nur in Ansätzen vorhanden, sie lebte von der Utopie der Handwerker und dem rebellischen Geist der Bauern. Sie wich einer Entscheidung für den politischen Kampf oder das Innungswesen aus.
Im Deutschland der sechziger Jahre kam es erneut zu einem Vorstoß des Sozialismus[11]. Damals verschwanden die alten Innungen endgültig, die Träume, die mit ihnen verbunden waren, verflüchtigten sich. Damit war der Weg für die Entwicklung des kapitalistischen Betriebes frei. An der Spitze der sozialistischen Bewegung standen so gut wie keine Arbeiter aus Großbetrieben. Die Arbeitgeber, die die Arbeitskräfte aus ihrer Zurückhaltung locken wollten, boten hohe Löhne, Hilfsfonds für Arbeiterfamilien, überwachten die Arbeiter am Arbeitsplatz und außerhalb. Streiks brachen nur sehr selten aus. Das liberale Bürgertum, das auf dem Kongreß der Nationalökonomen 1858 seiner selbst bewußt geworden war und sich als neue ›Manchesterschule‹ bezeichnete, rief Arbeiterbildungsvereine ins Leben und leitete sie ohne Schwierigkeiten. Doch auch nach dem Verschwinden der Innungen blieben die Handwerker in großer Zahl tätig. Sie waren unabhängiger, gebildeter, aber auch unzufriedener und blickten nicht mehr auf die Vergangenheit zurück. Sie bildeten zu Beginn das wichtigste Element der sozialistischen Bewegung. 1863 predigte Lassalle den Haß auf das Bürgertum und den Klassenkampf auf dem Leipziger Arbeiterkongreß. Er gründete den *Allgemeinen Deutschen Arbeiterverein* und entwarf eine eigenwillige Taktik, ein Bündnis mit dem autoritären Staat und den reaktionärsten Kreisen gegen das liberale Bürgertum der Industriellen. Zufällig dachte auch Bismarck 1864 an das

allgemeine Stimmrecht, um die *Fortschrittspartei*, die Partei des Bürgertums, zu vernichten. Neben der Organisation Lassalles gründete, ebenfalls 1863, der hessische Intellektuelle Wilhelm Liebknecht und der autodidaktische Arbeiter August Bebel aus Köln den *Verband der deutschen Arbeitervereine* als Vertretung des süd- und westdeutschen Kleinbürgertums und der Arbeiter. 1868 nahm diese Organisation ein sozialistisches Programm an und wurde nach dem Zusammenschluß mit einigen Lassallianern 1869 die *Sozialdemokratische Arbeiterpartei*. Auf dem Gothaer Kongreß 1875 fusionierte schließlich die Partei Liebknechts und Bebels mit sämtlichen Lassallianern. Damit war die erste bedeutende sozialistische Partei in Europa entstanden. Wie viele andere versuchte auch Lenin, diesem Beispiel zu folgen. Die Partei erhielt bei den Wahlen von 1877 493 000 Stimmen. Sie hatte also höchstens auf einen von zehn Arbeitern Einfluß. Erst nach diesem Datum entwickelte sie sich. Daneben bestanden die Arbeiterbildungsvereine und die Konsumgenossenschaften weiter, die in den sechziger Jahren von liberalen Bürgerlichen wie Schulze-Delitzsch gegründet wurden. Außerdem mußte man mit der katholischen Arbeiterbewegung rechnen, die mindestens ebenso wirkungsvoll wie die Sozialisten war. 1864 veröffentlichte der Mainzer Bischof von Ketteler sein Buch *Die Arbeiterfrage und das Christentum*, das in Westfalen, im Rheinland, in Hessen und Süddeutschland starkes Echo hervorrief. 1868 fand die erste konstituierende Versammlung der christlichen Arbeitervereine in Krefeld statt, 1869 erfolgte die Gründung des *Paulus-Vereins*. In den siebziger Jahren zählten diese christlichen Vereine mehrere 100 000 Mitglieder. Zwar war Deutschland das Land des Sozialismus wie England das Land der Gewerkschaften, aber es handelte sich beim Sozialismus um eine minderheitliche Bewegung mit sehr geringem Einfluß auf die kapitalistischen Großbetriebe. Es ist interessant festzustellen, daß die Gewerkschaften in Deutschland eigentlich erst ganz am Ende des Jahrhunderts Gestalt annahmen, ein Zeichen für den geringen Kampfgeist der Arbeiterklasse in den Großbetrieben.

Die I. Internationale
Der demokratische Sozialismus war eine Ideenströmung, die sich nach dem Scheitern von 1848 allmählich herausbildete. Man kann ihren Ursprung in der Zeit vor 1848 suchen, bei einem Louis Blanc, dem ›politischsten‹ der utopischen Sozialisten in Frankreich, bei einem Lovett, dem besonnensten der englischen Chartistenführer. Für sie kam es darauf an, die demokratischen Mittel so einzusetzen, daß man auf den Staat einwirken konnte, die Reformen vorangetrieben wurden, das

Proletariat politischen Einfluß erhielt. Dies waren die Vorstellungen einer Handvoll Franzosen im Londoner Exil, die in den vierziger Jahren die *Liga der Gerechten* bildeten, sowie einiger Engländer, die zu den Aktivisten der *Fraternal Democrats* gehörten, einer Bewegung, die 1845 von O'Brien gegründet worden war. Dieselben Ideen wurden aber auch von jenen vertreten, die in London die *I. Internationale* ins Leben riefen.[12] Der Gedanke der Gründung stammte von einigen englischen Gewerkschaftern aus unmittelbarem Anliegen heraus und von französischen Emigranten, die weiter blickten und doktrinäre Auffassungen vortrugen. Für die einen ging es darum, auf die Arbeitgeber aller Länder durch Unterstützung streikender Arbeiter Druck auszuüben; die andern wollten die Befreiung der Arbeiter, und die erste Stufe hierfür sollte die politische Bildung der Massen sein. Es stimmt auch, daß das Eingreifen von Karl Marx die Tragweite des Unternehmens änderte. Ohne auf dem Treffen vom 28. 9. 1864 in Saint-Martin's Hall das Wort ergriffen zu haben, wurde Marx als Mitglied des vorläufigen Organisationskomitees vorgeschlagen, nahm an dessen Arbeiten teil und verfaßte schließlich die *Inauguraladresse und Statuten der Internationalen Arbeiterassoziation*.

Marx, 1818 geboren, mit Engels Autor des Kommunistischen Manifests 1848, seit 1849 in der Verbannung in London, arbeitete zu der Zeit an seiner Kritik der klassischen politischen Ökonomie. Er veröffentlichte *Zur Kritik der politischen Ökonomie* 1859 und 1867 das erste Buch des *Kapitals*. Er glaubte an eine baldige Krise des kapitalistischen Systems, besonders während der zyklischen Krise von 1857, die England hart traf. Er lehnte jedoch unbedachte Gewalt ab, den Handstreich, die spontane Handlung. Das Proletariat sollte eine eigene Partei gründen, zuerst versuchen, die Lebensbedingungen der Arbeiterschaft zu verbessern, wie dies auch die englischen Gewerkschaftler taten, und gleichzeitig durch eine theoretische Ausbildung von Aktivisten eine politische Revolution vorbereiten.

Trotz ihrer Kürze kommt den von Marx für die *Internationale* verfaßten Texten große Bedeutung zu. Sie stellten den Versuch dar, eine bestimmte Zahl von Grundsätzen festzulegen, die bei allen Meinungsverschiedenheiten von den einzelnen Mitgliedern angenommen werden konnten. »Es war sehr schwierig, die Sache so zu halten, daß unsre Ansicht in einer Form erschien, die sie dem jetzigen Standpunkt der Arbeiterbewegung acceptable machte.« Die Präambel betonte, daß der Grund für die Knechtschaft der Arbeiter in ihrer Unterdrückung durch die Besitzer der Produktionsmittel liege und daß die Befreiung das Werk der Arbeiter selber sein müßte mit dem Ziel, jegliche Art von Klassengesellschaft zu beseitigen. Die Adresse verzeichnete zwei positive Ergebnisse, einmal den Erfolg der englischen Gewerkschafter, dann den doch auch pädagogischen Nutzen der Genossenschaftsbewegung, da die genossenschaftlich organisierten Betriebe bewiesen hatten »durch Tatsachen und nicht einfach durch Argumente, daß eine breit angelegte Produktion, dem Stand der Wissenschaft entsprechend, auf eine Arbeitgeberklasse verzichten konnte, die eine Klasse von Werktätigen beschäftigte.« Allein vermochten diese Feststellungen die Entwicklung des Kapitalismus jedoch nicht aufzuhalten. Die erste Aufgabe der Arbeiterklasse blieb also die Eroberung der politischen Macht, ohne daß der Weg zu diesem Ziel, ob friedlich oder gewalttätig, beschrieben worden wäre.

Diese Gedanken haben später die Grundlage für den demokratischen wie den revolutionären Sozialismus abgegeben. Aber welche Erfahrungen machte die *I. Internationale* mit ihnen? Die Debatten im Rat wurden oft durch endlose Streitereien zwischen Marx, den französischen Anhängern Proudhons und Bakunin gelähmt. Die Proudhonianer hielten an ihrem Mißtrauen Streiks gegenüber fest, wiesen jedes Eingreifen ins politische Spiel zurück und befürworteten die friedliche Befreiung der Arbeiter durch Bildung und Genossenschaften. Varlin indessen, Führer der zweiten französischen Abteilung der Internationale, der auch unter dem Einfluß Proudhons stand, vertrat einen nuancierteren Standpunkt. Er stellte fest, daß Streiks in gewissen Fällen unvermeidlich waren und sich das Regime Napoleons III. für die Arbeiter nachteilig auswirkte. Seine Gegnerschaft zu Marx war weniger heftig als bei den ersten Proudhonianern. Bakunin, russischer Emigrant, ergriff das Wort zum ersten Mal 1869 auf dem Basler Kongreß. Für ihn blieb die Revolution ein kategorischer Imperativ, mußte sofort geschehen, mußte von Intellektuellen, armen Bauern und Arbeitern ausgelöst werden, und er schlug für die Zukunft »einen freien Verband aller Arbeitervereine, frei von staatlichem Joch« vor. Doch abgesehen von diesen Auseinandersetzungen, die trotz allem die Gelegenheit zu einer politischen Klarstellung boten, konnte die *Internationale* wirksame Streikunterstützung leisten wie im Falle der Pariser Bronzegießer (1867) oder der Genfer Bauarbeiter (1868). Vor allem bildete sie einen Anziehungspunkt. 1870 zählte sie in England und Frankreich Zehntausende von Anhängern, übte einen sehr starken Einfluß auf die Partei von Bebel und Liebknecht aus, war Macht und Mythos in einem. Sie hatte bei weitem nicht die Riesenausmaße, die ihr die Gegner unterstellten, für die im Dunkeln mehrere hunderttausend Verschwörer aufstanden. Die Internationale beeinflußte viel we-

niger die Arbeiter der neuen, aus der Industriellen Revolution hervorgegangenen Industriezweige als die Handwerker oder Angehörige absterbender Industrien.
1872 hörte die Internationale praktisch auf zu existieren, da sie den französisch-deutschen Krieg von 1870 und das Scheitern der Pariser Kommune von 1871 nicht überlebte.

c) Die Kommune und die Krise der Arbeiterbewegung

Der französisch-deutsche Krieg von 1870/71 spaltete die *Internationale*. Bakunin wollte keinem der beiden Gegner recht geben. Marx dachte anfangs, Deutschland führe einen Defensivkrieg gegen einen Angriff Napoleons III. Nach der Ausrufung der Republik in Paris am 4. 9. 1870 änderte er seine Meinung. Aufgrund der neuen Analyse von Marx weigerten sich Bebel und Liebknecht, für die zur Weiterführung des Krieges nötigen Kredite zu stimmen. Die Schwierigkeiten, wie man den Krieg deuten sollte, wiesen in gewisser Weise voraus auf die qualvolle Lage von 1914. Kaum hatten sie sich in einer internationalen Organisation zusammengeschlossen, gerieten die Sozialisten mit dem Nationalitätenproblem in Konflikt.

Doch auf den Krieg folgte ein Ereignis von ganz anderer Bedeutung für die Geschichte des Sozialismus, die *Pariser Kommune* (April-Mai 1871). In den Augen der meisten Sozialisten vom Ende des vorigen Jahrhunderts wie auch im 20. Jahrhundert kam und kommt der Kommune Symbolwert zu, denn sie war die augenfälligste Episode im Klassenkampf des liberalen Europa. 1868 hatte der französische Sozialist Eugène Varlin die beiden Gegenspieler vor seinen Richtern so gekennzeichnet: »Sie und ich, wir vertreten zwei Parteien, Sie die Partei der Ordnung, ich die Partei der Reformer, die sozialistische Partei. Analysieren Sie einmal unsere Epoche, und Sie werden einen dumpfen Haß feststellen zwischen der Klasse, die bewahren, und der andern, die erwerben möchte.« Für alle, die sich Marx' Kommentar zu eigen machten, nahm die Kommune eine neue Welt vorweg, die Welt, wo jene ausgeschlossene Klasse, ›die erwerben wollte‹, triumphierte.

Die Kommune darf jedenfalls nicht zu oberflächlich untersucht werden. Sie war ein spontaner Aufstand ohne klares Ziel, hatte viel stärker volkstümlichen und kleinbürgerlichen Charakter und wurde weit weniger von den Arbeitern getragen. Zwar fühlte sich die Gesellschaft plötzlich so sehr bedroht, daß man von panikartiger Angst sprechen konnte, aber den Führern der Kommune fehlte es meistens an Format. Die wirkliche Bedrohung stand insgesamt in keinem Verhältnis zu den Gerüchten, die umliefen.[13]

Die Ereignisse überstürzten sich. Am 18. März wurden zwei Generale von der Pariser Menge umgebracht, Thiers verließ anderntags die Stadt und zog nach Versailles, am 26. März wurde ein Generalrat gewählt, zwei Tage später eine freie Kommune ausgerufen in einer jahrmarktartigen Atmosphäre. Am 3. April wurde eine Offensive gegen die Truppen der rechtmäßigen Regierung ausgelöst. Sie scheiterte. Daran schloß sich ein zweimonatiger Bürgerkrieg, der in der ›blutigen Woche‹ (21. 5.—28. 5.) zu Ende ging. Straße für Straße wurde langsam erobert, Barrikade für Barrikade gestürmt. Dabei starben allein 20 000 Menschen.
Welche unmittelbaren Gründe führten zur Erhebung? Sie war weder von der *Internationale* noch einer andern politischen Vereinigung veranlaßt worden. Den ganzen Winter über, als Paris von den preußischen Truppen belagert wurde, versuchten Aktivisten der Internationale und andere Sozialisten oder republikanische Patrioten, die in einem Zentralkomitee der Pariser Arrondissements zusammengeschlossen waren, über die Initiativen der provisorischen republikanischen Regierung hinauszugehen, und forderten zu einem Handstreich gegen die deutschen Truppen auf. Niemand hörte aber auf dieses Ansinnen, die sozialistischen Ideen breiteten sich nicht aus. Am 28. Januar wurde der Waffenstillstand geschlossen, ohne daß es zu einer Reaktion des Volkes gekommen wäre. Im Februar wurde ein Parlament gewählt, eine monarchistische Nationalversammlung, in der die rechten Agrarier in der Überzahl waren, Paris dagegen hatte republikanisch gewählt. Im März beschloß diese Versammlung, die anfänglich in Bordeaux getagt hatte, nicht nach Paris, sondern nach Versailles überzusiedeln. Der neue Regierungschef Thiers und das Parlament reihten eine Ungeschicklichkeit an die andere. Der für die Dauer des Krieges beschlossene Zahlungsaufschub wurde abgeschafft, ebenso der Sold der Pariser Nationalgarde, zwei Maßnahmen, die beim Kleinbürgertum der Ladenbesitzer und Handwerker alsbald Widerwillen hervorriefen. Währenddessen gewann eine neue Organisation in Paris an Bedeutung, der Verband der Nationalgardisten, eine Bewegung, die von den Volksmassen getragen wurde, deren treibende Kräfte völlig unbekannte Männer, oft aus dem Kleinbürgertum, waren. Es ging darum, die Waffen zu behalten, die man besaß, vielleicht, um sich der Besetzung eines Teils von Paris durch die Preußen zu erwehren, wie eine Klausel des Waffenstillstands vorsah. Auf jeden Fall sollten die Kanonen der Nationalgarde in Sicherheit gebracht werden, die teilweise mit öffentlichen Anleihen angeschafft worden waren. Am 18. März schickte Thiers Truppen, um die Kanonen abzuholen. Dabei tötete die aufgebrachte Menge zwei Generale, ohne

daß jemand den Befehl dazu erteilt hätte. Thiers floh nach Versailles, zog die Truppen aus Paris ab, ließ alle Festungen räumen. Es war ein taktischer Rückzug, um dann das Geschwür besser beseitigen zu können. Der Regierungschef wußte nämlich, daß er zunächst einen Straßenkampf nicht gewinnen konnte. Zu dem Zeitpunkt ging es also um einen Konflikt zwischen einer konservativen Regierung und den kleinen Leuten aus Paris mit republikanischer und patriotischer Gesinnung, die ihre Sache selber in die Hand nehmen wollten, deren Leidenschaften nach der Belagerung eines Winters übersteigert waren. Dieses einfache Volk machte sich nicht klar, daß es in seiner ersten Begeisterung Thiers in die Falle ging.

Vom militärischen Standpunkt aus unterlief der Kommune der Fehler, nicht sofort am selben Tag die Feindseligkeiten gegen die Regierung eröffnet zu haben. Als sie dann ausgebrochen waren, zeigte sich die Kommune unfähig, eine Armee zu organisieren. Ihre theoretische Truppenstärke von 200 000 Mann schrumpfte sehr rasch auf 30 000 zusammen, die undiszipliniert und schlecht geführt waren. In politischer Hinsicht blieb das Wirken der Kommune dürftig: Einführung der roten Fahne, antiklerikale Maßnahmen, Mietnachlaß... Die Sozialisten der Internationale nahmen aktiv an der Bewegung teil, hatten aber im gewählten Rat keine Mehrheit im Gegensatz zu den Jakobinern, die unter dem Bann der Revolution von 1789 standen. Die Begeisterung bei den unteren Kadern war zwar echt, doch nur wenige wußten, wofür sie eigentlich kämpften. In den auf die Niederschlagung der Kommune folgenden Prozessen wurden 47 000 Personen verurteilt. Die Gerichtsakten beweisen, daß die meisten Angeklagten sich über die Ziele der Bewegung nicht im klaren waren, ihre Teilnahme herunterspielten, ihrer Verantwortung auswichen. Hierfür einige Beispiele: »Als ich für die Kommune vorgeschlagen wurde, dachte ich kaum daran, mitzumachen. Ich war völlig überrascht, hatte dies nicht erwartet. Ich gab dem ständigen Drängen meiner Freunde nach, und wenn ich sage ständiges Drängen, dann deshalb, weil mir meine Verpflichtungen lästig waren... Ich kam zu den Sitzungen meist gegen vier Uhr, ging aber vor Ende wieder weg; man flickte am Schluß der Sitzungen eine Menge von Dekreten zusammen... Ich habe nur zum Schein die Rolle eines Verteidigers gespielt... Das Panthéon ist eine Festung, die ich fast hätte uneinnehmbar machen können. Dessen ungeachtet versammelte ich bei mir zu Hause einen Kriegsrat aus Legionsführern und gab ihnen zu verstehen, daß eine Verteidigung unmöglich war.« — »Bei den Wahlen für das Zentralkomitee der Kommune erinnerte man sich an mich und schlug

mich vor. Ich bin zu ungebildet, um Regierung zu sein (sic), aber ich glaubte, ich hätte nur die Rolle eines Beigeordneten, und meinte, dazu sei ich fähig. Als ich sah, daß es anderes zu tun gab, erschien ich nicht mehr bei den Sitzungen. Das war einfach zu viel für mich.« — »Ich habe niemals gedacht, die Kommune sei eine Staatsregierung, sondern nur eine Gemeinderegierung.«
Betrachtet man die Ideologie der Arbeiter, findet man bei den weitschauendsten Kommunarden die Vorstellungen von Vereinen, Genossenschaften, Arbeiterselbstverwaltung, die 30 Jahre zuvor der Sozialist Louis Blanc formuliert hatte:[14] »Ich stelle der Internationale den folgenden Vorschlag zur Debatte mit dem Ziel, ihr Werk zu beschleunigen: Man soll in Paris alle Anhänger der Internationale nach Korporationen zusammenfassen, die dann nach Abteilungen oder gegebenenfalls nach Arrondissements untergliedert werden könnten. Alle Korporationen sollen die fähigsten Männer zu Führern wählen. Diese Führer sollen mit finanzieller Unterstützung der ganzen Internationale ein Haus errichten mit Gemeinschaftswerkstätten der Korporation, deren Aufgabe es wäre, alle Arbeiten in Paris an Ort und Stelle auszuführen, und zwar zu den günstigsten Preisen, aber auch zu Preisen, die es konkurrierenden Arbeitgebern unmöglich machen sollten, sich lange zu halten, es sei denn, sie beuteten ihre Arbeiter schrecklich aus ... Um dieses Ziel zu erreichen, müßte die Internationale, unser aller Mutter, in Paris aus Eigenmitteln oder aus Beiträgen der Mitglieder eine oder zwei von den unerläßlichsten Korporationen gründen ...« Es gab einige Versuche in dieser Richtung, ohne daß die Betriebsführung durch die Arbeiter ein Erfolg gewesen wäre. »Zum Maschinistenverein kam man, wann man wollte, man plauderte, man arbeitete nicht. Währenddessen stiegen die Geschäftsunkosten weiter. Hundert Transmissionen waren zu schmieren, der Motor verbrauchte Wasser und Kohle für 100 Arbeiter anstatt für 50, die arbeiteten. Sie antworteten stets: Ich werde es nachholen, und sie wollten nicht begreifen, daß man Unkosten nicht nachholen konnte ... Kommunismus ist ein Witz. Die Arbeiter dürfen die Drückeberger nicht ernähren. Wer 12 verdient, muß auch 12 bekommen, wer 6 verdient, dem gehören auch nur 6. Sollte ich mich mal in Amerika oder sonstwo mit andern zusammentun, dann nur mit einem, zwei oder drei guten Freunden, niemals mit dem ersten besten.«
Selbst wenn sie nicht ausschließlich eine Arbeiterbewegung war, wenn sie nicht unter der Leitung von Sozialisten stand, bedeutete die Kommune einen Bruch, da auf sie ein sehr harter Rückschlag folgte. Es gab Tote, die man nie hat zählen können, es gab 7500 Deportierte, es gab die Verbannung ... Der

französischen Arbeiterbewegung wurde die Spitze abgebrochen, sie verlor alle ihre Führer und sank zehn Jahre lang fast zur Bedeutungslosigkeit herab. Später baute sie sich auf anderer Grundlage wieder auf. Der Sozialismus proudhonscher Prägung lebte bei den traditionellen Arbeitern fort. Aber 1879 wurde auch eine Arbeiterpartei unter der Leitung von Jules Guesde und Paul Lafargue gegründet, deren Programm auf Marx persönlich zurückging. Die Mitglieder dieser Partei lebten vor allem in Grubengebieten und in den großen nordfranzösischen Industriezentren. Nach 1886 organisierte sich die Gewerkschaftsbewegung allmählich. Erst zu diesem Zeitpunkt garantierte ein Gesetz den Gewerkschaften ihre Freiheit.

Inzwischen war die *I. Internationale* tot. Die meisten französischen Aktivisten waren tatsächlich verschwunden, die Engländer hatten sich zurückgezogen, da sie die Pariser Gewalttätigkeiten mißbilligten. Die Deutschen und Österreicher wurden schärfer überwacht. Es gab neue Beitritte in Dänemark, Holland, Belgien, Italien, Spanien, sogar in Böhmen, aber die neuen Anhänger wollten die ›Diktatur‹ des Generalrats der Internationale nicht hinnehmen, in dem Marx nach Ausschluß Bakunins seine Ansichten durchsetzte. Es schien fortan unmöglich, in derselben Organisation Strömungen nebeneinander bestehen zu lassen, die immer stärker auseinander gingen.

Zusammenfassung
Marx starb 1883. Am Ende seines Lebens präzisierte er seine politischen Ansichten. Die neue sozialistische Gesellschaft würde auf jeden Fall zunächst noch nicht das Verschwinden des Staates erleben. Das Proletariat würde seine Diktatur errichten. Am Übergang zu dieser neuen Gesellschaft sah Marx einen gewaltigen Zusammenstoß voraus, ähnlich der Pariser Kommune. Das Proletariat mußte sich darauf vorbereiten, sich in einer eigenen Partei organisieren, und zwar innerhalb eines jeden Staates. Diese Partei sollte Aktivisten ausbilden und in die politischen Kämpfe der liberalen Demokratie eingreifen, vor allem durch Aufstellung von Kandidaten bei den Wahlen.

Wo stand die Arbeiterbewegung in dem Augenblick, als sich ein marxistischer Sozialismus herausbildete, der die Kompromisse der *I. Internationale* verwarf und für die Zukunft sprechen wollte? Die Lage war keineswegs klar. Zwar entstanden in den einzelnen Ländern nach und nach moderne sozialistische Parteien, wie sie dann im 20. Jahrhundert mit ihren Aktivisten existierten, die auf jeden Fall von Marx beeinflußt waren. Andererseits ist es sicher, daß der Horizont des Sozialismus in der Ferne verschwamm.

In England trat an die Stelle der ersten, wirkungslos gewordenen Gewerkschaftsbewegung eine neue, der Seeleute, Eisenbahner, Hafenarbeiter angehörten. Die Forderung nach dem Achtstundentag wurde erhoben, der Lohn sollte von der Konjunktur unabhängig werden. Daneben entstand 1881 die erste sozialistische Vereinigung, der ›Demokratische Verband‹, der von einem Börsenmakler, H. M. Hyndman, gegründet wurde. Hyndman verbreitete Marx' Gedankengut, obschon er die Werke des Philosophen nur oberflächlich kannte. Es gelang ihm, Gewerkschaftler wie J. Burns, T. Mann, H. Quelch, Intellektuelle wie W. Morris, E. Belford Bax, W. Crane, H. H. Champion oder den reichen Dichter Carpenter zusammenzubringen. In den achtziger Jahren entwickelte sich die *Fabian Society*, in der sich nichtmarxistische Sozialisten trafen, Leser marginalistischer und positivistischer Werke, Befürworter eines Reformsozialismus.

In Frankreich förderten Streiks wie in Anzin (1884), Decazeville (1886), Carmaux (1892) eine sozialistische Bewußtwerdung bei den Intellektuellen. Die Partei von Jules Guesde, die sich als marxistisch verstand, obschon sie dem Messianismus einen großen Platz einräumte, brachte bei den Wahlen von 1889 vier Kandidaten durch. Daneben führten andere Vereine die Tradition des sehr zählebigen französischen Sozialismus fort, ob nun Reformer wie P. Brousse oder Revolutionäre wie E. Vaillant dazu gehörten.

In Deutschland lebte die Sozialdemokratie seit den Ausnahmegesetzen von 1878 fast im Untergrund, behielt aber ihre Sympathisanten und nahm marxistisches Ideengut auf. Sie war die Lieblingspartei des alten Marx und von Engels. Nach Aufhebung der Sozialistengesetze gab sich die Partei, die bei den Wahlen von 1890 1 427 000 Stimmen erhielt, auf dem Erfurter Kongreß ein rein marxistisches, von Kautsky verfaßtes Programm.

Jedenfalls erwartete die sozialistische Bewegung in den achtziger Jahren nicht mehr die rasche Entstehung der neuen Gesellschaft. Ihr Erfolg bei einer bestimmten Zahl von Intellektuellen darf nicht darüber hinwegtäuschen, daß sie bei den ziemlich gleichgültigen Arbeitermassen wenig Gehör fand. Einige ihrer Mitglieder vertraten revolutionäre Lehren, aber in der Praxis des Alltags setzte sich die Bewegung für Reformen ein, beteiligte sich an Wahlen, schickte ihre Vertreter ins Parlament. Soweit sie die Revolution befürwortete, geschah dies durch geduldige Propaganda und nicht durch eine romantische Revolte. Der jahrhundertealte Geist der Auflehnung in Westeuropa war tot.

4. Die politischen Verhältnisse

ALLGEMEINE EINFÜHRUNG:
VOM LIBERALISMUS ZUM IMPERIALISMUS

Die Jahre von 1850—80 wurden durch die Industrialisierung, die Verstädterung, die wachsende Zahl von Lohnabhängigen, die Entfaltung des Bürgertums geprägt, andererseits aber auch durch die Entstehung der liberalen Demokratie. Um 1850 bedeutete Liberalismus gewiß nichts Neues mehr für Europa. Doch vor diesem Datum handelte es sich in erster Linie um einen aristokratischen Liberalismus, der dem Fürsten gegenüber die Rechte schützte, die eine bestimmte Oberschicht kraft ihrer Geburt beanspruchte. Ebensowenig war Demokratie ein neues Wort.[1] Aber es wurde hauptsächlich dazu verwendet, den Massen die Macht zu versprechen. Ein berühmter Ausspruch von Casimir Périer, einem französischen Politiker der Julirevolution, umschrieb diese Widersprüche treffend: »Gibt es keine Monarchie, wird das System demokratisch, und das Bürgertum beherrscht nicht mehr die Bühne. Aus prinzipiellen Erwägungen muß die Bourgeoisie aber eine führende Rolle spielen, zumal sie die besten Voraussetzungen mitbringt.« Für Périer bestand die Schwierigkeit darin, einen stets gefährdeten Kompromiß zu finden zwischen willkürlicher Unterdrückung seitens eines Fürsten und der unkontrollierten Gewalt der Massen, das heißt ein Regierungssystem, wo das Bürgertum kraft seiner Befähigung die Macht ausübte und der Fürst sowie das Volk abwechselnd ein Gegengewicht bildeten.

In den fünfziger Jahren schwand die Widersprüchlichkeit der Begriffe Demokratie und Liberalismus. Die Grundlagen des Liberalismus verbreiterten sich, ein demokratisches Modell wurde erarbeitet, das Sicherheit vor einer Tyrannis der Massen bot. Die liberale Demokratie war ein »Regierungssystem, das bestrebt war, die Freiheit in die politischen Beziehungen einzuschalten, d. h. in die Beziehungen von Befehl und Gehorsam, die zu jeder politisch organisierten Gesellschaft gehören«.[2] Wir wollen versuchen, ihren eigentlichen Inhalt darzustellen, die festgelegten Spielregeln.

Das System schloß eine Regierung aus, deren Autorität sich von einer Tradition herleitete oder einem Gewaltstreich, ohne die Zustimmung der Nation eingeholt zu haben. Damit verurteilte es die meisten Regime vor 1848. Auf der andern Seite machten es die Institutionen unmöglich, daß das Volk selbst die Entscheidung traf wie einst auf der Athener Agora. Durch die Wahl sollten nur qualifizierte und fähige Vertreter bestimmt werden, die Gesetze beschlossen und die Exekutive überwachten, keineswegs aber sollte eine Entscheidung über fest umrissene Probleme fallen, was den ungenauen Inhalt der Wahlprogramme rechtfertigte. Alles sah so aus, als wären die Leidenschaften gedämpft durch eine mehrstufige Vertretung. Das *pays légal*, die Wahlberechtigten, stellte in gewisser Weise die Nation dar, ihren weitschauendsten Teil, auch wenn es nur 15 oder 30 v. H. der erwachsenen Männer umfaßte. Die Abgeordneten gingen aus dem *pays légal* hervor. Doch es gab noch ein Oberhaus, das Stabilität verbürgte, unbeeinflußt von den Launen der Wahlen. Die Minister waren den Kammern verantwortlich. Allerdings wünschte man im allgemeinen über den Ministern einen Fürsten, der die Beständigkeit des Staates versinnbildlichte. Außerdem war der Aktionsradius der politischen Macht von vornherein klar umrissen. Sie vermochte nichts gegen die Freiheit des Bürgers, die dessen Autonomie in Politik und Alltag schützten, insbesondere sein Eigentumsrecht und sein Recht, Verträge abzuschließen. Die liberale Demokratie erreichte ihren Höhepunkt, als die Mehrzahl der männlichen Bevölkerung – die Frauen blieben stets ausgeschlossen – zur Wahlurne schritt. Dies ging nicht ohne Widerstände der Liberalen ab. Vergessen wir nicht, daß das allgemeine Wahlrecht nicht im England Gladstones Geltung hatte, sondern im napoleonischen Frankreich und im Kaiserreich Bismarcks, obschon beide Länder zum Teil antiliberale Züge aufwiesen. Doch schließlich wurde das allgemeine Stimmrecht, zunächst etwas Ungeheuerliches, sozusagen ›gezähmt‹.

Diese Spielregeln wurden nach und nach von bürgerlichen Politikern aufgestellt und verbürgten deren Machtausübung. Das Modell ließ der Entfaltung der kapitalistischen Geschäfte freien Lauf, weil es ihnen Freiheit zusicherte. Das Regime kam somit im wesentlichen dem Bürgertum zugute, einem Bürgertum, das der Aufstände mühelos Herr wurde. Doch die Menschen hatte der Liberalismus keinesfalls völlig gewonnen. In den katholischen Ländern leistete die Kirche mit am heftigsten Widerstand.[3] Dafür gab es unmittelbar politische Gründe, da der Papst ein absolutistischer italienischer Fürst war und die Französische Revolution von 1789, auf die sich der Liberalismus berief, unangenehme Erinnerungen in Rom hinterlassen hatte. Doch spielten auch eigentlich religiöse Erwägungen eine Rolle insofern, als die Hierarchie an den alten Autoritätsbeziehungen hing und sich durch das liberale Denken, durch die Vorstellung von der freien Prüfung verurteilt wähnte. Im *Syllabus* von 1864, der die achtzig großen

Irrtümer der Moderne verdammte, stand der Liberalismus an sichtbarer Stelle. Diese Ablehnung war Teil der gänzlichen Verwerfung der modernen, wissenschaftsgläubigen und materialistisch geprägten Welt von seiten einer Kirche, die ihrer gesamten Struktur und Gesinnung nach der alten Gesellschaft verpflichtet blieb, von der sich viele katholische Länder wie Spanien, Italien, Portugal, Österreich und selbst Süddeutschland gerade erst lösten. Trotz der Anstrengungen liberaler Katholiken, die 1863 in Mecheln einen internationalen Kongreß abhielten, bestand ganz eindeutig ein Mißverständnis zwischen der liberalen Bewegung und der Kirche in den katholischen Ländern Italien, Frankreich, Beglien, teilweise auch in Holland, ein Mißverständnis, das sich in der Schulfrage zuspitzte, da beide Seiten die Jugend an sich zu binden trachteten. Der demokratische Sozialismus seinerseits wollte die liberale Demokratie umformen, indem er sich ihrer Institutionen bediente. Zwar scheiterten die Aufstände, aber das sozialistische Reformstreben hatte noch eine vielversprechende Zukunft vor sich, wie man zu Ende des Jahrhunderts ahnen konnte. Die liberale Bewegung wurde somit stets links überholt, zuerst von ihren radikalsten Anhängern, dann vom Reformsozialismus ... Bekämpft und zerrissen, verlor die liberale Bewegung ihre Bedeutung, kaum daß sie sich institutionell durchgesetzt hatte. Ehe es soweit war, mußte der Liberalismus seine Vorstellungen von der Nation und den Kolonien ändern. Die ersten liberalen Denker hatten in ihrem Optimismus die Problematik des Nationalismus übersehen. Sie glaubten nur zu gern an einen Frieden, der auf dem Freihandel beruhte, sie schätzten die Kolonien gering ein. Nun wurden aber in den letzten 30 Jahren des vorigen Jahrhunderts die internationalen Beziehungen immer gespannter, Europa trat in seine imperialistische Phase. Diese neue Haltung der Führungsschichten hat zahlreiche Deutungen hervorgerufen. Bereits im 19. Jahrhundert wurde von den Betroffenen selber eine Rechtfertigung gegeben: Bedarf an Absatzmärkten, militärische Zwänge, moralische Verpflichtung, die Gesittung zu verbreiten.[4] Nach Erscheinen einer *Imperialism* betitelten Untersuchung des englischen Volkswirtschaftlers J. A. Hobson (1902) griffen marxistische Denker die Frage auf. Hilferding veröffentlichte 1910 *Das Finanzkapital*, Kautsky sein *Sozialismus und Kolonialpolitik* (1907), R. Luxemburg ihr *Die Akkumulation des Kapitals* (1913), Lenin schließlich sein Buch *Der Imperialismus als höchstes Stadium des Kapitalismus* (1917). Alle betonten eine Strukturwandlung des Kapitalismus, der ein Kapitalismus großer Einheiten geworden war, wo Finanz- und Industriekapital sich mischten, und diese großen Einheiten bekämpften sich erbittert bei der Eroberung von langsam sich sättigenden Märkten. Die Industrieländer verschanzten sich hinter Zollschranken. Außerhalb Europas hatte sich ein kapitalistischer Weltmarkt gebildet, der alles unterjochte, zwischen den großen kapitalistischen Staaten gab es unzählige Reibereien. Wie war die Lage 1880 nun wirklich? Man darf zu dem Zeitpunkt die Frage der Absatzmärkte sicher nicht überschätzen, da etwa ein Land wie Frankreich kaum mehr als 10 v. H. seiner Produktion exportierte. Bei mittelmäßiger Konjunktur kam diesem Problem jedoch ein psychologisches Gewicht zu, das in keinem Verhältnis zu seiner wirklichen Bedeutung stand. Nach 1870 spürte man eine unterschiedlich artikulierte Unruhe und Angst. Protektionismus, Nationalismus, Imperialismus waren Verteidigungshaltungen, wenn auch nicht die geeignetsten. Zu einem Zeitpunkt, wo die Informationsmöglichkeiten sich in ihrem Wesen wandelten, bildeten sich auch neue Kollektivmythen, um nicht zu sagen trügerische Vorstellungen. Der politische Liberalismus bot lediglich ein abstraktes Muster formaler Demokratie, einen leeren Rahmen. Nach dem Sieg des Liberalismus mußte dieser Rahmen gefüllt werden, und zwar so, daß die Öffentlichkeit, die Menschen, daran Interessen fanden, das heißt, man mußte ein großes Ziel setzen, das auf allgemeine Zustimmung stieß. Dies hatten auf ihre Art Disraeli in England, Gambetta in Frankreich, Wilhelm II. in Deutschland völlig klar erkannt. Der Imperialismus war das Ergebnis vielfältiger Kräfte, aber in etwa wurde er auch durch die Beschränkungen und Mängel des Liberalismus hervorgerufen.

Versuch der Nachbildung eines idealen liberalen Programms um 1850

1. Verfassung:	Parlamentarische Monarchie, dem Parlament verantwortliche Regierung, zwei Kammern, eine Kammer Element der Mäßigung (politischen Schwankungen entzogen)
2. Stimmrecht:	Zensuswahlrecht, Wählerschaft = 15 v. H. der männlichen Erwachsenen (einschließlich der geistig Befähigten) mit möglicher stufenweiser Erweiterung, Mißtrauen gegen das Referendum (die Bürger können keine Entscheidung treffen, für die ihre Vertreter zuständig sind)
3. Bürgerrechte:	Gleichheit vor dem Gesetz, bürgerliche Rechte, Meinungs-, Presse-, Versammlungsfreiheit
4. Verwaltung:	Wettbewerbs-Verfahren beim Eintritt in die obere Verwaltungsebene (je nach Qualifikation), Wahl lokaler Verwaltungsbehörden
5. Finanzen:	gesunde und ausgeglichene Staatsfinanzen, Rücklagen (nur 10 v. H. des Nationaleinkommens gehen dem Staat über die Steuern zu), proportionale, nicht progressive Besteuerung vorzugsweise indirekte Steuern für Luxusartikel, Alkohol, Tabak, Zucker oder Erbsteuern)

6. Wirtschaft: freie Entfaltung der Konkurrenz, Abschaffung von Stadtzöllen, Mautgebühren und bis zu einem gewissen Grad auch von staatlichen Zollrechten, Beseitigung der staatlichen Industriemonopole, Schaffung eines neuen Handelsrechts (gesetzliche Regelung der Gesellschaften)
7. Arbeiterschaft: Gewerkschaftsfreiheit, Streikrecht (diese Zugeständnisse entsprechen aber nicht der Freiheit, Verträge zu schließen, die die Beziehungen zwischen Arbeitgeber und Arbeitnehmer regeln)
8. Erziehung: staatliche Unterstützung für eine vernünftige Ausweitung des Volksschulunterrichts (75 v. H. der Kinder)
9. Kolonien: allmählicher Rückzug aus den weißen Kolonien, Beseitigung der letzten Spuren von Sklaverei
10. Internationale Beziehungen: Friede

I. DER TRIUMPH DES LIBERALISMUS IN ENGLAND,
BELGIEN UND HOLLAND

Zwischen 1850 und 1880 wurde das politische Leben in England durch keinerlei große Umwälzungen erschüttert. Kein Politiker entzündete hier Leidenschaften wie Napoléon III. in Frankreich oder Bismarck in Deutschland, Viktoria bestieg den Thron 1837 und starb 1901. Und doch wuchs stufenweise das klassische Gebäude der politischen Demokratie, wie wir sie kennen.[1]
Der erste Schritt, der schwierigste, wurde mit der Wahlrechtsreform 1832 getan, wenn auch nur unvollkommen. Das Land wurde dadurch gegenüber der Stadt bevorzugt, der ländliche Süden war am stärksten vertreten, die Arbeiter wählten nicht, die Abstimmung geschah öffentlich. Danach hielten Konservative und Liberale zusammen, um den Status quo zu sichern und nicht weiterzugehen. Im übrigen stellten die Arbeiter kaum politische Forderungen, sobald die Chartistenbewegung sich verlaufen hatte. Innenpolitisch blieb die völlige Unbeweglichkeit Palmerstons fast unangefochten. 1784 geboren, Großneffe eines Ministers von Karl II., 1807 Abgeordneter und Minister, blickte Palmerston, ein hervorragender Redner, bereits auf ein brillantes gesellschaftliches Leben und eine glänzende politische Karriere zurück.[2] Seit 1846 Außenminister, billigte er Louis Napoléon Bonapartes Staatsstreich (2. 12. 1851), was ihn zwang, sich einige Zeit aus der Politik zurückzuziehen. 1855 trat er an die Spitze einer Whig-Regierung und befürwortete den Krimkrieg. Nach Orsinis Anschlag auf Napoléon III., 1858, brachte er einen Gesetzesvorschlag gegen Verschwörer ein, verlor eine Zeitlang die Macht, wurde 1859 erneut Premier, konnte so Napoléons Italienpolitik unterstützen und den französisch-englischen Handelsvertrag unterzeichnen (23. 1. 1860). Er starb 1865 als Mini-

sterpräsident. Dieser Liberale alten Schlages verstand sich also ausgezeichnet mit Napoléon III. Die Stunde der Demokratie hatte noch nicht geschlagen. »Wir können doch nicht in alle Ewigkeit neue Gesetze erlassen«, meinte Palmerston.

Das parlamentarische System Englands darf nicht zu Fehlschlüssen verleiten, denn es behielt die Macht einer Oligarchie vor, wie sie Palmerston am deutlichsten verkörperte. Allen Institutionen lag mit 15 v. H. der erwachsenen Männer beschränktes Wahlrecht zugrunde, das noch stärker eingeengt wurde durch den unbestrittenen Einfluß des Adels auf das Land und die Kleinstädte. An der Spitze teilten sich einige starke Persönlichkeiten die wichtigen Stellen und beachteten die parlamentarischen Spielregeln. Ein so begabter Politiker wie Disraeli hatte es äußerst schwer, in diesen kleinen Kreis vorzudringen.

Nach 1860 begann die Öffentlichkeit teilweise, die Notwendigkeit eines Wandels zu empfinden. Dabei machte sich der zwanzigjährige Einfluß der liberalen Schule von Manchester geltend.[3] Sie hatte den Freihandel erzwungen (1. 1. 1849), die Abschaffung der Schiffahrtsgesetze erwirkt (1850—54). Ihr Programm ging aber noch weiter, wie aus ihrem Leitspruch zu entnehmen war: Friede, Wirtschaft, Reformen. Der Individualismus, das individuelle Pflichtgefühl der Manchesterschule traf sich mit einem unbestimmten religiösen Gefühl, was die Ausbreitung der neuen Ideen erleichterte. Zu ihren Sprechern machten sich die radikalen Demokraten, Tribunen wie John Bright, Theoretiker wie der Wirtschaftswissenschaftler John Stuart Mill. Auf einer 1862 in London abgehaltenen Konferenz wurde eine neue Verteilung der Abgeordnetensitze gefordert, die Erweiterung der Wählerschaft, das geheime Stimmrecht, der Kampf gegen Bestechung. Petitionen und Versammlungen brachten die Unzufriedenheit des Kleinbürgertums zum Ausdruck. Diese Erscheinung beschränkte sich nicht nur auf England, sondern fand sich in der einen oder andern Form in ganz Europa während der sechziger Jahre. In England kam allerdings noch die Stellungnahme von gewerkschaftlich organisierten Facharbeitern hinzu. Die Gewerkschaften schlossen sich in allen Städten zu Räten zusammen. Mit der Zeit meldeten die Vorsitzenden dieser Räte einige politische Forderungen an: gesetzliche Anerkennung der Gewerkschaftsbewegung, Beseitigung der Beschränkungen des Streikrechts, Abschaffung des Gesetzes *Herr und Diener* von 1825, wonach im Fall eines Vertragsbruchs der Arbeiter mit Gefängnis bestraft wurde, der Arbeitgeber lediglich eine Entschädigung entrichten mußte. Das Zeugnis des Arbeitgebers galt, die Aussagen des Arbeiters wurden verworfen. Da die Gewerkschaftsführer die großen Wirtschaftsideen der Manchesterschule vertraten, hatten sie kaum Mühe, sich zusammen mit der radikalen Gruppe bürgerlicher Liberaler Gehör zu verschaffen.

Die Umstände, die die langsame und schrittweise Einführung von Reformen zur Demokratisierung des politischen Spiels begleiteten, waren vielfältig. So wurde etwa das liberale Kabinett Russell, in dem Gladstone eine Wahlrechtsreform forderte, 1866 gestürzt, weil der gemäßigte Flügel der Whigs seine Unterstützung versagte. Doch ein Mann mit sehr intuitivem politischen Gespür, Disraeli, vermochte eine Bresche zu schlagen. Er ahnte nämlich, daß die Konservativen Nutzen aus einer solchen Reform ziehen konnten, die im übrigen für das Gleichgewicht des politischen Systems unerläßlich blieb. Er entwarf einen größeren Plan. Es gelang ihm, den *Tory*, seinen Chef, Lord Derby, zu überzeugen, und er ließ über eine Änderung des Wahlmodus abstimmen.

Die Reform von 1867 führte zu einer Neuverteilung der Sitze und senkte die Wahlrechtsbarriere, so daß sich die Wählerschaft beinahe verdoppelte. Wir wissen, daß damals das Großbürgertum und die bürgerliche Mittelschicht etwa 2 v. H. oder 3 v. H. der Bevölkerung ausmachten, das Kleinbürgertum 20 v. H. Die neue Wählerschaft umfaßte nur ein Drittel der erwachsenen Männer, Beweis genug für ihre soziologische Begrenztheit. Immerhin zählte jetzt die Oberschicht der Arbeiter dazu. Zwei Gesetze (1884 und 1885) verteilten die Sitze sinnvoll. Auf 50 000 Wähler kam ungefähr ein Abgeordneter. Die Wählerschaft wurde später noch vergrößert, auf 5 Millionen Menschen (=70 v. H. der Männer). Vor 1914 war dies die letzte Reform des Wahlrechts, bezeichnender Ausdruck eines regelrechten Elitekultes, wofür England noch ganz andere Beispiele bietet. Seit 1872 wurde geheim abgestimmt.

Gleichzeitig entstanden die modernen Parteien. Die beiden alten Parteien, in erster Linie Saloncliquen, erneuerten sich völlig und erhielten eine Ideologie. Die nationale Vereinigung der Konservativen wurde 1867 gegründet, der nationale Liberalenverband 1877. Jede der zwei Organisationen war durch eine geschlossene Gruppe im Parlament vertreten, geführt von einem Fraktionsvorsitzenden, der bei den ›whips‹ Unterstützung fand, Abgeordneten, die für Disziplin und Zusammenhalt sorgten. Im Land gab es die Wahlkomitees und die örtlichen Wahlbeauftragten. Beide Parteien wechselten sich fast regelmäßig mit der Regierung ab, beherrscht und verkörpert von zwei außergewöhnlichen Männern, Disraeli und Gladstone, zwei Rivalen. 1804 geboren, Nachfahre einer jüdischen Familie aus Venedig, Protestant und Journalist, Gesellschaftskritiker der Oberschicht, unterlag Disraeli bei den Wahlen von 1832 und 1835.[4] Als Unterhausabgeordneter stieg er immer

mehr zum Führer der protektionistischen Konservativen auf, die gegen Sir Robert Peel standen, dem sie Zusammengehen mit den Liberalen vorwarfen. Disraeli war es auch, der die Doktrin vom *Jungen England* formulierte. 1852 legte er als Schatzkanzler für einige Monate einen Haushalt vor, der alsbald den Sturz des ersten Kabinetts Derby auslöste. 1859 erneut Schatzkanzler, kam er bald über ein Gesetz zu Fall, das die Wählerschaft erweitern sollte. Im 3. Kabinett Derby übernahm er nochmals dasselbe Amt, führte die Wahlrechtsreform durch und folgte Derby als Premier (1868). Er mußte sich aber nach einigen Wochen zurückziehen, weil die Liberalen die Wahlen gewonnen hatten. Disraeli regierte nur einmal längere Zeit, während der Legislaturperiode von 1874 bis 1880. Sein Widersacher Gladstone (geb. 1809) hatte einen leichteren Start.[5] Konservativer Abgeordneter 1832, aber bevorzugter Schüler Peels, gab dieser Absolvent von Eton und Oxford nach und nach der alten liberalen Partei eine neue Organisation. 1852 bekämpfte er Disraelis Budget und wurde sein Nachfolger als Schatzkanzler. Während des Krimkriegs trat er zurück, folgte Disraeli 1859 wiederum als Schatzkanzler, blieb im Amt bis 1866. 1868—74 war er Ministerpräsident, ebenso 1880—85 und einige Wochen 1886; zuletzt 1892—94. Während dieser zwei Jahre erlebte er allerdings Enttäuschungen, da es ihm nicht gelang, für Irland die *Home Rule* durchzubringen und die kolonialen Leidenschaften zu bekämpfen.
Beide Politiker und ihre Anhänger waren sich einig, in die Wirtschaft, den Bereich des *laisser faire* nicht einzugreifen. Sie rivalisierten als Reformer. Außer den Wahlrechtsreformen wären hier zu nennen: die Einstellung von Beamten nach dem *Wettbewerbs-Verfahren* (1870), die Heeresreform und die Unterbindung des Verkaufs militärischer Grade (1868—1874), die Erweiterung der Vollmachten für die Gemeindeverwaltungen (1875), die Einführung der Volksschulpflicht (1880), die gesetzliche Anerkennung der Gewerkschaften (1871), die Streikfreiheit (1875), das Gesetz *Arbeitgeber-Arbeitnehmer* (1875), ein Gesetz über ungesunde Wohnungen ...
Gegen 1880 hatten die Reformer im wesentlichen ihr Ziel erreicht, die stille Revolution nach Palmerstons Tod war vollendet, die klassische politische Demokratie im liberalen Sinne etabliert. Unter Disraeli fanden sich die Konservativen mit dem Freihandel und den Reformen ab, sie gewannen Stimmen bei Kleinbürgern und Arbeitern und vergrößerten so ihre mehr ländliche Wählerschaft. Unter diesem Politiker, der auch ein romantischer Schriftsteller war, der die Verheerungen und Übel der Industriekultur sehr klar sah, hörte der Konservatismus auf, die Adelsinteressen zu schützen, und wurde eine Ideologie, geprägt vom Festhalten an den ehrwürdigsten Ein-

richtungen, der Kirche, der Krone, dem Parlament, was in allen Umwälzungen Dauer verbürgte. Diese Ideologie schenkte aber auch ihre Aufmerksamkeit den schreiendsten Mißständen in der Gesellschaft und glaubte an das koloniale Abenteuer. Mit Gladstone wurden die Forderungen des Liberalismus ›ehrwürdig‹, sie wurden nicht mehr auf öffentlichen Versammlungen, sondern in bürgerlichen Salons vorgetragen, färbten sich mehr und mehr mit religiösem Idealismus. Es gab aber zwei Probleme, an denen der Führer der Liberalen im Alter scheiterte, die irische Frage und die Kolonien.

Das irische Problem nahm in der englischen Geschichte des 19. Jahrhunderts einen wichtigen Platz ein. Bereits die Chartistenbewegung rief nämlich Erinnerungen an jahrhundertealte Bauernaufstände wach. Nach der Hungersnot von 1845 bis 1848 forderten die irischen Bauern dreierlei: angemessene Pacht, Möglichkeit, das Pachtrecht zu verkaufen, Schutz vor Vertreibung. Die irischen Revolutionäre bildeten eine geheime Organisation, die *Fenians*, die vor Anschlägen und Sabotageakten nicht zurückschreckte. Gladstone bemühte sich aufrichtig, die Gemüter zu besänftigen. Er ›entstaatlichte‹ die Hochkirche in Irland und entzog ihr damit einen Teil ihrer Güter. Er ließ vom Parlament eine Landreform beschließen (1870), die den vertriebenen Zinsbauern eine Entschädigung zusicherte. Doch die Lösung des politischen Problems stand weiterhin aus. Die irischen Abgeordneten, angeführt von Parnell, verlangten die *Home Rule* und glaubten nach den Wahlen von 1886 mit ihrer Forderung durchzukommen, da sie das Zünglein an der Waage im Parlament geworden waren. Gladstone wollte den Wünschen entsprechen, ein Teil seiner Freunde befürwortete jedoch Irlands Verbleiben bei England und unterstützte eine konservative Regierung. Das kurzlebige Kabinett Gladstone (1892–94) blieb Episode; denn im Unterschied zu früheren, für die Liberalen eher günstigen Jahren (sieht man von Disraelis Regierungszeit 1874–80 ab) hielten sich die Konservativen zwischen 1886 und 1906 an der Macht, und dies hauptsächlich wegen der irischen Frage.

Das Kolonialproblem änderte sich plötzlich in den siebziger Jahren. Disraelis Amtszeit bildete hier einen Wendepunkt.[6] Um 1850 zeigte man wenig Interesse für die Kolonien, man rechnete sogar mit ihrem Verlust, so sie bewohnt waren (der amerikanische Unabhängigkeitskrieg lag noch keine 100 Jahre zurück), und man gestand ihnen gern ein parlamentarisches System zu, Vorstufe für ihre Unabhängigkeit. Disraeli gelang es, den Anteil des ägyptischen Vizekönigs am Kapital des **Suezkanals** aufzukaufen. Er erhielt vom Sultan Zypern, rief Viktoria zur Kaiserin von Indien aus. So gewann nach und nach ein britischer Imperialismus Gestalt und eine Kolonialmystik, die der alte Gladstone mißbilligte, für die sich jedoch die Konservativen und die unionistischen Liberalen stark machten.

Werfen wir kurz einen Blick auf die Organisation des britischen Empire und fragen wir uns, welcher Platz ihm in der Meinung der Zeit zukam. Kanada hatte 2 Millionen Einwohner in den fünfziger Jahren (das französische und das englische Kanada bildeten seit 1840 eine Einheit), und 1847 eine dem kanadischen Parlament verantwortliche Regierung. Der Gouverneur unterzeichnete 1854 mit den USA einen Handelsvertrag auf der Basis der Reziprozität. Das Dominion Kanada mit den maritimen Provinzen entstand 1867 großenteils, um der amerikanischen Bedrohung zu widerstehen. Die Eisenbahn war übrigens eine Wegbereiterin der Einheit gewesen. Auf der Konferenz der kanadischen Delegierten in London (1886) zitierte ein Teilnehmer einen Vers aus dem 72. Psalm: »Er wird herrschen (›dominium‹) von einem Meer bis ans andere und von dem Strom an bis zu der Welt Enden.« Dieser Traum von der Eroberung bis zum Pazifik ermöglichte die Bildung des neuen Begriffs *Dominion*. Entscheidend war, daß der Anstoß von Kanada ausging, daß Kanada damals Gestalt gewann und daß die englische Führungsschicht das alles ohne Widerspruch hinnahm. Das kanadische Modell gab auch das Vorbild für Australien und Neuseeland ab. In Australien, wo Anfang der fünfziger Jahre 500 000 Siedler lebten, führte ein Gesetz 1851 ein verantwortliches, repräsentatives Regierungssystem für Neusüdwales, Tasmanien und Südaustralien ein und löste die neue Kolonie Viktoria von Neusüdwales ab. 1853 erhielt Neuseeland vom englischen Parlament eine Verfassung mit zwei Kammern. Eine davon ernannte der Gouverneur, die andere wurde von den Siedlern gewählt. Ab 1856 hatten sich die Minister vor den Kammern zu verantworten, und die ›einheimischen‹ Angelegenheiten, die den beiden Kammern zunächst entzogen waren, fielen von 1862 an in ihre Zuständigkeit. Mit der Konvention von Sand River (1852) anerkannten die Engländer die Unabhängigkeit von Transvaal, durch die Konvention von Bloemfountain (1854) die Unabhängigkeit des Oranje Freistaates, die Kapkolonie bekam 1853 eine Repräsentativregierung mit Zensuswahlrecht. Auch Schwarze konnten wählen, falls sie das nötige Geld besaßen. In all diesen Fällen sah es so aus, als wollte sich London weitestgehend zurückziehen. Westindien befand sich wirtschaftlich auf dem Abstieg.

Zwar hatten sich die Engländer dem Bau des Suezkanals zunächst widersetzt, doch die Eröffnung des neuen Seewegs traf sich mit einem wachsenden britischen Interesse für den Orient. 1872 hielt Disraeli, damals Oppositionsführer, eine berühmt gewordene Rede, in der er den Liberalen vorwarf, das Empire aufgelöst zu haben. Er stellte die Frage nach dem Protektionismus, sprach von der Möglichkeit eines Empire-Tarifs, dachte an eine Militärordnung, um die Kolonien zu Verteidigungsaufgaben heranzuziehen, schlug einen Bundesrat für das Empire vor. Als Premier trug sich Disraeli mit der Absicht, Ägypten in englische Hand zu bringen und einen Krieg gegen Rußland zu führen, um die russische Expansion in Innerasien zu bremsen. Er vermochte das Interesse der öffentlichen Meinung durch spektakuläre Gesten zu gewinnen, vor allem dadurch, daß er Königin Viktoria dazu überredete, den indischen Kaisertitel anzunehmen. In den letzten 20 Jahren des Jahrhunderts beteiligte sich England auch an der Aufteilung Afrikas. England fühlte sich immer stärker von den aufsteigenden Mächten bedroht, militärisch, diplomatisch und wirtschaftlich. Der Imperialismus stellte eine Antwort auf diese Bedrohung dar und ermöglichte die Entfaltung von Energien, für die es im Mutterland kaum mehr Einsatzmöglichkeiten gab, da sich Großbritannien auf dem Höhepunkt der Reife befand und sich seine Entwicklung verlangsamte.

Insgesamt nahm das Modell der liberalen Demokratie um 1880 konservative Züge an, als befürchtete man, zu weit zu gehen. Bereits das zögernde Aufkommen eines englischen Sozialismus ließ ein unterschwelliges Unbehagen zutage treten. Doch hielt man sich im allgemeinen an die politischen Spielregeln. Wir wollen hier nicht die Vorwürfe wiederholen, die man dieser damals erstarrenden Formaldemokratie oft gemacht hat: begrenzte Wählerzahl zu einer Zeit, wo das allgemeine Stimmrecht sich immer mehr durchsetzte, fehlender staatlicher Eingriff in die Wirtschaft, Mängel in der örtlichen Verwaltung, äußerste Zurückhaltung in sozialen und (etwas weniger) schulischen Fragen ... Diese Vorwürfe sind zum Teil anachronistisch, versucht man die Zeit mit ihren eigenen Augen zu sehen. Die englische Demokratie von 1880 unterschied sich von der unseren in ihren Grundsätzen, nicht in ihren Zielen. Es war eine ›regierte‹ Demokratie, wo die Aufgabe der Abgeordneten nicht darin bestand, einen Willen auszudrücken, der zuvor bereits in der Wählerschaft vorhanden gewesen wäre. Sie sollten vielmehr im Interesse der Nation für eine Demokratie sorgen, wo die Macht den ›Besten‹ übertragen wurde, eine Demokratie, in der der politische Bereich sehr stark eingeschränkt war, weil das Gesetz zwar die allgemeinen Rechte des Bürgers schützte, die Arbeit des einzelnen jedoch nur materielle Sicherheit gewährleisten konnte.

In Belgien und Holland herrschte eine andere Situation, doch der Liberalismus hatte ganz ähnliche Probleme wie in England zu bewältigen. In Belgien gab es zwei Parteien, die flämisch und ländlich ausgerichtete katholische Partei und die Liberalen, die das städtische Bürgertum vertraten. Die Liberalen setzten sich für das Französische ein, gaben sich antiklerikal und freimaurerisch. Seit 1830 bildete der König Unionskabinette und wählte seine Minister aus beiden Parteien. 1846 berief die liberale Allianz einen Kongreß der liberalen Verbände nach Brüssel ein, der ein geschlossenes Programm annahm:

1. Wahlrechtsreform durch Senken des Zensus und Einbeziehung der geistig Befähigten
2. Unabhängigkeit des Staates von der katholischen Kirche
3. Aufbau eines öffentlichen und religiös neutralen Schulwesens
4. Erhöhung der Abgeordneten- und Senatorenzahlen
5. Verbesserung der Lebensbedingungen für Arbeiter und Arme.

Mit diesem Programm wurde 1847 die Wahl gewonnen. Louis Philippe hatte Leopold I. geraten, die liberale Allianz aufzulösen. Der belgische König überließ jedoch den Wählern die Entscheidung und bildete eine liberale Regierung unter Charles Rodier, der das Vertrauen beider Kammern besaß. In den 48er Revolutionen betonten die Liberalen ihre Entschlossenheit, an der Verfassung festzuhalten. Sieht man von den Jahren 1855–57 ab, blieben die Liberalen von 1847 bis 1870 an der Macht. Eine ihrer ersten Maßnahmen bestand in der Senkung des Wahlzensus, doch selbst nach dieser Reform zählten nur etwa 10 v. H. der erwachsenen Männer zur Wählerschaft, noch weniger als in England. Die Liberalen leisteten Beachtliches. Sie errichteten höhere Schulen, schafften die Zeitungssteuer ab, organisierten die Staatsfinanzen durch Einführung einer Erbfolgesteuer und verschiedener indirekter Abgaben neu, setzten Stadtzölle und Mautgebühren außer Kraft, verankerten Koalitions- und Streikfreiheit im Gesetz. Aber wie ihre englischen Parteigenossen in den sechziger Jahren waren auch die belgischen Liberalen tief gespalten. Mit den Gemäßigten, den ›Doktrinären‹, die meinten, das Programm sei erfüllt, stießen die ›Jungen‹ oder ›Progressiven‹ zusammen, die sich für das allgemeine Wahlrecht und die Schulpflicht einsetzten. Außerdem zeigten die Liberalen kein Verständnis für das Wiedererstehen der flämischen Bewegung. Deshalb errangen die Katholiken 1870 einen Wahlsieg. Es gab mehrfache Machtwechsel, die Liberalen kamen 1878 wieder an die Regierung, die Katholiken erneut 1884. Die Katholiken erreichten, daß Flämisch zur offiziellen Sprache wurde und in Flandern in offiziellen Dokumenten Verwendung fand. Die Liberalen brachten ein Gesetz durch, wonach in jeder Gemeinde eine konfessionsfreie, öffentliche Schule eingerichtet wurde. Dieses

Gesetz änderten die Katholiken dahin ab, daß die Gemeinden diese Schulen der Kontrolle des Klerus unterstellen konnten. Ende der achtziger Jahre rückte die Wahlrechtsfrage wieder in den Vordergrund, nachdem es seit 1850 zu keiner Reform mehr gekommen war. Viele Liberale lehnten die Reform ab, wogegen die Katholiken sie befürworteten, da sie der flämischen Bauernstimmen sicher waren, was die Liberalen von den Stimmen der wallonischen Arbeiter nicht sagen konnten. Vor allem die Sozialisten kämpften für das allgemeine Wahlrecht und schreckten dabei auch nicht vor der Drohung mit einem ›politischen‹ Streik zurück. Die ersten allgemeinen Wahlen in Belgien fanden 1894 statt ... Sie wirkten sich für die Liberalen verhängnisvoll aus, da deren Partei zugunsten der Sozialisten verschwand. Am Beispiel Belgiens sieht man einerseits die Anfälligkeit einer liberalen Partei in einem katholischen Land; die Liberalen traten nämlich in katholischen Gegenden im allgemeinen antiklerikal auf, evangelisch waren sie in protestantischen Gebieten; zum andern und vor allem läßt sich hier der enge Horizont der Liberalen ablesen.

Die Niederlande hatten 1848 eine konstitutionelle Monarchie, in der die Vollmachten des Königs umfangreicher waren als die des Parlaments. Die Generalstaaten umfaßten zwei Kammern, ein Oberhaus, dessen Mitglieder der König ernannte, ein Abgeordnetenhaus, das durch indirekte Wahl zustande kam, da seine Mitglieder von den Provinzialständen bestimmt und diese ihrerseits nach dem Zensusverfahren gewählt wurden. Die Minister waren den Kammern nicht verantwortlich, Gesetzesinitiative hatte allein die Regierung. Die 48er Unruhen führten zur Annahme eines neuen Grundgesetzes. Das Oberhaus wurde indirekt gewählt, das Abgeordnetenhaus nach einem direkten Zensusverfahren von den Bürgern, die auf dem Land 20 Gulden direkte Steuern bezahlten, 160 Gulden in der Stadt. Die Minister waren jetzt den Kammern verantwortlich, bei denen die Gesetzesinitiative lag und die über den Haushalt jährlich abstimmten. Der Liberale Thorbecke führte die erste nach dem neuen Grundgesetz zusammengetretene Regierung. Es gab in Holland vier Parteien, die liberale Partei, die konservative Partei, für die Adel und altes Bürgertum stimmten, die christlich-historische Partei, in der sich orthodoxe Calvinisten fanden, und die katholische Partei. Meist gingen zwei Parteien zusammen, die Calvinisten mit den Konservativen, die Katholiken mit den Liberalen. Obschon die Liberalen nicht ständig die Regierung stellten, bildeten sie die beherrschende Partei. Sie setzten sich für direkte Steuern ein, für Freihandel, Maßnahmen zugunsten der Eisenbahnen, sie brachten Reformen zum Abschluß, die ihnen am

Herzen lagen. Abgeschafft wurden sozial bedingte Rangunterschiede, die Lokalverwaltung wurde neu organisiert mit gewählten Gemeinderäten, die Sklaverei beseitigt (1862), desgleichen Frondienste der Eingeborenen in Ostindien (1870). 1857 wurde ein Schulgesetz erlassen. Danach mußte jede Gemeinde konfessionsfreie, öffentliche Schulen unterhalten, die Zeitungstaxe fiel weg. In den siebziger und achtziger Jahren besaßen die Liberalen die Mehrheit in den Kammern, außer zwischen 1888 und 1891. Sie stießen in der Schulfrage mit den konfessionellen Parteien zusammen, ähnlich wie in Belgien. Das Gesetz von 1878 gewährte den öffentlichen, konfessionsfreien Schulen staatliche Unterstützung. 1889 stimmten Katholiken, Verbündete der protestantischen Konservativen, die sich jetzt ›Gegenrevolutionäre‹ nannten, für ein Gesetz, das die Konfessionsschulen ebenfalls subventionierte. Auch in Holland stellte sich die Frage nach einer Erweiterung der Wählerschaft, die hier so klein war wie anderswo.

Die Reform von 1887 ließ die Zahl der Wähler von 140 000 auf 300 000 steigen. 1896 erhielten die über 25 Jahre alten Holländer das Wahlrecht, sofern sie eine direkte Steuer zahlten, Besitz hatten oder Mieter waren oder über ein Mindesteinkommen von 467 Mark verfügten. Dadurch nahm die Wählerschaft ähnliche Proportionen wie in England zu Ende des Jahrhunderts an. Die niederländischen Liberalen, die mit einigen unwesentlichen Unterbrechungen 50 Jahre an der Macht blieben, bildeten einen Sonderfall. Zweifellos hat dies in der Folgezeit das politische Klima Hollands stark geprägt. Doch das konkrete und unmittelbare Werk der Liberalen war kaum gehaltvoller als in andern Ländern. Denn, um Jules Ferry zu zitieren, »die Regierung einer großen Demokratie, die nach Frieden und Arbeit hungert, kann sich nicht dauernd Überraschungseffekte leisten; es ist unmöglich, jeden Morgen Revolution zu machen«. Das Volk war etwas Abstraktes, und man verneinte alles, was die einzelnen trennte, unterschied oder voneinander abhob, die Geburt, die gesellschaftliche Stellung, das Vermögen, die Aufstiegschancen.

Vielleicht sollte man am Ende dieses Abschnitts von einem andern, etwas am Rande liegenden Experiment sprechen. In der Schweiz wurde nämlich die politische Demokratie wie in einem Labor erprobt.[7] Die Verfassung von 1848 hatte die Repräsentativdemokratie allgemein eingeführt, in den einzelnen Kantonen existierte sie erst seit 1830. Die Verfassung von 1874 verankerte das Referendum, Erbe der alten Bürgerversammlungen. Einige Kantone kannten es schon, manchmal war es obligatorisch. Für den Bund blieb es fakultativ. Auf diese Weise vermochten 30 000 Wähler zu erzwingen, daß ein Gesetzesvorschlag, den die Bundeskammern behandelt hatten, der direkten Abstimmung unterlag. In manchen Kantonen lag alle Initiative bei den Wählern. 1891 wurde dieses Prinzip für die gesamte Schweiz verbindlich. Bis zum Endes des Jahrhunderts stimmten die Wähler 34mal über 53 Gesetzesvorschläge des Bundes ab, 20 wurden gebilligt, 30 nicht. Das Volk erwies sich letztlich als konservativer denn seine Vertreter ...

II. DER DURCHBRUCH DES LIBERALISMUS IN ROMANISCHEN LÄNDERN: FRANKREICH UND ITALIEN

Alles spricht dafür, daß das maritime Nordwesteuropa mit den Hansestädten und dem Rheinland das bevorzugte Gebiet des Liberalismus war. In Deutschland mußte er sich mit der Tradition des preußischen Staates auseinandersetzen, sich zum Kompromiß bereit finden. In Frankreich und Italien gewann er schließlich die Oberhand, aber nicht ohne Stockungen und heftige Rückschläge. In Italien hing dies mit dem komplizierten Problem der Einigung zusammen, die ohne Hilfe von außen durch die innere gesellschaftliche Dynamik allein nicht vollendet werden konnte. In Frankreich wurde der Liberalismus immer wieder in Frage gestellt, bis endlich ein befriedigendes Modell gefunden worden war.

a) Frankreich: Vom Kaiserreich zur Republik

Revolutionsherd 1848, wurde Frankreich 1849 das Land der Ordnung. Die 48er Revolution mit ihrer Romantik, ihrem Idealismus, ihrem Edelmut verursachte in allen Gesellschaftsschichten derartige Enttäuschungen, daß man sich dem napoleonischen Mythos zuwandte. Die Honoratioren ließen den geschickten Manövern Louis Napoléon Bonapartes freien Lauf. Wie einst seinem Onkel war es auch ihm bestimmt, eine Revolution zu beenden, indem er Ordnung und Demokratie gewährleistete. Auf den Staatsstreich vom 2. 12. 1851 folgte die Verkündigung einer neuen Verfassung, die dem fürstlichen Präsidenten die entscheidenden Vollmachten beließ. Die Ausrufung eines französischen Kaiserreichs 1852 war nur ›Weihe‹, logischer Abschluß.

Welcher Platz kommt diesem Regime in Frankreichs politischer Geschichte des 19. Jahrhunderts zu? Charles Péguy stellte 1910 fest, als er in *Notre jeunesse* die Bilanz seit der Großen Revolution zog: »Alles beginnt mit Mystik, alles endet in Politik.«[1] Man unterscheidet zwei wichtige mystische Strömungen, um Péguys Ausdruck zu verwenden, die ein ganzes Jahrhundert hindurch aufeinanderstießen, eine royalistisch-katholische und eine republikanische Mystik. Die eine verehrte ein bestimmtes, vorrevolutionäres Frankreich, die andere blieb den großen Grundsätzen der Revolution von 1789 treu. Über mehrere Generationen hin blieb die politische Auseinandersetzung in gewisser Weise durch das gewaltige Trauma von 1789 gelähmt, durch den Kampf der Mystiken, der die Geister schied. Doch jede Mystik wurde von der Politik aufgesogen, deren Entstehung sie bewirkt hatte. Péguy betont: »Alles beginnt mit der Mystik, mit einer Mystik, mit der eigenen Mystik, und alles endet politisch.« Und die Politik besteht aus Kompromissen. Sämtliche aufeinanderfolgende Regime in Frankreich waren so etwas wie schlechte Kompromisse, die sich zwischen den beiden Parteien nur schwer behaupteten. Sie waren ganz unterschiedlich nuanciert, aber alle gleich unsicher, und lösten sich bei der ersten Gelegenheit rasch auf.

Die Revolution von 1789 wollte eine neue Ordnung schaffen. Dies gelang ihr, die Ordnung zerfiel jedoch bald danach. Der *18. Brumaire* des ersten Bonaparte (1799) war eine Restauration, »republikanisch und monarchistisch in einem, was ihr ein besonderes Interesse verlieh, einen besonderen Ton, einen eigenen Sinn, was sie zu einem wirklich sehr einmaligen Vorgang machte«. Die Restauration von 1815 war eine monarchistische Restauration, die aber eine Reihe von revolutionären Ergebnissen nicht in Frage stellte. Die Revolution von 1830 sah sich als republikanische Restauration, ermöglichte allerdings »eine bürgerliche Oligarchie, der die Kraft der großen alten Aristokratien fehlte und die Stärke der großen Demokratien«.[2] Die 48er Revolution war »eine republikanische Restauration und ein Ausbruch republikanischer Mystik«. Bei den Junitagen 1848 handelte es sich um »einen fürchterlichen Ausbruch der republikanischen Mystik«. Schließlich kam die Stunde Louis Napoléon Bonapartes ...[3]

Bevor wir die typischen Züge des napoleonischen Regimes untersuchen,[4] wollen wir einen Überblick über die um 1850 in der Tiefe wirkenden Kräfte geben, wollen das politische Temperament im einzelnen aufspüren.[5] Die monarchistische Mystik wurde verkörpert in der Partei der *Legitimisten*, die dem Grafen von Chambord ergeben war, dem Enkel Karls X. Die Partei stützte sich besonders auf den alten grundbesitzenden Adel und einen Großteil der katholischen Hierarchie, doch erhielt sie, eine Folge des allgemeinen Wahlrechts, auch Bauernstimmen, besonders im Westen sowie in Gegenden des Zentralmassivs und konnte auch auf das grundbesitzende Bürgertum der kleinen städtischen Zentren zählen. Es mag überraschen, daß eine Partei, die sich so offen zur Vergangenheit bekannte, eine entscheidende Kraft im Industriezeitalter war. Doch kaum mehr als ein Viertel der Bevölkerung lebte in Ge-

Abb. 18: *Napoleon III.*

meinden mit über 2000 Einwohnern, und wir wissen außerdem, daß die Kleinstädte mit 10 000 und 20 000 Einwohnern meist am Rande der neuen Kultur blieben. Die republikanische Mystik hatte ohne Zweifel nicht dieselbe Geschlossenheit, sie nahm verschiedene Züge an, je nachdem, ob es sich um nichtkonservative Landbevölkerung, um einen Großteil des Kleinbürgertums, um bestimmte Gruppen innerhalb der antiklerikalen bürgerlichen Mittelschicht oder um Intellektuellenkreise handelte. Die Bourgeoisie schwankte in ihrer Mehrzahl zwischen beiden Parteien, zeigte keinerlei Leidenschaft, begnügte sich mit zurückhaltenden und eher ängstlichen Gefühlen. Dieses Bürgertum neigte zum *Orleanismus*, einer Monarchie, die 1789 billigte, zu einem elitären, engen und konservativen Liberalismus, war aber auch mit anderen politischen Formen einverstanden, je nach Lage der Dinge. Zu einem Zeitpunkt, wo keine dieser Kräfte sich eindeutig durchzusetzen vermochte, bedeutete das Zweite Kaiserreich weniger die Schaffung einer neuen Ordnung als eine Pause über eine Generation hin. Das Kaiserreich wurde begrüßt von der konservativen und katholischen Rechten, war aber keinesfalls eine offensive Rückkehr des *Ancien Régime*. Napoleon III. verärgerte zwar zu Beginn die liberalen Kräfte, bot aber dem Industriebürgertum Wohlstand und Wirtschaftswachstum, also das Wesentliche. Schließlich kam ihm die wohlwollende Neutralität der meisten Arbeiter zugute, die Sympathie aller Bauern ... Die Institutionen des neuen Regimes mit ihren nicht eindeutigen Zügen trugen einen Januskopf, mit dem sich der zaghafte Liberalismus der Jahrhundertmitte durchaus abfinden konnte. Der wirtschaftliche Liberalismus anerkannte nur Naturgesetze und bestritt dem Menschen das Recht, das Werk spontaner Mechanismen zu durchkreuzen. Der politische Liberalismus der Jahre 1850—70 dagegen zeigte sich nicht nur in Frankreich mit einer starken Macht in dem Maße einverstanden, wie die Kräfte der Zerstörung in Schach gehalten, die Massen gelenkt werden mußten, da sie dem politischen Spiel noch nicht gewachsen seien. Das Modell der klassischen parlamentarischen Demokratie stammt aus den letzten 25 Jahren des vorigen Jahrhunderts, und selbst in England kam der Prozeß erst 1865 in Gang, nach dem Tode Palmerstons. Nachträglich läßt sich der steinige Pfad auffinden, der zu ihr führte. Die liberalsten Geister der fünfziger Jahre, die die Allmacht der Exekutive durch eine parlamentarische Herrschaft beschränken wollten, sahen Verantwortung nur für eine hauchdünne Schicht von Adligen und Bürgerlichen vor. Das Reich Napoleons III. war somit keinesfalls etwas Unsinniges im liberalen Europa, auch wenn seitdem eine ganze republikanische Tradition das Empire mit Vorwürfen überhäufte.

Das allgemeine Wahlrecht war also ein unumstößlicher Gewinn von 1848, den Louis Napoléon Bonaparte besonders klar bestätigte. Zwar entsprach die Ausübung des Wahlrechts nicht dem, was wir in der Folgezeit erlebten, doch allmählich gewöhnte man sich an das Prinzip. Das Wahlrecht wurde natürlich zweckentfremdet, wie es die Scheinheiligkeit der Zeit zuließ. Auf der einen Seite befragte Napoleon III. das Volk direkt durch ein *Plebiszit* (Dezember 1851, November 1852, 1870). Die 1851 und 1852 vorgelegte Frage war ziemlich eindeutig, da über den Staatsstreich abgestimmt werden sollte, dann über die Wiederherstellung eines Reiches. Das *Plebiszit von 1870* bewegte sich dagegen an der Grenze der Aufrichtigkeit: »Das Volk billigt die liberalen Reformen, die seit 1860 in die Verfassung Eingang gefunden haben...« Schloß man damals nicht von der Zustimmung zu einem bestimmten Punkt auf die Billigung der gesamten Politik? Auf der andern Seite und besonders bei der Wahl der Abgeordneten unterstützte die Verwaltung mit allen Mitteln den ›offiziellen‹ Bewerber, die Präfekten schickten sogar Rundschreiben an die Bürgermeister, um ihnen zu erklären, wie eine gute Wahl zustande käme, und die Aufgliederung der Wahlkreise war mehr als anfechtbar.

Der Parlamentarismus wurde nicht abgeschafft, blieb aber ohnmächtig. Die aus allgemeinen Wahlen hervorgegangene Versammlung, die gesetzgebende Körperschaft, stimmte über die Gesetzesvorschläge und die Steuern ab, was der Aufgabe eines Parlaments entsprach. Doch fehlte den Abgeordneten das Recht auf Anfragen und auf Adreßdebatten, das heißt, sie vermochten keinesfalls, die Exekutive zu kritisieren. Die Sitzungen waren zwar öffentlich, aber den Zeitungen blieb keine andere Wahl, als das am Ende der Sitzung vom Parlamentspräsidenten abgefaßte Protokoll zu drucken. Der Präsident wurde vom Kaiser persönlich vorgeschlagen. Die Minister erschienen nie vor der Kammer. Die beiden anderen Gremien befanden sich ganz in der Hand Napoleons: Der Senat, in dem hohe Würdenträger zeit ihres Lebens saßen, war der oberste Hüter der Verfassung, im Staatsrat saßen Beamte, die Gesetzesvorschläge ausarbeiteten; als letzte Instanz für Verwaltungsstreitigkeiten entsandte der Staatsrat seine Mitglieder zu Inspektionsreisen in die Provinz. Allerdings verstärkten in den sechziger Jahren eine bestimmte Anzahl von Änderungen die Vollmachten der Legislative im Sinne des sogenannten liberalen Kaiserreichs.

Es kann also nicht verwundern, daß das Regierungspersonal, das im Lauf der Zeit nur selten erneuert wurde, unbestritten die Bühne beherrschte. Der Kaiser selber, ein empfindsamer und kluger Mann, aber oberflächlich und zerstreut, hatte in der Schweiz eine gute Ausbildung genossen. Im Herzen Romantiker, hatte er 1830 am Aufstand der italienischen Liberalen in der Romagna teilgenommen und versucht, die Macht in Frankreich an sich zu bringen, 1836 in Straßburg, 1840 in Boulogne. Zu seiner Zeit galt er als einer der für die kommenden Probleme des 19. Jahrhunderts aufgeschlossensten Staatsmänner. Er hing jedenfalls einer wichtigen Wirtschaftsidee an: Entwicklung der Industriekultur, um den materiellen Fortschritt auszubreiten und die Arbeiterfrage zu lösen. Seine programmatische Rede von Bordeaux wurde berühmt, weil er darin sein großes Ziel hervorkehrte, an dem er während seiner gesamten Regierungszeit festhielt: »Natürlich habe ich als Kaiser sehr viele Eroberungen zu machen ... Es gibt bei uns unendlich weite Landstriche, die urbar gemacht werden müssen. Straßen sind zu bauen, Häfen anzulegen; Flüsse müssen schiffbar gemacht, Kanäle zu Ende geführt, unser Eisenbahnnetz vollendet werden...« Diese friedliche Eroberung ging mit einer den nationalstaatlichen Problemen zugewandten Außenpolitik Hand in Hand, die sich einen liberalen Anstrich gab und die Verträge von 1815 beseitigen wollte, eine verhängnisvolle Versuchung. Die Minister waren für technische Abwicklung zuständig, einzeln dem Kaiser verantwortlich, jeder für sein Ressort, ohne Solidarität. Der Staatschef behielt sich vor allem die Außenpolitik vor. Zwar erwiesen sich die Minister meist als sehr fähig, aber keiner kam auch nur von Ferne einem Disraeli, Bismarck oder Cavour gleich, was ihr politisches Gespür anging. Einer von ihnen bietet ein ganz typisches Beispiel, Rouhor. 1814 geboren, vor der 48er Revolution Anwalt am Gericht von Riom, war er der Typ des französischen Provinzbourgeois, ein gemäßigter Orleanist. 1848 zog er als Republikaner in die Verfassunggebende Versammlung ein, aber als Republikaner im Nachhinein. Von 1849–51 an Minister, stellte er sich dem fürstlichen Präsidenten ganz zur Verfügung. 1853 wurde er zum Minister für Landwirtschaft, Handel und Öffentlichkeitsarbeit ernannt. Ein übermäßiger Arbeiter, aufrichtig und intelligent, sprach er das letzte Wort in der Wirtschaftspolitik. Er unterzeichnete 1859 die Abkommen mit den Eisenbahngesellschaften, bereitete den französisch-englischen Handelsvertrag vor. 1863 avancierte er zum Staatsminister, als solcher mußte er die Regierungspolitik vor dem Parlament vertreten, spielte somit zwischen 1863 und 1869 eine entscheidende Rolle; er verkörperte für die Abgeordneten die offizielle Politik so sehr, daß seine Gegner ihn Vize-Kaiser nannten. 1869 fiel er zeitweise in Ungnade, weil er sich jeglicher liberalen Entwicklung widersetzte. Zu den bürgerlichen Ministern, ehemaligen Orleanisten, die sich Napoleon bedingungslos angeschlossen hatten, gehörten Baroche und der Bankier Fould. Aber auch die Umgebung des Kaisers beeinflußte die Politik. Zwar berichtigte sie die engstirnige Kleinlichkeit der bürgerlichen Mitarbeiter, handelte jedoch widersprüchlich und planlos. Eine derart heterogene Gruppe wäre unter jedem andern Regime undenkbar gewesen. In des Kaisers Umgebung fand man den Herzog von Morny, Halbbruder Napoleons III., einen Abenteurer und Spekulanten, der aber kluge Ansichten vertrat und sich durch seine Ratschläge auszeichnete; Walewski, einen unehelichen Sohn Napoleons I., den Vertreter der katholischen Partei; den Prinzen Napoleon-Jerome Bonaparte, einen Antiklerikalen. Nicht übersehen darf man das besondere Sekretariat, das der liberale und gebildete Anwalt Mocquart leitete. Schließlich wären noch die verborgenen Ratgeber zu nennen wie die Polytechniker saint-simonischer Prägung Michel Chevalier und Paul Talabot. Die Gruppe war völlig uneinheitlich und ließ ungefähr alle Standpunkte gelten, wie Napoleon III. launig bemerkte: »Was für eine Regierung habe ich bloß! Die Kaiserin ist Legitimistin, Napoleon-Jerome Republikaner, Morny Orleanist; ich selbst bin Sozialist. Lediglich Persigny ist Bonapartist, aber der ist verrückt.«

Von 1852—58 wurde das Reich autoritär regiert. Bei den Wahlen von 1852 kam kein Gegner des Regimes durch, 1857 nur fünf Republikaner von 267 Abgeordneten. Die meisten Parlamentarier waren unbekannte Lokalgrößen, Grundbesitzer, Beamte, auch reiche Industrielle, die sich alle vom 48er Schock nur schlecht erholt hatten. Die Verwaltung war sehr abhängig, da die Minister die Beamten abberufen, zurückstufen und versetzen konnten, Schutz vor Willkür fehlte. Überwacht und schlecht bezahlt, genossen die Beamten dennoch ein gewisses Ansehen, das ihnen der öffentliche Dienst verlieh. Die Schlüsselfigur war der Präfekt, der in seinem Departement den Ausgang der Wahlen bestimmte, die Bürgermeister kleiner Gemeinden ernannte, unablässig auf Märkten, Ausstellungen und Bauerntreffen erschien, um mit den behäbigen Landwirten in deren Sprache zu reden und die frohe Botschaft aus Paris zu verkünden. Keine der großen klassischen Freiheiten gab es wirklich. Die Vereinigungen unterlagen der Genehmigung durch die Regierung, ebenso die öffentlichen Versammlungen. Die Pressefreiheit blieb eingeschränkt, denn die Regierung konnte nach mehreren Warnungen Zeitungen verbieten. Der Schauspieler Grassot wurde während des Krimkriegs auf den Boulevards verhaftet. Er saß nämlich auf einer Café-Terrasse, hatte ein Bier bestellt, das nicht serviert wurde. Erbost rief er: »Es ist hier wie in Sewastopol, man bekommt nichts.« Mehrere Universitätsprofessoren wurden suspendiert wie Michelet, Guizot, Quinet, Cousin. Lehrer an höheren Schulen erhielten

Verweise, hauptsächlich, wenn sie Geschichte und Philosophie unterrichteten, zwei verdächtige Fächer. 1858 führte eine schleichende politische Krise, die sich vor allem durch den Anschlag Orsinis äußerte, zur Annahme eines Gesetzes über die allgemeine Sicherheit. Der Innenminister konnte persönlich auf dem Verwaltungsweg denjenigen internieren oder deportieren lassen, der zwischen 1848 und 1851 aus politischen Gründen verurteilt worden war.
Auf dem Höhepunkt des Regimes, im Augenblick der großen Siege in Italien, entspannte sich die Lage; allmählich entwickelte sich, wie allgemein in Europa, eine parlamentarische Regierungsform. Minister wurden beauftragt, die Regierungspolitik vor dem Parlament darzulegen, das das Recht auf Adreßdebatten zurückerhielt. Die Debatten wurden vollständig veröffentlicht, das Recht auf Anfragen wurde wieder eingeführt. Die gesetzgebende Körperschaft wählte ihren Präsidenten, erhielt die Gesetzesinitiative. Die Bildung einer wirklichen Regierung am 2. 1. 1870 unter Emile Ollivier, einem liberalen Republikaner, der sich Napoleon III. angeschlossen hatte, bildete ohne Zweifel eine entscheidende Etappe, die durch den Sturz des Kaisers nicht zur Wirkung kam.[6] Presse- und Versammlungsfreiheit wurden 1868 wiederhergestellt. Gleichzeitig verschaffte sich auch eine gewisse Opposition Gehör. Sie umfaßte 1863 30 Abgeordnete, Royalisten und Republikaner, 1869 waren es 70. Bei den Wahlen von 1869 entfielen auf die Gegner des Kaiserreichs, Royalisten und Republikaner, 41 v. H. der abgegebenen Stimmen. Nicht ohne Ironie koalierten also die beiden Mystiken und stützten einander in ihrem gemeinsamen Angriff auf ein Regime, das mit der Geschäftswelt liiert war – übrigens keine Einzelerscheinung in der zeitgenössischen Geschichte Frankreichs. Die extremen Vertreter der beiden Mystiken ahnten wohl überhaupt nicht, daß das Kabinett Ollivier den Weg für die Zukunft wies durch kluges Abwägen und Kompromisse: eine Koalition aller Gemäßigten mit den liberalsten Bonapartisten, den Orleanisten, den vernünftigsten Republikanern, die das Reich bejahten. »Niemand«, erklärte Ollivier, »kann seine Hilfe einer Regierung versagen, die für den Fortschritt ohne Gewalt, für die Freiheit ohne Revolution sorgt.« Leider stand die Niederlage vor der Tür, und mehrere Zusammenstöße verzögerten die Einigung der Gemäßigten ...
Die Schwäche des Reiches lag darin, daß es nie die Jugend oder die Intellektuellen anzog. Innerhalb von 15 Jahren war eine neue Generation herangewachsen, die sich an der 48er Revolution nicht beteiligt hatte. In den Eliteschulen, in Presse- und Anwaltskreisen, in den Freimaurerlogen wurde sich diese bürgerliche Jugend, die dem Katholizismus oft Feindschaft entge-

genbrachte und wissenschaftsbesessen war, ihrer selbst bewußt, las die Blätter der Opposition, hielt immer öfter Versammlungen ab. Sie wurde durch die Unzufriedenheit der Arbeiter in eine führende Rolle gedrängt, durch die Müdigkeit des Kleinbürgertums, die Enttäuschung bestimmter Industrieller, sogar durch den Groll royalistischer und katholischer Honoratioren, die wertvolle Bauernstimmen mitbrachten. 1868 wurden 125 000 Exemplare des Pamphlets *La Lanterne* von Rochefort verkauft ... Das Vorhandensein einer Opposition ist etwas Gesundes in einem liberalen Regime, aber sie muß die Spielregeln akzeptieren und die Hoffnung haben, der Regierungspolitik eine neue Richtung zu geben. Die Opposition gegen das Kaiserreich stellte die Beschaffenheit des Regimes selber in Frage. Das Reich war aber das Werk eines Mannes mit angeschlagenem Ansehen, es war das Ergebnis eines Staatsstreichs, den man durch einen weiteren Staatsstreich rückgängig machen konnte, es war das Resultat eines geschichtlichen Augenblicks, eben des Jahres 1848. Am 4. 9. 1870, nach der französischen Niederlage im Krieg gegen Deutschland, setzte ein Aufstand in Paris dem Zweiten Kaiserreich ein Ende.

Nach dem Zusammenbruch des Reiches, als die Gemüter noch unter dem Schock der Kommune von 1871 standen, begann eine Periode der Ungewißheit, man war sich über die neue Regierungsform nicht einig. Erst 1877 trat mit dem endgültigen Sieg der Republik eine Änderung ein. Es war eine gemäßigte Republik von Honoratioren aus dem Großbürgertum und der bürgerlichen Mittelschicht, die endlich ein Regime nach ihrem Geschmack fanden. Diese Republik hatte mit der von Péguy in *Notre jeunesse* geschilderten Mystik wenig zu tun. Sie war nämlich das Ergebnis eines Handels. Um sie zu verstehen, muß man auf die Umstände bei dieser schmerzlichen Geburt zurückkommen.

Im Mai 1871 wurde der Vertrag von Frankfurt mit der Regierung des neuen deutschen Reiches unterzeichnet, die Pariser Kommune vernichtet. Der Weg für einen politischen Wiederaufbau war frei, das Land konnte durch gefestigte Institutionen wieder aufgerichtet werden. Die im Februar gewählte Versammlung, die zuerst in Bordeaux, dann in Versailles tagte, wurde von einer royalistischen Mehrheit beherrscht, die aber gespalten war. Die Legitimisten, die dem Grafen von Chambord die Treue hielten, dem Enkel Karls X. und letzten Vertreter der älteren Bourbonenlinie, waren kleine Provinzadlige, die noch einmal wie Gespenster der Vergangenheit ihr zurückgezogenes Dasein aufgaben, ohne etwas von den großen politischen Geschäften zu verstehen oder sich in den Pariser Salons auszukennen. Sie lebten von Illusionen. Die Orleanisten, Anhänger des Grafen von Paris, des Enkels von Louis Philippe, zählten zu ihrer Gefolgschaft große Namen aus dem jüngeren Adel, Reiche, Leute mit hervorragender gesellschaftlicher Stellung. Sie waren liberal, befürworteten einen vom Papst ziemlich unabhängigen Gallikanismus, und sie verstanden, daß Frankreich eine Regierung der Mitte brauchte, in Zeiten, wo es nicht in einer Krise oder im Umbruch lebte. Über Wochen hin verschwendete man Energien auf die Suche nach einer Verständigungsmöglichkeit zwischen Legitimisten und Orleanisten. Der Graf von Paris willigte ein, sich vor dem Grafen von Chambord zurückzuziehen, da dieser, ohne Erben, ihn zum Nachfolger wählen könnte. War ein Kompromiß möglich? Am 5. 7. erklärte der Graf von Chambord, er werde dem alten weißen Banner der Monarchie treu bleiben, und es komme nicht in Frage, mit der Trikolore zu regieren. Dies war natürlich eine symbolische Weigerung, die eine Restauration hinausschob. Man hielt aber diese monarchistische Restauration in einer nicht näher bestimmten Zukunft für möglich.

Thiers, in Bordeaux zum Präsidenten gewählt, blieb somit an der Macht in Erwartung dieser hypothetischen Restauration. Er entstammte ganz bescheidenen Verhältnissen, war Journalist, Historiker, Minister unter Louis Philippe und Führer der Partei der Ordnung gewesen (1848–50). Von Louis Napoléon Bonaparte ausgeschaltet, zählte er im Zweiten Kaiserreich in Gegensatz zu andern Orleanisten zur Opposition. Er forderte die »notwendigen Freiheiten« und widersetzte sich 1870 schließlich dem Kriegseintritt Frankreichs. Er hütete sich davor, seine eigentlichen Gedanken zu zeigen, fühlte, daß die Zeit der Monarchie verflossen war und das Land zur Republik neigte. Er spielte sein eigenes Spiel, beruhigte und verunsicherte abwechselnd seine royalistische Mehrheit, erreichte aber immer deutlicher eine Annäherung zwischen der orleanistischen Großbourgeoisie und den gemäßigten Elementen des republikanischen Bürgertums. Da das Bürgertum bei der Vorstellung einer Einkommensüberprüfung entsetzt war, wählte man den Weg der Anleihe anstatt der Besteuerung, um die Kriegsschuld an Deutschland zu begleichen. Durch vorzeitige Zahlungen bewirkte Thiers den Abzug der deutschen Truppen, ließ über ein neues, sehr liberales Heeresgesetz abstimmen, wonach die Dienstpflichtigen einen Vertreter ›kaufen‹ konnten. Thiers' Werk fügte sich gut in die liberale Bewegung ein. Doch die royalistische Mehrheit, über den Fortschritt der Republikaner bei Nachwahlen erschreckt, machte Thiers dafür verantwortlich und stürzte ihn am 24. 3. 1873. Der unbedeutende Marschall Mac-Mahon gelangte an die Macht.

Den Geschehnissen, wie sie sich in den folgenden vier Jahren im Parlament abspielten, ist kaum Bedeutung zuzumessen. Wir wollen nur auf drei Punkte hinweisen. Sie sind für diesen

Zeitraum, auf den die Bezeichnung ›moralische Ordnung‹ gut paßt, wichtig: Neue Versuche, die Monarchie wieder einzuführen, scheiterten an der mangelnden Nachgiebigkeit des Grafen von Chambord; Institutionen wurden geschaffen; die republikanische Minderheit errang die Mehrheit. 1875 wurden die Institutionen vom Parlament angenommen, ohne daß ein zentrales Dokument die Bezeichnung Verfassung verdiente. Man meinte nämlich immer noch, sie hätten in einer Republik ihren Platz ebensogut wie in einer Monarchie. Was allgemein Verfassung von 1875 heißt, war lediglich die Zusammenstellung eines Gesetzes von 1873 — der Präsident bleibt 7 Jahre im Amt — und dreier Gesetze von 1875, die einen Senat ins Leben riefen, den Aufbau und das Verhältnis der öffentlichen Gewalten festlegten. Dafür hatte es aber einer fast einjährigen Debatte bedurft, hatte es gegensätzliche Abstimmungen gegeben mit ganz unterschiedlichen Mehrheiten aus Republikanern und Orleanisten, Republikanern und Legitimisten, Royalisten. Als kleinster gemeinsamer Nenner stellte sich schließlich ein parlamentarisches und typisch liberales Regime heraus, eine Art parlamentarische Monarchie ohne König, die zum Verwechseln der belgischen Monarchie ähnelte, mit zwei Kammern. Davon war die eine aus allgemeinen, die andere, der Senat, aus indirekten Wahlen hervorgegangen, was die kleinen Landhonoratioren begünstigte. Die Exekutive war ziemlich schwach ... Der Präsident, der nach einer Gesetzesabänderung mit einer Stimme Mehrheit Präsident der Republik hieß, wurde von beiden Kammern zusammen gewählt, vertrat Frankreich nach außen, unterzeichnete die Dekrete, verkündete die Gesetze, traf jedoch keine Entscheidungen. Das Kabinett unter der Führung eines Ministerpräsidenten war solidarisch und den Kammern verantwortlich. Wie und zu wessen Nutzen fanden diese Texte Anwendung? 1875 war die alte Mehrheit von Bordeaux in dem 1871 gewählten Parlament eigentlich keine Mehrheit mehr. Auf der einen Seite hatten die Royalisten nach 1873 in 30 Nachwahlen nicht einmal gesiegt, so daß sie nur eine theoretische Mehrheit von 15 Stimmen bei über 700 Abgeordneten besaßen. Auf der andern Seite wurden die Zwistigkeiten zwischen Legitimisten und der orleanistischen rechten Mitte immer häufiger. Ein Teil der Orleanisten träumte nur von einem Zusammenschluß aller Vertreter der Mitte mit der sehr nahestehenden linken Mitte der ganz gemäßigten Republikaner. Ein Führer der Orleanisten, der Herzog d'Audiffret-Pasquier, war der Schwager eines Großbürgerlichen der linken Mitte, Casimir Périer, Sohn des Casimir Périer von 1830. Beide wohnten in derselben Villa, Mitgift ihrer Gattinnen ... Orleanistische Überläufer bildeten sogar eine neue Gruppe, die Mitte aller Vertreter der Mitte. Im Februar-März

1876 fanden endlich allgemeine Wahlen statt, sie brachten für die Rechten eine schmerzliche Niederlage. 300 Republikaner wurden gewählt, 75 Bonapartisten, 75 Royalisten. War dies nun die so sehr ersehnte Regierungszeit der Gemäßigten? Es sieht so aus, da Mac-Mahon ein Kabinett der linken Mitte bestellte, in dem als Außenminister auch der Herzog Decazes saß, einer der alten Orleanistenführer. Zunächst mußte man aber noch einen letzten Ausbruch der royalistischen Mystik überwinden. Der Angriff ging von der katholischen Hierarchie aus, die 1877 eine Kampagne gegen das republikanische ›Chaos‹ startete, gegen das allgemeine Wahlrecht, gegen die Zivilehe. In einer gespannten Atmosphäre, in der die Form des Regierungssystems in Frage gestellt schien, entließ Mac-Mahon das Kabinett der linken Mitte und bestimmte ein großes Kampfkabinett unter dem Herzog de Broglie. Das Parlament lehnte die neue Regierung ab, wurde daraufhin mit Zustimmung des Senats aufgelöst, was dem Buchstaben der Verfassungsgesetze entsprach (25. 6. 1877). Im Sommer 1877 enthob der Herzog de Broglie 1743 Bürgermeister und 1385 Beamte ihrer Funktion, 4779 Beamte wurden versetzt, Mac-Mahon besuchte die Departements. Selten waren Wahlen leidenschaftlicher als im Herbst 1877. Die Republikaner verloren letztlich 30 Sitze, behielten aber eine ausreichende Mehrheit. Nachdem Mac-Mahon sich vergebens bemüht hatte, royalistische Kabinette zu bilden, und sogar einen Staatsstreich der Armee erwogen hatte, griff er wieder, eines Besseren belehrt, auf die Lösung einer Regierung der linken Mitte zurück (Dezember 1877). Erschöpft trat er 1879 zurück.

1877 begann somit ein Regime, das 60 Jahre bestehen sollte, später Triumph des politischen Liberalismus. Es gab fortan keine Auflösung der Kammern mehr, und man legte auf die Wahl harmloser Präsidenten Wert. Eine neue Generation kam an die wichtigen Stellen, die vom Positivismus und von Kant geprägt war, dem Katholizismus wenig Neigung entgegenbrachte, sich den großen Grundsätzen von 1789 verbunden fühlte, aber überlegt und gemäßigt handelte, sobald sie Verantwortung übernehmen mußte. Die alten Gegner vom Ende des Zweiten Kaiserreiches verschmähten jetzt keineswegs die Bezeichnung Opportunisten. Die ehemalige Linke erwies sich als fest etablierte Mitte, gegen die 20 Jahre lang keine andere Kraft etwas vermochte. Zwar fehlte die starke Persönlichkeit, die sich auf die Dauer durchgesetzt hatte, lösten die Kabinette einander in immer kürzeren Abständen ab, entwickelten sich persönliche Rivalitäten hinter den Kulissen des Parlaments. Aber dies alles hatte wenig Bedeutung, da sich dieselben Männer periodisch in derselben Regierung wiederfanden, mit derselben Einstellung, und die alltägliche Routinearbeit wenig

Probleme aufwarf. Aus soziologischer Sicht beherrschte dieselbe Klasse alles, die bürgerliche Mittelschicht aus der Provinz, meist vertreten durch juristisch gebildete Männer, manchmal Ärzte, auch ehemalige Beamte. Dazu kamen noch einige Großbürgerliche und Geschäftsleute.
Von den politischen Köpfen der ersten zehn Jahre verdienen sechs oder sieben erwähnt zu werden, aus verschiedenen Gründen. Der erste, Dufaure, weil dieser, 1798 geboren, einst Minister unter Louis Philippe, dann unter Thiers (1871), der erste republikanische Premier nach der Explosion von 1877 war, als wollte man gerade die Dauer über derartige Erschütterungen hinweg beweisen. Es war der Grenzfall für die Dämpfung politischer Leidenschaften in der liberalen Demokratie. Gambetta verstand es als einziger Tribun des republikanischen Regimes, das Land auch außerhalb des Parlaments zu begeistern, doch ein böses Geschick hielt ihn von der Macht fern.[7] Sohn eines Genueser Lebensmittelhändlers, einst Anwalt, Führer der Republikaner in der gesetzgebenden Körperschaft unter Napoleon III., war er die treibende Kraft in der provisorischen Regierung der nationalen Verteidigung vom 4. 9. 1870. 1876 leitete er den Sturm der Republikaner auf die Zitadelle der Royalisten. Aber sein feines politisches Gespür sagte ihm, daß die Republik nur gemäßigt bestehen konnte. Er gab deshalb das alte radikale Programm der jungen Republikaner auf. 1878, in seiner berühmt gewordenen Rede von Romans, definierte er klar und eindeutig ein gemäßigtes demokratisches Programm, das sich sofort verwirklichen ließ. Dem Neid ausgesetzt und zunächst von den Ministerplätzen verdrängt, wurde er 1881 für einige Monate Premier, starb 1882. Jules Ferry,[8] Angehöriger der bürgerlichen Mittelschicht aus Lothringen, ebenfalls Anwalt, beherrschte die politische Bühne zwischen 1879 und 1885. Von ein paar Monaten des Jahres 1881 abgesehen, gehörte er ständig zur Regierung, als Erziehungsminister, als der er Beachtliches geleistet hat, und als Premier (1880—81; 1883—85). Der Name Ferry ist mit Kolonialeroberungen verbunden, in Tunesien, auf Madagaskar, in Tongking. Da viele Republikaner diese Kolonialpolitik noch nicht billigten, zog sich Ferry nach 1885 zurück, obschon ihm seiner ganzen Persönlichkeit nach so etwas wie die Leitung einer ziemlich farblosen und phantasiebedürftigen Regierungsmannschaft zugekommen wäre. Waddington, Sohn eines reichen englischen Fabrikanten, der sich in Frankreich niedergelassen hatte, Archäologe und Numismatiker, Minister unter Thiers, erwies sich als sehr geschickter Außenminister (1877 bis 1879) wurde 1879 für einige Monate Premier. Dieser liberale und gebildete Mann aus dem Großbürgertum verstand sich nicht auf Menschenführung. Ein Enkel des bekannten liberalen

Nationalökonomen Jean Baptiste Say, Minister unter Thiers, bewandert in den Geschäften der Zuckerindustrie und der nordfranzösischen Eisenbahnen, zählte Léon Say zu den großen Männern der linken Mitte, den eigentlichen Siegern nach 1877. Finanzminister zwischen 1877 und 1879, dann wieder 1882, vertrat Say sehr orthodoxe Ansichten und sicherte diskret den Einfluß der Geschäftswelt. Freycinet schließlich, Polytechniker, den mit seinen alten Studienkameraden eine feste Freundschaft verband, ehemals Verwalter der Eisenbahnen, war ein sehr feinsinniger Politiker und wußte zu manövrieren. Minister für öffentliche Arbeiten (1877–79), entwarf er den äußerst findigen Plan für Großbauvorhaben, der seinen Namen trägt. Von 1879–80, dann 1882 bekleidete er das Amt des Außenministers, zwischen 1885 und 1893 hatte er verschiedene Ministerposten inne. Insgesamt fehlte es der Republik nicht an politischen Talenten, wohl aber an großen Zielen. Innerhalb von 10 Jahren wurden jedenfalls grundlegende Gesetze angenommen. Danach neigte das Regime zur Erstarrung. Unter die wichtigen Entscheidungen fielen die unbeschränkte Versammlungsfreiheit (1881), die Pressefreiheit (1881), das Gemeindegesetz (1884), wonach die Gemeinderäte aus allgemeinen Wahlen hervorgehen mußten und der Bürgermeister vom Rat gewählt wurde, die Freiheit für die Gewerkschaften (1884), das Ehescheidungsgesetz (1884), die kostenlose, konfessionsfreie und obligatorische Grundschule (1882), die höhere Schulbildung für Mädchen, die Schaffung einer Eliteschule (Ecole Nationale Supérieure de Sèvres) zur Heranbildung weiblicher Lehrkräfte. Den nicht zugelassenen religiösen Kongregationen wurde das Unterrichten verboten. Davon wurden besonders die Jesuiten, Dominikaner und Maristen betroffen. Auf wirtschaftlichem Gebiet schwankte man zwischen strikter Neutralität, die gesunde Finanzen ermöglichte — dies entsprach den Vorstellungen von Léon Say —, und der Versuchung, große Bauarbeiten auszuführen, wie sie bei den Wählern Anklang fanden. Man hat manchmal behauptet, die moralische Ordnung sei vor allem der schlechten Konjunktur der siebziger Jahre zum Opfer gefallen. Da es keinen Aufschwung gab, wollte Freycinet durch seine Bauvorhaben mit dem Zweiten Kaiserreich rivalisieren. Er erzwang einen unausgeglichenen Haushalt, Lücken stopfte er durch Staatsanleihen. Auf diese Weise wurden Kanäle verbreitert, Eisenbahnquerverbindungen gebaut, die sehr oft ›Wahllinien‹ waren, aber auf alle Fälle die Auftragsbücher der Kohlen- und Metallindustrie füllten. Insgesamt beliefen sich die Kosten des Freycinet-Plans auf über 9 Milliarden Franken, was viel bedeutete in einer Zeit, wo das Nationaleinkommen 20 Milliarden Franken betrug. Bei den Puristen kam die Republik auch in den Ruf der Geschäftemacherei. Man warf ihr vor, sie kompromittiere sich mit den interessierten Kreisen der Wirtschaft. Ein protektionistischer Zollsatz wurde 1881 eingeführt, um die Industriellen gegen die englische Konkurrenz zu schützen, weitere, noch höhere Tarife folgten 1892 und 1898. Dagegen kam es im Unterschied zu Deutschland zu keinen sozialen Maßnahmen.

Indes stieß diese republikanische Politik auf Kritik. In den achtziger Jahren fühlte sich die monarchistische Rechte immer noch mächtig, und links schrien sehr viele Republikaner Verrat. Radikale Abgeordnete unter der Führung von Clémenceau forderten gründlichere Reformen wie Einkommensteuer, Trennung von Kirche und Staat. Sie entrüsteten sich über das Zusammenspiel von Politikern und Geschäftswelt. Im Land begeisterte sich das enttäuschte Kleinbürgertum für den Nationalismus, die Landwirte machten schwierige Zeiten in den achtziger Jahren durch, die Arbeiter waren unzufrieden. Alle widersprüchlichen Hoffnungen, für die die regierenden Republikaner kein Verständnis zeigten, richteten sich auf den Namen eines Mannes, General Boulanger. Der Boulangismus war ein besonderes politisches Phänomen, ein Massenphänomen, wogegen der Liberalismus nur eine Elite ansprach, und er vereinigte einen Augenblick lang alle Mystiken, denen innerhalb des liberalen Modells die Entwicklung verwehrt blieb.[9] Boulanger, Kriegsminister von 1886—87, machte sich als ein demagogischer, nationalistischer Politiker einen Namen, wohlgelitten bei den linksextremen Radikalen. Die Kreise der Mitte, die an der Macht waren, entledigten sich seiner rasch, indem sie ihm ein Kommando in der Provinz übertrugen. Die ganzen restlichen Monate von 1887 hielt eine buntgewürfelte Koalition seinen Namen hoch: Patrioten, über die Skandale enttäuschte Republikaner, Bonapartisten, endlich Monarchisten. 1888 pensioniert, ließ sich Boulanger bei allen Nachwahlen aufstellen, siegte jedes Mal in ländlichen Departements ebenso wie in industrialisierten. Im Januar 1889 erhielt er zwei Drittel der Pariser Stimmen. Nachdem der General vor dem Staatsstreich zurückgeschreckt war, intrigierten die Regierungskreise mit viel Geschick, um ihn zur Flucht ins Ausland zu bewegen, seine Anhänger wurden vor ein Sondergericht gestellt. Bei den Herbstwahlen von 1889 verschwand der Boulangismus, und sein mittelmäßiger Führer gab sich in Brüssel den Tod (1891). Die gemäßigten Republikaner hatten die erste große politische Krise überwunden. Es kam in der Folgezeit noch zu weiteren Krisen, alle wurden sie jedoch bewältigt.

Obgleich der Wahltermin 1889 keinen Bruch bedeutete, kann man ihm symbolische Bedeutung beimessen: Sieg über den

Boulangismus, Abgleiten der gemäßigten Republikaner zum Konservatismus, wie aus den Wahlanschlägen hervorging, aber auch Hundertjahrfeier der Revolution von 1789. Die Revolution, die zuvor noch manchem Schrecken einflößte, wurde ganz bürgerlich mit einer Weltausstellung in Paris gefeiert. Man zählte 25 Millionen Besucher. Die Ausstellung stand unter dem Zeichen der Eisenarchitektur, den Blicken der Betrachter bot sich eine riesige Maschinenhalle und vor allem der Eiffelturm. Gleichzeitig hatte aber auch jede französische Kolonie ein Dorf ausgestellt, in dem ›echte‹ Eingeborene vor aller Augen arbeiteten.

Geben wir nun noch mit Péguy zum Schluß einem zynischen Politiker das Wort: »Wir haben ausgezeichnete Präfekten. Was kann man uns dann also wollen? Alles geht sehr gut. Sicher, wir sind keine Republikaner mehr, dafür verstehen wir uns aber aufs Regieren. Wir können sogar besser regieren, viel besser als zur Zeit, wo wir noch Republikaner waren ... Eigentlich verstanden wir überhaupt nichts davon, als wir noch Republikaner waren. Jetzt können wir es ein wenig ... Nehmen Sie die Wahlen! Sie sind gut, sie sind es immer. Sie werden noch besser, um so besser, als wir sie abhalten und allmählich verstehen, sie abzuhalten ... Die Regierung hält die Wahlen ab, die Wahlen entscheiden über die Regierung. Ein Dienst ist den andern wert. Die Regierung schafft die Wähler, die Wähler schaffen die Regierung. Die Regierung bestimmt die Abgeordneten, die Abgeordneten machen die Regierung. Man ist nett. Die Bevölkerung schaut auf uns. Das Land wird zur Kasse gebeten ... Das ist ganz und gar kein Teufelskreis, wie Sie vielleicht denken könnten, absolut nicht. Das ist ganz einfach ein Kreis, ein perfekter Kreis, ein geschlossener Kreis. Alle Kreise sind geschlossen, sonst wären sie ja keine. Das entspricht zwar nicht ganz dem, was unsere Gründer vorgesehen hatten ... Und dann kann man ja nicht immer etwas gründen. Man würde sonst müde dabei ... Ein Land, ein Regime, sie brauchen Sie nicht, brauchen keine Mystiken, keine Mystik, benötigen keine eigene Mystik. Das würde eher verwirren auf einer so langen Reise. Das Land braucht eine gute Politik, das heißt eine gute Regierungspolitik.«[10]

b) Die Einigung Italiens

In den fünfziger Jahren zählten Frankreich und Deutschland je 36 Millionen Einwohner, England 28, Italien 25. Italien hätte eine europäische Großmacht sein können, was es aber so wenig wie Deutschland war. Politisch war die Halbinsel aufgesplittert, zum großen Teil von Österreich beherrscht. Wirtschaftlich lag Italien an der Grenze des kapitalistischen und indu-

strialisierten Westeuropa, wie Österreich und Deutschland war es ein umkämpftes und ungewisses Land. Die italienische und die deutsche Einigung lösten die beiden einzigen bewaffneten Auseinandersetzungen des 19. Jahrhunderts in Europa aus, in die die drei Länder verwickelt waren. Jedesmal nahm Frankreich am Konflikt teil, da es die erste Macht auf dem Kontinent sein wollte und auch glaubte, es zu sein. In vielerlei Hinsicht fügte sich Italiens Einigung in die allgemeine Bewegung ein, die Westeuropa mitriß.
Ebenso wie der politische Liberalismus von einem bestimmten Standpunkt aus die von der Französischen Revolution verkündeten Grundsätze in die Wirklichkeit umsetzte, weil die Bourgeoisie schließlich siegte, kann man auch die Einigung Italiens als letzten Ausläufer dieser Revolution in Europa betrachten. Napoleon III. vollendete dabei, was Napoleon I. begonnen hatte. Die Revolution von 1789 gab nämlich Italien »die entscheidende Idee von der Nation, der Gemeinschaft der Bürger, die der Gesellschaftsvertrag bindet und das staatsbürgerliche Bewußtsein zusammenhält. Die Französische Revolution machte den Anfang mit der Einigung durch ihre ersten Verwirklichungen nach dem französischen Vorbild und im Einklang mit dem neuen Recht, das sich aus den Grundsätzen von 1789 herleitete«.[11] Die italienische Einigung geschah zugunsten Norditaliens, das allein dem industriellen Europa eingegliedert war. Ihr Schöpfer war vornehmlich Cavour, ein liberaler Politiker, der europäisch dachte, der in seinem Leben weder Venedig noch Rom oder Neapel gesehen hatte. Ebenso wie sich der belgische, holländische oder französische Liberalismus antiklerikal gab, vollzog sich Italiens Einigung gegen den Papst, der seinen Staat verlor, sich über 50 Jahre im Vatikan einschloß und sich als Gefangenen des neuen Königreichs betrachtete.
Zu Beginn des 19. Jahrhunderts konnten die Diplomaten des Wiener Kongresses noch glauben, Italien sei ein geographischer Begriff, wie Metternich es formulierte. Nach den Revolutionen von 1848, die zwar scheiterten und die politische Aufteilung nicht überwanden, blieb ein Zweifel an der Stärke des italienischen Nationalgefühls ausgeschlossen. Bei Custozza (1848) und bei Novara (1849) unterlagen die italienischen Patrioten einer auswärtigen Macht, da sie sich allein in die Schlacht warfen. Das Spiel der Großmächte, wie es sich im Eingreifen Frankreichs und der wohlwollenden Komplizenschaft Englands äußerte, führte dann aber zur Verwirklichung des 1848 mißlungenen Planes. Die 48er Revolutionen waren zwar gescheitert, ihre Ideen setzten sich jedoch auf lange Sicht durch, allerdings auf weniger romantischen Umwegen.
1849 jedenfalls wurde die alte Ordnung wiederhergestellt, die

Fürsten kehrten in ihre Staaten zurück, schafften die nur für kurze Zeit oktroyierten liberalen Verfassungen ab. Die zu Österreich gehörende Lombardei lebte bis 1856 mit dem Belagerungszustand. Österreichische Garnisonen besetzten den Kirchenstaat, die Toskana, die Herzogtümer Parma und Modena. In Neapel errichtete Ferdinand II. ein Polizeiregime mit regelrechten ›Hexenjagden‹. Nur das Königreich Piemont entging der Reaktion. Der neue König Viktor Emanuel II., Nachfolger Karl Alberts, gab am 27. 3. 1849 bekannt, daß das Statut in Kraft bleibe, und nahm so einer sich abzeichnenden antimonarchistischen Kampagne den Wind aus den Segeln. Im Mai übernahm Massimo d'Azeglio die Leitung eines Wiederaufbau-Kabinetts. Ein weitschauender Aristokrat mit künstlerischer und unkonventioneller Veranlagung, hielt er sich loyal an die Verfassung. Am 11. 10. 1850 nahm er einen Abgeordneten der rechten Mitte, Camille de Cavour, als Landwirtschafts- und Handelsminister in die Regierung. Durch seine Rührigkeit, seine Energie und Ungeduld stieg Cavour allmählich zum eigentlichen Kabinettschef auf und wurde im Mai 1852 Premier. Er stützte sich auf eine Koalitionsmehrheit aus linker und rechter Mitte.

Cavour[12] war 1810 als Sohn des Marquis Michel geboren worden, der sich dem Regime Napoleons angeschlossen und auf die Güter der Nation spekuliert hatte. Cavours Großmutter mütterlicherseits, Philippine de Sales, entstammte dem savoyardischen Adel. Seine Mutter, Adèle de Sellon, kam aus einem calvinistischen Genfer Patrizierhaus. Durch Heirat wurde er der Neffe eines französischen Hocharistokraten, des Herzogs von Clermont-Tonnerre. Seine Muttersprache war das Französische. Seine Ideen brachten ihm von seiten seiner Landsleute den Vorwurf ein, Engländer zu sein. Als Liberaler verlor er 1825 die Stellung eines königlichen Pagen. Seine Bewunderung für die Juli-Revolution (1830) zwang ihn zum Ausscheiden aus der Armee. In den folgenden Jahren kümmerte sich Cavour um die Ertragssteigerung eines ausgedehnten Reisgutes in der Po-Ebene, legte Böden trocken, führte Kunstdünger und die ersten Landwirtschaftsmaschinen ein, spekulierte an der Börse auf Eisenbahnen, beteiligte sich an der Gründung der Bank von Turin (1847), investierte in Mehl- und Kunstdüngerfabriken, schrieb Artikel über die Handelsfreiheit und die Eisenbahnen, unternahm Reisen in die Schweiz, nach Frankreich, Belgien und England. Durch seinen weiten Horizont und seine Erfahrungen gehörte er zu den seltenen Liberalen, die klar sahen, daß »die Erfordernisse des politischen und wirtschaftlichen Fortschritts sich deckten«.

In Piemont-Sardinien, einem kleinen Königreich mit 5 Millionen Einwohnern, regierte er, gestützt auf die Mitte, kriti-

siert von der konservativen und katholischen Rechten sowie von den linksextremen Radikalen. Er machte sich zur Aufgabe, die wirtschaftlichen und politischen Strukturen des Landes zu modernisieren. Die Bilanz in administrativer Hinsicht war beeindruckend: neue Rechtsbücher, neue Verordnungen, Erneuerung der Beamtenschaft. Auf wirtschaftlichem Gebiet hielt sich Cavour an das ausländische Kapital, da er in Piemont nicht genügend Spargelder und Kapitaleigner fand, die bereit gewesen wären, in kapitalistische Geschäfte zu investieren. Er manövrierte mit viel Geschick zwischen den englischen und französischen Banken, förderte die Entwicklung des Hafens von Genua, des wichtigsten Hafens von Italien. Innerhalb von 10 Jahren verdoppelte sich das Volumen der Verbrauchsgüter, in Piemont entstand das größte Eisenbahnnetz der Halbinsel, Kanäle wurden gezogen, Freihandelsabkommen mit den großen Ländern geschlossen. 1860 besaß Piemont die Hälfte des Gesellschaftskapitals aller Industrie- und Handelsgesellschaften Italiens. Cavour hatte im übrigen mit finanziellen Schwierigkeiten zu ringen wegen seines unausgeglichenen Haushalts, den er mit Anleihen deckte, mit politischen Schwierigkeiten wegen seiner antiklerikalen Maßnahmen wie der Aufhebung der rein kontemplativen Orden, deren Güter an den Staat fielen ...
Die Armee wurde neu strukturiert, mit modernem Kriegsgerät ausgerüstet, die Kriegsmarine vergrößert. Vor allem gelang es aber Cavour, Piemont in das Lager der Liberalen zu führen, an die Seite Englands und des napoleonischen Frankreich, das mit dem konservativen Block Preußen-Österreich-Rußland brechen wollte. Österreich zögerte, sich England und Frankreich anzuschließen, deren Intervention auf der Krim sich hinzog. Cavour erklärte 1855 Rußland den Krieg, nachdem er die Intrigen der österreich-freundlichen katholischen Rechten unterlaufen hatte, und er erreichte gerade noch die Teilnahme an der Pariser Konferenz (1856). Er mußte persönlich nach Paris, um seinem Land Zulassung zur Konferenz zu verschaffen, dort spann er seine Intrigen zwischen England und Frankreich. Cavours Vorstellungen wurden in einem Memorandum zusammengefaßt, das zu den Kongreßakten kam. Cavour führte aus, daß Italien sich Österreichs wegen in einer vorrevolutionären Phase befinde und es im Interesse der Großmächte liege, Piemont zu helfen, ehe es zu spät sei. In Wirklichkeit waren alle Aufstände und Komplotte gescheitert, besonders in Mantua, Mailand, Venedig, Parma, auf Sizilien, in der Toskana, und die meisten Patrioten bekannten sich zu Cavours gemäßigtem Programm. Der republikanische Anwalt Daniele Manin, der im Pariser Exil lebte, erklärte: »Schafft Italien, und ich stehe auf eurer Seite, sonst nicht.« Im übrigen fand eine

große Zahl von Verbannten aus anderen italienischen Staaten in Turin Aufnahme. Männer, die alle in der zweiten Jahrhunderthälfte zur italienischen Führungsschicht gehören sollten. In der Regierung von Piemont saßen Minister, die aus Venedig, Bologna, Mailand und Sizilien stammten.
Wie kam es nun zum Eingreifen Frankreichs? Gewiß weckte Italien Sympathien in Europa, vornehmlich in England, wo ein antipäpstlicher, protestantischer Moralismus hinzukam. Gladstone erklärte, die Reaktion in Neapel sei »die Verneinung Gottes«. In Frankreich waren liberale und antiklerikale Intellektuelle wie Buloz, Direktor der *Revue des Deux Mondes* der Einheitssache zugetan; doch viele dachten wie Lamartine, daß Italien, ein Land der Vergangenheit, von »menschlichem Staub« besiedelt war. Die Katholiken verwahrten sich gegen die Vorstellung, an Rom zu rühren. Napoleon III. gab eigentlich einem persönlichen Gefühl nach, trotz des Unwillens der offiziellen Diplomatie, die dem Katholiken Walewski unterstand. Von 1855 an versuchten Italiener dreimal einen Mordanschlag auf den abtrünnigen ›carbonaro‹ Napoleon III., den einstigen Aufständischen aus der Romagna. Der dritte Versuch, das Attentat des Grafen Orsini, löste eine Art politische Krise aus, die zur Annahme des Gesetzes über die allgemeine Sicherheit führte (Februar 1858). Das entscheidende Treffen zwischen Napoleon III. und Cavour fand im Juli in Plombières statt (1858). Der Kaiser der Franzosen versprach, 200 000 Mann nach Italien zu entsenden, gegen Österreich. Das Endziel sollte ein italienischer Bund ohne Österreich sein, ein Bund, in dem Frankreich die moralische Führung hätte, und der Papst, seiner Staaten großenteils verlustig gegangen, sollte als Entschädigung Präsident des Bundes werden. Das Abkommen blieb geheim, genauso wie Cavours Versprechen, Savoyen an Frankreich abzutreten. Verschiedene Intrigen schienen die Abmachung in Frage zu stellen, doch sie wurde durch einen geheimen Bündnisvertrag im Januar 1859 bekräftigt. Eine offiziöse Broschüre ließ Frankreich des Kaisers Pläne ahnen. Die Großmächte, voran Rußland und England, das eine konservative Regierung hatte, erregten sich und schlugen einen internationalen Kongreß vor. Österreich entschloß sich ganz ungeschickt, die Lage zu überstürzen, und richtete ein Ultimatum an Turin ...
Der Krieg begann am 29. 4. 1859 mit einer wenig überzeugenden Offensive der Österreicher, die den Franzosen Zeit ließ, in Italien einzurücken. Napoleon III. übernahm Ende Mai persönlich den Oberbefehl und siegte am 4. 6. bei Magenta. Dies war die einzige strategische Operation des ganzen Feldzugs. Sie erlaubte den Einzug beider Monarchen in Mailand. Aber schon hatte die Toskana ihren Großherzog auf dem Weg einer

›höflichen Revolution‹ vertrieben. Parma und Modena stürzten ihre Potentaten, ein Aufstand braute sich in der Romagna und den Legationen (päpstliche Gebiete) zusammen, Freiwillige aus ganz Italien traten in die piemontesische Armee ein. Napoleon III. nahm nach dem Sieg bei Solferino erschreckt Kontakt mit dem österreichischen Kaiser auf, ohne daß Cavour etwas davon wußte, und vereinbarte am 11. 6. die Präliminarien für den Frieden von Villafranca, zwei Wochen nach seiner Ankunft in Italien. Österreich wollte auf die Lombardei verzichten, dafür sollten aber die mittelitalienischen Fürsten wieder zurückkehren, der Papst an die Spitze eines Bundes treten. Cavour stellte daraufhin sein Amt zur Verfügung. Das Verhalten Napoleons III. läßt sich zum Teil auf die Nachrichten zurückführen, die ihn aus Frankreich erreichten und aus denen die äußerste Zurückhaltung der öffentlichen Meinung hervorging, zum Teil aber auch auf die Mobilisierung von 400 000 Preußen am Rhein.

Cavour konnte, frei von seinen Verpflichtungen, die Gemäßigten dazu bringen, die Lage in Mittelitalien unter Kontrolle zu halten, wo gesetzgebende Versammlungen im August und September 1859 den Anschluß an Piemont befürworteten. Im Dezember 1859 entschied sich Napoleon III., die Initiative, wenn auch nur in begrenztem Umfang, wieder zu ergreifen, und das liberale englische Kabinett stand einer Einigung Italiens wohlwollend gegenüber. Eine in Paris erschienene, offiziöse Broschüre riet dem Papst, auf seinen Staat zu verzichten, außer auf Rom. Walewski verließ das Außenministerium. Im Januar 1860 kam Cavour erneut an die Macht, spielte London gegen Paris aus, veranstaltete triumphale Plebiszite in Mittelitalien, Piemont trat Savoyen und Nizza an Frankreich ab, um die für einen Augenblick gerissenen Bande wieder zu festigen.

Das neue oberitalienische Königreich mit Piemont, der Lombardei, Parma, Modena, der Toskana und der Romagna zählte 12 Millionen Einwohner, fast die Hälfte aller Italiener. Die piemontesische Führungsschicht hatte nicht mehr erhofft. Eine neue politische Kraft, die Aktionspartei, die eine Tat des Volkes erwartete, sah weiter. Crispi, ein Emigrant aus Sizilien, und Garibaldi begannen im Mai 1860 den *Zug der Tausend* mit 1500 verrosteten Waffen, die ihnen von den Piemontesern schließlich überlassen wurden. Die 1000 Freiwilligen, alles Intellektuelle und Städter, landeten in Sizilien, lieferten einige Scharmützel, fanden freudige Aufnahme in den aufständischen Städten, schafften die Mühlsteuer ab, um die etwas widerstrebenden Bauern zu gewinnen. Im August 1860 überquerte Garibaldi die Meerenge von Messina, wurde in Süditalien als Triumphator empfangen. Ein Minister von Franz II.

öffnete ihm persönlich die Tore Neapels. Cavour entschied sich zum Handeln, um die demokratische Welle einzudämmen. Die piemontesische Armee zog in die dem Papst gehörenden Marken ein und vereinigte sich mit den Anhängern Garibaldis im Königreich Neapel. Viktor Emanuel wurde von Garibaldi selber als König Italiens begrüßt. Plebiszite billigten die neuen Annexionen. Nur das österreichische Venetien, die römische Campagna mit Rom gehörten nicht zum Reich. Ein neues Parlament trat in Turin zusammen (Februar 1861), das Königreich wurde unter allgemeinem Jubel von England und auch Frankreich anerkannt. Cavour starb im selben Jahr, im Augenblick, wo er einen geheimen Kompromiß mit dem Papst aushandelte.

Die Einigung wurde mühsam und ohne Größe vollendet. Die neue Verwaltung wurde nur mit Schwierigkeiten geschaffen. Eine regelrechte Guerilla unter Leitung des Klerus verwüstete das Königreich Neapel, wo innerhalb von zwei Jahren 1000 Aufständische von den Piemontesern ohne Prozeß erschossen wurden. Dank der Vermittlung Napoleons III. im preußisch-österreichischen Konflikt 1866 vermochte Italien Österreich erneut anzugreifen. Trotz seiner Niederlage erhielt Italien nach einem fiktiven Plebiszit auch Venetien (1866). Das römische Problem blieb so verwickelt wie zuvor; 1862 schickte die königliche Regierung Garibaldi gegen Rom, mußte ihn aber auf Drängen Napoleons III. zurückhalten. 1867 machte Garibaldi, insgeheim von bestimmten offiziellen Kreisen ermutigt, erneut einen Versuch, doch eine französische Division stoppte ihn in Mentana. Der französisch-preußische Krieg regelte Roms Geschick. Beim Sturz Napoleons III. schickten die Italiener eine Armee nach Rom, das den Anschluß in einem Plebiszit mit 90 v. H. Stimmen begrüßte. Ein Gesetz bot dem Papst Garantien, die er ablehnte, die aber einer seiner Nachfolger unter Mussolini annahm: Rechte eines Souveräns, Entsendung von Nuntien ins Ausland, Entschädigungen. Die Einigung wurde vollendet, wie sie begonnen hatte, unter Zustimmung der Großmächte. Trient und Triest fehlten noch. Italiens Einigung hatte 6000 Italienern das Leben gekostet, dafür waren aber 15 000 Franzosen umgekommen...

Insgesamt war die Einigung das Werk einer gemäßigten, intellektuellen bürgerlichen Klasse sowie der norditalienischen Beamten, die es verstanden, sich in das Spiel der europäischen Diplomatie einzuschalten. Auch hier stieß der Liberalismus rasch an seine Grenzen. Er zeigte sich unfähig zu sozialen Reformen, deren der italienische Süden so sehr bedurfte, er erwies sich als zaghaft, blieb im Konservatismus stecken. Pius IX. verbot den Katholiken, an den Parlamentswahlen teilzunehmen, so daß die Wählerschaft, die sich sowieso nur auf

15 v. H. der erwachsenen Männer beschränkte, noch kleiner wurde. Die antiklerikale und liberale Linke, die seit 1876 die Regierungen stellte, stürzte sich in eine megalomane Politik. Nationalismus, Aufrüstung und Kolonialismus waren die drei beherrschenden Ideen. Noch stärker als anderswo handelte es sich im Fall Italiens um eine Flucht nach vorn und nicht um den Willen, sich mit der Wirklichkeit auseinanderzusetzen.

III. DEUTSCHLAND UND ÖSTERREICH NACH 1850: TRENNENDES UND GEMEINSAMES

Die Organisation der deutschen Länder war seit 1815 unverändert. Sie gehörten immer noch zum Deutschen Bund,[1] der 39 souveräne Staaten umfaßte. Zwei davon traten wegen ihrer territorialen und politischen Bedeutung besonders hervor, Preußen und Österreich. Das Königreich Preußen zerfiel in zwei Teile, in Rheinland und Westfalen einerseits, in Brandenburg, Pommern, Schlesien und Nordsachsen andererseits. Dazwischen schob sich das Königreich Hannover, das Herzogtum Braunschweig und das Kurfürstentum Hessen. Ostpreußen und Posen zählten nicht zum Deutschen Bund. In Südostdeutschland erstreckte sich die Habsburgermonarchie, von der nur die westlichen Provinzen zum Bund gehörten (Böhmen, Mähren, Österreich, Tirol, Kärnten, Krain); Ungarn blieb außerhalb. Die beiden Monarchien bildeten die Anziehungspole, um die herum die kleineren Staaten kreisten, die Königreiche Bayern, Württemberg, Sachsen und Hannover, die zahlreichen Großherzogtümer, Fürstentümer, Herzogtümer ... Der Frankfurter Bundestag vermochte dieser Aufsplitterung der Souveränität kaum abzuhelfen. Er verstärkte vielmehr die Bedeutung der Kleinstaaten, auf die sich Österreich und Preußen in ihrem Einflußkampf stützen mußten, um ein Übergewicht jeweils in ihrem Sinne herbeizuführen. Die Rolle des Bundestags war es im übrigen nicht, die Einheit zu fördern, sondern dem Liberalismus zu wehren, vor sozialen Unruhen und den Nachwehen der 48er Revolution zu schützen. Als der Bundestag im August 1851 seine Sitzungen wieder aufnahm, bestand seine erste Handlung darin, die 1849 beschlossenen Grundrechte abzuschaffen und eine Sonderkommission zu bestimmen, den Reaktionsausschuß, der den Mitgliedern empfahl, die Verfassungen außer Kraft zu setzen, das allgemeine Wahlrecht sowie die verfassungsmäßige Heeresorganisation aufzuheben. Daneben wurden gesetzliche Maßnahmen gegen die Arbeiterverbände und die Presse getroffen. Die Zeit nach der Revolution stand unter dem Zeichen der

Heiligen Allianz der Adelsoligarchien. Die Frage der nationalen Einheit trat in den Hintergrund.
Und doch waren die Bestrebungen der Deutschen, eine Nation zu bilden, seit 1835 laut geworden, lebte das Gefühl, daß alle Deutschsprechenden ein einziges Volk bildeten. Gleichzeitig ließen die wirtschaftlichen Fortschritte die politische Aufsplitterung als Anachronismus erscheinen. Der erste Schritt zur Einheit bestand in der Gründung des Zollvereins,[2] in dem seit 1835 unter der Führung Preußens 25 Staaten mit einer Bevölkerung von 26 Millionen zu einer Zollunion zusammengeschlossen waren. Die 48er Revolution hatte versucht, die deutsche Einheit herzustellen, doch zwei Auffassungen standen sich gegenüber: die Einheit in einem ›kleinen Deutschland‹, von Preußen beherrscht, unter Ausschluß Österreichs, und die Einheit im Rahmen des ›großen Deutschland‹, das den Habsburgern die Kaiserrolle zuerkannte, die sie schon seit Jahrhunderten spielten. Die Revolution scheiterte, und mit ihr verflogen zunächst die Einheitsträume. Preußen und Österreich zogen sich auf reaktionäre Positionen zurück. Doch die politisch wie wirtschaftlich unumgängliche Einheit führte notgedrungen zu einer Konfrontation der beiden Staaten.

a) Reaktionäre Politik (1850—62)

Das ›Bachsystem‹ in Österreich
Nach der Niederschlagung der Revolution versuchten die Habsburger, ihren Absolutismus wieder einzuführen. Dabei stützten sie sich auf das Heer, die Polizei, die katholische Kirche, auf die angestammte und allgegenwärtige österreichische Bürokratie. Das Regime glaubte an die Möglichkeit einer Wiederkehr von 1815.
Die von Kaiser Franz Joseph am 4. 3. 1849 oktroyierte Verfassung war niemals in Kraft getreten. Das *Silvesterpatent* vom 31. 12. 1851 schaffte sie ab. Die wenigen liberalen Minister verließen das Kabinett, und damit lag die gesamte Macht erneut in den Händen des zwanzigjährigen Kaisers, der die Regierung einer kleinen Gruppe von Vertrauensleuten übergab. Dazu gehörte der alte Kübeck, Vorsitzender des Staatsrates, ein Reaktionär und Initiator von Polizeimaßnahmen, die der Innenminister, Bach, ausführen ließ. Weiter zählten zu diesem Kreise der Oberbefehlshaber der Armee, General Grünne, General Giulay und der Erzbischof von Wien, Rauscher.
Die Militärordnung wurde eingeführt. Der Belagerungszustand blieb in Wien und Böhmen bis September 1853 erhalten, in Galizien und Ungarn bis Mai 1854, in Siebenbürgen bis September 1854. Jede Provinz erhielt ihren Statthalter, der meist Militärkommandant des Gebietes war und in den nicht-

deutschen Reichsteilen fast unbeschränkte Vollmachten hatte. Neben dem Heer wurden 15 1849 aufgestellte Gendarmerieregimenter zur Unterstützung der eigentlichen Polizei herangezogen. Sie hatten die Bevölkerung zu bespitzeln, anzuzeigen und zu überwachen. Für jede Verhaftung bekam der Gendarm eine Belohnung, deren Höhe von der Schwere der Strafe abhing, zu der der Angeklagte verurteilt wurde. Das Strafrecht schrieb bei Angehörigen der unteren Bevölkerungsschichten sogar die Verhängung der Prügelstrafe vor. Natürlich gab es keine Pressefreiheit.

Einen weiteren Rückhalt fand die Reaktion an der katholischen Kirche, die durch das Aufgeben josephinischer Traditionen gewonnen wurde. 1850 verzichtete der Staat auf die Kirchenkontrolle. Die Beziehungen zwischen den Bischöfen und dem Papst wurden nicht mehr überwacht, ebensowenig die bischöflichen Verordnungen, Seminare und Kongregationen. Die Kultuspolizei verschwand. Zuständig für das Kirchenwesen war künftig das Erziehungsministerium, nicht mehr der Innenminister. Die Bischöfe erhielten Disziplinargewalt über die Priester, sie hatten sogar das Recht, Körperstrafen auszusprechen und zu vollziehen. 1852 durften die Jesuiten wieder ins Kaiserreich zurückkehren. Endpunkt dieser Politik war schließlich das Konkordat, das am 5. 11. 1855 Papst und Kaiser unterzeichneten. Die Kirche beaufsichtigte danach das Unterrichtswesen und konnte Bücher zensieren. Wie in Frankreich und den übrigen deutschen Staaten machte die Kirche gemeinsame Sache mit der Reaktion.

Doch beruhte die Wiederherstellung der alten Ordnung auf einem Widerspruch. Denn die Besitzenden versagten dem Regime, das die Interessen des Hochadels vertrat, großenteils ihre Unterstützung. Es konnte nicht auf das Bürgertum zählen, das infolge des wirtschaftlichen Rückstands Österreichs allerdings auch nicht sehr stark in Erscheinung trat. Der Triester Reeder Brück leitete zwar das Handels- und Industrieministerium, doch stand die Politik des Regimes den Bestrebungen und materiellen Interessen des liberalen Bürgertums entgegen. Aber selbst der Adel hielt nicht geschlossen zur Regierung, da es sich als unmöglich herausstellte, die Feudalherrschaft wieder einzuführen. Das Gesetz vom 24. 3. 1849 hatte die Ablösungsmodalitäten festgelegt, das heißt die Entschädigung, die die Grundbesitzer erhalten sollten. In Österreich zahlten die Bauern die Hälfte dieser Summe, der Staat den Rest. In Ungarn mußten die Beträge aus den Haushaltsmitteln der Provinz kommen. Die Entschädigungssummen lagen nicht sehr hoch, und der niedere Adel, der vorher seine Ländereien mit kostenlosen Arbeitskräften bewirtschaftet hatte, war gezwungen, nach und nach seine Liegenschaften zu verkaufen, da er für die Betriebskosten nicht mehr aufkommen konnte. Der Hochadel erhielt mit der Ablösung das nötige Kapital, das ihm die Modernisierung seiner Domänen gestattete und sein Vermögen sicherte. Das neue österreichische Regime war also in der Gesellschaft nur schwach verankert.

Die Reaktion in Deutschland
Noch weniger als in Österreich vermochte reaktionäre Politik in Preußen einfach eine Rückkehr zur alten Ordnung zu bewirken. Nur Friedrich Wilhelm IV., seine Kamarilla und einige Publizisten wie Viktor von Strauss glaubten das Gegenteil. Die wirtschaftliche Entwicklung des Landes begann die Grundlagen der Gesellschaft zu verändern und ermöglichte den Aufstieg eines neuen Bürgertums, auf das die Regierung als Interessenvertretung der Junker Rücksicht nehmen mußte.
Die Reaktion verfügte über dieselben Instrumente wie in Österreich, die Polizei, das Heer, die Kirche, die Bürokratie. Die Verfassung blieb bestehen, aber in abgewandelter Form, um eine gefügigere Parlamentsmehrheit zu bekommen. Das Wahlrecht teilte die Wähler in drei Klassen, von denen jede ein Drittel des Gesamtsteueraufkommens trug. Jede Klasse entsandte dieselbe Zahl von Abgeordneten in den Landtag. Dieses System verlieh den Zahlern hoher Steuern ein Übergewicht, das heißt eben den ganz Reichen. Auf diese Weise vermochte das begüterte Bürgertum an den politischen Entscheidungen teilzunehmen. Zwar hatte dieser Landtag kaum Vollmachten, da er nur Beschwerden vorbringen und das Budget beschließen durfte. Er bestand vornehmlich aus gehorsamen Beamten, die ihre Wahl einer geschickten Aufgliederung der Wahlkreise verdankten. Er hat auch nie versucht, seine Vollmachten zu überschreiten. 1854 wurde ihm durch königliche Verfügung ein Herrenhaus beigeordnet, dessen Mitglieder der Monarch ernannte oder ein Prinz des königlichen Hauses; auch Universitäten und Städte konnten Kandidaten vorschlagen. Damit wollte der König ein Gegengewicht zum Einfluß des mittleren Adels schaffen, denn das Herrenhaus blieb der Hocharistokratie vorbehalten. Tatsächlich veranlaßte der Widerstand des Herrenhauses, wo mehrheitlich Junker aus den Ostprovinzen saßen, den König wiederholt, neue Abgeordnete in großer Zahl zu bestimmen.
Die gesamte Macht lag also in den Händen von Regierung und Bürokratie. Das Vorgehen der Polizei machte jeden Widerstand im Volk zunichte, da die Führer der Kommunistischen Liga 1852 in Köln verhaftet und verurteilt wurden. Im übrigen erlaubte ihr Prozeß, die Unterdrückung zu verschärfen. Die Geschworenengerichte wurden bei politischen Verbrechen und Pressedelikten umgangen, für Hochverrat gab es Sondertribu-

nale. Gleichzeitig wurde von Hinckeldey, Polizeipräsident von Berlin, mit noch umfassenderen Vollmachten ausgestattet. Die Regierung stützte sich auch auf die Kirchen. Dafür überließ man ihr Grund- und weiterführende Schulen, verlangte von den Beamten religiöse Gefühlsbezeigungen und unterstellte schließlich die katholischen Priester ihren Bischöfen.

Bürgerliche Opposition gab es kaum, sieht man einmal von der Gruppe der Wochenblattpartei ab, die das Großbürgertum und einen Teil des rheinischen Adels vertrat und sich unter der Führung von August von Bethmann Hollweg der Sympathie des Kronprinzen sowie vieler Diplomaten und hoher Beamter erfreute. Diese im wirtschaftlich am weitesten entwickelten Gebiet Preußens entstandene Gruppe war bezeichnend für die beginnende Verschmelzung von bürgerlicher ›Elite‹ und Aristokratie. Beide förderten den wirtschaftlichen und gesellschaftlichen Wandel, wünschten die konstitutionelle Monarchie und orientierten sich nicht mehr an dem adligen und zurückgebliebenen Rußland wie die ostelbischen Junker, sondern an dem liberalen und industrialisierten England. Das fast völlige Fehlen bürgerlicher Opposition stand in gewisser Hinsicht in Zusammenhang mit der Wirtschaftspolitik der Regierung, die Rücksicht nahm auf die Interessen von Handel und Industrie, zum Handelsminister den Bankier von der Heydt ernannte und sich für den Eisenbahnbau einsetzte. Vor allem aber machte sich die Regierung die expandierende Konjunktur zunutze, ähnlich wie Napoleon III. in Frankreich. Durch die Befriedigung der materiellen Interessen des Bürgertums ließ sie ihren politischen Autoritarismus in den Hintergrund treten.

Die Reaktion in den andern deutschen Staaten ging wie in Preußen vor, hatte denselben Rückhalt und bediente sich derselben Methoden. Die liberalen Verfassungen wurden aufgehoben oder so abgewandelt, daß die politische Macht der Aristokratie gestärkt wurde. So geschah es in Mecklenburg, wo mit Hilfe der preußischen Regierung die Verfassung durch eine beinahe vollständige Rückkehr zum feudalen Ständesystem von 1755 ersetzt wurde. Oder in Hessen, wo an die Stelle der liberalen Konstitution von 1831 eine völlig andere trat. Auch in Sachsen kamen die alten Stände wieder zur Geltung. Überall jagte die Polizei die Liberalen. In Sachsen beispielsweise enthielt eine Schwarze Liste die Namen von über 6000 Demokraten, die der Polizei in den andern Staaten mitgeteilt wurden. Überall unterstützte auch die Kirche die Reaktion und erhielt dafür einen wachsenden Einfluß auf das Schulwesen.

Preußens und Österreichs Machtstellung: ein Vergleich
Zwischen 1850 und 1860 veränderte sich das Kräfteverhältnis der beiden Staaten, die jeder für sich imstande waren, Deutschlands Einheit herbeizuführen. Im Habsburgerreich wirkte sich das Zusammenleben der einzelnen Nationalitäten zentrifugal aus, während Preußen einen wirtschaftlichen und gesellschaftlichen Wandel erlebte und seine Stellung in Deutschland stärkte.

In den Ländern der Habsburger richtete sich die Reaktion in gleichem Maße gegen den Nationalismus der Ungarn und Tschechen wie gegen den Liberalismus. Beide Bestrebungen waren in der 48er Revolution zugleich sichtbar geworden. Das *Bachsystem* war autoritär und zentralistisch. Es versuchte daher, die auseinandertreibenden Kräfte zu bekämpfen, die das Reich zu sprengen drohten. Die höheren Schulen und Universitäten, die Armee und die Beamten wurden deshalb germanisiert. Diese Maßnahmen steigerten den politischen Autoritarismus und gaben der Unzufriedenheit bei Tschechen und Ungarn neue Nahrung, um so mehr, als die kaiserliche Regierung auf ihrer Suche nach Helfern ganz offen die kleinen Nationalitäten bevorzugte, die Kroaten, Slowaken, Ruthenen. Dadurch versteifte sich der Widerstand der Nationalitäten und ihr Selbstbewußtsein wuchs. Der Hochadel, dessen Autorität die kaiserliche Verwaltung verdrängte, der niedere Klerus, der oft patriotisch und antideutsch gesinnt war, das liberale Bürgertum und die Bauern schlossen sich zusammen. Auf der andern Seite gewann die Regierung keineswegs die Unterstützung der deutschsprachigen Österreicher, die der Verlust der politischen Freiheiten tief bedrückte und die sich mit dem wirtschaftlichen, finanziellen und politischen Mißerfolg des Regimes nicht abfanden.

Das Habsburgerreich machte sich nämlich die expansive Konjunktur der Jahre 1850–60 nur wenig zunutze. Es zeigte vielmehr seine Unfähigkeit, sich mit eigenem Kapital in einen Industriestaat zu verwandeln. Es überließ somit die Aufgabe der wirtschaftlichen Entwicklung ausländischem Geld. Fremde Kreditgeber sorgten für Eisenbahnbau und Bankgründungen. Weder das schwache Bürgertum noch der durch steigende finanzielle Schwierigkeiten verschuldete Staatshaushalt vermochte diese Frage zu lösen. Steuern wurden schlecht gezahlt. Der Unterhalt eines großen Heeres verschlang hohe Summen. Der Staat entging dem Bankrott nur dank der in Italien erhobenen Abgaben und aufeinanderfolgenden Anleihen. Der Krieg in Italien besiegelte das Debakel der Staatsfinanzen, weil der Rentenkurs zusammenbrach. Die Niederlage, über die der rasch geschlossene Waffenstillstand von Villafranca (12. 7. 1859) kaum hinwegtäuschte, kostete Österreich die

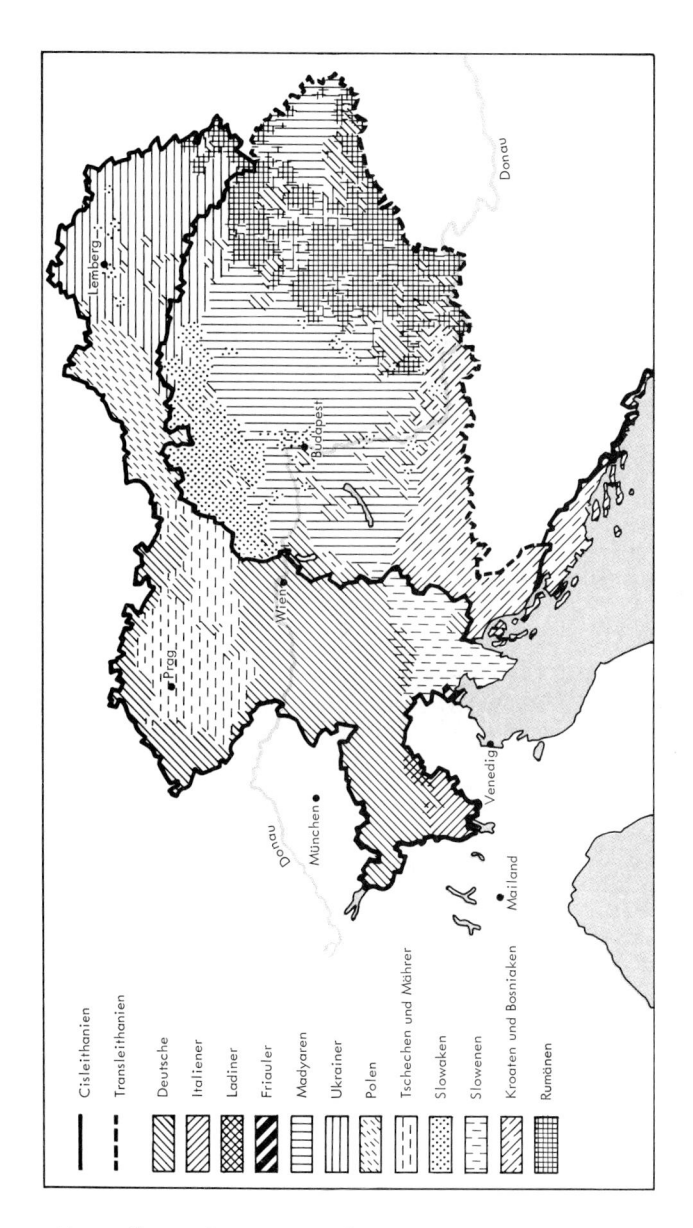

Abb. 19: *Österreich-Ungarn im Jahr 1867*

275

Lombardei und erbrachte für Ungarn den Beweis, daß es der Regierung an Stärke fehlte. Das *Bachsystem* überdauerte diese Lage nicht lange. Es kam in kurzen Abständen zu zwei Versuchen, das innere Gleichgewicht des Reiches wiederherzustellen. Der Kaiser berief anstelle Bachs einen galizischen Aristokraten, Goluchowski, und wagte eine relative Liberalisierung und Dezentralisierung. Durch das Oktoberdiplom von 1860 wurde eine Verfassung verkündet, die einem Reichsrat und den Provinziallandtagen gesetzgeberische Befugnisse übertrug und föderalistischen Bestrebungen scheinbar entgegenkam. Bestimmte, die gesamte Monarchie betreffende Fragen blieben dem Reichsrat vorbehalten, dessen Mitglieder der Kaiser auswählte aufgrund von Listen, die die einzelnen Landtage aufgestellt hatten. Die übrigen Probleme fielen in den Zuständigkeitsbereich eben dieser Regionalparlamente. Die neue Verfassung brachte zu viele oder zu wenige Neuerungen. Sie bewirkte die Einigkeit aller Opponenten. Die Ungarn fanden sie nicht föderalistisch genug, das österreichische Bürgertum forderte mehr Liberalismus, die Bürokratie reagierte auf die Beschränkung ihrer Allmacht mit Verärgerung. Der Kaiser versuchte deshalb durch das Patent vom Februar 1861 die umgekehrte Politik und verfügte ein zentralistisches, relativ liberales Regime, wobei die Minister nicht eigenverantwortlich handelten. Er hoffte so auf Unterstützung bei einem Teil der österreichischen Bourgeoisie. Allerdings sah er sich in seiner Annahme rasch getäuscht. Die Ungarn verweigerten ihre Mitarbeit im Reichstag und verlangten die Anerkennung ihrer politischen Rechte, wie sie in der Pragmatischen Sanktion von 1713 festgelegt waren. Bereits im November 1861 wurde der Belagerungszustand erneut über Ungarn verhängt, der ungarische Landtag aufgelöst. Die Beseitigung des Föderalismus, dem das Patent vom Oktober 1860 zugestanden hatte, trieb Tschechen, Kroaten und Rumänen in die Opposition. Franz Joseph fand nur bei einigen nationalen Minderheiten Rückhalt, wie den Polen Galiziens oder den Slowenen. Die Österreicher deutscher Zunge verurteilten das Regime als autoritär und wünschten eine Entwicklung auf den Verfassungsstaat hin. Das Habsburgerreich suchte also am Vorabend der deutschen Einheit nach einem inneren Gleichgewicht, das ihm nur die Orientierung auf Liberalismus und Föderalismus bringen konnte. Seine zur Schau getragene Stärke verdeckte eine große Schwäche, wirtschaftlicher wie politischer Art.

Das Königreich Preußen dagegen sicherte in diesen entscheidenden Jahren seine Macht. Es erlebte zunächst eine rasche Entwicklung seiner Wirtschaft, stand innerhalb Deutschlands wegen seines Wachstums an erster Stelle, band die Wirtschaft der übrigen deutschen Staaten an sich. Um 1865 besaß Preußen zwei Drittel der deutschen Dampfmaschinen und die größten Banken, erzeugte neun Zehntel an Roheisen und Kohle sowie die Hälfte der deutschen Textilien. Die Ruhrkohleproduktion stieg von 1,9 Millionen Tonnen (1850) auf 4,3 Millionen (1860). Zwischen 1851 und 1857 baute man 27 Kokshochöfen im Ruhrgebiet, wo man schon 1862 76,3 v. H. Roheisen mit Hilfe von Koks herstellte. Die Wirtschaftsgeographie Deutschlands änderte sich also zu Preußens Gunsten. Die Industrie konzentrierte sich im Ruhrgebiet, Schlesien, Sachsen, das zum Teil Preußen gehörte. Die einstigen Industriegebiete büßten ihre Bedeutung ein. (Eisenhütten in Gebirgsgegenden der Eifel und Thüringens, Textilfabriken in Thüringen und der Lausitz). Die Eisenbahnlinien waren um das preußische Netz angelegt und ermöglichten die Bildung eines geeinten deutschen Wirtschaftsmarktes. Das Verkehrssystem Süddeutschlands war fortan nicht mehr nach Italien und Österreich, sondern nach Norddeutschland orientiert. Bezeichnend, daß das Habsburgerreich erst spät an das deutsche Eisenbahnnetz angeschlossen wurde. Österreich und Sachsen erst 1859, München und Wien nicht vor 1865. Die Transportgeographie gliederte Österreich aus Deutschland aus. Desgleichen war es durch die Entwicklung des Zollvereins ausgesperrt. Dieser hatte seine Stabilität erwiesen, als er 1851 den Sezessionsversuch der südlichen Staaten zum Scheitern brachte. Österreich hatte dabei die Hand im Spiel gehabt und die Beunruhigung der süddeutschen Staaten über die drohende Hegemonie Preußens ausgenutzt. Als der Vertrag 1853 erneuert wurde, gelang es Österreich nicht, dem Zollverein beizutreten. Der Zollverein verwirklichte also die tatsächliche Wirtschaftseinheit zugunsten Preußens. Schließlich besiegelte die Währungskonferenz von 1857 Österreichs Ausschluß, da der preußische Silbertaler in ganz Deutschland in Zahlung gegeben werden konnte zum Schaden des kaiserlichen Goldschillings. Auch die Währungseinheit war damit teilweise verwirklicht und erlaubte Kapitalbewegungen zwischen München, Frankfurt, Stuttgart, Köln, Berlin und Leipzig. Die preußische Wirtschaft konnte daher ihre Entwicklung durch den Einsatz von Spargeldern aus ganz Deutschland finanzieren.

Preußens wirtschaftlicher Aufschwung hatte aber noch eine andere Folge: die Erneuerung des Liberalismus, das Wiederaufleben der Einheitsbestrebungen, die Lockerung des politischen Regimes. Dieser Wandel war jedoch nicht wie in Österreich das Ergebnis von Zwang und der Beweis für die Schwäche des Staates. Sie entsprach der zunehmenden wirtschaftlichen Macht des industriellen Bürgertums, das zwischen 1850 und 1860 den grundbesitzenden Adel überflügelte (die Zahl der größten Steuerzahler wuchs um mehr als das Doppelte in den industrialisierten Provinzen). 1858 trat Prinz Wilhelm als Regent an die Stelle seines geisteskrank gewordenen Bruders. Als er 1861 unter dem Namen Wilhelm I. König wurde, zeigte er sich trotz seiner Überzeugung vom Gottesgnadentum nicht antiliberal. Durch die Wahlen, die zum ersten Mal von jedem Druck der Verwaltung frei waren, kamen Liberale in den Landtag. Zugleich entwarfen Historiker an allen deutschen Universitäten — Droysen, Sybel, Mommsen, Treitschke — das Bild eines nationalen und liberalen Deutschland, von Preußen geeint, unter Berücksichtigung der Eigentümlichkeiten der einzelnen Staaten. Von neuem nahm man Preußens Führungsrolle hin, das liberale deutsche Bürgertum wünschte sie sogar, selbst einige Sozialisten wie Lassalle.

Doch der Zusammenstoß zwischen einem auf seine Autorität bedachten König und einer öffentlichen Meinung, die nach größeren politischen Freiheiten verlangte, ließ nicht lange auf sich warten. Anlaß dafür bot die geplante Militärreform von 1860, die General von Roon vorbereitet hatte. Preußen war an der Seite Österreichs 1859 auch deshalb nicht in den Krieg gezogen, weil die Armee nach Ansicht ihrer Führer dafür nicht genügend qualifiziert war. Die öffentliche Meinung in Deutschland zeigte sich darüber ungehalten. Seit 1815 beruhte die Struktur der Armee auf der Verbindung von stehendem Heer und Landwehr. Der König und von Roon wollten nun die Dienstzeit auf drei Jahre hinaufsetzen und die jüngsten Jahrgänge der Landwehr in die Reserve überführen. Damit wäre die Zahl der jährlich Eingezogenen auf 60 000 gestiegen (früher 40 000). Der preußische Landtag lehnte den Plan ab, zum Teil aus finanziellen Gründen (die Aufstellung von 50 neuen Regimentern erforderte zusätzliche Ausgaben von 9,5 Millionen Talern). Andererseits bedeutete von Roons Projekt die Abschaffung der Landwehr, das heißt, die demokratische Grundkonzeption sollte aufgegeben werden, die Liberalen und deutschen Patrioten lieb war, die Vorstellung vom Bürgersoldaten der Befreiungskriege. Der König mußte den Landtag auflösen, doch Neuwahlen erbrachten für die Liberalen und die Fortschrittspartei eine erdrückende Mehrheit (1861). Die Regierung konnte sich nur noch auf 68 von 352 Abgeordnete verlassen! Wilhelm I. dachte an Abdankung, die Militärs erwogen einen Staatsstreich. Die Lage schien unheilbar verworren. Schließlich fand der Monarch die Lösung in der Berufung Otto von Bismarcks zum Ministerpräsidenten. Bismarck verpflichtete sich, das umstrittene Wehrgesetz im Parlament durchzubringen und falls nötig, auch gegen den Landtag zu regieren.

Wenn Preußen also bei Bismarcks Machtantritt mitten in einer

Verfassungskrise steckte, so ging es nur um eine zeitweilige Erscheinung, die die wirtschaftlichen Kräfte und die gesellschaftliche Dynamik des Landes nicht in Frage stellte. Dagegen lagen die Gründe für die Schwäche der Habsburgermonarchie tiefer. Deren Wirtschaft war nämlich schwach, die Gesellschaft verharrte hier weiterhin noch in Feudalformen, zwischen dem Einheitsstaat und den Autonomiebestrebungen der einzelnen Nationalitäten bestand ein Widerspruch.

b) Erster Schritt zur Einheit: der Konflikt zwischen Preußen und Österreich

Das Vorspiel
Österreich machte sich in diesem Augenblick die inneren Schwierigkeiten Preußens zunutze, um die Frage des ›großen Deutschland‹ erneut aufzurollen. Auf zwei verschiedenen Ebenen ging es zum Angriff über: auf der der Bundesinstitutionen und im Rahmen des Zollvereins. Die österreichische Regierung schlug vor, durch einen Fürstentag, der am 17. 8. 1863 in Frankfurt tagte, den Plan einer Bundesreform prüfen zu lassen. Institutionen sollten geschaffen werden, die über wirkliche Vollmachten verfügten: ein Parlament, ein Bundesgericht, ein Exekutivrat aus fünf Mitgliedern. Damit hätte Österreich über mehr Stimmen verfügt als Preußen und hätte das Heer des Bundes mit einer Mehrheit von drei zu zwei mobilisieren können. Bismarck verweigerte seine Zustimmung zu diesem Projekt, durch das der Streit um die klein- bzw. großdeutsche Lösung wieder aufflammte. Preußen nahm am Kongreß nicht teil. Sehr rasch befaßte sich dieser auch nur mit zweitrangigen Fragen. Die Interessen der einzelnen Staaten standen im Widerspruch zueinander, und die Fürsten wünschten weder eine Vorherrschaft Österreichs noch eine preußische Hegemonie.

Auch Österreichs zweiter Versuch war zum Scheitern verurteilt. Wien bemühte sich nämlich, die Unzufriedenheit auszunutzen, die in bestimmten Bereichen der süddeutschen Industrie durch den Freihandelsvertrag zwischen Frankreich und dem Zollverein aufgekommen war (1862). Dieser Vertrag bedeutete eine Niederlage für Österreich, da er den Beitritt der Donaumonarchie zur Zollunion verhinderte. Dabei hätte die noch schwach entwickelte Industrie Österreichs des Schutzes bedurft. Die großdeutsche These stieß auf starke Sympathien in Bayern und Württemberg, doch allein die Drohung einer Aufkündigung des Zollvereins durch Preußen genügte, um die süddeutschen Staaten zur Ordnung zu rufen. Der Zollverein wurde 1864 erneuert und damit Österreichs Hoffnungen zunichte gemacht.

Währenddessen baute Bismarck seine Stellung aus. Gegen ihn standen der gesamte Landtag und die Liberalen, doch er vermochte mit Hilfe des Herrenhauses zu regieren, ohne über den Haushalt abstimmen zu lassen. Die Presse wurde gefügig gemacht, das Dreijahresgesetz ausgeführt. Dadurch erhielt Bismarck die Möglichkeit, u. U. gegen Österreich Krieg zu führen. Außerdem war er der Unterstützung zahlreicher Industrieller und Bankiers sicher — Bleichröder, Hansemann, Siemens —, die in ihm den Verfechter des Freihandels gegen den österreichischen Protektionismus erblickten. Schließlich stärkte er Preußen diplomatisch. Durch seine gegen die gesamte öffentliche Meinung Europas dem Zaren gewährte Hilfe bei der Niederwerfung des polnischen Aufstands (1863) hatte er sich die wohlwollende Neutralität Rußlands für den Fall eines Krieges mit Wien gesichert. Zugleich stellte er gute Beziehungen zu Napoleon III. her. Bismarck hatte es sich nämlich leisten können, dem Projekt des Kaisers scheinbar zuzustimmen, auf einer internationalen Konferenz den Territorialstatus Europas zu überprüfen. Dabei wußte er genau, daß England sich an die Verträge von 1815 halten und den Plan verwerfen würde.

Die Frage der dänischen Herzogtümer und der Preußisch-Österreichische Krieg
Für Bismarck sollte die Krise der dänischen Herzogtümer die günstige Gelegenheit bieten, Österreich zu isolieren und Preußen als Herold des deutschen Patriotismus hinzustellen.
Der ganze Vorgang war sehr verwickelt. Der englische Minister Palmerston sagte dazu nicht ohne Humor: »Nur drei Personen haben die Geschichte verstanden, der verstorbene Prinz Albert, ein verrückt gewordener dänischer Staatsmann und ich, aber ich habe sie vergessen.« Am 15. 11. 1863 starb der Dänenkönig Friedrich VII. kinderlos. Die Londoner Konferenz von 1852 hatte als seinen Nachfolger Christian von Glücksburg vorgesehen, den nächsten Erben, der der weiblichen Linie angehörte, was nach dänischem Erbrecht möglich war. Der Glücksburger wurde daher als Christian IX. gekrönt. Doch in Schleswig und Holstein, zwei Herzogtümern mit vorwiegend deutschsprachiger Bevölkerung, die dem Deutschen Bund beitreten wollten, sah das Erbrecht die Übertragung der Krone nur auf Mitglieder der männlichen Linie vor. Schleswig und Holstein lehnten daher Christian IX. ab und riefen dafür einen deutschen Fürsten zum Erben aus, einen Nachfahren Friedrichs VII. in männlicher Linie, Friedrich von Augustenburg. Die Herzogtümer trennten sich von Dänemark und schlossen sich an Deutschland an. Damit wurde die Frage der Thronfolge zu einem deutschen, ja, internationalen Pro-

blem. Die öffentliche Meinung in Deutschland unterstützte leidenschaftlich die Kandidatur des Augustenburgers, der Bundestag beschloß im Dezember 1863 die Entsendung eines deutschen Heeres aus Freiwilligen und Soldaten deutscher Kleinstaaten; Truppen besetzten die Herzogtümer.
Bismarck konnte es nicht hinnehmen, daß Preußen sich aus diesen Ereignissen heraushielt. Doch Preußens Stellung war unbequem. Auf der einen Seite hatte es an der Londoner Konferenz teilgenommen, auf der Christian IX. bestimmt wurde, und legte auf einen Krieg mit Dänemark keinen Wert. Denn die Dänen konnten mit ihrer Flotte die deutschen Nord- und Ostseehäfen sperren, hatten überdies England hinter sich. Auf der andern Seite durfte sich Preußen nicht gegen die nationale Reaktion der Deutschen stemmen. Schließlich wünschte Bismarck nicht, daß die beiden Herzogtümer einen neuen, unabhängigen Staat im Norden des Deutschen Bundes bildeten. Er dachte an ihre Angliederung durch Preußen, was er aber erst von der öffentlichen Meinung in Deutschland billigen lassen mußte. Österreich blieb keine andere Wahl, als sich Preußen anzuschließen, falls dieses intervenierte, um bei der Verteidigung der gemeinsamen Interessen nicht abseits zu stehen. Neutralität hätte für Österreich bedeutet, daß es nicht mehr zum Deutschen Bund gehörte. Deshalb richteten beide Mächte ein Ultimatum an den dänischen König (Januar 1864): Sie würden dem Augustenburger ihre Unterstützung verweigern und Christian IX. anerkennen, falls der Monarch Dänemark und die Herzogtümer nur in Personalunion regiere. Christian lehnte ab, preußische und österreichische Soldaten besetzten Schleswig und Holstein, schlugen die Dänen. England gab seiner ›tiefen Bestürzung‹ Ausdruck, griff aber nicht ein. Dänemark mußte somit im Frieden von Wien (30. 10. 1864) die Herzogtümer und Lauenburg an Preußen und Österreich abtreten.
Da jedoch preußische Truppen in den Herzogtümern standen, knüpfte Bismarck an die von Österreich unterstützte Kandidatur des Augustenburgers unannehmbare Bedingungen, die die Herzogtümer in ein Vasallitätsverhältnis zu Preußen gebracht hätten. Bismarck verlangte die Unterzeichnung eines Militärabkommens, die Errichtung einer preußischen Flottenstation in Kiel, den Beitritt Schleswigs und Holsteins zum Zollverein. Ein Konflikt zwischen Preußen und Österreich schien unmittelbar bevorzustehen. Der Preußenkönig und sein Generalstabschef Moltke bereiteten sich darauf vor. Doch Bismarck wünschte ihn nicht, weil er meinte, Preußen sei dafür noch nicht gerüstet und es könne dieselben Vorteile auch aus geschickter Diplomatie ziehen. Österreich mußte sich ebenfalls zu Verhandlungen bequemen, was ihm das kleinere Übel

schien (Konvention von Gastein, August 1865): Schleswig, Lauenburg und der Kieler Hafen wurden der preußischen Verwaltung unterstellt, Holstein kam unter österreichische Kontrolle. Bismarck manövrierte geschickt. Einerseits hatte er Österreich in den Augen Deutschlands kompromittiert durch Hervorhebung der egoistischen Wiener Politik, ohne daß der Kaiser irgendwelchen Nutzen vom Besitz eines norddeutschen Herzogtums gehabt hätte. Der *Reformverein*, dem die Anhänger einer großdeutschen Lösung angehörten, überlebte die Ereignisse nicht. Auf der andern Seite war eine ständige Ursache für einen preußisch-österreichischen Krieg entstanden, weil paradoxerweise zu Preußen nicht das angrenzende Holstein, sondern Schleswig geschlagen wurde. Das von Österreich kontrollierte Herzogtum war somit von preußischem Gebiet umschlossen und mußte Grenzgebühren entrichten, was Reibungen voraussehen ließ.

Bismarck behielt sich also die Möglichkeit vor, gegen die Donaumonarchie einen Krieg vom Zaun zu brechen, obschon er im Sommer 1865 diesen Gedanken von sich gewiesen hatte. Auf diese Weise würde er Österreich auch politisch von Deutschland trennen und den Deutschen Bund nach preußischen Vorstellungen umwandeln. Herbst, Winter und Frühjahr 1865/66 galten der methodischen Kriegsvorbereitung in diplomatischer, innenpolitischer und militärischer Hinsicht. Bismarck mußte sich die Neutralität Frankreichs sichern und möglichst ein Bündnis mit Italien erwirken, um Österreich an zwei Fronten angreifen zu können. Bismarcks Anstrengungen führten zur Unterzeichnung eines Offensiv-Defensivvertrags mit dem jungen Königreich Italien (April 1866; dreimonatige Dauer). Bismarck spiegelte Napoleon III., dem an der Einheit Italiens sehr viel lag, vor, daß Italien das österreichische Venetien wiedererlangen könne, daß sogar Frankreich u. U. einige kleinere ›Kompensationen‹ in Deutschland bekäme, wenn es wohlwollende Neutralität wahrte ... Doch zusätzlich mußte der Krieg diplomatisch in Deutschland und in Preußen vorbereitet werden, bei den Landesfürsten und in der öffentlichen Meinung, die den Zielen Bismarcks meist feindlich gegenüberstanden. Die Liberalen lehnten zwar das reaktionäre Habsburgerreich ab, brachten aber einem Mann, der sich in Preußen kaum um die Einhaltung der Verfassung kümmerte, nur Mißtrauen entgegen. Das industrielle Bürgertum fürchtete einen Konflikt wegen seiner Wirtschaftsinteressen, wie der Widerstand des Nationalvereins beweist, der sich doch für eine kleindeutsche Lösung einsetzte. Die zahlreichen rheinischen und süddeutschen Katholiken wollten keinen Krieg gegen den katholischen Staat schlechthin. Die Fürsten in den kleinen deutschen Staaten ängstigte andererseits ein mögliches

Eingreifen Frankreichs in den Konflikt. Soweit sich die Volksklassen auszudrücken vermochten, versagten sie ihre Zustimmung zu einem Krieg, den viele als ›Bruderkrieg‹ bezeichneten. Schließlich dachten die meisten, daß Österreich, dessen militärische Stärke immer noch Fehlschlüsse erlaubte, aus dem Kampf als Sieger hervorgehen würde. Diesen Krieg, der für die Verwirklichung der deutschen Einheit und die Entfaltung des deutschen Industriepotentials unumgänglich war und damit auf lange Sicht den Interessen des deutschen Bürgertums entgegenkam, hatte ein Mann gewollt, der ihn bewußt einer feindselig eingestellten öffentlichen Meinung und einem Bürgertum aufzwang, das sich nur um seine kurzfristigen Belange sorgte.

Wie vorauszusehen, lieferten die dänischen Herzogtümer den Anlaß zum Konflikt. Preußen marschierte in Holstein ein, Österreich forderte am 14. 6. 1866 die Mobilmachung des Bundes gegen Preußen. Der Krieg war damit ausgebrochen. Aber der Wiener Hof hatte zahlreiche Verbündete: die Königreiche Sachsen, Bayern, Württemberg und Hannover, die Großherzogtümer Baden und Hessen, die Stadt Frankfurt. Preußen warf 300 000 Mann an die Front, die mit modernen Zündnadelgewehren und Kanonen mit gezogenem Lauf ausgerüstet waren. Den Truppentransport besorgte die Bahn, die Telegrafie wurde zur Nachrichtenübermittlung eingesetzt. Die Intendantur betreuten gut trainierte und ausgebildete Offiziere unter dem Oberbefehl von General Moltke, der seinen Stab auf einen raschen Krieg vorbereitet hatte, einen Vernichtungskrieg nach den Theorien von Clausewitz. Das österreichische Heer war zahlenmäßig gleichwertig und hinreichend ausgerüstet, mußte sich aber gegen die Preußen und die Italiener verteidigen. Außerdem kämpften auf österreichischer Seite tschechische und kroatische Einheiten, denen am Kriegsausgang nichts lag. Schließlich traten Koordinierungsschwierigkeiten zwischen der kaiserlichen Armee und ihren Verbündeten auf, und der zaudernde General Benedek erwies sich als schlechter Oberkommandierender. Die Gefechte waren hart und verlustreich, endeten aber zum Erstaunen aller innerhalb von 14 Tagen (nach Ausschaltung der Hannoveraner und der süddeutschen Kontingente) mit einem Sieg Preußens bei Königgrätz (Sadowa) in Böhmen (3. 7. 1866). Damit war der Weg nach Wien frei. Österreich kapitulierte trotz der Niederlage der Italiener. Dem Waffenstillstand vom 15. Juli folgten sehr schnell Verhandlungen. Die Nikolsburger Vorgespräche führten zum Frieden von Prag (23. 8. 1866). Den Kontrahenten lag nicht an einer Verlängerung der Feindseligkeiten. Wien zog einen ehrenhaften Frieden vor, solange dies noch möglich war. Denn einen Zusammenbruch konnte sich die

Dynastie nicht erlauben. Bismarck erstrebte ebenfalls rasche Verhandlungen und wirkte mäßigend auf den König und die Militärs ein, die den Sieg voll zu nützen wünschten, in Wien einziehen und die Donaumonarchie vernichten wollten ... selbst wenn es dadurch zu einem Eingreifen Frankreichs kommen sollte. Im Prager Frieden mußte Österreich Venetien an Italien abtreten, die Auflösung des Deutschen Bundes hinnehmen und Preußen das Recht einräumen, Deutschland neu zu organisieren, einige Staaten zu annektieren. Schließlich verlor Wien Holstein. Es war somit ein maßvoller Friede, der nicht an Österreichs Territorialbestand rührte, der aber die Habsburgermonarchie endgültig aus Deutschland ausschloß und sie zwang, ein Donaustaat zu werden, dessen Zentrum sich nach Osten verschob.

Die Kriegsfolgen für Österreich: der Dualismus
Das Patent vom Februar 1861 war ein Mißerfolg gewesen. Franz Joseph dachte deshalb seit dem Beginn von 1865 an eine dualistische Lösung des Nationalitätenproblems. Er strebte einen Ausgleich mit Ungarn an, um die Slawen weiterhin zu beherrschen. Er nahm Beziehungen auf zu den ungarischen Magnaten, zu führenden Vertretern wie dem Grafen Andrassy; der Belagerungszustand in Ungarn wurde aufgehoben, der Landtag, in dem die Partei des Liberalen Deak die Mehrheit besaß, durfte von neuem zusammentreten. Es kam zu Verhandlungen zwischen der österreichischen Regierung und dem ungarischen Parlament, um ein neues Statut auszuarbeiten, das die Verfassung von 1848 anerkennen sollte. Der Preußisch-Österreichische Krieg, der die Position der Wiener Regierung schwächte, führte die Gespräche zu dem gewünschten Abschluß. Deak hatte sich geweigert, dem Aufruf Bismarcks zu folgen, der die Ungarn gegen Franz Joseph aufwiegeln wollte. Ungarn stellte zwar keinen einzigen Soldaten für die kaiserliche Armee, nützte aber die Situation auch nicht aus, vielleicht aus Furcht, den übrigen Nationalitäten ein Beispiel zu geben und so den Auflösungsprozeß in Gang zu setzen. Zwei Wochen nach Königgrätz berief Franz Joseph Deak nach Wien und stimmte seinen Plänen zu. Der Kompromiß vom 17. Februar 1867 legte einen neuen Dualismus fest, der viel weiter ging als die Pragmatische Sanktion einst vorgesehen hatte.

Die Habsburgermonarchie war fortan nicht mehr in zwei Teile gespalten, sondern zerfiel in zwei verschiedene und gleichrangige Staaten. Zisleithanien (Österreich, Galizien, Böhmen, Mähren, Bukowina, Dalmatien) und Transleithanien (Ungarn, Siebenbürgen, Slowakei, Kroatien), beide durch die Leitha getrennt. Den zwei Staaten stand derselbe Herrscher vor, Franz Joseph, Kaiser von Österreich und König von Ungarn. Am 8. 6. 1867 wurde er mit der Stephanskrone zum Herrscher Ungarns gekrönt. Doch durfte diese Personalunion zwischen den beiden Staaten nur zugunsten der Habsburger bestehen. Beide Staaten waren konstitutionelle Monarchien; trotz zahlreicher Ähnlichkeiten unterschieden sich ihre Verfassungen. In Österreich wie in Ungarn lag die Legislative bei zwei Kammern, einem Herren- oder Magnatenhaus, dessen Mitglieder ihren Sitz der Erbfolge verdankten oder vom Kaiser auf Lebenszeit ernannt waren, und einem Abgeordnetenhaus, dessen Zusammensetzung nach dem Zensuswahlrecht festgelegt wurde.

Gemeinsame politische und wirtschaftliche Interessen banden die beiden Staaten allerdings enger aneinander. So gab es nur ein Außenministerium, Vertretung der Donaumonarchie, ein Kriegs- und ein Finanzministerium, für das Österreich zu 70 v. H., Ungarn zu 30 v. H. aufkam. Der Kaiser ernannte die drei gemeinsamen Minister und konnte sie auch entlassen. Zwei Parlamentsdelegationen hatten sie zu kontrollieren. Schließlich regelte ein auf zehn Jahre befristeter, aber verlängerungsfähiger Vertrag die gemeinschaftlichen Wirtschaftsinteressen: Zoll, Eisenbahn, Währung.

Dieser Kompromiß erlaubte der Habsburgermonarchie, den Zeitpunkt ihrer Auflösung um 50 Jahre hinauszuschieben. Er bestand in einer Aufteilung der slawischen Minderheiten auf die beiden wichtigsten Volksgruppen. Doch im Innern jedes der beiden Staaten stellten sich künftig dieselben Nationalitätsprobleme. Zisleithanien umfaßte 35 v. H. Deutsche, die 23 v. H. Tschechen, 15 v. H. Polen, 14 v. H. Ruthenen, 8,7 v. H. Südslawen, 3 v. H. Italiener und 1 v. H. Rumänen zu beherrschen suchten. In Transleithanien lebten rund 40 v. H. Ungarn, die 15 v. H. Rumänen, 15 v. H. Serben und Kroaten, 12 v. H. Deutsche, 11 v. H. Slowaken, 2 v. H. Ruthenen sowie Bulgaren und Israeliten dominieren wollten. Transleithanien befand sich allerdings in einer günstigeren Position als Zisleithanien, weil keine der Minderheiten stark genug war, sich einer Zentralregierung zu widersetzen. In Zisleithanien dagegen bildeten die Tschechen eine geschlossene und starke Gruppe, lebten in einem wirtschaftlich entwickelten Reichsteil. Die Regierung in Wien mußte ihnen Zugeständnisse machen, etwa die offizielle Zweisprachigkeit in Böhmen oder die Beteiligung des königlichen Kanzlers von Böhmen an jeder zisleithanischen Regierung.

1866–67 hatten die Habsburger also das Schlimmste vermieden, doch die Grundfragen waren lediglich zurückgestellt. Die Monarchie schien 1867 zwar gestärkt, gehörte künftig jedoch nicht mehr zu Westeuropa, sondern zum Balkan.

Die Schaffung des Norddeutschen Bundes
Der Prager Friede hatte Bismarck freie Hand bei der Neuordnung Deutschlands gegeben. Ohne Volksabstimmung annektierte Preußen zuerst Schleswig, Holstein und einige besiegte Staaten wie Hannover, Hessen-Kassel, Nassau und die Stadt Frankfurt. Das Königreich Preußen bildete fortan einen geschlossenen Länderblock von Aachen bis Königsberg; mehr als die Hälfte von Deutschland gehörte dazu.
Der Bund von 1815 war tot. Ein Kongreß aus Vertretern der 22 norddeutschen Staaten trat in Berlin zusammen und billigte den Plan Lothar Buchers, der Bismarcks Vorstellungen entsprach. So entstand der Norddeutsche Bund (11. 7. 1867). Er war ein weiterer Schritt auf die deutsche Einheit hin. Denn trotz der Bezeichnung Bund handelte es sich um einen Bundesstaat mit einer Bundesgewalt, die den Einzelstaaten übergeordnet war und ein Zwangsrecht hatte. Die eigentliche Macht lag natürlich bei Preußen. Auf der einen Seite war der Bundespräsident preußischer König, vertreten durch seinen Kanzler. Die Bundesregierung wurde von einem Exekutivpräsidium gestellt. Die Legislative war in den Händen von zwei Kammern, einem Bundesrat, in dem Preußen über 17 der 43 Stimmen verfügte (der nach Preußen wichtigste Staat, Sachsen, hatte nur 4), und einem Reichstag, in dem 297, durch allgemeine Wahlen bestimmte Abgeordnete saßen. Bismarck wollte keinen zu zentralistisch geordneten Staat schaffen, um einen späteren Beitritt der süddeutschen Staaten nicht unmöglich zu machen; im Süden legte man nämlich Wert auf Unabhängigkeit und Besonderheiten. Die Mitglieder des Norddeutschen Bundes behielten deshalb ihre Gerichtsbarkeit; Kultus, Erziehung und öffentliche Bauvorhaben fielen in ihren Zuständigkeitsbereich.
Dieser Schritt auf die deutsche Einheit hin, die sich die Liberalen so sehr wünschten, wurde zwar von oben vorgeschrieben, undemokratisch auf einem herkömmlichen Fürstentag vollzogen, auf dem die Souveräne nach Gutdünken die politische Landkarte änderten. Dennoch wurde auf diese Weise ein Teil der Liberalen entwaffnet und endlich die Verfassungskrise gelöst, die in Preußen seit 1862 schwelte. Der preußische Landtag billigte nämlich nachträglich die Haushaltsmaßnahmen, die seit 1862 ohne seine Zustimmung ausgeführt worden waren. Die Mehrzahl der preußischen Liberalen bildeten mit ihren Gesinnungsfreunden aus den annektierten Staaten die Nationalliberale Partei, die unter der Leitung von Bennigsen Bismarcks Stütze wurde. Der neue Staat verwirklichte ohne politische Revolution des Bürgertums die Verschmelzung der beiden herrschenden Klassen in der deutschen Gesellschaft, des Adels und der Bourgeoisie. Der Adel behielt seine wirt-

schaftliche Macht, die auf dem Großgrundbesitz beruhte, dazu seine politische Stärke in den Regierungen der einzelnen Länder, seine Stellung im Heer und den Spitzenpositionen der Verwaltung; er genoß weiterhin ein hohes Sozialprestige. Das Bürgertum gab sich zufrieden mit einem scheinbaren Verfassungsstaat und dem Triumph des Wirtschaftsliberalismus, für den sich die Mehrheit im neuen Reichstag entschied: einheitliche Gesetzgebung, Beseitigung der wirtschaftlichen Hindernisse, Einheitsfront gegen die Arbeiter. Wie es 1852 in Frankreich geschehen war, so trat das Bürgertum die politische Macht einem autoritären Regime ab, das seine Wirtschaftsinteressen schützte. Der bürgerliche Idealismus und die bürgerliche Romantik von 1848 waren tot. An ihre Stelle war der politische ›Realismus‹ getreten.

c) Vollendung der Einheit: der Deutsch-Französische Krieg

Das Einigungsproblem: die süddeutschen Staaten
Bismarck hoffte, daß die neue Grenze entlang des Mains keine Schranke zwischen dem Norden und Süden Deutschlands bilden würde, sondern eine allmähliche Integration des Südens mit sich brächte. Zahlreiche Bande gab es nämlich zwischen den Südstaaten und dem Bund. Die wirtschaftliche Einheit Deutschlands war eine Tatsache. Die 14 süddeutschen Vertreter saßen im Berliner Zollparlament, das von 1868 an Gesamtdeutschland repräsentierte (Ausnahmen: Hamburg und Bremen). Die Wirtschaftsgesetze im Süden entsprachen denen im Norden (Abschaffung der alten Korporationen, Vereinheitlichung der Postgebühren, Beseitigung der letzten Mautabgaben, Statuten für die Aktiengesellschaften). Andererseits waren militärische Bande geknüpft worden zwischen den süddeutschen Staaten und dem Norden; die Süddeutschen hatten für 5 Jahre dem Preußenkönig ihre Truppen unterstellt. Doch blieb der süddeutsche Partikularismus zu stark, um einen Ausbau dieser Verbindungen auf politischer Ebene zu ermöglichen. Preußen fand zwar Unterstützung in Industriekreisen und bei den Protestanten, doch die Demokraten und Katholiken verharrten in einer ablehnenden Haltung. Fürsten wie Ludwig II. von Bayern und der König von Württemberg versuchten ihre Vorrechte und ihre Unabhängigkeit zu wahren, nötigenfalls mit der Hilfe auswärtiger Regierungen, um ein Gegengewicht zu Preußens Macht zu schaffen.

Daher waren die diplomatischen Beziehungen zwischen Frankreich, Preußen und den süddeutschen Staaten in den beiden Jahren nach Königgrätz von entscheidender Bedeutung. Napoleon III., den das erstarkende Preußen beunruhigte, obgleich er der Entwicklung bislang tatenlos zugesehen hatte, trat mit den süddeutschen Höfen in Verbindung und wünschte, daß sie sich in einem Südbund zusammenschlössen als Ausgleich zum Norddeutschen Bund. Aber auf der einen Seite legten die kleinen Staaten keinen Wert darauf, ihre Unabhängigkeit zugunsten Bayerns zu opfern; andererseits verfügte Bismarck über Druckmittel, indem er den süddeutschen Regierungen wirtschaftliche Sanktionen androhte. Süddeutschland konnte also die französische Karte nicht ernstlich gegen Bismarck ausspielen. Immerhin war Bismarck nicht imstande, den Süden zu annektieren, wie es sich viele Liberale in Norddeutschland wünschten, oder ihn in den Bund zu zwingen. Dann hätte der Kanzler mit einem französischen Eingreifen rechnen müssen. Daher bestand Bismarcks diplomatisches Spiel in der Ausnutzung der ungeschickten französischen Politik, um so die Deutschen zu vereinigen. Die Neutralität Frankreichs im Preußisch-Österreichischen Krieg war durch das Versprechen vager ›Kompensationen‹ erkauft worden. Napoleon III. meldete erwartungsgemäß nach Königgrätz seine Forderungen an. Er verlangte die Saar, die bayerische Pfalz und Rheinhessen. Bismarck warf sich zum Verteidiger der territorialen Unversehrtheit Deutschlands auf und ließ durch seinen Botschafter in Paris bedeuten, daß er gegen ein Ausgreifen Frankreichs in Belgien, einem seit 1831 unabhängigen Königreich, oder in Luxemburg, einem Herzogtum, das dem König von Holland gehörte, wo jedoch eine preußische Garnison lag, nichts einzuwenden habe. Frankreich konnte nicht daran denken, sich Belgien einzuverleiben, ohne eine Reaktion Englands zu gewärtigen. Die französische Regierung nahm deshalb Verhandlungen mit Holland auf, um Luxemburg zu kaufen. Im Januar 1867 standen die Gespräche vor ihrem Abschluß. Doch hatte man nicht mit der öffentlichen Meinung in Deutschland gerechnet, die sich über die Abtretung eines als deutsch betrachteten Gebietes erregte. Bismarck zeigte sich von dieser Unruhe beeindruckt und ließ sich im Reichstag von Bennigsen um eine Stellungnahme bitten. In seiner Antwort versicherte er, daß er diese Schwächung deutschen Erbes nicht hinnehmen werde. Man hat Bismarck in dieser Frage oft der Doppelzüngigkeit bezichtigt. Es scheint aber doch eher so, daß er eine sich wandelnde Lage geschickt ausnutzte. Als er Napoleon III. Luxemburg vorschlug, geschah dies nicht aus Machiavellismus, sondern aus der Überzeugung, daß der Plan annehmbar war. Zweifellos hatte er das Ausmaß der nationalistischen Reaktion in Deutschland nicht vorhergesehen, an deren Spitze er sich stellen mußte, sollte es nicht ein anderer tun. Doch weigerte er sich, auf eine bewaffnete Auseinandersetzung einzugehen, wie Moltke und die Militärs verlangten. Auf der Konferenz vom Mai 1867 wurde daher die Entmilitarisierung der Feste Luxemburg, das heißt der Abzug der preußischen Garnison beschlossen; Luxemburg sollte eine neutrale Macht werden.

Für Napoleon III. bedeutete dies ein völliges Scheitern, für Bismarck einen diplomatischen Erfolg, obschon die preußischen Truppen das Herzogtum verließen. Denn Bismarck hatte den süddeutschen Staaten klargemacht, daß Preußen der beste Verfechter deutscher Belange angesichts der Bedrohung durch die napoleonische Politik war.

Der 70er Krieg
Nach den Vorgängen in Luxemburg verschlechterten sich die französisch-preußischen Beziehungen derart, daß in beiden Ländern die Vorstellung von einem unausweichlichen Krieg immer deutlicher wurde, obschon ihn bislang niemand gewünscht hatte. Spät hatte Napoleon III. begriffen, daß an seiner Ostgrenze ein großer und mächtiger Staat entstanden war. Mit derselben politischen Inkonsequenz, die er bereits in Italien bewiesen hatte, wo er zuerst als Förderer der Einheit erschienen war, dann aber sich ihrer Vollendung widersetzt hatte, versuchte er auch künftig alles, um die Verwirklichung der endgültigen deutschen Einheit zu hintertreiben. Der Krieg zwischen beiden Staaten war das Ergebnis der innenpolitischen Entwicklung in den zwei Ländern. Bismarck hoffte, der Einigungsprozeß würde von selbst seinen Abschluß finden, sobald er einmal in Gang gekommen sei. Doch auf der einen Seite gewannen die partikularistischen Strömungen in Süddeutschland 1869/70 wieder Oberhand. Im bayerischen Landtag erhielt die antipreußische Partei die Mehrheit, in Württemberg lagen die Demokraten vorn. Auf der andern Seite erschien Napoleon III. immer mehr als Hindernis, das beseitigt werden mußte. Der Krieg bot sich somit als einzige Lösung des Einheitsproblems an. Alle Deutschen mußten in einem gemeinsamen Kampf gegen jenen Feind geeinigt werden, der der Vollendung der Einheit im Wege stand. Der Deutsch-Französische Krieg wurde zwar von Bismarck nicht methodisch vorbereitet wie der Krieg gegen Österreich, als dieser in den Bereich der Möglichkeit rückte, aber er wies ihn auch nicht von sich. In Frankreich erschien der Kampf als eine Lösung, dem alternden Kaiserreich den Glanz des Kriegsruhms zurückzugeben, da die republikanische Opposition einen Erfolg nach dem andern verzeichnete. Die Rechte suchte den Konflikt bewußt, weil sie auf diese Weise Napoleons Erfolg bei der Volksabstimmung vom Mai 1870 zu sichern dachte. Es ist deshalb kaum sinnvoll, sich die Frage nach der Verantwortung zu stellen. Es kommt wenig darauf an, wer als erster den unmittelbaren Mechanismus der Feindseligkei-

ten auslöste. Auf beiden Seiten hatte man den Krieg aus inneren Gründen akzeptiert, beim ersten besten Anlaß mußte er ausbrechen.

Ihn lieferte die Frage der spanischen Erbfolge. Spaniens Thron war verwaist. General Prim, Chef der provisorischen spanischen Regierung, bot Leopold von Hohenzollern-Sigmaringen, einem entfernten Vetter des Preußenkönigs, die Krone an. Die Anregung hierfür war nicht von Bismarck ausgegangen, der Kanzler ergriff aber die Gelegenheit und unterstützte die Hohenzollern-Kandidatur. Sie konnte nämlich die alte Allianz zwischen Deutschland und Spanien wie zu Zeiten der Habsburger wiedererstehen lassen, dadurch die Feindschaft der Katholiken gegen das protestantische Preußen überwinden helfen und Frankreich an zwei Fronten bedrohen. Die Verhandlungen wurden geheim geführt, doch als man davon in Frankreich erfuhr, eiferte sich die öffentliche Meinung. Die republikanische Opposition sprach von einem neuerlichen Entstehen des Heiligen Römischen Reiches. Der Kaiser schreckte noch vor einem Krieg zurück, aber die Kaiserin trieb ihn an. Außenminister Grammont verlas vor der Kammer ein regelrechtes Ultimatum.[3] Er versicherte öffentlich, er rechne auf die Weisheit des deutschen Volkes und auf die Freundschaft der Spanier »um diese Möglichkeit auszuschließen« (Thronbesteigung eines deutschen Fürsten in Spanien). »Andernfalls werden wir mit Ihrer und der Nation Unterstützung unserer Pflicht ohne Zögern und ohne Schwäche nachkommen.« Nach diesem Ultimatum teilte Anton von Hohenzollern offiziell mit, die Kandidatur seines Sohnes werde zurückgezogen. Die Angelegenheit schien damit beendet. Es war ein voller diplomatischer Erfolg Frankreichs. Doch die französische Rechte wünschte vom preußischen König ›Garantien‹, das schriftliche Versprechen, daß die Kandidatur aufgegeben sei, außerdem Zusicherungen für die Zukunft. Der König von Preußen empfing Benedetti, den französischen Botschafter, in Ems und gab ihm höflich zu verstehen, daß der Hohenzoller seine Kandidatur nicht länger aufrechterhalte. Der Presse übergab man ein Protokoll, dessen Text als ›Emser Depesche‹ bekannt ist. Bismarck hatte ihn absichtlich gestrafft, um Frankreich zu beleidigen. Mit dieser Depesche wurde der Krieg unumgänglich. Bismarck hatte zwar den Text geändert, um den Konflikt auszulösen, doch war Frankreich ebenso zum Kampf entschlossen. Die Regierung fragte nicht einmal den Botschafter, ob der Text der Depesche die Unterredung mit dem König genau wiedergab. Am 19. 7. 1870 erklärte Frankreich Preußen den Krieg.

Frankreich war nicht darauf vorbereitet, seine beachtlichen Mittel einzusetzen, und begann den Krieg als Unterlegener.

Gegenüber 450 000 gut ausgerüsteten deutschen Soldaten, die von hervorragenden Offizieren und einem 1866 erprobten Generalstab befehligt wurden, die eine überlegene Artillerie besaßen, zählte die französische Armee nur 260 000 Mann, betreut von der Routine verhafteten Offizieren, von wenig ausgebildeten Generalen, die einander befehdeten und nicht nur zur Zusammenarbeit unfähig waren, sondern sich auch noch über Schwierigkeiten der Kameraden erfreut zeigten. Das französische Heer hatte seine Formung im algerischen Kolonialkrieg erhalten und im Müßiggang der Provinzkasernen gelebt. Diplomatisch war Frankreich isoliert. Der Kaiser hatte mit Österreich kein Bündnis zustande gebracht, genausowenig mit Italien, das zur Bedingung die Einsetzung Viktor Emanuels in Rom machte. Bismarck dagegen hatte ohne Mühe die süddeutschen Staaten zum Anschluß bewogen, weil er an ihr Nationalgefühl appellierte. Aus Süddeutschland stießen deshalb auch Truppen zur preußischen Armee. Nach einem Monat harter Kämpfe im Elsaß und in Lothringen brach die kaiserliche Armee zusammen. Am 2. 9. 1870 kapitulierte der in Sedan eingeschlossene Napoleon. Am 4. 9. wurde in Paris das Zweite Kaiserreich durch eine friedliche Revolution für beendet erklärt. Eine Regierung der ›nationalen Verteidigung‹ wurde gebildet, die anfangs einen Frieden ohne große Verluste erhoffte. Doch Bismarck stellte als Bedingung die Abtretung des Elsaß und eines Teils von Lothringen. Die neue französische Regierung mußte also den Kampf wieder aufnehmen, Kriegsmaterial im Ausland kaufen, mehrere Armeen mit jungen Rekruten ausheben (rund 600 000 Mann), die in Eile zusammengezogen wurden und von den Provinzen aus operierten. Denn seit dem 19. 9. war Paris von deutschen Truppen belagert. Der Krieg zog sich bis 1871 hin. Am 28. 1. 1871 unterzeichnete Frankreich den Waffenstillstand, Paris kapitulierte. Weder die Provinzarmeen noch die wenigen Ausfälle des Militärgouverneurs, General Trochu, hatten die Stadt entsetzen können. Trochu sorgte sich viel mehr um die Niederhaltung der sozialen Unruhen der durch Entbehrungen erbitterten Bevölkerung als um den Feindeinsatz seiner 500 000 Soldaten. Der endgültige Vertrag wurde in Frankfurt unterschrieben, am 10. Mai. Das Elsaß, das deutschsprechende Lothringen und Metz wurden an das neue Deutsche Reich abgetreten, das zudem noch eine Entschädigung von 5 Milliarden Goldfranken erhielt.

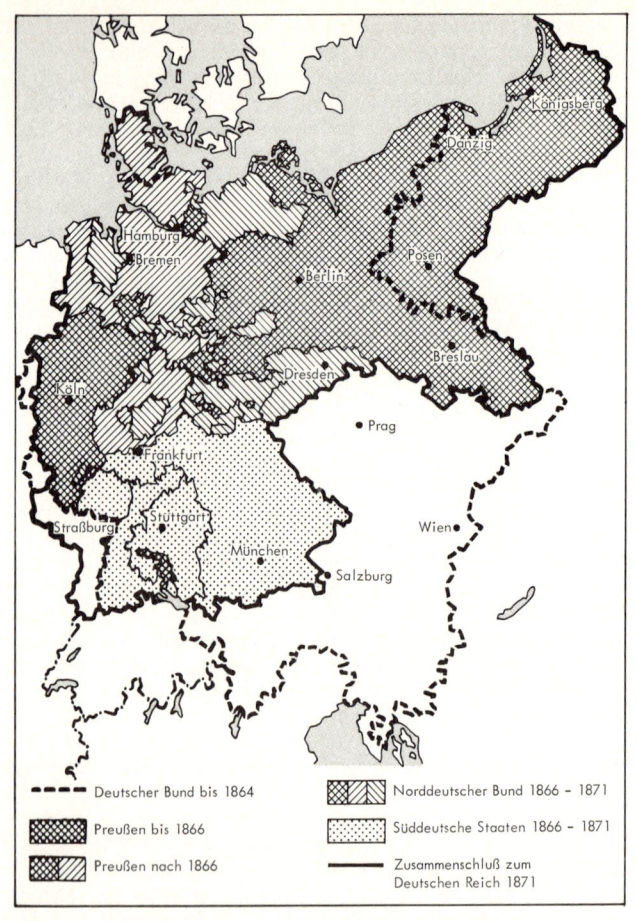

Abb. 20: *Die stufenweise Bildung der deutschen Einheit*

Die Reichsgründung
Schon im Herbst 1870 hatte Bismarck Verhandlungen mit den süddeutschen Staaten aufgenommen. Der gemeinsame Krieg räumte allerdings nicht sämtliche Probleme aus. Baden, selbst Württemberg waren bereit, dem Norddeutschen Bund beizutreten, der Bayernkönig gab dagegen einem Doppelbund den Vorzug, an dessen Spitze er und der König von Preußen stehen sollten, oder einem Bund mit wechselndem Vorsitz.

Das Geschick der preußischen Diplomatie und die Drohung, Bayern aus dem Zollverein auszusperren, das heißt, es wirtschaftlich zu isolieren, führten indes zu einem Vertragsabschluß am 23. November. Man war dem bayerischen Partikularismus entgegengekommen und hatte sich zu großen Zugeständnissen bereit gefunden. Bayern sollte 6 Stimmen im Bundesrat erhalten (Preußen hatte 17) und die Vizepräsidentschaft übernehmen. Post und Fernmeldewesen blieben Bayern unterstellt, in Friedenszeiten hatte es sein unabhängiges Heer.

Die deutsche Einheit wurde vollendet durch die Reichsproklamation in Versailles (18. 1. 1871). Der preußische König nannte sich ›Deutscher Kaiser‹ und nicht ›Kaiser von Deutschland‹. Die Bezeichnung war schließlich mit Rücksicht auf die deutschen Fürsten gewählt worden. Die Reichsgründung hatte sich ohne Begeisterung vollzogen. Sie beruhte auf gegenseitigen Zugeständnissen und Kompromissen, die den Partikularismus schonten. Wilhelm I. nahm nur widerwillig eine Krone an, die nicht die Krone des alten Heiligen Römischen Reiches war und die ihm der Reichstag im Namen einer fiktiven Volkssouveränität anbot. Andererseits fand sich in den süddeutschen Landtagen eine Mehrheit, die die Reichsgründung ratifizierte, doch viele Abgeordnete stimmten gegen eine Umwandlung, in der sie eine Aufgabe ihrer Autonomie und eine Unterwerfung unter Preußen erblickten. Schließlich näherte sich der Krieg seinem Ende, und die im Kampf entstandenen Gemeinsamkeiten traten wieder hinter den Interessengegensätzen der deutschen Staaten zurück.

Das Deutsche Reich war das Ergebnis eines Krieges. Es war von oben geschaffen worden, Resultat von Fürstenverhandlungen. Davon sollte es geprägt bleiben. Die Militärs, der Militarismus nahmen einen bedeutenden Platz in der deutschen Gesellschaft ein, das liberale Bürgertum hatte Zwang und Gewalt als politische Mittel akzeptiert. Der Nationalismus, bislang eine linke Ideologie und mit dem Liberalismus verknüpft, Protest unterdrückter Nationalitäten, wurde zu einer Sache der Rechten: aggressive Forderung an das Ausland und Kult militärischer Stärke. Bismarck, Diplomat alter Schule, dem jeglicher Nationalismus und jede irrationale Leidenschaft fremd waren, hat durch seinen Rückgriff auf den Krieg als Unterstützung seiner Politik die militaristischen Keime aufgehen lassen, die seit Friedrich II. in der deutschen Gesellschaft ruhten. Im Preußisch-Österreichischen Krieg, dann im Konflikt mit Frankreich erlebte man, wie Bismarcks Diplomatie die Feindseligkeiten beenden wollte, sobald das politische Ziel erreicht war, wie jedoch die Heerführer darauf bestanden, den Gegner zu vernichten und Land zu erobern. Im Vertrag

von Frankfurt gab Bismarck den Militärs nach und annektierte Elsaß-Lothringen. Damit legte er den Grund für einen neuen Konflikt, da er in Frankreich den Geist der Rache weckte. Außerdem schuf er innerhalb der Reichsgrenzen das Problem der Assimilierung von nationalen Minderheiten.
Oberflächlich betrachtet, scheint der Ablauf der politischen Ereignisse in der Geschichte der deutschen Einheit stets von einem Mann die entscheidenden Impulse bekommen zu haben, einem Mann, der den Ereignissen seinen Willen aufzwang und sie durch geschickte diplomatische Konstruktionen beherrschte, der in jedem Fall seine Lösung durchsetzte. Doch unabhängig vom Staatsmann, dem Urheber, besser dem Drahtzieher der politischen Geschichte, entsprang die deutsche Einheit zutiefst dem Bedürfnis, einen nationalen Wirtschaftsmarkt zu bilden mit Waren, Menschen und Kapital, der groß genug war, um die volle Entfaltung der Produktivkräfte des Industriekapitalismus zu gewährleisten. Das Fehlen der politischen Einheit stellte für die Entwicklung des Kapitalismus ein Hindernis dar im Gegensatz zu England und Frankreich, wo die politische Einheit der Entstehung des Industriekapitalismus vorausgegangen war. Deutschlands politische Einheit erscheint deshalb als letzte Vollendung der Wirtschaftseinheit. Im Deutschland der Jahrhundertmitte folgte stets das politische dem wirtschaftlichen Phänomen. Der Zollverein existierte vor dem Norddeutschen Bund, der wirtschaftliche Ausschluß Österreichs kam vor dem politischen, der Einzug der süddeutschen Staaten in das Berliner Zollparlament vor der Reichsgründung.

IV. DAS DEUTSCHLAND BISMARCKS

Der Vertrag von Frankfurt schuf im Herzen Europas einen großen Staat von 42,5 Millionen Einwohnern (Frankreich zählte zur selben Zeit 36, England 32 Millionen Einwohner). Dadurch veränderte sich das wirtschaftliche und politische Gleichgewicht auf dem Kontinent. In Zukunft mußte man mit der Existenz einer neuen politischen Großmacht rechnen, mit einem Wirtschaftsblock, der eine außergewöhnliche Wachstumsfähigkeit zeigte. Seine Kohlenproduktion stieg von 26 Millionen (1870) erst auf 36 (1873), dann auf 47 (1880) und schließlich auf 70 Millionen Tonnen (1890). Seine Stahlerzeugung verfünffachte sich zwischen 1870 und 1890. Doch dieser neue Staat hatte typische Züge, die ihn vom viktorianischen England und vom Frankreich der Dritten Republik unterschieden. Es war ein Staat, der sich nicht mit einer ›Nation‹

identifizierte, ein Staat, in dem die Partikularismen ihre Stärke bewahrten. Das politische Regime war nicht demokratisch, nicht in seiner Wirkungsweise, nicht einmal in seinen Verfassungsformen. In Preußen fehlte eine parlamentarische Tradition, dafür gab es eine bürokratische und militärische. Das Bismarckregime ließe sich eher mit dem Bonapartismus in Frankreich und seinen Zügen sozialen Kaisertums vergleichen. Seine Autorität beruhte nämlich auf dem Gleichgewicht zwischen einer absteigenden, aber noch mächtigen Klasse, der Aristokratie, und einer aufsteigenden, beherrschenden Klasse, dem Bürgertum. Dabei versuchte Bismarck, die Massen an sich zu binden und durch eine paternalistische Politik zu vermeiden, daß sie sich dem Sozialismus zuwandten (Sozialgesetzgebung). Dieses Regime konnte daher nur auf Zeit bestehen, da es auf einem Ausgleich der Klassen beruhte, den die wirtschaftliche Entwicklung auf die Dauer aber unmöglich machen würde. Damit erklärt sich die Schaukelpolitik Bismarcks, die einmal liberal war (1871–78), dann wieder konservativ (1878–90) und der es nicht gelang, den Gegensatz zwischen Adel und Bürgertum zu verschleiern. Die Furcht vor dem Sozialismus verhinderte, daß es zu einem offenen Konflikt kam, aber bis 1914 befand sich das Wilhelminische Reich in einem permanenten Krisenzustand. Neunzehn Jahre lang kombinierte Bismarck diese politischen Kräfte, um Deutschlands Einheit zu vollenden, kämpfte gegen internationalistisch orientierte Parteien, die Partei der Katholiken und die Sozialisten, versuchte das Problem der sprachlichen Minderheiten zu lösen und sicherte Deutschland die Vormachtstellung im Kreise der europäischen Nationen.

a) Das Reich 1871

Das neue Reich war kein zweites Heiliges Römisches Reich deutscher Nation mit Universalitätsanspruch. Es war aber auch kein ›Nationalstaat‹, der alle Deutschen umfaßt hätte. Es entsprach dem ›kleinen Deutschland‹ unter Ausschluß der 7 Millionen Deutschen Zisleithaniens. Andererseits gehörten zu ihm 3 Millionen polnisch Sprechende, 200 000 Dänen und rund 1,5 Millionen Elsaß-Lothringer. Zu den ›polnischen‹ Reichsteilen zählte das Gebiet von Posen, wo die Bevölkerung mehrheitlich polnisch sprach, das Gebiet von Thorn in Westpreußen, wo es weniger Polen gab, und Oberschlesien, wo über 72 v. H. der Menschen einen polnischen Dialekt, das Wasserpolakische, sprachen; schließlich verwendeten südlich von Danzig die seit dem 13. Jahrhundert ansässigen Bauern, die Kaschuben, einen slawischen Dialekt. Diese Polen waren Landwirte oder Großgrundbesitzer in den Agrarprovinzen Posen und Preußen, in Oberschlesien dagegen lebte ein polnisches Bürgertum, das von der Verwaltung ausgeschlossen blieb und vor allem freiberuflich tätig war. Ein Nationalgefühl kannten hauptsächlich die Großgrundbesitzer und der Klerus von Posen und Preußen. Für sie bedeutete die Reichsgründung den Verlust ihrer Hoffnungen, eines Tages ein freies und unabhängiges Polen zu erleben. Die Dänen bewohnten vor allem den Norden des 1866 angegliederten Schleswig, die Gegend nördlich von Flensburg, wo auf 20 000 Deutsche 170 000 Dänen kamen. In Holstein lebten nur Deutschsprachige. Zur Volksabstimmung, die der Prager Vertrag in Artikel 5 vorsah, kam es nie. Elsaß-Lothringen endlich war 1871 annektiert worden, ohne daß die Bevölkerung befragt worden wäre. Es war zum Reichsland erklärt worden, das in Kaisers Namen unmittelbar dem Reichskanzler unterstand. Die große Mehrzahl der Bewohner widersetzte sich jeglicher Assimilierung. Das Vorhandensein von Deutschen außerhalb des Reiches stellte vor 1914 kein Problem dar, denn das Reich dehnte sich nicht weiter aus und war unter Ausschluß Österreichs gegen die großdeutsche Lösung entstanden. Die Angleichung der Minderheiten, der Polen, Dänen, Elsaß-Lothringer sollte jedoch eine Quelle von Schwierigkeiten für das Zweite Reich werden.

Zum Reich gehörten 25 Staaten sehr unterschiedlicher Bedeutung, da Preußen etwa 25 Millionen Einwohner zählte, Bayern jedoch nur 5 Millionen und es ganz kleine Staaten gab, beispielsweise das Fürstentum Schaumburg-Lippe mit 32 000 Menschen. Preußens demographisches Übergewicht ging einher mit seiner wirtschaftlichen Überlegenheit. In Preußen wurden 1870 23 Millionen Tonnen Kohle gefördert bei einer Gesamtproduktion von 26 Millionen. Es erzeugte neun Zehntel des deutschen Roheisens und umfaßte vier der fünf großen deutschen Industriegebiete: Einmal das Rheinland und Westfalen, das Herz der deutschen Industrie mit dem Ruhrkohlebecken (Jahresproduktion 1870: 12 Millionen Tonnen), mit den wichtigsten Hüttenwerken Deutschlands an Ruhr und Sieg, mit den Baumwollspinnereien von Elberfeld und Barmen. Das schlesische Kohlebecken, die zweite Industrielandschaft Preußens, erzeugte ein Viertel der deutschen Kohle und ein Viertel des deutschen Eisens. Der Berliner Raum beherbergte metallverarbeitende Betriebe (Lokomotivfabrik Borsig, die Siemens-Halske AG ...) und Banken. Schließlich besaß Preußen das Saargebiet. Der einzige andere wirkliche Industriestaat in Deutschland war das Königreich Sachsen mit Kohlegruben, in denen 1870 13 000 Bergleute tätig waren (im Ruhrgebiet: 52 000), mit vielen Werken der Metallindustrie wie die Maschinenfabrik Hartmann in Chemnitz oder die Landmaschinenfabrik Sack in Leipzig, mit dem Baumwollzentrum in Chemnitz. Die übrigen Staaten blieben dagegen vorwiegend agrarisch ausgerichtet. Die überkommenen Industrien, überall verstreut, wie die Eisenhütten in Berggegenden, verschwanden nach und nach. Moderne Industrieformen gab es nur auf dem Verarbeitungssektor, vornehmlich beim Maschinenbau Maffei in München, Maschinenfabrik Klette & Co. in Nürnberg, Maschinenfabrik Voith in Heidenheim ... Der Gegensatz von Agrar- und Industriedeutschland fand sich übrigens in Preußen selbst, wo Mecklenburg und Ostpreußen ausschließlich Landwirtschaftsgebiete blieben.

Diese wirtschaftliche Verschiedenheit der deutschen Staaten entsprach ebenso großen Unterschieden in der Gesellschaftsstruktur. Im Rheinland und Westfalen, in Berlin und Sachsen lebte bereits ein zahlenmäßig starkes und bewußtes Proletariat, gab es ein Unternehmertum. Östlich der Elbe standen sich in den sozialen Auseinandersetzungen jedoch Großgrundbesitzer und Bauern gegenüber. In Süd- und Mitteldeutschland herrschten Kleinlandwirte, Kleingrundbesitzer und das städtische Bürgertum aus Kaufleuten, Handwerkern und Freiberuflichen vor.

Das Vorhandensein zweier religiöser Konfessionen brachte ein weiteres unterscheidendes Element in diese Staatenwelt. In Preußen bekannten sich rund zwei Drittel der Bevölkerung zum Protestantismus lutherischer Prägung, ein Drittel war katholisch. Auch in Mitteldeutschland überwogen die Protestanten. Dafür waren in den Königreichen Bayern, Württemberg und im Großherzogtum Baden die Katholiken in der Überzahl. Dieses religiöse Gefälle stärkte den politischen Partikularismus. Die süddeutschen Katholiken empfanden die Reichsgründung als eine Beherrschung durch das protestantische Preußen. Auch in Preußen stieß man auf den Gegensatz zwischen den im Rheinland überwiegenden Katholiken, die sich nicht als Rheinpreußen verstanden wissen wollten, die ihre rheinische Eigenständigkeit betonten, und den Protestanten.

Die Reichsgründung setzte somit dem Partikularismus der Einzelstaaten kein Ende. In Preußen gab es unter den Junkern eine starke partikularistische Strömung aus Konservatismus und Verbundenheit mit der Vergangenheit. Die Junker fürchteten, der preußische Staat würde im Reich aufgehen, die preußische Tradition sich abschwächen. Sie sorgten sich auch, ob der westdeutsche Liberalismus, Ergebnis der Einflüsse der Französischen Revolution und des alten Reiches, nicht die östlich der Elbe fast noch unversehrt bestehende Feudalordnung in Gefahr brächte. Die neuen Institutionen hatten daher nicht nur die Frage nach föderativer oder unitarischer Staatsform zu lösen, sondern mußten auch eine Entscheidung treffen zwischen einer ›Verpreußung‹ des Reiches und einem Aufgehen Preußens im Reich. Der politische Bau Bismarcks war sehr behutsam errichtet worden. Das Reich dehnte die Bundesbande, die im Norddeutschen Bund schon bestanden, auf Gesamtdeutschland aus. Doch nahm Preußen im neuen Reich eine Vorrangstellung ein. Dasselbe galt für seine politischen Beamten, seine Bürokratie, sein Heer, seine Tradition, seinen Geist.

Die Reichsverfassung war bundesstaatlich. Der Kaiser war von Rechts wegen preußischer König, dem ein Kanzler zur Seite stand. Die legislative Gewalt lag bei zwei Kammern, dem Reichstag und dem Bundesrat. Der Reichstag ging aus allgemeinen Wahlen hervor, war die Vertretung der einzelnen politischen Parteien. Der Bundesrat war ein Gremium von Bevollmächtigten, Delegierten, die von den einzelnen Staaten ernannt wurden und verbindliche Aufträge ihrer Regierungen überbrachten. Preußens Vormacht kam in der Legislative wie in der Exekutive zum Vorschein, da sich im Reichstag die demographische Bedeutung jedes Staates widerspiegelte und Preußen im Bundesrat über 17 Sitze verfügte, Bayern über 6, Sachsen und Württemberg über 4 von insgesamt 58. Die beiden Versammlungen hatten Gesetzesinitiative und konnten Gesetze beschließen, gegen die ein kaiserliches Veto nichts ausrichtete. Doch war es kein parlamentarisches Regime, da ein Mißtrauensvotum den Kanzler nicht zu stürzen vermochte. Die Verfassung hatte keine Lösung vorgesehen für den Fall eines Konfliktes zwischen der Legislative und der Exekutive. Lediglich die Auflösung des Reichstages mit Zustimmung des Bundesrates war festgelegt. In die Zuständigkeit des Kaisers fielen die Außenpolitik, das Heer, die Marine, Zoll und Währung (das Gesetz vom 4. 12. 1871 schuf eine neue Währungseinheit für das gesamte Reich, die Mark; durch das Gesetz vom 14. 3. 1875 wurde die Königlich Preußische Bank in die Reichsbank umgewandelt). Einige Staaten behielten neben der Reichspost ihre eigene Postverwaltung und das Recht, Sondermarken auszugeben. Eisenbahn (mit Ausnahme Bayerns), Presse- und Strafgesetzgebung, Fragen des Versammlungsrechts waren Bundesangelegenheiten.

Den Einzelstaaten verblieben beschränktere Aufgaben: Erziehung, Kultus, Gerichtsbarkeit, manchmal auch Bauarbeiten der öffentlichen Hand. Doch Länder wie Bayern, Württemberg und Sachsen wahrten sich größere Rechte. Bayern beispielsweise unterhielt seine diplomatischen Vertretungen weiter, hatte eine eigene Post, eigene Eisenbahnen, eine scheinbar unabhängige Armee, das Recht der Offiziersernennung und durfte eine Biersteuer erheben, wodurch der Staatskasse beträchtliche Mittel zuflossen.

Diese Reichsverfassung warf zwei Fragen auf. Einmal die Frage nach der Verteilung der Steuereinkünfte zwischen dem Reich und den Einzelstaaten. Die Mittel des Reiches waren sehr unzulänglich, da die Länder die direkten Steuern einzogen, das Reich dagegen nur über die Einnahmen aus Zöllen, indirekten Steuern und möglichen Gewinnen aus Dienstleistungen des Bundes verfügte. Außerdem konnte es von den Ländern unter Zustimmung des Bundesrates die Abführung eines Betrages an das Reich verlangen. Diese beschränkte Finanzlage war Ursache ständiger Verhandlungen mit den Staaten und zwang das Reich zu Anleihen. Die übereilte Rückkehr Deutschlands zum Protektionismus stand in Beziehung zu dem Wunsch, die Zolleinnahmen zu erhöhen. Das zweite Problem war das Verhältnis von Reich und Preußen. Die Wirkungsweise der Bundesinstitutionen war gestört durch Preußens Übergewicht im Reichstag, im Bundesrat, in der Verwaltung, die das Reich von Preußen übernahm. Man konnte sich deshalb keine Lösung vorstellen für den Gegensatz zwischen dem Reichskanzler und dem Ministerpräsidenten von Preußen. Bismarck umging die Schwierigkeit durch die Übernahme beider Ämter. Doch er mußte, solange er regierte, für die Billigung seiner Politik im Reichstag und zugleich im preußischen Landtag sorgen. Die Mehrheitsverhältnisse in den beiden Versammlungen glichen sich aber keineswegs, da die eine durch allgemeine Wahlen zustande kam, die andere auf dem Dreiklassensystem beruhte. Durch geschicktes Manövrieren vermochte Bismarck jedoch die latente Spannung in Grenzen zu halten. Seine Nachfolger wurden durch den wachsenden Unterschied mehr und mehr behindert; Änderungen in der Gesellschaftsstruktur führten zu divergierenden Mehrheitsverhältnissen im Reichstag und im Landtag.

b) Das politische Leben in Deutschland unter Bismarck

Die rechtlichen Grundlagen des politischen Lebens wechselten von Staat zu Staat. In allen Ländern gab es eine oder zwei Legislativversammlungen, die sich aber recht unterschiedlich zusammensetzten. In den Herzogtümern Mecklenburg-Schwerin und Mecklenburg-Strelitz etwa bestand eine Versammlung, wie sie bereits im 18. Jahrhundert bekannt war, aus Vertretern bestimmter Gesellschaftsgruppen und Mitgliedern, die ihren Sitz ererbt hatten, fort. In den andern Staaten existierte ein Zweikammersystem: Im Oberhaus versammelten sich die Delegierten des Adels oder privilegierter Körperschaften, weitere Mitglieder waren vom Fürsten ernannt oder saßen hier kraft ihres Rechts. Daneben gab es ein Unterhaus. Das Großherzogtum Baden und das Königreich Württemberg hatten das allgemeine Wahlrecht eingeführt, anderswo konnten wegen des Wahlsystems nicht alle am politischen Leben teilnehmen. Bayern und das Herzogtum Hessen kannten nur wenige Einschränkungen, da jeder wählen durfte, der irgendeine direkte Steuer zahlte. In den süddeutschen Staaten war ein echtes politisches Leben für die gesamte, jedenfalls für die überwiegende Zahl der Bevölkerung möglich. In Preußen und Sachsen dagegen, das heißt für 27 Millionen Deutsche, blieb die Beteiligung am politischen Leben nur sehr begrenzt. In Sachsen wurde ein Teil der gesetzgebenden Versammlung nach einem Zensusverfahren bestimmt, ein anderer Teil ging aus dem allgemeinen Zweistufenwahlrecht hervor. In Preußen wurde kein Mitglied des Herrenhauses gewählt. Im Landtag beschränkte das Dreiklassenwahlrecht, mit einem Zweistufensystem kombiniert, die Teilnahme am politischen Leben auf eine reiche Minderheit.

Daher kam den politischen Parteien im Deutschland Bismarcks nicht die Bedeutung zu, die sie in den politischen Kämpfen Frankreichs oder Englands hatten. Bei Reichstagswahlen lag der Prozentsatz der Enthaltungen stets hoch (ca. 40 v. H.). Er stieg noch bei Wahlen in den einzelnen Staaten (in Preußen durchschnittlich 80 v. H.). Die Parteien zogen außerdem hochqualifizierte Kräfte wenig an, da der Weg zur Macht eben nicht über sie führte. Die Abgeordneten der einzelnen Kammern legten nur geringen Wert darauf, ihre Unabhängigkeit den Regierungen gegenüber zu behaupten. Es waren Beamte, durch und durch vom Sinn für Hierarchie geprägt, Angehörige freier Berufe, Professoren, Rechtsanwälte. Daß es immer wieder auch offizielle Kandidaten gab, verfälschte das parlamentarische Spiel zusätzlich.

Die ersten Reichstagswahlen vom 3. 3. 1871 zeigten, daß die Stimmen der Deutschen sich auf sechs Parteien verteilten, zu denen noch Protestgruppen kamen.

Die Liberalen hatten die Mehrheit. Sie zerfielen in zwei Parteien, die *Nationalliberale Partei* (30 v. H. der Stimmen, 125 Sitze 1871), die bedeutendste Partei im Reichstag, und die *Fortschrittspartei* (9,3 v. H. der Stimmen, 46 Sitze). Beide hatten sich 1867 getrennt. Sie vertraten das deutsche Bürgertum in seiner Gesamtheit. Beide zeigten sich zufrieden über die Vollendung der Einheit und über Bismarcks Politik. Religiös waren sie nicht festgelegt. Die *Nationalliberale Partei* billigte den neuen politischen Bau, das heißt, sie nahm den Vorrang der alten Führungsschicht aus Adel, Heer und hohen Beamten im politischen Leben hin. Die Geschlossenheit der Partei war indes seit 1871 bedroht. Sobald das gemeinsame Ziel, Deutschlands Einheit, erreicht war, zeichnete sich ein rechter, zum Konservatismus neigender, und ein linker Flügel ab, der sich der *Fortschrittspartei* näherte. Deren Anhänger wollten auf dem Weg zur Demokratie weitergehen. Sie wünschten eine Entwicklung auf einen Parlamentarismus französischer oder englischer Art hin. Die *Fortschrittspartei* vertrat den Anspruch des mittleren und kleinen Bürgertums, das Funktionieren des Staates völlig zu kontrollieren. Die gesellschaftliche Grundlage der beiden Parteien entsprach sich also nicht in allem, obschon sie 1871 sehr breit war. Unter den Wählern der *Nationalliberalen Partei* fanden sich Geschäfts- und Kaufleute, Angestellte, Beamte. Für die *Fortschrittspartei* entschieden sich viele Intellektuelle, Angehörige freier Berufe, kleine Beamte. Ein Teil der Bauernschaft unterstützte die Liberalen gleichfalls. Die *Nationalliberale Partei* vertrat die Interessen der Industrie, die *Fortschrittspartei* war dagegen eher eine Mittelstandspartei, das heißt eine Partei jener Gesellschaftsgruppe, deren zahlenmäßige Wichtigkeit für die deutsche Gesellschaft zwischen 1870 und 1890 stets zunahm. Die Nationalliberalen entwickelten sich deshalb auch immer mehr nach rechts, auf konservative Positionen hin, gegen die Demokraten und Sozialisten, wobei sie einen Teil ihrer Wähler einbüßten, von denen viele sich der *Fortschrittspartei* zuwandten. Dadurch vermochte diese Partei ihren Wähleranteil zu erhöhen, obschon auch hier innere Zwistigkeiten zur Schwächung führten. Bei den Wahlen vom 20. 2. 1890 erhielt die Fortschrittspartei, nunmehr *Freisinnige Partei* genannt, 18,4 v. H. der Stimmen und 76 Abgeordnete. Die *Nationalliberalen* bekamen dagegen nur noch 17,4 v. H. und 42 Abgeordnete.

Es gab drei konservative Parteien, die *Freikonservative Partei*, die sich später in die *Deutsche Reichspartei* verwandelte, die *Konservative Partei* und die *Liberale Reichspartei*, die nach 1874 verschwand. Die *Freikonservative Partei*, die mit der *Liberalen Reichspartei* zusammen bei den Wahlen von 1871 auf 16,2 v. H. der Stimmen gekommen war (67 Abgeordnete) und so die wichtigste Reichstagspartei nach den Nationalliberalen bildete, zählte drei Gesellschaftsgruppen zu ihren Wählern: die Großindustriellen, einen Teil der Großgrundbesitzer (besonders in Schlesien), die hohen Beamten. Parteichef war Wilhelm von Kardorff, ein schlesischer Großindustrieller, der später den Zentralverband der Deutschen Industriellen gründete. Diese Partei, Interessenvertretung der Großindustrie (hauptsächlich der Schwerindustrie) und der Großgrundbesitzer, unterstützte 1871 Bismarck bedingungslos. Sie billigte die deutsche Einheit, zeigte sich befriedigt über die Verfassung von 1871, da die überkommenen Autoritäten und die Gesellschaftshierarchie nicht in Frage gestellt wurden. Die Wählerschaft der *Konservativen Partei* war einheitlicher (1871: 14,1 v. H. der Stimmen, 57 Sitze), denn sie vertrat eindeutig die

Interessen des preußischen Großgrundbesitzes. Im Osten Deutschlands konnte sie auf die Stimmen der Bauern zählen, die wie ihre Junker wählten. Die Partei war die Partei der preußischen Tradition und des Protestantismus: Treue zum König, zur Evangelischen Kirche Preußens, Beibehaltung der Adelsprivilegien und der Autorität der Großgrundbesitzer. Sie begegnete daher nicht ohne Mißtrauen der Politik des Kanzlers, der sich im Parlament auf die Nationalliberalen stützte und der durch seine Einheitspolitik in Deutschland den preußischen Partikularismus in Gefahr brachte. Die Partei, die im Reichstag nur schwach vertreten war, hatte in Wirklichkeit einen großen Einfluß auf das politische Leben, einerseits, weil das Dreiklassensystem ihr im preußischen Landtag viele Sitze sicherte, andererseits, weil sie der Unterstützung der Aristokratie sicher war und damit den kaiserlichen Hof hinter sich wußte. Zwischen 1871 und 1890 verloren beide konservativen Parteien Stimmen bei den Wahlen. Die *Deutsche Reichspartei* kam 1890 nur noch auf 6,5 v. H. der Stimmen (20 Sitze), die Konservativen dagegen erhielten 12,7 v. H. (7 Sitze). Infolge der gesunkenen Getreidepreise nach 1873 und der Krise in der deutschen Landwirtschaft vermochte die *Konservative Partei* nämlich die Stimmen eines Teils der protestantischen Bauernschaft Mitteldeutschlands an sich zu binden und stellte damit eine Einheitsfront des großen und kleinen Grundbesitzes her.

Die dritte große Partei im Reichstag von 1871 war das *Zentrum* unter der Führung von Windhorst (18,6 v. H. der Stimmen, 62 Sitze). Im Vergleich zu Frankreich und England gehörte es zu den Besonderheiten Deutschlands, eine konfessionelle Partei zu haben. Ihre Wähler kamen aus der Bauernschaft, dem katholischen Kleinbürgertum des Rheinlandes und Süddeutschlands, die sich für ihre Honoratioren entschieden. Diese Partei, die vorgab, die Belange einer religiösen Minderheit zu vertreten, unabhängig von den Klassengegensätzen, legte genaue Lösungsvorschläge zu politischen und sozialen Fragen vor. Auf der einen Seite wollte sie die katholische Kirche stärken, war aber auch partikularistisch und antipreußisch. Die Gegner der deutschen Einheit in der Form, wie sie sich Bismarck dachte, wählten Zentrum, desgleichen die Gegner dessen, was für preußische Vorherrschaft gehalten wurde. Auf sozialem Gebiet warf das Zentrum die Frage nach dem Verhältnis von Kapital und Arbeit auf und beantwortete sie durch Verurteilung der durch die Industrialisierung verursachten Schäden, mit wehmütigem Blick auf die Vergangenheit, und setzte sich für eine Zusammenarbeit der Klassen ein. Damit brachte das Zentrum die Forderungen der Kleinunternehmer zum Ausdruck, der Kleinbauern, die unter der wirtschaftlichen Entwicklung und den Fusionen in der Industrie litten. Gleich-

zeitig setzte sich das Zentrum aber auch für eine Sozialgesetzgebung ein, deren Grundlage die christliche Gerechtigkeit sein und die den Arbeitern Schutz gewähren sollte. Daher wählten auch katholische Arbeiter aus dem Rheinland, Westfalen und Schlesien das Zentrum.
Trotz des Kampfes, den Bismarck gegen das Zentrum führte, hielt und verstärkte die Partei im Reichstag ihre Stellung, da sie 1890 mit 18,5 v. H. der Stimmen und 106 Abgeordneten die wichtigste Gruppierung im Parlament war. Jede parlamentarische Mehrheit mußte das *Zentrum* berücksichtigen, aber seine politische Wirkung blieb wegen der unterschiedlichen Interessen seiner Wähler nur sehr begrenzt. Um seine Geschlossenheit zu wahren, verhielt sich das *Zentrum* stets zögernd, verharrte in der Defensive.
Die letzte politische Richtung im Reichstag von 1871 waren die Sozialdemokraten, die in zwei Parteien zerfielen, den *Allgemeinen Deutschen Arbeiterverein und die Sozialdemokratische Arbeiterpartei*. Beide Parteien fanden nur beschränktes Echo, da sie über nicht mehr als 3,2 v. H. der Stimmen verfügten (2 Abgeordnete). Sie unterschieden sich durch ihre Einzugsgebiete und die Art, wie sie den Sozialismus dem Staat gegenüber zu entwickeln gedachten. Der *Allgemeine Deutsche Arbeiterverein* war eine Gründung Lassalles (1863). Bei dessen Tode (1864) ging die Führung auf Johann Baptist von Schweitzer über, dann, vom Juli 1871 an, auf Wilhelm Hasenclever. Die *Sozialdemokratische Arbeiterpartei* war auf dem Eisenacher Kongreß entstanden (August 1869), angeregt von August Bebel, Wilhelm Liebknecht, unterstützt von ehemaligen Anhängern Lassalles wie Wilhelm Bracke. Die Partei Lassalles hatte ihre Wähler im Rheinland, in Berlin, Frankfurt und Hamburg, die *Sozialdemokratische Arbeiterpartei* in Sachsen (Bebel stammte aus Leipzig). Für Lassalles Parteigänger sollte sich die Entwicklung des Sozialismus innerhalb des nationalen Rahmens vollziehen. Sie glaubten, daß die Arbeiterklasse über das allgemeine Wahlrecht an der politischen Macht teilhaben könnte und die soziale Gerechtigkeit sich ohne Ausweichen auf die Revolution mit staatlicher Hilfe verwirklichen ließe. Produktionsgenossenschaften sollten vom Staat geschaffen werden. Die theoretische Grundlage der Partei war also eine Mischung aus sozialistischen Themen und kleinbürgerlicher Ideologie. Die ›Eisenacher‹ dagegen hatten ihr Programm mehr mit der Lehre der *1. Internationale* in Einklang gebracht. Für sie gab es Sozialismus nur auf internationaler Basis, Zusammenarbeit von Arbeiterpartei und bürgerlichem Staat war ausgeschlossen. Obschon Liebknecht den Marxismus nicht völlig übernommen hatte, stand er doch stark unter dem Einfluß marxschen Denkens. Vor 1870 war

die *Sozialdemokratische Arbeiterpartei* antipreußisch und begünstigte die großdeutsche Lösung der Einheitsfrage. Sie war antiautoritär, antimilitaristisch, feindete Bismarcks Politik an, wogegen Lassalles Anhänger die kleindeutsche Lösung billigten und gute Beziehungen zu Bismarck unterhielten, da ihre Staatsauffassung sich mit den Tendenzen eines ›Sozialkaisertums‹ im Sinne Bismarcks treffen konnte. Die Unterschiede der beiden Parteien traten im 70er Krieg klar zutage. Die Partei Lassalles sprach sich für die Kriegskredite im Parlament aus und folgte damit der Mehrheit der Arbeiter, die den Krieg als defensiv und gerecht betrachteten. Sie kritisierten lediglich die Annexion von Elsaß-Lothringen. Anders Bebel und Liebknecht. Sie enthielten sich der Stimme bei der Beschlußfassung im Norddeutschen Reichstag aus Mißtrauen gegen Bismarck und aus Überlegungen des proletarischen Internationalismus. Marx und Engels, dann das Zentralkomitee der Partei hatten allerdings den Verteidigungscharakter des Krieges für Deutschland betont. Als sich aber nach dem Sturz des Zweiten Kaiserreichs der Krieg in einen Eroberungskrieg ausweitete, erkannte die *Sozialdemokratische Arbeiterpartei* die neue französische Republik an und wandte sich gegen eine Fortsetzung der militärischen Handlungen. Am 26. 11. 1870 stimmten Bebel und Liebknecht gegen die neuen Kriegskredite, die die Regierung verlangte. Aufgrund dessen wurden beide Sozialistenführer gegen Jahresende verhaftet und im November 1871 von einem Leipziger Gericht zu 18 Monaten Freiheitsstrafe verurteilt.

Diese Uneinigkeit zwischen beiden Parteien und der Umstand, daß die meisten Arbeiter Patrioten ohne Verständnis für die internationalistische Einstellung Bebels und Liebknechts waren, erklären das schlechte Abschneiden der Partei bei den Wahlen von 1871 (102 000 Stimmen). Die Wirtschaftskrise von 1873 führte den Sozialisten mehr Wähler zu (1874: 350 000 Stimmen, 9 Abgeordnete — 3 Lassallianer, 6 Eisenacher). Doch die Führer sahen die Notwendigkeit ein, beide Parteien zu verschmelzen, um ihrem Kampf größeren Nachdruck zu verleihen. Der Konjunkturrückschlag von 1872–73 verschlechterte nämlich die Lage der Arbeiter, häufte die sozialen Konflikte (1871: 212 Streiks; 1872: 248; 1873: 260 — alle hart unterdrückt) und steigerte die Arbeitslosigkeit. Auf der andern Seite entzog das neue Reich den Zwistigkeiten der Parteien, soweit es um die Auffassung von der deutschen Einheit ging, den Boden. Der Zusammenschluß wurde auf dem *Gothaer Kongreß* vollzogen (22.–27. 5. 1875). Das Programm der neuen Partei, der *Sozialistischen Arbeiterpartei Deutschlands* (seit 1890 *Sozialdemokratische Partei Deutschlands*), entsprang einem Kompromiß zwischen Anhängern Lassalles und Marxisten. Von Lassalle übernahm man das ›eherne Lohngesetz‹, den Gedanken der Produktionsgenossenschaften, die vorrangige Entwicklung des Sozialismus innerhalb des Staates. Andererseits behauptete sich die Partei als eine Partei des Klassenkampfs und als revolutionäre Partei. Sie war straff organisiert, besaß eine Zeitung, den *Vorwärts*, eine Gruppe von 145 hauptamtlichen Rednern, zahlte an ihre Abgeordneten eine Entschädigung aus der Parteikasse und stellte ihre Kandidaten in den meisten Wahlkreisen auf. Die Propagandaarbeit, die bessere Organisation, das rasche Anwachsen der Arbeiterzahl zwischen 1870 und 1890 erklären die Erfolge der Partei. Von 1877 an hatte sie 400 000 Stimmen und 12 Sitze, 1881 321 000, 1884 549 000 Stimmen. 1890 kam die Partei auf 18,1 v. H. und erhielt 35 Mandate. Bismarcks repressive Politik und das Parteiverbot vermochten nichts gegen diesen raschen Aufschwung. Doch die wachsenden Wählerzahlen wirkten sich auf der andern Seite immer mäßigender auf die Parteidoktrin aus. Ab 1890 begann die *Sozialdemokratische Partei* zu einer Funktionärspartei zu werden und sich der bürgerlichen Demokratie einzugliedern.

Schließlich gehörten dem Reichstag noch 20 Protestabgeordnete oder Partikularisten an: Polen, Dänen, Hannoveraner, zu denen 1874 noch Elsaß-Lothringer kamen.

Doch unabhängig von den Parteien hing das politische Leben stark vom Einfluß der Interessenverbände auf die Regierung ab: Unternehmer, Grundbesitzer, Bauernligen, katholische Gruppen, entstehende Gewerkschaften. Allerdings darf man diese pressure groups nicht überschätzen. In der Krise von 1873 etwa schlossen sich die Industriellen zusammen, um die Rückkehr zum Protektionismus zu fordern. 1876 bildeten die einzelnen Unternehmerverbände den *Centralverband Deutscher Industrieller zur Beförderung und Wahrung nationaler Arbeit*, der in enger Verbindung zur Freikonservativen Partei stand. Auf dieselbe Weise und aus denselben Gründen taten sich die Domänenbesitzer zusammen, die vom Sinken der Agrarpreise betroffen waren. Ihr Verband nannte sich *Vereinigung der Deutschen Steuer- und Wirtschaftsreformer*. Beide Verbände wirkten direkt auf die Regierung ein, die zwischen 1875 und 1879 zum Protektionismus zurückkehrte. Mit dem *Zentrum* arbeiteten zahlreiche katholische Handwerker- und Bauern-Vereinigungen zusammen sowie christliche Gewerkschaften, die von 1878 an zum Zentralkomitee der deutschen Katholiken zählten. Schließlich gab es Arbeitergewerkschaften, die nach dem Vorbild der sozialistischen Parteien von 1875 fusionierten. Doch bis 1890 fanden sie unter den Arbeitern nur beschränktes Echo, und sie vermochten nur wenige Forderungen durchzusetzen, weil die Industriellen die Gewerk-

schaftsmitglieder entließen (mit Ausnahme der Kleinbetriebe) und die *Sozialdemokratische Partei* in den Gewerkschaften nur eine untergeordnete Organisation sah, die sich ihr zu unterstellen hatte. In den Augen der Arbeiter vertrat die Partei allein ihre Anliegen. Schließlich gab es eine Vereinigung ohne jeglichen Einfluß auf die Arbeiterwelt, die aber eine beträchtliche Wirkung auf die Regierung und besonders auf Bismarck ausübte, eine Gruppe, die die Volkswirtschaftler Schönberg, Wagner, Schmoller und Brentano leiteten und die sich nach 1872 *Verein für Sozialpolitik* nannte. Trotz ihres Spitznamens ›Kathedersozialisten‹ waren diese Männer keine Sozialisten und hoben ihre Feindschaft zum Marxismus hervor. Für Bismarck boten sie dagegen die Ideologie, die seiner paternalistischen Politik entsprach. Sie behaupteten nämlich, der Staat müsse sich in die Auseinandersetzungen zwischen Arbeitgeber und Arbeitnehmer einschalten und die Arbeiter vor einer schrankenlosen Ausbeutung durch eine Sozialgesetzgebung schützen. Die Gesellschaftsstruktur brauche so nicht geändert zu werden, und der Staat könne auf diese Weise die Arbeiterschaft vom Sozialismus abbringen. Vergleichbare Themen fanden sich in den Programmen der christlich-sozialen Bewegungen des protestantischen Predigers Stöcker (er hatte 1878 sogar eine kurzlebige politische Partei gegründet, ehe er sich dem Antisemitismus verschrieb) und des Mainzer Bischofs Ketteler, der mit dem *Zentrum* verbunden war und dem Bürgertum mangelndes soziales Verantwortungsgefühl vorhielt. Für Ketteler entsprach dies einer Glaubensschwächung.
Dies waren die politischen Kräfte im Deutschland Bismarcks. Man könnte noch die nicht zu unterschätzenden pressure groups des Hofes, der Bürokratie und des Offizierskorps hinzufügen. Zwei Parteien ließen sich nicht völlig in den neuen politischen Bau eingliedern, einmal das *Zentrum*, das in gewisser Weise den katholischen Universalismus vertrat, gleichzeitig die antipreußischen partikularistischen Kräfte an sich band und an den gesellschaftlichen Zuständen Kritik übte. Die andere Partei war die sozialistische Partei, die auch dann ihre internationalistisch-proletarischen Ansätze nicht aufgeben konnte, wenn sie innerhalb des nationalen Rahmens bleiben wollte. Sie stellte die Basis der deutschen Gesellschaft in Frage.

c) Die politischen Probleme im Bismarckdeutschland:
der Ausbau des Reiches

Zwischen 1870 und 1890 besaß keine Partei die absolute Mehrheit im Reichstag und somit konnte keine dem Kanzler ihre Politik aufzwingen, dies um so weniger, als es kein parlamentarisches Regime gab. Die Aufsplitterung der Parteien erlaubte es Bismarck, unabhängig und nach eigenem Gutdünken zu regieren und sich auf wechselnde Mehrheiten zu stützen. Bis 1878 fand der Kanzler seine Mehrheit in einer Koalition aus Nationalliberalen (der stärksten Gruppe im Reichstag) und Freikonservativen. Er benutzte die Kräfte des liberalen Bürgertums, um den Ausbau des Reiches durch die Verstärkung der Wirtschaftseinheit und den Kampf gegen den Katholizismus fortzuführen. Diese Gegnerschaft zwischen Liberalismus und Klerikalismus fand sich auch in anderen Ländern, in Deutschland kam noch dazu, daß der Katholizismus eine fremdländische Weltanschauung war, die mit dem werdenden Reich nicht in Einklang gebracht werden konnte. In den ersten Jahren nach der Reichsgründung sah sich Bismarck oft im Widerspruch zu den ›Altkonservativen‹, die eher preußisch als deutsch dachten, die den Kanzler in ihrer Zeitung, der *Kreuzzeitung*, angriffen (etwa in den ›Ära-Artikeln‹ von 1875). Doch nach 1878 verschob sich das Schwergewicht des politischen Lebens nach rechts, zum Konservatismus hin, und dies aus mehreren Gründen: erstens und besonders, weil die Wahlerfolge der *Sozialdemokratischen Partei* für das deutsche Bürgertum eine weit größere Gefahr darstellten als der Katholizismus; zweitens, weil der Kampf gegen die Katholiken ergebnislos abgeebbt war; drittens, weil der Konjunkturrückschlag von 1873 zum Protektionismus führte und daran die Geschlossenheit der Nationalliberalen zerbrach, (ein Teil der Partei befürwortete weiterhin den Freihandel und bewirkte eine Annäherung zwischen Bismarck und den protektionistischen Agrariern); viertens, weil die Liberalen (jedenfalls ihr fortschrittlicher Flügel), Stütze des Regimes bis 1878, dessen Liberalisierung wünschten, Bismarck sie aber nicht zugestehen konnte, autoritär und konservativ wie sein Wesen nun einmal war. Nach 1878 regierte der Kanzler einige Jahre lang mit schwankenden Mehrheiten, die sich je nach der Problemlage änderten. Er spielte die Konservativen und Nationalliberalen gegen die Sozialisten aus, bei Zollfragen mußte er sich ans Zentrum halten. Nach 1881, nach der Spaltung der Nationalliberalen, schlossen sich die konservativen Kräfte zusammen und unterstützten im *Rechtskartell* des Kanzlers Sozialpolitik und sein Vorgehen gegen die Sozialisten. Von 1871 bis 1890 führte Bismarck somit den Kampf gegen die drei Kräfte, die er als Fremdkörper im neuen, kapitalistischen Deutschen Reich betrachtete: den Katholizismus, die Sozialdemokratie, die Partikularismen.

Gegen die Katholiken wandte sich Bismarck aus innen- und außenpolitischen Überlegungen. Zunächst galt es, die Opposition zu bekämpfen, die das Zentrum seit dem Frühjahr 1871 bekundete, als es sich gegen den Inhalt der Thronrede, das heißt Bismarcks Politik ausgesprochen hatte. Das Zentrum lieh allen Kräften seine Unterstützung, die sich einer Zentralisierung des Reiches widersetzten: dem partikularistischen Süden, den Hannoveranern, den nationalen Minderheiten, die sich nicht eingliedern lassen wollten. Hier waren es vor allem die Polen, die sich auf die katholische Kirche verlassen konnten. Der Kampf galt jedoch nicht nur der katholischen Politik, sondern auch der katholischen Kirche selber, soweit sie als hierarchisierte Organisation sich der Kontrolle durch die Verwaltung entzog. Bismarck lehnte den Katholizismus nicht als Religion, sondern als Gesellschaftsphänomen ab, wie der Ausdruck ›Kulturkampf‹ zeigt, das heißt, Kampf gegen eine Weltanschauung, die mit der des liberalen Bürgertums im neuen Deutschland nicht zu vereinbaren war. Den Begriff hatte der Liberale Virchow zum ersten Mal verwendet. Bismarck argwöhnte, die Katholiken wollten einen ›Staat im Staate‹ bilden (Rede vom März 1873), der katholische Klerus sei nicht reichstreu, sondern hänge vom Papst ab. Viele Protestanten, schockiert vom Unfehlbarkeitsdogma (1870), beschuldigten den Vatikan, er strebe nach der ›Weltherrschaft‹, wie der Jurist Bluntschli erklärte. Die Schlacht wurde somit nicht allein im Parlament ausgetragen, sondern fesselte auch die öffentliche Meinung. Bismarck vermochte ohne Mühe, die politischen Kräfte der deutschen Liberalen gegen den Katholizismus zu lenken, um so eher, als der Papst den Liberalismus im Syllabus verdammt hatte (1864). Auf diese Weise wurde die Einheit des protestantischen deutschen Bürgertums möglich, das darüber das Fehlen der politischen Freiheit vergaß. Gleichzeitig traten die gesellschaftlich-wirtschaftlichen Fragen in den Hintergrund. Außenpolitische Gründe gaben zusätzlichen Anlaß für den Kulturkampf. Deutschland näherte sich Italien und Rußland, deren Beziehungen zum Papst nicht die besten waren. Andererseits befürchteten die Deutschen die Bildung einer katholischen Koalition, von Frankreich, Österreich und dem Vatikan getragen, die das Reich umzingeln würde und auf Sympathien im Innern rechnen könnte, etwa bei den elsässischen oder polnischen Katholiken.

All diese Überlegungen veranlaßten die Regierung, einen Vorwand zu finden und die Feindseligkeiten zu eröffnen. Sie unterstützte die Altkatholiken, die die päpstliche Unfehlbarkeit ablehnten, vom Episkopat exkommuniziert worden waren und ihre Priester nicht absetzten. Gesetzesmaßnahmen gegen die Katholiken wurden daraufhin ergriffen (ab Dezember 1872), die auf beiden Seiten einen heftigen Kampf auslösten. Seinen Höhepunkt erreichte er zwischen 1873 und 1875.

Die Kampfgesetze kamen nicht in ganz Deutschland zur Anwendung. Es gab tatsächlich nur wenige Reichsgesetze, die gegen die Katholiken beschlossen wurden, wie das Gesetz vom 4. 7. 1872, das die Jesuiten verbot. Ein anderes schrieb die in Preußen übliche Zivilehe für das Reich vor (1875). Der Kampf spielte sich innerhalb der einzelnen Länder ab, die katholikenfeindliche Gesetze erließen. Er blieb aber begrenzt auf Preußen, Baden und Hessen. In Preußen bestimmte ein Gesetz vom März 1872 die Aufsicht des Staates über die Schulen, die auch den Religionsunterricht miteinbeziehen konnte. Im April 1873 wurden die Kirchen gesetzlich dem Staat unterstellt. Er erhielt das Recht, die Bedingungen für Priesterernennungen festzusetzen und Disziplinarmaßnahmen zu ergreifen. Im Mai 1873 wurde die Macht des Staates über die Kirche erweitert. Jeder Priesterkandidat mußte ein deutsches Gymnasium besucht haben, drei Jahre auf einer deutschen Universität gewesen sein und dort Examen in Philosophie, deutscher Literatur und Geschichte abgelegt haben. Die Seminare unterstanden staatlicher Kontrolle. Die Bischöfe mußten jede Ernennung von Priestern dem Provinzpräsidenten mitteilen, der Einspruch erheben konnte. Disziplinarische Maßnahmen der kirchlichen Autoritäten durften nur noch von Deutschen getroffen werden (unter Ausschluß des Papstes) und sich nicht vom gesetzlichen Rahmen entfernen. Berufung konnte man an einem königlichen Gerichtshof für kirchliche Angelegenheiten einlegen. Vom Papst, der die diplomatischen Beziehungen zum Reich abbrach, ermutigt, reagierten die Katholiken mit passivem Widerstand und lehnten trotz Geldbußen und Freiheitsstrafen jedes Nachgeben ab. Die Priester wurden nicht mehr regelmäßig ernannt, viele befanden sich in Haft. Die Pfarrer trugen Urkunden der Standesämter nicht mehr in ihre Bücher ein. Um dieses Durcheinander zu beheben, legte ein Gesetz von 1874 die standesamtliche Ehe fest, ein anderes von 1875 ermächtigte die Bürgermeister, Bürgerversammlungen einzuberufen, um vakante Kirchenstellen zu besetzen. Das einzige Ergebnis dieser Politik war die größere Geschlossenheit der katholischen Minderheit, deren Führer in den Ruf von Verfolgten kamen. Das *Zentrum* gewann mehr Wähler und beunruhigte zugleich wegen seines antireligiösen Charakters die evangelische Kirche Preußens. Bismarck, auf der Suche nach einer parlamentarischen Zusammenarbeit mit dem *Zentrum*, sah sich gezwungen, die Versöhnung herbeizuführen. Dies wurde ihm durch die Thronbesteigung Leos XIII. (1878) erleichtert, der gewandter und entgegenkommender als sein Vorgänger Pius IX. war. Die Kampfgesetze wurden abgewandelt, dann, zwischen 1885 und 1887, allmählich abgebaut. Eine Ausnahme bildeten das Jesuitenverbot und die Zivilehe. Auf lange Sicht hatte der Kulturkampf die katholische Hierarchie gestärkt, die Bande zwischen dem Papst und dem deutschen Klerus enger geknüpft und für das *Zentrum* einen Machtzuwachs erbracht. Doch künftig sahen die Katholiken ihren Platz im Reich, das *Zentrum* wandelte sich von einer Oppositions- zu einer Regierungspartei.

Das Anwachsen des Proletariats und die Wahlerfolge der *Sozialdemokratischen Partei*, ein Ergebnis der Arbeitslosigkeit und des Sinkens der Löhne, hinter denen wiederum die Wirtschaftskrise von 1873 und die daran anschließende, bis 1879/80 dauernde Rezession standen, waren nicht ohne Einfluß auf die Versöhnung von Katholiken und Protestanten. Beunruhigt über die Fortschritte der Sozialisten bei den Wahlen von 1877 und unter dem Druck der Unternehmer, versuchte Bismarck, ein Ausnahmegesetz gegen die Sozialisten einzubringen, stieß aber auf eine Parlamentskoalition aus Nationalliberalen, Mitgliedern der *Fortschrittspartei* und dem *Zentrum*. Zwei Anschläge auf den Kaiser (Mai und Juni 1878) lieferten den gewünschten Vorwand, den Reichstag aufzulösen und Neuwahlen abzuhalten nach einem Wahlkampf, der alle bürgerlichen Kräfte gegen den Sozialismus aufbieten sollte. Der neue Reichstag, in dem die Konservativen auf Kosten der Nationalliberalen, den Gegnern des Ausnahmegesetzes, Gewinne erzielt hatten, bot Bismarck eine Parlamentsmehrheit für seine gegen die Sozialisten gerichtete Unterdrückungspolitik. Sie fand ihren rechtlichen Ausdruck in einem Gesetz vom 19. 10. 1878, das sozialistische oder kommunistische Vereinigungen, die den Staat oder die Gesellschaftsordnung bekämpfen wollten, verbot. Desgleichen wurden Zusammenkünfte in der Öffentlichkeit untersagt, wenn keine polizeiliche Sondergenehmigung vorlag, die sozialistischen Zeitungen mußten ihr Erscheinen einstellen. Die Polizei erhielt das Recht, sozialistischer Aktivitäten verdächtigen Personen den Aufenthalt in bestimmten Städten zu verwehren. Das Koalitionsrecht wurde allerdings nicht aufgehoben. Die *Sozialdemokratische Partei* war zwar ungesetzlich, ihre Abgeordneten durften aber weiterhin im Reichstag sitzen und sich dort zu Wort melden.

Gleichzeitig ließ Bismarck Sozialgesetze beschließen, um die Arbeiter der Sozialdemokratie und den Gewerkschaften zu entfremden. Diese Gesetze entstanden in engem Kontakt mit dem *Centralverband der Deutschen Industriellen*, d. h. mit der Großindustrie, die lieber Beiträge in die Arbeiterkassen abführte, wenn sie dadurch den Einfluß der Gewerkschaften in den Betrieben unterlaufen konnte. Drei Gesetze wurden beschlossen gegen den kurzsichtigen Widerstand der Konservativen im Reichstag, die von Bismarcks Sozialpaternalismus nicht viel hielten. Dafür bekam der Kanzler die Unterstützung des *Zentrums*, das dem ›praktischen Christentum‹, wie Bismarck es nannte, Verständnis entgegenbrachte. Das Gesetz von 1883 betraf die Krankenversicherung. Die Ortskrankenkassen, zu zwei Dritteln von den Arbeitern, zu einem Drittel von den Unternehmern finanziert, mußten während der ersten 13 Krankheitswochen eine Beihilfe an den arbeitsunfähigen Lohnabhängigen zahlen. Das Gesetz über die Unfallversicherung (1885) verpflichtete eine von den Unternehmern getragene Kasse, bei jedem Arbeitsunfall Unterstützung zu gewähren, unabhängig von der Schuldfrage. Bei dauernder Invalidität erhielt das Opfer zwei Drittel seines Lohnes. Im Todesfall bezog die Witwe des Verstorbenen 60 v. H. des Lohnes. Schließlich wurde 1889 die Altersversorgung gesetzlich geregelt. Lohnempfänger, die weniger als 2000 Mark bezogen, hatten mit 70 Jahren einen Rentenanspruch. Das Geld hierfür brachten der Staat, die Arbeitgeber und Arbeitnehmer auf. Mit diesen Gesetzen erhielt Deutschland eine Sozialgesetzgebung, wie sie kein anderes Land besaß. Die Sicherheit der Arbeit wuchs dadurch. Doch innerhalb seiner Fabrik verfügte der Unternehmer über uneingeschränkte Vollmachten, was die Arbeitsbedingungen, die Arbeitszeit, die Frauen- und Kinderarbeit betraf. Die Gesetze schufen einen gewissen Ausgleich, sorgten aber nicht durch wie auch immer geartete Auflagen an die Unternehmensführung für Abhilfe von Mißständen. Das Opfer eines Arbeitsunfalls wurde entschädigt, doch nichts konnte den Unternehmer daran hindern, ein Werk in Betrieb zu nehmen, das gegen Unfälle nur ungenügend gesichert war. Das Ergebnis dieser Politik von Zuckerbrot und Peitsche entsprach weder den Erwartungen der Regierung noch denen der Unternehmer. In den ersten Jahren wurde der Aufbau der Sozialdemokratischen Partei und der Gewerkschaften zwar gestört und sie verloren Mitglieder. Trotz verschärfter Unterdrückungsgesetze organisierten sie sich aber sehr schnell von neuem: die Gewerkschaften unter dem Namen von Versicherungsgenossenschaften, die Partei in der Schweiz, wo sie ihren ersten Kongreß 1880 abhielt. Der *Vorwärts* wurde in Zürich verlegt, dann heimlich nach Deutschland gebracht und verteilt. Die *Sozialdemokratische Partei* konnte ihre Stellung in den Wahlen stärken. 1884 entfielen 549 000 Stimmen auf sie; 1890 fast 1,5 Millionen. Nach Bismarcks Abgang wurden die Sozialistengesetze aufgehoben. Die Partei bildete sich daraufhin wieder frei. Doch gerade durch ihre Erfolge wuchs sie nach und nach in die bürgerliche Gesellschaft hinein. Langsam verwandelte sie sich in einen Verwaltungsapparat, dem an Revisionismus mehr lag als an revolutionärer Auflehnung. Ihr Scheitern 1914 lieferte den Beweis.

Den dritten Fremdkörper im Reich bildeten die nationalen Minderheiten: Dänen, Polen, Elsaß-Lothringer. Auch ihnen gegenüber wählte Bismarck die Politik der harten Hand und erzielte ebenso negative Ergebnisse wie bei seinem Kampf gegen Katholiken und Sozialisten. Die drei Minderheiten wurden mit Gewalt germanisiert und eingegliedert.

In Schleswig und Holstein wurde der Gebrauch des Dänischen im Unterricht verboten, die Privatschulen mußten schließen, die dänischen Pfarrer räumten ihren Platz. Dänische Zeitungen verwickelten sich in endlose Schwierigkeiten mit der Verwaltung, und die dänischen Beamten konnten nur dann ihre Stelle behalten, wenn sie den Eid auf den Kaiser leisteten. Dies gab dem dänischen Nationalismus erneut Auftrieb. Er war nach 1880 abgeklungen, nach 1898 aber im Gefolge der Germanisierungspolitik wieder in Erscheinung getreten.

Doch die rund 200 000 Dänen stellten im Reich ein kleines Problem dar, verglichen mit den 3 Millionen Polen und den 1,5 Millionen Elsaß-Lothringern. Auch die Polen wurden germanisiert, das Polnische aus der Schule verbannt (ab 1887). Deutsch allein galt als Verwaltungssprache (nach 1876). Die Kulturkampfgesetze kamen auch gegen die katholischen Polen zur Anwendung. Damit ergriff nationalistisches Denken, bislang auf Adel, Klerus und Bürgertum in den Städten beschränkt, die gesamte bäuerliche Bevölkerung, die kein Deutsch konnte, der Verwaltung und den Gerichten hilflos ausgeliefert war und sich in ihren religiösen Gefühlen verletzt sah. Die Kolonisationspolitik von seiten der Deutschen in den polnischen Gebieten machte den Widerstand der Polen von 1886 an unüberwindbar. Bismarck erblickte nämlich eine Lösung des polnischen Problems darin, daß er deutsche Siedler in Preußens Ostprovinzen sandte, wo die Mehrheit der Polen ständig wuchs, weil sie mehr Kinder hatten als die deutschen Bauern, die zudem infolge der sinkenden Agrarpreise abwanderten: Sie hofften in den Industriestädten des Westens auf Arbeit. Ein Gesetz von 1886 stellte der preußischen Regierung einen Fonds von 100 Millionen Mark zur Verfügung. Damit konnten die großen Güter Posens und Ostpreußens aufgekauft, aufgeteilt und an deutsche, nach Möglichkeit protestantische Bauern weitergegeben werden. Der polnische Adel schlug zurück durch Gründung einer ›Rettungsbank‹, um eben diese Güter zurückzukaufen. Die Kolonisierungspolitik zeitigte kaum Ergebnisse. Zwischen 1886 und 1890 ließen sich nur 650 deutsche Familien in den Ostprovinzen nieder.

Auch in Elsaß-Lothringen scheiterte die Politik der Regierung völlig. Man hatte hier ebenfalls eine autoritäre Germanisierung und Assimilierung versucht. Der Unterricht mußte in

Deutsch abgehalten werden, die Beamten waren Deutsche, der Gebrauch des Französischen wurde in der Öffentlichkeit untersagt, französische Zeitungen blieben verboten. Doch das elsaßlothringische Problem war nicht nur sprachlicher Natur wie bei den andern Minderheiten. Der elsässische Partikularismus hatte seine Wurzeln im Wunsch nach Autonomie oder nach Vereinigung mit Frankreich. Gewiß entschieden sich wenige Elsässer für die französische Staatsangehörigkeit, wie es der Vertrag von Frankfurt vorsah. Insgesamt waren es 168 000 (= ein Zehntel der Bevölkerung), und davon verließen nur 50 000 wirklich das Land. Dies besagte jedoch nicht, daß die restlichen neun Zehntel das deutsche Regime billigten. Die große Mehrzahl der Bauern blieb nur, weil sie ihre Ländereien nicht preisgeben wollten. Die Beamten, die Juristen, die Eisenbahnangestellten fanden in Frankreich leichter eine Beschäftigung. Die Industriellen zogen es vor, ihre Fabriken auf der anderen Seite der Vogesen, in Frankreich, zu errichten, weil sie fürchteten, ihre französischen Märkte zu verlieren, ohne in Deutschland Ersatz zu finden.

Doch die unterschiedliche Politik, die Bismarck versuchte, führte zu keinem Ergebnis, weder die ›Diktatur‹ von 1871—74 noch das viel geschmeidigere Vorgehen des Generals von Manteuffel (1879—81), der sich im Rahmen der ›Verfassung von Elsaß-Lothringen‹ auf die Honoratioren stützte und eine relative Autonomie zugestand. Trotz des wirtschaftlichen Aufschwungs der Provinz und der politischen Konzessionen an die Autonomiebestrebungen verharrten die Elsaß-Lothringer in ihrer Ablehnung. Sie entsandten seit 1874 eine große Zahl von protestierenden Abgeordneten in den Reichstag, die jegliche Form der Eingliederung ins Reich zurückwiesen. Der Widerstand der Provinz äußerte sich auch in der Verweigerung des Kriegsdienstes. Zwischen 1871 und 1895 wanderten 60 000 junge Leute nach Frankreich aus, um nicht eingezogen zu werden. 1887 wählten die Elsaß-Lothringer 15 ›Protestler‹ als Abgeordnete, das heißt nicht einen positiv eingestellten. 16 Jahre hatten die Assimilierung also nicht einen Schritt vorwärts gebracht.

Auf kurze Sicht scheiterte zwar Bismarcks autoritäre Politik, sein Kampf gegen Katholiken und Sozialdemokraten, die Zwangseingliederung der Minderheiten führten zu einem andern als dem gewünschten Ergebnis. Doch die Reichseinheit war 1890 stärker als 1871. Der Partikularismus der Minderheiten hatte schärfere Konturen gewonnen, dafür bildeten die Katholiken und Sozialisten nunmehr integrierte Gesellschaftsgruppen. Sie waren ›Reichskatholiken‹ und ›deutsche Sozialdemokraten‹ geworden.

Bismarcks Diplomatie erntete dagegen Erfolg über Erfolg. Ihre

Bilanz auf lange Sicht erscheint allerdings als schwach, da von 1890 an das von Bismarck errichtete diplomatische Gebäude langsam in sich zusammensank.

d) Deutschlands Übergewicht in Europa

Der Ausgang des 70er Krieges verschob das politische Zentrum Europas von Paris nach Berlin. Im Zweiten Kaiserreich wurden sämtliche Probleme unter Teilnahme oder durch Vermittlung Frankreichs gelöst. So war es im Russisch-Türkischen Krieg, wo französische und englische Truppen eingriffen und damit eine Neuordnung Südosteuropas auf dem Pariser Kongreß einleiteten (1856); so war es auch, als die deutsche und die italienische Einheit auf dem Spiele stand und Napoleon III. sein Machtwort sprach. Nach 1870 griff Deutschland als vorherrschender Staat auf dem Kontinent ein, bot seine ›Maklerdienste‹ an. Auf diese Weise fand die Orient-Krise von 1875–78, Grund für einen neuen Russisch-Türkischen Krieg, ihren vorläufigen Abschluß auf dem Berliner Kongreß (1878), an dem alle Großmächte unter Bismarcks Vorsitz teilnahmen.

Ziel der deutschen Außenpolitik war die Erhaltung des Status quo auf der Grundlage von 1871. Deshalb sicherte sie sich durch ein Bündnissystem mit den beiden konservativen Monarchien des Kontinents ab, Rußland und Österreich-Ungarn. Gerichtet war die Allianz gegen eine mögliche Rache Frankreichs. Gleichzeitig ließ sie die *Heilige Allianz* gegen den Fortschritt von Demokratie und Sozialismus wieder aufleben. Zum ersten Mal gewann diese Politik Ausdruck im *Dreikaiserabkommen* (1873), dem sich Italien, in zunehmender Distanz zu Frankreich, bald anzunähern begann, ohne ihm jedoch formell beizutreten. Die Orientkrise zerstörte diese Diplomatie, da Rußland und Österreich-Ungarn sich verfeindeten. Bismarck gelang es aber, das Bündnis wieder herzustellen in noch festerer Form durch Unterzeichnung eines Defensiv-Vertrages mit Österreich-Ungarn, dem wichtigsten Partner Deutschlands (1879). Dieser Vertrag richtete sich gegen Rußland. Danach kam es zu einer neuen Dreikaiser-Übereinkunft. Dabei verpflichteten sich die Partner zur Neutralität, falls einer von ihnen Krieg führen sollte. Diese Absprache gab Deutschland die Gewißheit, daß Rußland in einem deutsch-französischen Konflikt sich nicht mit Frankreich verbünden würde. Rußland verließ sich darauf, daß in einem russisch-englischen Krieg Österreich den Engländern nicht beispringen würde. Die Bildung des *Dreibundes* (1882) – ein Defensivbündnis zwischen Italien, Österreich-Ungarn und Deutschland – baute dieses System aus und verpflichtete Österreich und Deutschland zum Eingreifen, wenn Frankreich Italien mit

Krieg überziehen sollte. Die Beziehungen zwischen beiden Ländern waren nämlich Tunesiens wegen sehr gespannt. Andererseits mußte Italien Beistand leisten, wenn Deutschland von Frankreich angegriffen wurde.
Zwischen 1885 und 1890 wurde das System abgewandelt, doch fußte es stets auf dem *Dreibund*. Es gelang sogar, England mit einzubeziehen (1887) durch die Garantie des Status quo im Mittelmeer. Damit konnte England auf Italiens Hilfe zählen, wollte Frankreich die Lage in Ägypten zu seinen Gunsten ändern. Italien erhielt Englands Unterstützung für den Fall, daß Frankreich Tripolitanien besetzte, ein türkisches Gebiet, für das sich Italien interessierte. Gleichzeitig vermochte Rußland die Lage an den Dardanellen nicht zu seinem Vorteil zu ändern. Das System verhinderte theoretisch jeglichen Wandel in Europa. Doch seine komplizierte Schwerfälligkeit machte ein Funktionieren unmöglich. Seine Elemente überdeckten innere Widersprüche. So sagte der Rückversicherungsvertrag von 1887 Rußland die diplomatische Unterstützung in der Meerengenfrage zu, während des Mittelmeerabkommen, das Italien, Deutschlands Verbündeten, verpflichtete, sich teilweise in derselben Frage gegen Rußland richtete.
Die Vertragsunterzeichnungen änderten überhaupt nichts an den gegensätzlichen Interessen Rußlands und Österreichs, Rußlands und Englands. Die Annäherung zwischen Petersburg und Paris nach Bismarcks Abgang zerstörte das diplomatische Gespinst. Es zerriß, weil es die Frage der internationalen Beziehungen nach Kategorien europäischen Gleichgewichts behandelte, obwohl doch seit 1880 die Zusammenstöße zwischen den europäischen Mächten auf den Kampf um die Teilung Afrikas und Asiens zurückgingen; Bismarck, ein schwacher Förderer der ersten deutschen Kolonialinitiativen, hatte ihr kaum Bedeutung beigemessen.[1] So wenig wie in seiner Innenpolitik hatte der Kanzler in seiner Außenpolitik den wirtschaftlichen, gesellschaftlichen und politischen Wandlungen in Europa zwischen 1850 und 1890 Rechnung getragen.
Bei seinem Bemühen, Deutschland in die Rolle eines Hüters der europäischen Ordnung zu drängen, stützte sich Bismarck auf die abschreckende Wirkung, wie sie von einer starken und gut organisierten Armee ausging, und trug so dazu bei, den militaristischen Charakter des aus dem Krieg entstandenen deutschen Staates zu betonen. Über die Hälfte der 4,2 Milliarden Mark Entschädigung, die Frankreich zahlte, diente militärischen Zwecken. Die Truppenstärke, die über der französischen lag, wurde ständig erhöht. Das Gesetz von 1874 erlaubte ein stehendes Heer von 400 000 Mann. Nach 1874 wurden die Militärausgaben für 7 Jahre festgelegt und zum Teil der Kontrolle durch den Reichstag entzogen. Der milita-

ristische Geist, den bereits die Schule züchtete durch ihre Betonung der Disziplin, Achtung vor der Hierarchie und Vaterlandsliebe, wurde an den Universitäten gepflegt, beim Militärdienst, in den nach 1871 entstandenen Kriegervereinen (1874 zählten sie rund 50 000 Mitglieder) wachgehalten, durch die bevorzugte Stellung der Offiziere in der Gesellschaft hervorgehoben. Der Militarismus, den das deutsche Bürgertum hinnahm, da es die Überlegenheit der vom Adel in der Armee übernommenen Aufgaben anerkannte, schweißte die alte und die neue Führungsschicht in Deutschland zusammen, die Aristokratie und die Bourgeoisie.

Bei Bismarcks Sturz (1890) hatte Deutschland die Vormachtstellung in Europa wegen seiner demographischen und militärischen Stärke, aber auch infolge der Anziehung, die seine Kultur, seine Universitäten auf die Intellektuellen anderer Länder (Schriftsteller, Techniker, Studenten) ausübten. Vor allem jedoch sicherte die wirtschaftliche Dynamik dem Reich den ersten Platz und sollte bald auch seine Grenzen weiten. Nach 1890 war die Zeit der europäischen Politik vorbei. Deutschland mußte Absatzmärkte, Einflußzonen in der übrigen Welt finden. Von 1870 bis 1914 war Deutschlands Geschichte beherrscht von dem Widerspruch zwischen seinen Expansionsmöglichkeiten und seiner Lage als Nation, die endlich den Imperialismus entdeckt hatte.

Abschließende Bemerkungen

> »Das moralische Verhalten der Bourgeoisie als solcher beruht auf der Unmöglichkeit (wie sie behauptet), menschliche und bourgeoise Belange nicht zu verwechseln ...«
> *(Henri Lefebvre, Sociologie de la bourgeoisie)*

Bedeutete die zweite Hälfte des 19. Jahrhunderts für Europa wirklich das ›bürgerliche Zeitalter‹? Enthüllt sich im Wesen des englischen, deutschen oder französischen Bourgeois von 1890 die Natur des Bürgertums am klarsten, am reinsten? War Europa vor 1914 völlig bürgerlich? Vor allem aber, sollte es dies seitdem weniger sein?

Wir haben früher gesehen, daß ein Großteil Europas zu Ende des 19. Jahrhunderts objektiv noch nicht das Stadium des Industriekapitalismus erreicht hatte und daß Europa vor 1914 in der Hauptsache noch von Bauern bevölkert war. Dieses ›bürgerliche Europa‹ war also ziemlich bäuerlich. Wirtschaftlich und ideologisch war es allerdings bürgerlich. Die Bourgeoisie, deren Beziehungen zum alten Adel sicherlich recht unterschiedlich sein konnten, beherrschte tatsächlich den Mechanismus der Industrieproduktion in den entwickelten Ländern und machte sich die wirtschaftlichen Beziehungen zunutze, die diese Länder mit dem zurückgebliebenen Teil Europas anknüpften, mit Asien und Afrika. Die europäische Gesellschaft war auch bürgerlich in ihren ideologischen Modellen, die sie anbot: bürgerliche Tugenden wie Ehrenhaftigkeit, strenger Familiensinn (wenigstens nach außen), Pflichtgefühl, Sinn für nationale Ehre, bürgerlicher Lebensstil, den der Wunsch nach Achtbarkeit prägte. Gewiß ging es dabei um das für eine Klasse typische Ideologiesystem. Aber durch einen listigen Selbstbetrug stellte das Bürgertum dieses System als im Einklang mit einer ›moralischen Ordnung‹ hin, einer natürlichen und vernünftigen Ordnung[1] und somit als den andern Gesellschaften überlegen, seien diese nun vergangen oder außereuropäisch. Das Bürgertum sah sich legitimiert als Vollendung der Kulturgeschichte, betrachtete sich als außerhalb der Geschichte stehend. Welch grausame Ironie für eine Gesellschaft, die sich für unwandelbar hielt und sich dabei mit Riesenschritten auf den Ersten Weltkrieg zubewegte! Das Bürgertum von 1880 hatte ein gutes Gewissen. Auch wenn es den Adel nachahmte, war es stolz, bürgerlich zu sein, das heißt zu besitzen, durch unablässiges Arbeiten ›ehrlich‹ erworbene Reichtümer zu besitzen, eine humanistische und zweckfreie

---

* Henri Lefebvre, a.a.O., S. 193

Kultur, eine Lebensweise zu besitzen, die es mit ›Kultur‹ schlechthin gleichsetzte und die es äußerlich von der Welt der Arbeiter und Bauern abhob, was in seinen Augen von großer Bedeutung war.

Ist das 20. Jahrhundert nicht in noch viel stärkerem Maße das ›bürgerliche Zeitalter‹? Gewiß, die Umwälzungen im Gefolge der beiden Weltkriege und der Wirtschaftskrise von 1930, die Entstehung und Entwicklung sozialistischer Staaten in Europa, die Ablehnung, auf die die ›Wohltaten der Kultur‹ stoßen, wie sie die imperialistischen Länder den einstigen Kolonien bieten wollten ... All dies stellt das gute Gewissen des Bürgertums vor Probleme. Viele Intellektuelle haben zwischen den beiden Weltkriegen die Veränderungen mit Pessimismus aufgenommen und nicht gezögert, den Verlust der abendländischen ›Werte‹ und der ›Kultur‹ vorauszusagen. Die Bourgeoisie hat im Laufe unseres Jahrhunderts innere Wandlungen durchgemacht wie übrigens schon immer seit den Tagen, als sie zu ihren ›Eroberungen‹ antrat. Der Typ des Bourgeois, der von seiner Rente lebt, ist infolge der Kriege und Inflationen verschwunden, aber andere, neue Typen sind an seine Stelle getreten: der leitende Angestellte, der Direktor, der Manager ... Die wirtschaftliche Macht des Bürgertums wuchs mit der schrittweisen Eingliederung der vorkapitalistisch gebliebenen Bereiche in das kapitalistische System.

Doch läßt sich in ideologischer Hinsicht vom »Tod der bürgerlichen Moral« sprechen, wie Emanuel Berl dies 1929 tat? Die viktorianischen Tugenden scheinen in den Augen der Bourgeoisie von 1970 jedenfalls überholt und verlogen. Bedeutet dies aber, daß ihre ideologischen Muster, die sie aufgrund der modernen Massenmedien allen Schichten der Bevölkerung anbieten kann, weniger bürgerlich sind? Die Ideologie der Konsumgesellschaft, wenn nicht der ›Wohlstandsgesellschaft‹, ist durchaus bürgerlich, und es ist ihr gelungen, in den westlichen Ländern immer weitere Teile nichtbürgerlicher Gesellschaftsgruppen sozial zu integrieren. Behauptet aber das Bürgertum von 1970 wie die Bourgeoisie von 1890 mit Stolz und guten Gewissens, es sei bürgerlich?

Henri Lefebvre stellt die Frage: »... mit dem freien Genuß, der Suche nach dem wahren Glück hat der Bourgeois die Langeweile und die Unruhe entdeckt, ja die Verzweiflung und die Angst anstelle der Sorge. Allein das Risiko, der Nervenkitzel und der Genuß bringen ihm Ablenkung und Unterhaltung. Die abstrakten Lebewesen Hegels und Balzacs werden zu metaphysischen Lebewesen. Es gibt noch eine bürgerliche Gesellschaft. Man kann sich fragen, ob es noch eine bürgerliche Kultur, ob es vor allem noch ein moralisches bürgerliches Leben gibt.«[2]

Zeittafel

1848
: Februar-Mai: Triumph der Revolutionen
24. 2.: Sturz Louis Philippes in Paris
13. 3.: Sturz Metternichs in Wien
März: Aufstände in Mailand und Venedig
18.—21. 3.: Revolution in Berlin
18. 5.: Zusammentritt des Frankfurter Parlaments
Juni-August: Niederschlagung der Revolutionen
Juni: Arbeitererhebung in Paris, die erbarmungslos unterdrückt wird
25. 7.: Karl Albert von Piemont unterliegt bei Custozza
Oktober: Beschuß Wiens und Einnahme der Stadt
10. 12.: Louis Napoléon Bonaparte Präsident der Französischen Republik
Marx und Engels: Veröffentlichung des Kommunistischen Manifests
John Stuart Mill: Principles of political economy
Emily Brontë: Sturmhöhe
September: Gründung der Pre-Raphaelite Brotherhood durch Rossetti

1849
: Februar: Ausrufung der Republik im Kirchenstaat und in der Toskana
23. 3.: Österreich vernichtet die Piemonteser bei Novara
Juni: der Preußenkönig lehnt die Krone der Paulskirche ab
4. 7.: Einnahme Roms durch die Franzosen, Einzug Pius IX.
Dickens: David Copperfield
Courbet: Die Steinklopfer

1850
: Beschluß der Loi Falloux in Frankreich
Rossetti: Die Verkündigung
Courbet: Begräbnis in Ornans
November: Unterredung in Olmütz zwischen dem österreichischen Kanzler und einem preußischen Minister

1851
: 2. 12.: Staatsstreich Louis Napoléon Bonapartes
Erste telegrafische Verbindung Dover-Calais
Pendelversuche Foucaults
F. S. Archer erfindet das fotografische Verfahren mit nassem Kollodium
Weltausstellung im Londoner Crystal Palace
Auguste Comte: Système de Philosophie Positive
Barbey d'Aurevilly: Une vieille maîtresse
Ruskin: Pre-Raphaelitism

	Hebbel: Agnes Bernauer

| 1852 | 7. 11.: das Zweite Kaiserreich in Frankreich |

Gründung des Crédit Mobilier und des Crédit Foncier in Paris

Eröffnung des ersten Kaufhauses in Paris: Le Bon Marché

Stapellauf des ersten Kohleschiffs in England

Baltard beginnt mit dem Bau der ›Hallen‹ von Paris

Moleschott: Kreislauf des Lebens

H. Spencer: Principles of psychology

Th. Rousseau: Ausflug im Wald von Fontainebleau

1853 Bau der Great Eastern

Mommsen: Römische Geschichte

Victor Hugo: Les Châtiments

Verdi: La Traviata

Liszt: Ungarische Rhapsodie

1854–55 Krim-Krieg; erster fotografischer Aktualitätenbericht

1854 Erstes Metallschiff der Cunard

Sainte Claire Deville löst das Problem der industriellen Aluminiumherstellung

Riemann: Grundlagen der Geometrie

Gérard de Nerval: Töchter der Flamme

Nadar eröffnet in Paris sein Fotografiestudio

Courbet: Die Begegnung

1855 Weltausstellung im Pariser Palais de l'Industrie

Gobineau: Essai sur l'inégalité des races humaines

Büchner: Kraft und Stoff

1856 Februar: Pariser Kongreß

Bessemer stellt seinen Konverter fertig

Perkins erzeugt den ersten Anilinfarbstoff

Entdeckung des Neanderthalers

Wagner: Die Walküre

1857 Wirtschaftskrise

Aufstände der Sepoys in Indien

Pasteur: Mémoire sur la fermentation lactique

Flaubert: Madame Bovary

Veröffentlichung von Baudelaires Die Blumen des Bösen

W. Raabe: Die Chronik der Sperlingsgasse

Corot: Konzert im Freien

Millet: Ährenleserinnen

1858 »Erscheinungen« in Lourdes

Proudhon: De la justice dans la Révolution et dans l'Eglise

Virchow: Zellularpathologie

Nadar gelingt die erste Luftaufnahme von einem Fesselballon aus

Wagner: Siegfrieds Tod

1859 Italienkrieg

Planté erfindet den Akkumulator

Marx: Zur Kritik der politischen Ökonomie

Darwin: On the origin of species by means of natural selection

	Victor Hugo: Die Legende der Jahrhunderte
	Wagner: Tristan und Isolde
	Gounod: Margarethe
1860	15. 1.: französisch-englischer Handelsvertrag
	März: Gründung des oberitalienischen Königreichs
	Anschluß Savoyens und Nizzas an Frankreich
	Bau der Londoner U-Bahn
	Erfindung der Compoundmaschine
	Lenoir setzt einen Gasmotor in Bewegung
	M. Berthelot: Chimie organique fondée sur la synthèse
1861	März: aus dem Königreich Oberitalien wird das Königreich Italien
	Michaux erfindet das Fahrrad
	Garnier beginnt mit dem Bau der Pariser Oper
	Cournot: Traité de l'enchaînement des idées fondamentales dans les sciences et dans l'histoire
	Dostojewski: Aufzeichnungen aus einem Totenhaus
1862	Bismarck wird Minister
	Lassalle gründet den Allgemeinen Deutschen Arbeiterverein
	Beau de Rochas erfindet den Viertaktmotor
	Foucault berechnet die Lichtgeschwindigkeit
	Hebbel: Die Nibelungen
	Carpeaux: Ugolino
1862—67	Französisches Expeditionskorps in Mexiko
1863	die Opposition in Frankreich kann die Wahl von 32 Abgeordneten durchsetzen
	Gründung des Crédit Lyonnais in Frankreich
	M. Berthelot stellt Azetylen her
	Solvay schafft die Voraussetzungen für die industrielle Natronerzeugung
	Renan: Das Leben Jesu
	Ausstellung von Bildern der Impressionisten
	Manet: Frühstück im Freien
1864	Deutsch-Dänischer Krieg
	Gründung der Internationalen Arbeiterassoziation in London
	die Enzyklika »Quanta Cura« und der Syllabus verurteilen Demokratie und Liberalismus
	Gründung der Pariser Société Générale
	Anerkennung des Streikrechts in Frankreich
	Nobel erfindet das Dynamit
	Tennyson: Enoch Arden
	Fustel de Coulanges: La cité antique
	Corot: Erinnerung an Mortefontaine
	Jongkind: Der Hafen von Honfleur
1865	C. Bernard: Introduction à la médecine expérimentale
	Mendelsches Gesetz
	Tolstoi: Krieg und Frieden
	Manet stellt Olympia aus und erregt damit Aufsehen
	Monet malt das Frühstück im Grünen
1866	Wirtschaftskrise
	Preußisch-Österreichischer Krieg; Schlacht bei König-

	grätz (Sadowa) am 3. 7.
	Venetien kommt zum Königreich Italien
	Verlegung des ersten transatlantischen Kabels
	Zénobe Gramme u. Werner v. Siemens bauen unabhängig voneinander die ersten Dynamos
	Verlaine: Poèmes saturniens
	Zusammenschluß der Impressionisten
1867	Dualismus in Österreich-Ungarn
	April: Bildung des Norddeutschen Bundes
	Gesetzliche Erhöhung der Wählerzahlen in England (Reform Act)
	Fenier-Unruhen in Irland
	Aktiengesellschaften dürfen kraft Gesetz ohne Erlaubnis in Frankreich gegründet werden
	Koalitions- und Streikrecht in Belgien anerkannt
	Erfindung der Westinghouse-Bremse
	Veröffentlichung des ersten Bandes von Marx' Kapital
	Henrik Ibsen: Peer Gynt
	Wagner: Die Meistersinger
1868	Entdeckung des Cro-Magnon-Menschen
	Janssen und Lockyer entdecken das Helium
	Lautréamont: Les Chants de Maldoror
	Gustave Moreau: Ödipus und die Sphinx
1869	Gründung der Sozialdemokratischen Arbeiterpartei Deutschlands
	Entstaatlichung der Anglikanischen Kirche in Irland
	Einweihung des Suez-Kanals
	Erfindung des Zelluloids
	Maxwell stellt die fundamentale Gleichheit von Licht, Wärme und Elektrizität fest
	Mendelejew ordnet die 63 chemischen Elemente zum periodischen System
	Bergès legt den ersten Wasserfall an
1870	Mai: Plebiszit in Frankreich, das Napoleon III. zu bestätigen scheint
	Die Bulle »Pastor Aeternus« wiederholt das Dogma von der päpstlichen Unfehlbarkeit
	Der Tunnel unter dem Mont-Cenis wird dem Verkehr übergeben
	Entwicklung des Siemens-Martin-Stahlofens
	Schliemann macht Ausgrabungen in Troja
	4. September: Ausrufung der Republik in Paris
1871	18. 1.: Gründung des Deutschen Reiches
	21. 1.: Unterzeichnung des deutsch-französischen Waffenstillstandes
	10. 5.: Vertrag von Frankfurt
	März-Mai: Pariser Kommune
	21.–28. 5.: die »blutige Woche« von Paris
	Juli: Vollendung der italienischen Einheit; Viktor Emanuel in Rom
	Gesetzliche Anerkennung der Trade Unions in England
	Marx: Der Bürgerkrieg in Frankreich
	Stanley Jevons: Theorie der politischen Ökonomie

	Karl Rodbertus: Der Normalarbeitstag
	Cesar Franck: Erlösung
1872—76	Kulturkampf in Deutschland
1872	Marinoni stellt die Rotationsmaschine für eine endlose Papierbahn her
	Baekland erfindet das Bakelit
	Jules Verne: Reise um die Erde in 80 Tagen
	Degas: Das Foyer in der Oper
1873	Wirtschaftskrise; Deutschland und Österreich sind besonders betroffen
	24. 5.: Thiers stürzt in Frankreich; Wahl Mac-Mahons zum Staatspräsidenten
	Erste spanische Republik
	Rimbaud: Une saison en enfer
	Cézanne: Das Haus des Gehängten
1874	Septennatsgesetz in Deutschland
	Gründung des Weltpostvereins
	Walras: Les éléments d'Economie politique pure
	Impressionistenausstellung in den Ateliers von Nadar; Ironie der Kritiker
	Monet: Impression, Sonnenaufgang, Die Brücke von Argenteuil
	Renoir: Die Loge
1875	Das Gesetz »Herr-Diener« wird in England durch das Gesetz »Arbeitgeber—Arbeitnehmer« ersetzt
	Gründung der Sozialistischen Arbeiterpartei Deutschlands auf dem Gothaer Kongreß
	Lombroso: Der Verbrecher
	Bizet: Carmen
1875—85	Reblausplage in Europa
1876	Erfindung des Telefons durch Grey und Bell
	Jungfernfahrt der »Frigorifique«
	Einweihung des Bayreuther Theaters mit dem »Ring des Nibelungen«
	Mallarmé: Der Nachmittag eines Fauns
	Degas: Absinth
1877	Königin Viktoria wird Kaiserin von Indien
	Zola: Der Totschläger
1877—78	Russisch-Türkischer Krieg
1878	Februar: Tod Pius' IX.; Thronbesteigung Leos XIII.
	Juni-Juli: Berliner Kongreß
	Terror in Europa: Attentate auf Wilhelm I., Alfons XII. von Spanien, Humbert von Italien
	Erfindung des Thomas-Gilchrist-Verfahrens zur Aufbereitung von phosphorhaltigen Eisenmineralien
	Booth gründet die Heilsarmee
	Bayer stellt synthetischen Indigo her
	Engels: Herrn Eugen Dührings Umwälzung der Wissenschaft
1879	Gründung der Französischen Arbeiterpartei
	Erste protektionistische Maßnahmen in Deutschland
	Pasteur entdeckt das Prinzip der Impfung
	Edison erfindet die Glühbirne

	Alfred Marshall: The pure theory of foreign trade
	Treitschke: Deutsche Geschichte im 19. Jahrhundert
	Strindberg: Das rote Zimmer
	Ibsen: Nora oder Ein Puppenheim
1880	Volksschulpflicht in England
	Eröffnung des Gotthardtunnels
	Gründung der Panamakanal-Gesellschaft
	Eberth findet den Typhusbazillus
	Rodin: Der Denker
1881	Der Volksschulunterricht in Frankreich wird gebührenfrei und staatlich
	Anarchistenkongreß in London
	Pasteur experimentiert mit dem Impfstoff gegen Milzbrand
	Renoir: Frühstück der Ruderer
1882	Wirtschaftskrise; Konkurs der Union Générale in Paris
	Dreibund zwischen Deutschland, Österreich und Italien
	Tesla erfindet den Wechselstromgenerator
	Marey baut eine Kamera, um die Bewegung zu zerlegen
	Koch entdeckt den TBC-Bazillus
	Stanley Jevons: The State in relation to Labour
	Wagner: Uraufführung von Parsifal
1883	Gründung der Fabian Society in England
	Marx stirbt
	De Dion und Bouton bauen ein Dampfautomobil
	W. Dilthey: Einleitung in die Geisteswissenschaften
	Nietzsche: Also sprach Zarathustra
	Seurat: Das Bad
1884	Durch ein Wahlgesetz steigt die Zahl der englischen Wähler von 2,4 auf 5 Millionen
	Anerkennung der Gewerkschaften in Frankreich
	Scheidungsgesetz in Frankreich
	Streik in Anzin (Frankreich)
	Turpin erfindet einen neuen Sprengstoff, das Melinit
	Friedrich von Wieser: Ursprung und Hauptgesetze des wirtschaftlichen Wertes
	Huysmans: Gegen den Strich
1885	Daimler und Benz bauen ein Benzinauto
	Erfindung der Maximmitrailleuse
	Pasteur rettet ein von einem tollwütigen Hund gebissenes Kind
	Van Gogh: Die Kartoffelesser
1886	Streik in Decazeville (Frankreich)
	Hall und Héroult gelingt die elektrolytische Herstellung von Aluminium
	Nietzsche: Jenseits von Gut und Böse
	Rimbaud: Erleuchtungen
	Jules Vallès: Der Aufständische
1887	Der Wilson-Skandal: Rücktritt des französischen Staatspräsidenten Grévy
	Antoine gründet das »Théâtre libre« in Paris
	Maupassant: Der Horla

1888	Tod Wilhelms I.; Wilhelm II. folgt nach
	Erste russische Anleihe in Paris
	Gründung des Institut Pasteur in Paris
	Hertz weist das Vorhandensein von Elektrowellen nach
	Dunlop und Michelin erfinden den Autoreifen
	R. Kipling: Kleine Geschichten aus den Bergen, auch u. d. Titel: Schlichte Geschichten aus Indien
	Van Gogh: Die Sonnenblumen, Die Ölbäume
1888—89	Boulangisten-Krise in Frankreich
1889	Gründung der 2. Internationale
	Hafenarbeiterstreik in England
	Auflösung der Panama-Gesellschaft
	Chardonnet erfindet die Kunstseide
	Bergson: Essai sur les données immédiates de la conscience
	E. von Böhm-Bawerk: Positive Theorie des Kapitals
	R. Kipling: Erstfassung des Dschungelbuchs
	G. Hauptmann: Vor Sonnenaufgang
	Rodin: Die Bürger von Calais
	Gauguin: Der gelbe Christus
	Van Gogh: Der Mann mit dem abgeschnittenen Ohr
	R. Strauss: Tod und Verklärung
1890	20. 3.: Entlassung Bismarcks
	Internationale Arbeitskonferenz in Berlin
	Marey erfindet den Photochronographen
	Alfred Marshall: Handbuch der Volkswirtschaftslehre
	Paul Valéry: Narcisse
	Van Gogh: Die Kirche von Auvers, Selbstporträt

Anmerkungen

KAP. 1, I.: DIE REVOLUTION VON 1848

[1] *Fischer Weltgeschichte* Bd. 15 (*Der Islam II*) und Bd. 31 (*Rußland*).
[2] Karl Marx, *Das Kommunistische Manifest* (1848), I.
[3] In diesen Zahlen inbegriffen sind die ›europäischen‹ Gebiete Rußlands und der Türkei. Zur selben Zeit stieg die Gesamtzahl der Europäer, die sich auf andern Kontinenten niederließen, ungefähr von knapp 1 500 000 zwischen 1800 und 1840 auf 13 Millionen für die 40 folgenden Jahre. Weitere 13 Millionen verließen Europa in der letzten Dekade des Jahrhunderts.
[4] Siehe *Fischer Weltgeschichte* Bd. 29 (*Die Kolonialreiche seit dem 18. Jahrhundert*). Man darf hier nicht übersehen, daß Rußland weiterhin nach Asien vorstieß.
[5] Bd. X der *New Cambridge Modern History* (1960), der die Zeit von 1830–1870 behandelt, trägt den Titel: *The Zenith of European power*.
[6] Siehe P. Chaunu, in: *Annales (Economies, Sociétés, Civilisations)* 1962, S. 1162–1164. Für England siehe E. J. Hobsbawm, ebd., S. 1047–1061. Zur Frage der Getreideerträge s. B. H. Slicher van Bath, in: *A A G Bijdragen*, Nr. 9, Wageningen 1963.
[7] Siehe J. Droz und P. Ayçoberry, in: *Annali dell'Istituto Giangiacomo Feltrinelli* 1963, S. 166 u. 173.
[8] Das von Metternich 1834 verfügte Schluß-Protokoll machte dieser Verfassungsbewegung ein Ende. Wilhelm IV., der letzte englische Monarch, der auch über Hannover regierte, hatte 1833 ebenfalls eine ›liberale‹ Verfassung oktroyiert. Sein Nachfolger Ernst August (1837–1851) ersetzte sie 1840 durch einen viel autoritäreren Text.
[9] In Frankreich zählte man (1831) 168 000 Wähler, auf 194 Einwohner entfiel somit ein Stimmberechtigter; in England (1832) waren es 813 000, das Verhältnis also 1 : 30; in Belgien (1831) wählte jeder 82. (46 000 Wähler).
[10] Siehe die ›Periodisierung‹, die L. Althusser in seinem Buch *Pour Marx* (1965), S. 23–30, vorschlägt. Danach käme dem Jahr 1845 eine besondere Rolle zu, da es Marx' ›Jugendschriften‹ von den ›Werken der Reifezeit‹ (bis 1857) trennte.
[11] Siehe L. Chevalier, *Classes laborieuses et classes dangereuses à Paris pendant la première moitié du XIXe siècle*, Paris 1958.

KAP. 1, II.: DIE ALARMZEICHEN VON 1848

[1] Zu Guizot ist zu vergleichen die Untersuchung von D. Johnson, *Guizot: Aspects of French History*, London/Toronto 1963, S. 230 ff.
[2] Es geht hier um das klassisch gewordene Schema, das E. Labrousse entworfen hat für die Wirtschaftskrisen alten vorindustriellen Stils. Labrousse hat es selber auf die Krise angewendet, die der von 1848 voraufging, und zwar in verschiedenen Arbeiten: *Comment naissent les Révolutions: Actes du Congrès historique du centenaire de la Révolution de 1848*, Paris 1949, S. 1–31. Diese Untersuchung berücksichtigt auch die andern Elemente des ›explosiven Gemischs‹, aus dem 1789, 1830, 1848 hervorgegangen sind. *Panoramas de la crise: Aspects de la crise et de la dépression de l'économie française au milieu du XIXe siècle*, Band XIX der *Bibliothè-*

que de la Révolution de 1848, Paris 1956, S. III–XXIV.
Die Handelskammer von Lüttich faßte diesen Mechanismus in einem Bericht vom 21. 2. 1844 mustergültig zusammen: Die große Klasse der Getreideverbraucher ist die Klasse, die von ihrer Arbeit lebt. Ist das Korn teuer, können die Verbraucher nicht so viel Geld für Kleidung aufbringen. Der Fabrikant erlebt alsbald, wie der Verkauf stockt; folglich drosselt er die Produktion, und die Verteuerung des Getreides wird zur doppelten Ursache für das Elend der Arbeiter. Zitiert nach M. Lévy-Leboyer, *Les banques européennes et l'industrialisation internationale dans la première moitié du XIXe siècle*, Paris 1964, S. 519, A. 44.
[3] M. Lévy-Leboyer, a.a.O., S. 596.
[4] Schlußzeile des Gedichts »*Die fünfte Zunft*«, v. Merckel, als ›fliegendes Blatt‹ im Herbst 1848 erschienen. Später von Oberst v. Griesheim als Titel zu einer Broschüre verwandt.
[5] ›Berg‹: Der Ausdruck bezieht sich auf die Sitzordnung der Abgeordneten im Konvent während der Französischen Revolution. Die ›Montagnards‹, die radikalen Vertreter der Pariser Kommune, nahmen die höheren Ränge ein.
[6] Ph. Vigier, *La Seconde République*, Paris 1967, S. 69.
[7] Vgl. Anmerkung 5.

KAP. 2, I.: DAS ALLGEMEINE WIRTSCHAFTSWACHSTUM

[1] Bouvier, Furet, Gillet, *Le mouvement du profit en France au XIXe siècle*, Paris 1965.
[2] S. B. Saul, *The myth of the Great Depression*, London/Melbourne/Toronto 1969.
[3] J. E. Mertens, *La naissance et le développement de l'étalon-or (1696 bis 1922)*, Paris 1944.
[4] J. B. Jefferys & D. Walters, *National Income and Expenditure of the United Kingdom, 1870–1952*, in: *Income and Wealth*, Serie V, London 1955. S. auch: B. R. Mitchell u. P. Deane, *Abstract of British historical Statistics*, Cambridge 1962, S. 367.
[5] F. Perroux, *Prises de vues sur la croissance de l'économie Française*, in: *Income and Wealth*, Serie V, a.a.O.
[6] P. Jostock, *The Long-Term Growth of National Income in Germany*, in: *Income and Wealth*, Series V, a.a.O.
[7] J. Marczewski, *Histoire quantitative de l'économie française*, in: *Cahiers de l'I. S. E. A.*, Serie AF, Nr. 115, Paris 1961.
[8] S. Kuznets, *Long-Term Trends in Capital Formation Proportions*, in: *Economic Development and cultural Change*, 1961.

KAP. 2, II.: WACHSTUMSVORAUSSETZUNGEN

[1] P. Guillen, *L'Empire allemand, 1871–1918*, Paris 1970.
[2] A. Armengaud, *La population française au XIXe siècle*, Paris 1971, S. 71.
[3] J. Pécheux, *La naissance du rail européen*, Paris 1970, S. 187 ff.
[4] G. Palmade, *Capitalisme et capitalistes français du XIXe siècle*, Paris 1961.
[5] C. Fohlen u. F. Bédarida, *Histoire Générale du Travail*, Bd. III, *L'ère des révolutions*, Paris 1960, S. 312.
[6] C. Fohlen, a.a.O., S. 157.
[7] Nach D. Renouard, *Les transports de marchandises par fer, route et eau depuis 1850*, Paris 1960, S. 37.
[8] Zitiert nach Clapham, in: *An Economic History of Modern Britain*, London 1932, S. 205.
[9] Zitiert nach Clapham, a.a.O., S. 199.
[10] G. Cohn, *Zur Politik des deutschen Verwaltungswesens*, S. 293, zitiert

nach Clapham, in: *Economic Development in France and Germany, 1815 bis 1914*, Cambridge 1923.
[11] W. O. Henderson, *The State and the industrial révolution in Prussia, 1740–1870*, Liverpool 1958.
[12] R. E. Cameron, *France and the Economic Development of Europe, 1800–1914*, Princeton 1961.
[13] B. R. Mitchell, *The Railway and United Kingdom Growth*, in: *The Journal of Economic History*, Sept. 1964, Bd. 24, Nr. 3.
[14] J. Marczewski, *Y a-t-il eu un take-off en France?*, in: *Cahiers de l'I. S. E. A.*, Nr. 111, Paris, März 1961.
[15] W. W. Rostow, *The Stages of Economic Growth*, Cambridge 1960.
[16] R. Cameron, *Some Lessons of History for Developing Nations*, in: *The American Economic Review*, 1967.
[17] J. B. Jefferys u. D. Walters, a.a.O., S. 19.
[18] R. Cameron, *France and the Economic Development of Europe*, a.a.O.
[19] Vgl. R. Cameron, a.a.O.
[20] Zur Geschichte des Crédit Mobilier, vgl. R. Cameron, a.a.O.
[21] Zur Geschichte des Crédit Lyonnais, vgl. J. Bouvier, *Naissance de Crédit Lyonnais, 1863–1882*, Paris 1968.
[22] R. Tilly, *Financial Institutiones and Industrialisation in the Rhineland 1815–70*, Madison (Milwaukee)/London 1966.
[23] R. H. Palgrave, *Bank rate and the money market*, 1903. S. auch Walker, *The working of the Pre-war Gold Standard*, in: *Review of Economic Studies*, 1934, zitiert nach M. Niveau, *Histoire des faits économiques contemporains*, Paris 1966, S. 274.
[24] A. J. Bloomfield, *Monetary Policy under the International Gold Standard 1880–1914*, New York 1959; derselbe: *Short term capital movements under the pre-1914 Gold Standard*, Princeton 1963.
[25] Zitiert nach R. Schnerb, in: *Libre-échange et protectionnisme*, Paris 1963.
[26] Siehe R. Schnerb, a.a.O., S. 58 ff.
[27] Zitiert nach C. Ambrosi u. M. Tacel, in: *Histoire économique des grandes puissances à l'époque contemporaire 1850–1958*, Paris 1963, S. 96.

KAP. 2, III.: ENTWICKLUNG UND PRODUKTION

[1] Vgl. dazu Henderson, *The industrialisation of Europe 1780–1914*, London 1969.
[2] Henderson, a.a.O.
[3] Siehe Clapham, *Economic Development of France and Germany 1815 to 1914*, Cambridge 1923, S. 311.
[4] Tabelle aus Angus Madison, *Economic Growth in the West*, London 1964.
[5] T. Markovitch, *Histoire quantitative de l'économie française: l'industrie française 1789–1964, Conclusions générales*, in: *Cahiers de l'I. S. E. A.*, Nr. 179, Serie AF, Paris, November 1966, S. 224.
[6] H. Haushofer, *Die deutsche Landwirtschaft im technischen Zeitalter*, Stuttgart 1963, S. 130.
[7] Chatelain, *La lente progression de la faux*, in: *Annales (Economies, Sociétés, Civilisations)*, Paris 1956.
[8] P. Bairoch, *Niveaux de développement économique de 1810 à 1910*, in: *Annales (Economies, Sociétés, Civilisations)*, Nr. 6, Paris 1965.
[9] J. Kuczynski, *Studien zur Geschichte des Kapitalismus*, Berlin 1957, Seite 41 und 65.
[10] P. Bairoch, a.a.O.

KAP. 3: DIE GESELLSCHAFT UND IHRE GRUPPEN

[1] Für eine ausführliche Kenntnis der Vorstellungen Sombarts über Deutschland zu Ende des vorigen Jahrhunderts vgl. besonders: W. Sombart, *Die deutsche Volkswirtschaft im neunzehnten Jahrhundert*, Berlin 1903; *Stu-*

dien zur Entwicklungsgeschichte des modernen Kapitalismus, München 1913; *Der Bourgeois*, München 1913.
[2] Vgl. E. Levasseur, *Questions ouvrières et industrielles en France sous la Troisième République*, Paris 1907, S. 619.
[3] Für alle Hinweise auf die Veröffentlichungen der preußischen Regierung in den 60er Jahren oder zeitgenössische statistische Hinweise vgl. die Bibliographie von P. Benaerts, *Les origines de la grande industrie allemande*, Paris 1932.
[4] Gregory King veröffentlichte sein Schema der englischen Gesellschaft 1696. Ein Vergleich mit der Tabelle von George Chalmers 100 Jahre später ist aufschlußreich, dsgl. ein Vergleich mit der Tabelle von Patrick Colquhoun am Ende der napoleonischen Kriege und mit der von Dudley Baxter 1867. Alle vier Analysen zeigen Etappen der Entstehung der modernen Gesellschaft.
[5] Die Zahlen stammen aus M. Reinhard, *Histoire générale de la population mondiale*, S. 359.

KAP. 3, I.: DIE ARBEITERKLASSEN

[1] Zur Diagnose des Unbehagens an der Kultur um die Jahrhundertmitte vgl. T. Carlyle, *Past and Present*, 1843.
[2] B. Disraeli, *Sybil, or the two nations*, London 1845.
[3] Die Lektüre von F. Engels, *Die Lage der arbeitenden Klassen in England*, Leipzig 1845, ist unerläßlich; man sollte dabei aber nicht übersehen, daß der Verfasser mit seinem Buch sofort Widerspruch erregte, z. B. bei V. A. Huber oder B. Hildebrand; vgl. dazu auch die Ausgabe von W. O. Henderson und W. H. Chaloner, Oxford 1958.
[4] Vgl. P. und G. Ford, *Select list of British Parliamentary Papers 1833–1899*, Oxford 1953; besonders zur Lektüre empfohlen E. Chadwick, *Report on the Health of Towns*, London 1846; ders. *Report on the state of Large Towns and Populous Districts*, London 1846.
[5] Wir schließen uns den Untersuchungen von J. Kuczynski an: *Les origines de la classe ouvrière*, Paris 1967.
[6] Das Vorhandensein gelehrter moderner Arbeiten entbindet nicht von der Pflicht, die Werke des 19. Jahrhunderts über die Löhne zu konsultieren, besonders L. Levi, *Wages and Earnings of the Working Classes*, London 1867; ders., *Work and Pay*, London 1877.
[7] Marx an Engels in einem Brief v. 9. 4. 1863.
[8] Eine gut abgesicherte und kluge Darstellung für das England des Jahres 1880 bei E. Reclus, *Nouvelle géographie universelle*, Bd. IV (Nordwesteuropa), Paris 1883, S. 857.
[9] Vgl. G. D. H. Cole, *Studies in Class Structure*, London 1955, S. 55 ff.
[10] Zur Frage der Arbeiteraristokratie finden sich wertvolle Hinweise bei E. Hobsbawm, *The Aristocracy of Labour in 19th century Britain*; der Beitrag gehört zu der von J. Saville herausgegebenen Studie *Democracy and the Labour movement*, London 1954.
[11] Diese Untersuchung findet sich bei E. Levasseur, *Histoire des classes ouvrières de 1789–1870*, Bd. II, Paris 1904, S. 300.
[12] Levasseurs Arbeiten bieten unerschöpfliches Material und Hinweise für Frankreich.
[13] Genannt seien zwei Arbeiten von 1840: E. Buret, *De la misère des classes laborienses en France et en Angleterre*, Paris 1840; L. Villerme, *Tableau de l'état physique et moral des ouvriers employés dans les manufactures de coton, de laine et de soie*, Paris 1840; zur Lage in Belgien vgl. E. Ducpetiaux, *De la condition physique et morale des jeunes ouvriers, et des moyens de l'améliorer*, Brüssel 1843.
[14] Vgl. A. Blanqui, *Des classes ouvrières pendant l'année 1848*, Paris 1849.
[15] Vgl. E. Reclus, *Nouvelle géographie universelle*, Bd. II, Frankreich.

¹⁶ Wir verweisen auf P. Benaerts und J. Kuczynski, denen wir unendlich viel verdanken.
¹⁷ Vgl. K. Marx und F. Engels, *Werke* Bd. I, Berlin 1956, S. 417.
¹⁸ Das Zitat entstammt einem offenen Brief von 1863 an das Zentralkomitee, das einen Arbeiterkongreß nach Zürich einberufen sollte; der Beweis, den Lassalle für das eherne Lohngesetz lieferte, stieß bei Marx auf Kritik.
¹⁹ Vgl. P. Angel, *Bernstein et l'évolution du socialisme allemand*, Paris 1961.

KAP. 3, II.: DAS BÜRGERTUM IN DEN EINZELNEN LÄNDERN

¹ Eine anschauliche Beschreibung der englischen Führungsschicht bei J. Chastenet, *Le siècle de Victoria*, Paris 1957; ders., *La vie quotidienne en Angleterre au début du règne de Victoria*, Paris 1961.
² Zur Frage der deutschen Führungsschicht vgl. N. von Preradovitch, *Die Führungsschichten in Österreich und Preußen mit einem Ausblick bis zum Jahre 1945*, Wiesbaden 1955; P. Bertaux, *La vie quotidienne en Allemagne au temps de Guillaume II en 1900*, Paris 1962.
³ Diese Auffassung wurde in dem faszinierenden Werk von E. Beau de Lomenie verfochten: *Les responsabilities des dynasties bourgeoises*, Bd. I *(De Bonaparte à Mac-Mahon)*, Paris 1943; Bd. II *(De Mac-Mahon à Poincaré)*, Paris 1947.
⁴ Vgl. G. P. Palmade, *Capitalisme et capitalistes français au XIXe siécle*, Paris 1961.

KAP. 3, III.: DER ADEL

¹ Vgl. W. Görlitz, *Die Junker, Adel und Bauern im deutschen Osten*, Glücksburg 1956.

KAP. 3, V.: MENSCH, LEBEN UND TOD

¹ Vgl. E. F. Heckscher, *Swedish Population Trends before the industrial Revolution*, in *Economic History Review*, 1950, S. 266–277; die Ziffern schwedischer Volkszählungen sind die ältesten und zuverlässigsten in Europa.
² Vgl. M. Reinhard, *Histoire générale de la population mondiale*, Paris 1968.
³ Vgl. T. H. Hollingsworth, *The demography of the British peerage*, in: D. V. Glass/D. E. C. Eversley, *Population in History*, London 1965.
⁴ Speziell für Frankreich vgl. P. Aries, *Histoire des populations françaises et de leurs attitudes devant la vie depuis le XVIIIe siécle*, Paris 1948.
⁵ Vgl. P. Pierrard, *La vie ouvrière à Lille sous le Second Empire*, Paris 1965.
⁶ Vgl. M. Bariety, *Histoire de la médecine*, Paris 1963 (Betonung der Forschung); J. Starobinski, *Histoire de la médecine*, Paris 1963 (Betonung der philosophischen Seite).
⁷ Vgl. A. Briggs, *History of Birmingham*, London 1952.
⁸ Vgl. M. Leclerc, *La vie municipale en Prusse: Bonn, une ville de la province du Rhin*, Paris 1889.
⁹ Vgl. G. E. Eades, *Historic London, the story of a city and its people*, London 1966.
¹⁰ Haussmanns Werk wurde oft beschrieben; eine gute Darstellung z. B. bei Levasseur.
¹¹ Man sollte auch Reiseführer berücksichtigen, z. B. C. Baedeker, *Berlin und Umgebung, Handbuch für Reisende*, Leipzig 1887.
¹² Vgl. K. Scheffler, *Berlin, Wandlungen einer Stadt*, Berlin 1931; W. Kiaulehn, *Berlin, Schicksal einer Weltstadt*, München-Berlin 1958; A. Lange,

Berlin zur Zeit Bebels und Bismarcks, Berlin 1959.
[13] Zu den liberalen Vorstellungen von der Stadt vgl. L. Mumford, *The city in history*, New York 1961.
[14] Vgl. M. Ragon, *Histoire Mondiale de l'architecture et de l'urbanisme modernes*, Paris 1971.
[15] G. Duveau, *Les instituteurs*, Paris 1957.
[16] Vgl. F. Gerbod, *La vie quotidienne dans les lycées et les collèges au XIXe siècle*, Paris 1967.
[17] Vgl. M. Leclerc, *L'éducation et la société en Angleterre: I. L'éducation des classes moyennes et dirigeantes*, Paris 1894.
[18] Vgl. H. Calvet, *La presse contemporaine*, Paris 1963; J. Kayser, *Le quotidien français*, Paris 1963.
[19] Vgl. H. Herd, *The march of journalism, the story of the British press, from 1622 to the present day*, London 1952; D. Hudson, *British journalists and newspapers*, London 1945.
[20] R. Bellet, *Presse et journalisme sous le Second Empire*, Paris 1967.
[21] K. Koszyk, *Deutsche Presse im 19. Jahrhundert*, Berlin 1966.
[22] Vgl. E. G. Leonard, *Histoire générale du protestantisme*, Bd. 3, Paris 1964; C. Rolin, *Précis d'histoire de l'Eglise*, Paris 1967; P. Pierrard, *Histoire de l'Eglise catholique*, Paris 1972; F. Bennhofer, *Bücherkunde des katholischen Lebens, bibliographisches Lexikon der religiösen Literatur der Gegenwart*, Wien 1961.
[23] Die Anekdote findet sich bei J. Lestocquoy, *La vie religieuse en France*, Paris 1964.
[24] Vgl. C. Marcilhacy, *Le diocèse d'Orléans sous l'episcopat de Mgr Dupanloup, 1849–1878, sociologie religieuse et mentalités collectives*, Paris 1962.
[25] Eine lohnende Lektüre: H.-A. Taine, *Notes sur l'Angleterre*, Paris 1872.
[26] Vgl. J. Le Floc'hmoan, *La genèse des sports*, Paris 1962.
[27] Vgl. O. Du Mesnil, *L'hygiène à Paris, l'habitation du pauvre*, Paris 1890; ders. *Etudes d'hygiène et d'économie sociale; Enquète sur les logements, professions, salaires et budgets*, Paris 1899.
[28] A. Nerincx, *Les habitations ouvrières à Berlin*, Paris 1899.
[29] Wir schließen uns hier J. Laver an: *Les idées et moeurs au siècle de l'optimisme (1848–1914)*, Paris 1969.

KAP. 3, VI.: SOZIALISTISCHE BEWEGUNGEN UND IDEOLOGIEN

[1] Zur sozialistischen Bewegung vgl. G. D. H. Cole, *A History of Socialist Thought*, London 1956; C. Landauer, *European Socialism. A History of Ideas and Movements from the Industrial Revolution to Hitler's Seizure of Power*, Berkeley 1959.
[2] Zur Gewerkschaftsbewegung vgl. C. Lefranc, *Le Syndicalism en France*, Paris 1971; R. Brecy, *Le mouvement syndical en France 1871–1921, essai bibliographique*, Paris 1963; V.-L. Allen, *International bibliography of Trade unionism*, London 1968; G.-A. Ritter, *Die Arbeiterbewegung im Wilhelminischen Reich*, Berlin 1959.
[3] Zum Chartismus vgl. M. Hovell, *The Chartist movement*, Manchester 1950; E. Dolleans, *Le Chartisme*, Paris 1949.
[4] Der von den Marxisten immer wieder abgelehnte ›französische‹ Sozialismus hat sich bis heute bei Reformern und Revolutionären gehalten. Die derzeitigen Linksextremisten finden hier durch eine neue ›Lektüre‹ von ihnen vertretene Themen: Arbeiterselbstverwaltung, Genossenschaften, Abschaffung der Löhne, kleine autonome und egalitäre Gemeinschaften, neue Ethik; vgl. D. Desanti, *Les socialistes de l'utopie*, Paris 1971.
[5] Vgl. J. Vidalenc, *Louis Blanc (1811–1882)*, Paris 1948; P. Verlinde, *L'oeuvre économique de Louis Blanc*, Bourbourg 1940.
[6] Vgl. J. Sigmann, *Les révolutions romantiques et démocratiques de l'Europe*, Paris 1970.

[7] Vgl. A. L. Morton/G. Tate, *Histoire du mouvement ouvrier anglais*, Paris 1963; B. C. Roberts, *The Trade Union Congress 1869–1921*, Cambridge (Mass.) 1958.

[8] Proudhon war mit dem jungen Marx 1844 befreundet, ging aber dann in die Geschichte als einer seiner drei Gegner ein (neben Lassalle und Bakunin); seit 100 Jahren fasziniert sein Denken; vgl. z. B. die Vorlesung des Professors an der Sorbonne G. Gurvitch: *Pour le centenaire de la mort de Pierre Joseph Proudhon: Proudhon et Marx, une confrontation;* Monsignore P. Haubtmann untersuchte die persönlichen Beziehungen zwischen Proudhon und Marx und gab die ›Carnets‹ heraus; vgl. weiter P. Ansart, *Marx et l'anarchisme, essai sur la sociologie de Saint-Simon, Proudhon et Marx*, Paris 1969; J. Bancal, *Proudhon, pluralisme et autogestion*, Paris 1970; D. Guerin, *Proudhon et l'autogestion ouvrière*, Brüssel 1967.

[9] Man erhält den besten Überblick über die Arbeiterbewegung zu der Zeit, wenn man liest: *Dictionnaire biographique du mouvement ouvrier français*, seit 1964 herausgegeben von J. Maitron, Teil I: 1789–1864. Teil II: 1864–1871. Teil III: 1871–1914.

[10] Verlin, eine besonders beeindruckende Gestalt, wurde 1839 geboren als Sohn eines Buchbinders, der einer Kleinbauernfamilie entstammte; in den 60er Jahren arbeitete er zu Hause, was ihm die nötige Zeit ließ, Bücher zu verschlingen; 1865 trat er der französischen Abteilung der Internationale bei, wurde einer ihrer scharfsinnigsten Führer, erhielt 1868 eine Gefängnisstrafe von drei Monaten und eine Geldstrafe von 100 F. 1869 gründete er einen Streikfonds (im selben Jahr streikten die Wollspinner von Vienne, die Seidenzwirner von Lyon, die Bürstenbinder, die Leineweber, die Holzvergolder, die Pariser Weissgerber); er machte sich übrigens keinerlei falsche Vorstellungen von der Möglichkeit, durch einen Streik zu siegen; für ihn war der Streik eine Kampfschule, nicht aber ein Weg, die Lebensbedingungen der Arbeiter zu verbessern.

[11] F. Mehring, *Geschichte der deutschen Sozialdemokratie*, 4 Bde., Stuttgart 1898; G. Eckert, *Wilhelm Liebknecht; Briefwechsel mit K. Marx und F. Engels*, Den Haag 1963.

[12] Eine Gesamtdarstellung der Internationale fehlt; vgl. J. Freymond, *Etudes et documents sur la Première Internationale en Suisse*, Genf 1964; R. P. Morgan, *The German Social Democrats and the First International*, Cambridge 1965; R. Collins/C. Abramsky, *Karl Marx and the British Labour Movement; Years of the First International*, London 1965.

[13] Vgl. P. O. Lissagaray, *Histoire de la Commune de 1871*, Paris 1947 (Neuauflage): das Werk eines stark für die Kommune engagierten Mannes aus dem 19. Jahrhundert; J. Rougerie, *Procès des communards*, Paris 1964: ein Werk mit völlig neuer Problemstellung, dessen Beweisführung wir uns anschließen.

[14] Im allgemeinen hat man Louis Blanc zu streng beurteilt; Sohn eines Händlers, Privatlehrer in einem bürgerlichen Haus, dann Journalist, veröffentlichte Louis Blanc 1839 ein grundlegendes Werk, *L'Organisation du travail*, in dem er bei den Sozialisten ziemlich verbreitete Vorstellungen klar formulierte; von 1849 bis 1870 im Londoner Exil, spielte L. Blanc bis zu seinem Tod 1882 auf der äußersten Linken der republikanischen Partei eine politische Rolle und legte den Grundstock für eine radikale Richtung (Trennung von Kirche und Staat, konfessionell nicht gebundenes Erziehungswesen, Vereinigungsrecht der Arbeiter, Einkommenssteuer).

KAP. 4: DIE POLITISCHEN VERHÄLTNISSE

[1] Für eine Beschäftigung mit der Idee der Demokratie empfiehlt sich die wiederholte Lektüre von A. Tocqueville, *De la démocratie en Amérique*, Paris 1835 und 1840; vgl. hierzu auch R. Remond, *Les Etats Unis devant l'opinion française (1815–1852)*, Paris 1962.

[2] Die Definition stammt von G. Burdeau, *La démocratie*, Neuchâtel 1956.

³ Die liberale katholische Bewegung sollte man allerdings nicht zu gering veranschlagen; vgl. C. Savart, *L'Abbé Jean Hippolyte Michon (1806 bis 1881), contribution à l'étude du libéralisme catholique au XIXe siècle*, Paris 1971; M. Prelot, *Le libéralisme catholique, textes choisis*, Paris 1969.
⁴ In Frankreich kam dem Buch von P. Leroy-Beaulieu grundlegende Bedeutung zu: *De la colonisation chez les peuples modernes*, Paris 1874.

KAP. 4, I.: DER TRIUMHP DES LIBERALISMUS IN ENGLAND, BELGIEN UND HOLLAND

¹ Wir verweisen auf die großen, an anderer Stelle zitierten Handbücher, da die politische Geschichte der bedeutenden europäischen Länder bekannt ist.
² Zu Palmerston vgl. z. B. D Southgate, *The policies and politics of Palmerston*, London 1966.
³ Es empfiehlt sich, alle Arbeiten zu konsultieren, die wegen ihrer zeitlichen Nähe die Bedeutung von Meinungsströmungen besser abwägen: W. E. A. Axon, *Cobden as a citizen. A chapter in Manchester History*, London 1907.
⁴ Über Disraeli gibt es zahllose Untersuchungen; vgl. etwa A. Maurois, *La vie de Disraeli*, Paris 1927; R. Blake, *Disraeli*, London 1966; R. Maître, *Disraeli homme de lettres, la personnalité, la pensée, l'oeuvre littéraire*, Paris 1963; J. Becker, *Das deutsche Manchestertum*, Karlsruhe 1907.
⁵ Wichtig ist weiterhin die große Biographie Gladstones von J. Morley, *The life of W. E. Gladstone*, London 1903; vgl. auch J.-L. Hammond, *Gladstone and the Irish nation*, London 1964.
⁶ Vgl. R. Koebner und H. D. Schmidt, *Imperialism, the story and significance of a political word*, Cambridge 1964.
⁷ Zur Schweiz vgl. A. Siegfried, *La Suisse, démocratie témoin*, Paris 1948.

KAP. 4, II.: DER DURCHBRUCH DES LIBERALISMUS IN ROMANISCHEN LÄNDERN: FRANKREICH UND ITALIEN

¹ Vgl. C. Péguy, *Notre jeunesse*, Paris 1910 (neue Ausgabe 1957).
² Der Ausdruck stammt von Jean Jaurès: J. Jaurès, *La guerre franco-allemande (1870–1)*, Paris 1908 (Neuausgabe 1971).
³ Eine der besten Darstellungen des Zweiten Kaiserreichs stammt von dem französischen Sozialisten Albert Thomas: A. Thomas, *Le Second Empire*, Paris 1907 (= Bd. X der *Geschichte des Sozialismus* von Jaurès).
⁴ Über die Entstehung des Regimes vgl. eine Betrachtung von Marx (1852), *Le Dix-huit Brumaire de Louis Napoléon Bonaparte*, erschienen in einer kleinen deutschen Zeitschrift in den USA, *Die Revolution*.
⁵ Diese Analyse stützt sich weitgehend auf die Arbeiten von A. Siegfried, im Hinblick auf die Einstellung der Führungsschicht ebenso wie auf die Soziologie der Wählerschaft; vgl. A. Siegfried, *Tableau politique de la France de l'ouest sous la Troisième République*, Paris 1913.
⁶ Emile Ollivier starb 1913. Einen Großteil seiner Zeit in den Jahren nach 1870 widmete er seiner Rechtfertigung, vor allem in seinem Werk *L'Empire libéral*.
⁷ Vgl. J Chastenet, *Gambetta*, Paris 1968.
⁸ Vgl. L. Legrand, *L'influence du positivisme sur l'œuvre scolaire de Jules Ferry*, Paris 1961; F. Pisani-Ferry, *Jules Ferry et le partage du monde*, Paris 1962.
⁹ Vgl. J. Nere, *Le boulangisme et la presse*, Paris 1964.
¹⁰ C. Péguy, *Notre jeunesse*, Paris 1910, S. 22 f.
¹¹ Das Zitat entstammt der sehr gehaltvollen, klärenden Darstellung von P. Guichonnet, *L'unité italienne*, Paris 1961.

[12] Vgl. das grundlegende Werk von P. Matter, *Cavour et l'unité italienne*, 3 Bde., Paris 1922—27.

KAP. 4, III.: DEUTSCHLAND UND ÖSTERREICH NACH 1850: TRENNENDES UND GEMEINSAMES

[1] *Fischer Weltgeschichte*, Bd. 26, Frankfurt/M., 1969, S. 210 ff.
[2] ebd., Kap. 9.
[3] Zitiert bei P. Benaerts, *L'unité allemande*, Paris 1939, S. 98.

KAP. 4, IV.: DAS DEUTSCHLAND BISMARCKS

[1] *Fischer Weltgeschichte*, Bd. 29, Frankfurt/M. 1965.

ABSCHLIESSENDE BEMERKUNGEN

[1] Vgl. dazu Henri Lefebvre, *Au delà du structuralisme*, in: *Sociologie de la bourgeoisie*, Paris 1971, S. 165—193.
[2] H. Lefebvre, a.a.O., S. 193.

Literaturverzeichnis

ALLGEMEINES

ASHWORTH, W., A short history of the International Economy, 1850–1950, London 1960.
BAUMONT, M., L'essor industriel et l'impérialisme colonial, 1878–1904, in: Collection ›Peuples et civilisations‹, Bd. XVIII, 2. Aufl. Paris 1959.
BELOFF, M. P. RENOUVIN, F. SCHNABEL, F. VALSECCHI, L'Europe du XIXe et du XXe siècles, Bd. I u. II: 1815–1870; Bd. III u. IV: 1870–1914, Mailand 1959–1962.
BURY, J. P. T. (Hrsg.), New Cambridge Modern History, Bd. X: The zenith of Europe 1830–1870, London 1960.
DROZ, J., Histoire diplomatique de 1648 à 1919, 2. Aufl. Paris 1959.
FOHLEN C., F. BEDARIDA, L'ère des révolutions, in: Histoire Générale du Travail, hrsg. von L. H. Parias, Paris 1959.
HAUSER, H., J. MAURAIN, P. BENAERTS, F. L'HUILLIER, Du libéralisme à l'impérialisme, 1860–1878, in: Collection ›Peuples et civilisation‹, Bd. XVII, 2. Aufl. Paris 1952.
HEATON, H., Economic History of Europe, New York 1948.
HINSLEY F. H. (Hrsg.), New Cambridge Modern History, Bd. XI: Material Progress and wide problems 1870–1898, London 1962.
LESOURD, J. A., G. GERARD, Histoire économique, XIXe et XXe siècles, Paris 1963.
MAURO, F., Histoire de l'économie mondiale, Paris 1971.
POUTHAS, C. H., Démocraties et capitalisme, 1848–1860, in: Collection ›Peuples et civilisations‹, Bd. XVI, 3. Aufl. Paris 1961.
Propyläen Weltgeschichte Bd. VIII: Das 19. Jahrhundert, Berlin 1960.
RENOUVIN, P. (Hrsg.), Histoire des relations internationales, Bd. V: Le XIX siècle, I. 1815–1871, L'Europe des nationalités et l'éveil des nouveaux mondes, Paris 1954–1955.
—, Histoire des relations internationales, Bd. VI: Le XIXe siècle II. 1871 à 1914, L'apogée de l'Europe, Paris 1954–1955.
SALIS, J. von, Weltgeschichte der neuesten Zeit, Bd. I: Die historischen Grundlagen des 20. Jahrhunderts, 1871–1904, Zürich 1951.
SCHNERB, R., L'apogée de l'expansion européenne, 1815–1914, in: Histoire Générale des Civilisations, Bd. VI, Paris 1961.

DIE EUROPÄISCHE WIRTSCHAFT VON 1850–1890

I. Statistische Unterlagen

Annuaires Statistiques de la France, éditions rétrospectives.
MITCHELL, B. R., P. DEANE, Abstract of Britisch historical statistics, Cambridge 1962.
VOILLIARD, O., G. CABOURDIN, F. DREYFUS, Statistiques d'Histoire Economique, Paris/Strasbourg 1964.
WOYTINSKI, W., Die Welt in Zahlen, Berlin 1934.

II. Untersuchungen

Ashworth, H., An Economic History of England 1870–1939, London 1960.
Auge Laribe, M., La politique agricole de la France de 1880–1940, Paris 1950.
Bairoch, P., Niveaux de développement économique de 1810 à 1910, in: Annales (Economies, Sociétés, Civilisations), Nr. 6, Paris 1965.
–, Le mythe de la croissance économique rapide au XIXe siècle, in: Revue de l'Institut de sociologie, Paris 1962.
Bechtel, H, Wirtschaftsgeschichte Deutschlands im 19. und 20. Jahrhundert, München 1956.
Benaerts, P., Les origines de la grande industrie allemande: essai sur l'histoire économique de la période du Zollverein, Paris 1933.
Bloomfield, A. I., Monetary Policy in the International Gold Standard 1800–1914, Federal Reserve Bank of New York 1959.
Bouvier, J., Le Crédit Lyonnais de 1863 à 1882, 2 Bde., Paris 1961.
–, Le Krach de l'Union Générale, Paris 1960.
–, Les Rothschilds, Paris 1960.
–, F. Furet, M. Gillet, Le mouvement du profit en France au XIXe siècle, Paris 1965.
Cameron, R., Profit, croissance et stagnation en France au XIXe siècle, in: Economie Appliquée, Bd. X, Paris 1957.
–, Le développement économique de l'Europe au XIXe siécle, in: Annales (Economies, Sociétés, Civilisations), Nr. 2, Paris 1957.
–, France and the Economic Development of Europe, 1800–1914, Princeton 1961.
Chambers, J. D., Industrialization as a factor in economic growth in England, in: Première conférence internationale d'histoire économique de Stockholm 1960, Paris 1960.
–, The workshop of the world – British Economic History from 1820 to 1880, London 1961.
–, G. E. Mingay, The agricultural revolution, 1750 to 1880, London 1966.
Clapham, J. H., An Economic History of Modern Britain, 1815–1914, 3 Bde., Cambridge 1926–1938.
–, The bank of England, 2 Bde., London 1944.
–, Economic Development of France and Germany, 1815–1914, 4. Aufl. Cambridge 1961.
Clough, S. B., The economic history of modern Italy, New York 1964.
–, C. W. Cole, Economic History of Europe, Boston 1952.
Deane, P., C. W. Cole, British Economic Growth 1688–1959, Cambridge 1962.
Dunham, A., The anglo-french treaty of commerce of 1860 and the progress of the industrial revolution in France, Detroit 1930.
Ellis, H., British Railway History, 1830–1876, London 1954.
Ernle (Lord), English farming, past and present, London 1936.
Facius, F., Wirtschaft und Staat – Die Entwicklung der staatlichen Wirtschaftsverwaltung vom 17. Jh. bis 1945, Boppard 1959.
Feis, H., Europe, the World's Banker, 1870–1914, New York 1961.
Finckenstein, H. W. von, Die Entwicklung der Landwirtschaft in Preußen und Deutschland und in den alten preußischen Provinzen von 1800 bis 1930, Bern 1959.
Fohlen, C., L'industrie textile au temps du IIe Empire, Paris 1956.
Girard, L., La politique des travaux publics sous le IIe Empire, Paris 1952.
Hardach, K. W., Die Bedeutung wirtschaftlicher Faktoren bei der Wiedereinführung der Eisen- und Getreidezölle in Deutschland 1879, Berlin 1967.
Haushofer, H., Die deutsche Landwirtschaft im technischen Zeitalter, Stuttgart 1963.
Henderson, W. O., The State and the industrial Revolution in Prussia, 1740–1870, Liverpool 1958.

—, Britain and industrial Europe 1750–1870, Liverpool 1954.
—, The industrial Revolution on the Continent — Germany, France, Russia, 1800–1914, London 1961.
HOFFMANN, W. G., British Industry 1700–1950, Oxford 1955.
—, Das Wachstum der deutschen Wirtschaft seit der Mitte des 19. Jahrhunderts, Berlin 1965.
JEFFERYS, J. B., D. WALTERS, National Income and Expenditure of the United Kingdom, 1870–1952, in: Income & Wealth, Series V, London 1955.
JONES, G. P., A. G. POOL, A hundred years of Economic Development in Great Britain, 1840–1940, London 1963.
JOSTOCK, P., The long term growth of National Income in Germany, in: Income & Wealth, Series V, London 1955.
KINDLEBERGER, C. P., Economic growth in France and Britain, Cambridge 1964.
KNOWLES, L. C. A., Economic development in the 19th century — France, Germany, Russia and USA, London 1958.
KUCZYNSKI, J., Die Bewegung der deutschen Wirtschaft von 1800 bis 1946, Berlin 1947.
—, Die Geschichte der Lage der Arbeiter unter dem Kapitalismus, Bd. 12: Studien zur Geschichte der zyklischen Überproduktionskrisen in Deutschland 1873 bis 1914, Berlin 1961.
—, Studien zur Geschichte des Kapitalismus, Berlin 1957.
KUZNETS, S., Quantitative aspects of the economic growth of nations, in: Economic Development and Cultural Change, Chicago 1956.
LABROUSSE, E., Aspects de l'évolution économique et sociale de la France depuis 1848, Paris 1949.
LAMBI, I. N., Free Trade and Protection in Germany 1868–1879, Wiesbaden 1963.
LEON, P., L'industrialisation en France en tant que facteur de croissance économique du début du XVIIIe siècle à nos jours, in: Première conférence internationale d'histoire économique de Stockholm 1960, Paris 1960.
LÜTGE, F., Deutsche Wirtschafts- und Sozialgeschichte, Berlin 1960.
MARCZEWSKI, J., Y a-t-il eu un take off en France, in: Cahiers de l'ISEA, Série AD, Nr. 111, Paris 1961.
—, Le produit physique de l'économie française de 1789 à 1913 — Comparaison avec la Grande Bretagne, in: Cahiers de l'ISEA, Nr. 163, Paris 1965.
—, Histoire quantitative de l'économie française, in: Cahiers de l'ISEA, Série AF, Nr. 115, Paris 1961.
MARKOVITCH, T., Histoire quantitative de l'économie française: l'industrie française 1789–1964, in: Cahiers de l'ISEA, Nr. 163 u. 179, Paris 1965 u. 1966.
MERTENS, J. E., La naissance et le développement de l'étalon-or, 1696 bis 1922, Paris 1944.
MITCHELL, B. R., The Railway and United Kingdom Growth, in: The Journal of Economic History, Bd. 24, Nr. 3, New York 1964.
PALMADE, G., Capitalisme et capitalistes française au XIXe siècle, Paris 1961.
ROSENBERG, H., Große Depression und Bismarckzeit — Wirtschaftsablauf, Gesellschaft und Politik in Mitteleuropa, Berlin 1967.
ROSTOW, W. W., The stages of Economic Growth, Cambridge 1960.
—, British Economy of the 19th century, London 1948.
SCHNERB, R., Protectionisme et libre-échange, Paris 1963.
SEE, H., Histoire économique de la France, Bd. II; Les temps modernes, 1789–1914, Paris 1951.
SOMBART, W., Die deutsche Volkswirtschaft im 19. Jahrhundert und im Anfang des 20. Jahrhunderts, Berlin 1903.
STOLPER, G., K. HÄUSER, K. BORCHARDT, Deutsche Wirtschaft seit 1870, Tübingen 1964.

Tilly, R., Financial institutions and Industrialization in the Rhineland 1815–1870, Madison (Milwaukee)/London 1966.
Toutain, J. C., Le produit de l'agriculture française de 1700 à 1958, in: Cahiers de l'ISEA, Nr. 115, Paris 1961.
Walterhausen, Sartorius, Deutsche Wirtschaftsgeschichte, 1815–1914, Jena 1923.
Zorn, W., Kleine Wirtschafts- und Sozialgeschichte Bayerns, 1806–1933, München 1962.

DEUTSCHLAND VON 1850–1890

Anderson, E. N., The social and political conflict in Prussia, 1858 to 1864, Lincoln 1954.
Aycoberry, P., L'unité allemande, PUF, Paris 1968.
Becker, O., Bismarcks Ringen um Deutschlands Gestaltung, Heidelberg 1958.
Benaerts, P., Les origines de la grande industrie allemande, Paris 1933.
–, L'unité allemande, Paris 1939.
Bergsträsser, L., Geschichte der politischen Parteien in Deutschland, München 1952.
Bernard, L., Das polnische Gemeinwesen im preußischen Staat, Leipzig 1907.
Boehme, H., Deutschlands Weg zur Großmacht – Studien zum Verhältnis von Wirtschaft und Staat während der Reichsgründungszeit, Köln/Berlin 1966.
Bonnin, G., Bismarck and the Hohenzollern candidature for the spanish throne, London 1957.
Buchheim, K., Das deutsche Kaiserreich 1871–1918, München 1969.
Bussmann, W., Das Zeitalter Bismarcks, in: L. Just, Handbuch der deutschen Geschichte, Bd. 3/II, Konstanz 1956.
Conze W., D. Groh, Die Arbeiterbewegung in der nationalen Bewegung – Die deutsche Sozialdemokratie vor, während und nach der Reichsgründung, Stuttgart 1966.
Demeter, K., Das deutsche Offizierskorps in seinen historisch-soziologischen Grundlagen, Berlin 1931.
Dittrich, J., Bismarck, Frankreich und die spanische Thronkandidatur der Hohenzollern, München/Oldenburg 1962.
Droz, J., Le nationalisme allemand de 1871 à 1931, cours CDU, Paris 1966.
–, Le socialisme allemand de 1863 à 1918, cours CDU, Paris 1964.
–, La formation de l'unité allemande 1789–1871, Paris 1970.
Engelberg, Deutschland von 1849 bis 1871 und Deutschland von 1871 bis 1897, in: Deutsche Geschichte, Bd. 2, Berlin 1965.
Eyck, E., Bismarck – Leben und Werk, 2 Bde., Zürich 1914.
Franz, E., Der Entscheidungskampf um die wirtschaftspolitische Führung Deutschlands, 1815–1867, München 1933.
Fricke, O., Die deutsche Arbeiterbewegung 1869–1890, Leipzig 1964.
Gall, L., Zur Frage der Annexion von Elsaß und Lothringen, in: Historische Zeitschrift, Bd. 206, München/Berlin 1968.
Gebhardt, B. (Hrsg.), Handbuch der deutschen Geschichte, Bd. 3: Von der Französischen Revolution bis zum Ersten Weltkrieg, Stuttgart 1960.
Geuss, H., Bismarck und Napoléon III. – Ein Beitrag zur Geschichte der preußisch-französischen Beziehungen 1815–1871, Köln/Graz 1959.
Goldschmidt, H., Das Reich und Preußen im Kampf um die Führung – Von Bismarck bis 1871–1918, Berlin 1931.
Guillen, P., L'Empire allemand 1871–1918, Paris 1970.
Hamerow, Th. S., Restauration, Revolution, Reaction – Economics and politics in Germany 1815–1871, Princeton 1958.
Henderson, W. O., The State and the industrial Revolution in Prussia 1740–1870, Liverpool 1958.

KÖLLMANN, W., Politische und soziale Entwicklung der deutschen Arbeiterschaft 1850–1914, in: Vierteljahrschrift für Sozial- und Wirtschaftsgeschichte, Wiesbaden 1964.

LINDENLAUB, Richtungskämpfe im Verein für Sozialpolitik, Wissenschaft und Sozialpolitik im Kaiserreich, vornehmlich vom Beginn des ›Neuen Kurses‹ bis zum Ausbruch des 1. Weltkrieges (1890–1914), T. 1. 2., Wiesbaden 1967.

LIPGENS, W., Bismarck, die öffentliche Meinung und die Annexion von Elsaß und Lothringen 1870, in: Historische Zeitschrift, Bd. 199, München/Berlin 1964.

LORD, R. H., The origins of the war of 1870 – New documents of the German archives, Cambridge 1924.

MEDLICOTT, W. N., Bismarck and modern Germany, London 1965.

MEHRING, F., Geschichte der deutschen Sozialdemokratie, 4 Bde., Berlin 1904 u. 1922.

MEYER, A. O., Bismarck – Der Mensch und der Staatsmann, Stuttgart 1949.

MOMMSEN, W., Bismarck – Ein politisches Lebensbild, München 1959.

MORSEY, R., Die oberste Reichsverwaltung unter Bismarck 1867–1890, München 1957.

MOSSE, W. E., The European Powers and the German Question 1815 à 1871, Cambridge 1958.

MOTTEK, H., H. BLUMBERG, H. WUTZMER, W. BECKER, Studien zur Geschichte der industriellen Revolution in Deutschland, Berlin (Ost-) 1960.

MURALT, L. von, Bismarcks Verantwortlichkeit, Berlin/Frankfurt/Göttingen 1955.

PFLANZE, O., Bismarck and the development of Germany in the period of Unification 1815–1871, Princeton 1963.

PORTER, Die Einigung Italiens im Urteil liberaler deutscher Zeitgenossen – Studien zur inneren Geschichte des kleindeutschen Liberalismus, Bonn 1959.

PRERADOVITCH, N. von, Die Führungsschichten in Österreich und Preußen 1804–1918, Wiesbaden 1955.

RASSOW, P., Die Stellung Deutschlands im Kreise der großen Mächte 1887–1890, Mainz 1959.

REAL, W., Der deutsche Reformverein – Großdeutsche Stimmen zwischen Villafranca und Königgrätz, Hamburg/Lübeck 1966.

RENOUVIN, P., L'Empire allemand au temps de Bismarck. Cours CDU, Paris 1950–1951.

RITTER, E., Die katholisch-soziale Bewegung Deutschlands im 19. Jahrhundert u. der Volksverein, Köln 1954.

RITTER, G., Staatskunst und Kriegshandwerk – Das Problem des Militarismus in Deutschland, Bd. 1; Die alt-preußische Tradition, 1740–1890, München 1954.

–, Europa und die deutsche Frage – Betrachtungen über die geschichtliche Eigenart des deutschen Staatsdenkens, München 1948.

ROTHFELS, H., Probleme einer Bismarck-Biographie, in: Review of Politics. 1947.

SCHIEDER, Th., Das deutsche Kaiserreich von 1871 als Nationalstaat, Köln 1961.

–, Das Reich unter der Führung Bismarcks, Tübingen 1953.

SCHMIDT-VOLKMANN, E., Der Kulturkampf in Deutschland 1871–1890, Berlin/Frankfurt/Göttingen 1962.

SCHNABEL, F., Das Problem Bismarck, in: Hochland/München/Kempten 1949.

–, Deutsche Geschichte im 19. Jahrhundert, Freiburg 1929–1937, 1948 bis 1951 u. 1964.

SCHOT, B., Die Entstehung des deutsch-französischen Krieges und Gründung des deutschen Reiches, in: Hohenzollerische Jahreshefte, Bd. 23, Hechingen 1963.

SEEBERG, G., Zwischen Bebel und Bismarck – Zur Geschichte des Links-

liberalismus im Deutschland 1871–1893, Berlin 1965.
SOMBART, W., Die deutsche Volkswirtschaft im 19. Jahrhundert, Berlin 1913 u. 1923.
SRBIK, H. von, Deutsche Einheit, München 1935.
STADELMANN, R., Das Jahr 1865 und das Problem deutscher Politik, Oldenburg 1933.
—, Moltke und der Staat, Krefeld 1955.
STEEFEL, L. D., Bismarck the Hohenzollern candidacy and the origins of the Franco-German-War of 1870, Cambridge 1962.
TAYLOR, R., The course of German history — A survey of the development of Germany since 1815, London 1946.
TILLY, R., Financial Institutions and Industrialization in the Rhineland 1815–1870, Madison (Milwaukee)/London 1966.
WINDELBAND, W., Bismarck und die europäischen Großmächte 1879 bis 1885, Essen 1942.
WINKLER, H. A., Preußischer Liberalismus und deutscher Nationalstaat — Studien zur Geschichte der Fortschrittspartei 1861–1866, Tübingen 1962.
WINKLER, M., Bismarcks Bündnispolitik und das europäische Gleichgewicht, Stuttgart 1964.
ZECHLIN, E., Die Reichsgründung — Deutsche Geschichte, Ereignisse und Probleme, Berlin/Frankfurt 1967.
—, Bismarck und die Grundlegung der deutschen Großmacht, Stuttgart 1960.
ZORN, W., Wirtschafts- und sozialgeschichtliche Zusammenhänge der deutschen Reichsgründungszeit 1850–1879, in: Moderne deutsche Sozialgeschichte, hrsg. von H. U. Wehler, Berlin/Köln 1966.
ZUNKEL, F., Der rheinisch-westfälische Unternehmer 1834–1879, Köln 1962.

ÖSTERREICH-UNGARN VON 1850–1890

HANTSCH, H., Die Geschichte Österreichs, 2 Bde., Graz/Köln 1953.
JAZI, O., The dissolution of the Habsburg Monarchy, Chicago 1929.
KANN, R. A., The multinational Empire-Nationalisme and national reform in the Habsburgmonarchy 1848–1918, New York 1950.
—, Das Nationalitätenproblem der Habsburger-Monarchie, Graz/Köln 1964.
MAY, A., The Habsburg Monarchy 1867–1914, Cambridge 1951.
MAYER, F. M., R. F. KAINDL, H. PIRCHEGGE, Geschichte und Kulturleben Österreichs von 1792 bis zum Staatsvertrag von 1955, Wien 1955.
MAYER, H. (Hrsg.), Hundert Jahre österreichischer Wirtschaftsentwicklung 1848–1948, Wien 1949.
MISKOLCZY, J., Ungarn in der Habsburger-Monarchie, Wien 1951.
TAYLOR, A. J. P., The Habsburg Monarchy, London 1948.
ZWITTER, F., Les problèmes nationaux dans la monarchie des Habsburg, Belgrad 1960.

Verzeichnis und Nachweis der Abbildungen

 1 *Europa um 1848*: nach Angaben von Guy Palmade
 2 *Sitzung des vorbereitenden Parlaments in der Paulskirche zu Frankfurt am Main 1848. Zeitgenössisches Litho*: Foto Staatsbibliothek Berlin, Bildarchiv
 3 *Gewinnschwankungen im 19. Jahrhundert — gezeigt am Beispiel einiger Firmen der eisenverarbeitenden französischen Industrie*: nach J. Bouvier, F. Furet, M. Gillet, Die Gewinnschwankungen im Frankreich des 19. Jahrhunderts. Paris 1965
 4 *Der letzte Blick auf England. Bleistiftzeichnung von Ford Madox Brown aus dem Jahr 1852*: Foto City Museum & Art Gallery, Birmingham
 5 *Lokomotivfabrik: aus Magasin Pittoresque. Paris 1855*: Foto Patrick Verley
 6 *Crampton-Lokomotive: aus Magasin Pittoresque. Paris 1861*: Foto Patrick Verley
 7 *Pullmanwagen um 1880: aus La Nature. Paris 1879*: Foto Patrick Verley
 8 *Das Eisenbahnnetz in Europa um 1855*: nach Angaben von Patrick Verley
 9 *Herstellung von Bessemerstahl: aus LA Nature. Paris 1880*: Foto Patrick Verley
10 *Eisenwalzwerk. Gemälde von Adolf von Menzel, 1875*: Foto Archiv Gerstenberg, Frankfurt am Main
11 *Lyoneser Seidenweberei: aus Magasin Pittoresque. Paris 1855*: Foto Patrick Verley
12 *Gußstahlfabrik Friedrich Krupp Essen im Jahr 1835*: Foto Friedrich Krupp, Essen
13 *Gußstahlfabrik Friedrich Krupp Essen im Jahr 1880*: Foto Friedrich Krupp, Essen
14 *Hammer ›Fritz‹*: Foto Friedrich Krupp, Essen
15 *Dampfbetriebener Sutherlandpflug: aus Magasin Pittoresque. Paris 1879*: Foto Patrick Verley
16 *Berlin, Nollendorfplatz um 1885*: Foto Archiv Gerstenberg, Frankfurt am Main
17 *Berlin, Nollendorfplatz um 1902*: Foto Archiv Gerstenberg, Frankfurt am Main
18 *Napoleon III.*: Foto Archiv Gerstenberg, Frankfurt am Main
19 *Österreich-Ungarn im Jahr 1867*: nach Angaben von Patrick Verley
20 *Die stufenweise Bildung der deutschen Einheit*: nach Angaben von Patrick Verley

Register

Die Bearbeitung des Registers erfolgte durch die Redaktion der Fischer Weltgeschichte.

Aachen 91, 94, 163, 286
Absolutismus 21 ff, 27, 42, 46, 56, 60, 62
Adam, Mac 85
Ägypten 243, 315
Afrika 13, 243, 315, 317
Agram 52
Alaska 72
Albert, Herzog v. Sachsen-Coburg-Gotha 212
Alexander Karageorgević, Prinz 52
Alfieri 29
Algier 13
Alicante 102
Allen, W. 220
Allgemeiner Deutscher Arbeiterverein 223
Alston, Pastor 213
Amerika 128
Amsterdam 103, 108, 186
Ancien Régime 14, 20, 62, 73, 250
Andalusien 18
Andrassy, Graf 284
Andrezieux 93
Annaberg 189
Antwerpen 91, 108
Anzin 232
Aquitanien 177
Aquitanisches Becken 63
Ardennen 157
Argentinien 149
Armentières 162, 218
Arno 62
Arnold, Th. 202, 210
Arnsberg 163
Asien 315, 317
Athen 30
d'Audiffret-Pasquier, Herzog 257
Austerlitz, Schlacht v. 63
Australien 71, 105, 149, 242
d'Azeglio, Massimo 31, 264

Bach, A. Frh. v. 270
Bachsystem 274, 276
Baden 26, 46, 50, 56, 61, 95, 179, 189, 283, 292, 299, 309
Bagehot, W. 91
Bailén 30
Bairoch, P. 149
Bakunin, M. 37, 60, 226 f, 231

Balbo, Cesare 31
Balkan 98, 101, 285
Balkankrieg 24
Baltard, V. 194, 199
Balzac, H. de 318
Baring, Francis 113
Barmen 163, 296
Baroche, Minister 253
Barrot, Odilon 37, 44
Basel 93
Baseler Kongreß 226
Batthyány, Minister 55
Bauernaufstände 49
Bauernbefreiung 55
Bayer, V. 194, 199
»Bauernrepublik« 20
Bayer, Fa. in Elberfeld 132
Bayern 26, 46, 95, 179, 269, 279, 283, 288 f, 293, 296 ff, 300
Bayreuth 190
Bax, Belford E. 232
Beau de Rochas, A. 86, 132
Bebel, A. 224, 226 f, 303 f
Belfast 86
Belgien 12, 23 f, 26, 28, 32 f, 64, 67 f, 76, 83, 85, 88, 91–94, 103, 108, 111, 113, 120, 124 f, 140, 146 f, 149, 184, 189, 231, 235, 237, 243 bis 246, 264, 288
Bell, A.G. 108
»belle époque« 62
Benedetti, Graf 290
Benedek, L. A., General 283
Bennigsen, R. v. 288
Bergés, A. 131
Berl, E. 318
Berlin 46, 52, 57, 60 f, 80 f, 88, 94, 96, 116, 119, 164, 174, 184 f, 191, 195 f, 198, 202, 211, 213, 219, 277, 286, 296 f, 303, 314
Berliner Kongreß (1878) 314
Berliner Zollparlament 287, 294
Bernstein, E. 165
Berry 181
Besant, Annie Mrs. 186
Bessemer, H. 129, 138
Bethmann Hollweg, A. v. 273
Birmingham 80, 86, 199
Bismarck, O. v. 25, 67, 98,

126, 223, 234, 237, 252, 278–282, 284, 286–293, 295, 299, 301–311, 313 f, 315 f
Blanc, L. 36, 47, 53, 218, 224, 230
Blanqui, A. 29, 160
Blenheim 175
Blum, Robert 56
Bluntschli, I. K. 308
Bodelschwingh, K. v. 97
Böhmen 33, 46, 51, 56, 101, 269 f, 283 f
Börne, L. 37
Bologna 266
Bontoux, E. 117
Booth, Ch. 209
Bordeaux 93, 108, 124, 199, 228, 252, 255 ff
Borsig, A. 169, 296
Boston 13, 107
Boucicaut, A. 83, 173
Boulanger, General 261
Boulogne 93, 108, 252
Bourbonen 17
Bracke, W. 303
Bradlaught, Ch. 186
Brandenburg 57, 176, 269
Brassey, Th. 221
Braunschweig 26, 46, 269
BRD 76
Bremen 21, 95, 100, 124, 198, 287
Brentano, L. 306
Breslau 94, 163
Bretagne 177, 190, 206
Bright, J. 238
Broglie, Herzog v. 258
Broodhurst, H. 220
Brousse, P. 232
Brüssel 30, 52, 83, 88, 91, 261
Bucher, L. 286
Budapest 52, 55, 80
Büchner, G. 37
Bugeaud, Th. R. Herzog v. Isly 44
Bukarest 64
Bukowina 284
Buonarotti, F. M. 29
Burgstädt 189
Burns, J. 232
Byron, Lord 37

Cabet, E. 218
Calais 93, 108
Cambrai 180
Cambridge 175, 203, 210

343

Cameron, R. 102, 110, 114 f
Camphausen, L. 46, 56
Cantal 158
Cardiff 189, 209
Carmaux 232
Carpenter, E. 232
Carlisle 90
Carlyle, Th. 154
Cavaignac, General 54 f, 58
Cavour, C. de 25, 67, 101, 252, 263–268
Chalon 93
Chamberlain, J. 128
Chambord, Graf v. 63, 248, 255 ff
Champion, H. H. 232
Chardonnet, Graf Hilaire de 130
Charente 206
Charta von 1826 27
Chartres 93
Chateaubriand, F. R. 36
Châteauroux 93
Chatsworth 175
Chauchard, A. 83
Chaudesaigues 158
Chemnitz 184, 189, 198 f, 296
Chevalier, M. 122, 124, 253
Chevreul, E. 146
China 13, 119
Christian IX. 208 f
Cività Vecchia 102
Clausewitz, K. v. 283
Clémenceau, G. 261
Clermont-Tonnere, Herzog v. 264
Clifton 202
Cobden, R. 9, 121, 128
»Code Napoléon« 113
Cohn, G. 87
Cole, G. D. H. 157
Coleridge, S. T. 36
Considérant, V. 218
Corn Laws 15, 35
Cornwall 90
Cortes von Cadix 27
Coubertin, P. de 212
Courtaulds, Kunstseidenkonzern 137
Cousin, V. 253
Crampton, Th. R. 87, 108
Crane, W. 232
Crispi, F. 267
Cronberg 198
Custozza 53, 59, 263

Dänemark 16, 50, 56, 64, 111, 125, 146 f, 189, 231, 280 f, 295 f, 305, 312
Dahlmann, F. Ch. 24, 31
Daimler, G. 86
Dalmatien 284
Danzig 295
Dardanellen 315
Deák, F. 55, 284

Decazes, Herzog 258
Decazeville 232
Delacroix, E. 37
Delbrück, R. 119, 126
Denain 222
Derby, Lord 239 f
Desprez, C. 131
Deutsch-Französische Kriege 287, 289
Deutscher Bauernverband 179
Deutscher Bund 45, 280 ff, 284
Deutsches Reich 125, 291, 293
Deutsche Sozialgesetzgebung 311
Devonshire, Herzog v. 175
Dickens, Ch. 154
Dieppe, 93
Dijon 93
Disraeli, B. 154, 167, 174 f, 236, 238–243, 252
Donau 87
Doncaster 90
Dortmund-Ems-Kanal 87
Douai 108
Dover 198
Dreibund (1882) 314 f
Dreikaiser-Bund 314
Dresden 37, 60 f, 95, 205
Droysen, J. G. 31, 278
Dualismus 284
Düsseldorf 163, 169, 184
Dufaure, J. A. 259
Duisberg, L. 132
Duisburg 295
Dunlop, J. B. 86
Dupanloup, Bischof 209
Dupont, P. 20
Durham, Lord 175

Edinson, Th. A. 131
Eider 62
Eifel 277
Eiffelturm 262
Eisenacher Kongreß (1872) 125, 303
Elbe 87, 170, 176, 178 f, 297
Elberfeld 60, 163 f, 198, 296
Elsaß 291
Elsaß-Lothringen 160, 294 ff, 304 f, 312 f
›Emser Depesche‹ 290
Engels, F. 28, 36, 60, 154 f, 163, 185, 219, 225, 232, 304
Engerth, W. Frhr. v. 88
Eötvös, J. V. 31, 55
Erfurt 61
Erfurter Kongreß 232
Espartero, B. Herzog de la 27
Essen 284
Esterhazy, Fürst 19
Eton 202, 210, 240

Eure 187
Exeter 90

Falkenstein 189
Falmouth 108
Faraday, M. 130
Faubourg Saint-Germain 177
Ferdinand II. von Neapel 42, 45, 53, 57, 264
Ferdinand VII. 23, 27
Ferrara 42
Ferry, J. 201, 246, 259
Fichte, I. G. 210
Flandern 16 f, 39, 244
Flensburg 296
Florenz 58
Foulc, A. 83
Fould, A. 172, 253
Fowler, J. 143, 145
Franken 49
Frankenberg 198
Frankfurt/Main 21, 46, 50, 52, 57, 81, 95, 119, 146, 169, 203, 210, 277, 279, 283, 286, 291, 294, 303
Frankfurt/Oder 94
Frankfurter Bundestag 61, 269
Frankfurter Parlament 51, 56, 61
Franz II. 102, 267
Franz Joseph I. 57, 270, 276, 284 f
Französisch-Englischer Vertrag von 1860 172
Französische Revolution von 1789 20, 23, 25, 27, 30, 222, 234, 262 f
Freiburg 95
Freppel, Abbé 207
Freycinet-Plan 87, 108 f, 260
Frieden von Prag 283
Frieden von Villafranca 267
Frieden von Wien 281
Friedrich II. 195, 293
Friedrich VII. 280
Friedrich von Augustenburg 280
Friedrich Wilhelm IV. 42, 46, 60 f, 272

Gablenz 198
Gagern, H. v. 49, 60
Gaj, L. 31
Galizien 59, 270, 276, 284
Gambetta, L. 236, 259
Garibaldi 268
Gaskall, E. 154
Genevau 198
Genua 101, 265
Germain, H. (s. a. Henri-Germain-Doktrin) 117
Gervinus, G. G. 31
Gewerkschaft(en) 220 ff, 224 ff, 231 f, 238, 306, 311

Gioberti, Abbé 31, 58
Gironde 187
Giulay, General 270
Gladstone, W. 152, 174 f, 234, 239 ff, 242, 266
Glasgow 80
Glaucester 86
Glyn, C. 90
Gnesen 85
Görgey, General 59
Gołuchowski, A. Graf 276
Goncourt, E. H. de 212
Gouin & Co. 103
Gossler, G. v. 211
Goethe, J. W. v. 26, 29, 81
Gotha 190
Gothaer Kongreß (1875) 224, 304
Gotthardtunnel 101
Gräfrath 198
Gramme, Z. 130
Grammont, Außenminister 290
Graz 100
Griechenland 15 f, 23 f, 27
Großbritannien 15, 31, 33 ff, 75, 77, 79, 109, 128, 133, 243
Grüne, General 270
Guesde, J. 231 f
Guizot, G. 25, 41, 43 ff, 64, 253
Gutzkow, K. 37

Habsburger Monarchie, Habsburger 19, 24, 31, 33, 45 f, 50, 52, 60 f, 65, 98, 100, 269 f, 274, 276 f, 279, 282, 284 f, 290
Halle 95
Haller, K.-L. v. 37
Halévy, D. 168
Halleyburg 202
Halifax 107
Hamburg 21, 80, 90, 95, 108, 124, 169, 198, 219, 287, 303
Hamm 94, 96
Haniel-Konzern 136
Hanover 46, 61, 94 f, 97, 179, 269, 283, 286, 305, 308
Hansemann, D. 46, 56, 95, 169, 280
Hansestädte 126
Harrow 202, 210
Hasenclever, W. 303
Hatfield 175
Haussmann, G. E. 193 f
Havlitchelz, K. 31
Haynau, I. Frhr. v. 59
Hecker, F. 50
Heckscher, E. F. 183
Hegel, G. W. F. 203, 318
Heidelberg 46, 202, 208
Heine, H. 36 f

Henri-Germain-Doktrin 118
Heppenheimer Programm 42
Herder, J. G. 29
Herwegh, G. 50
Hessen 46, 49, 95, 97, 224, 269, 273, 283, 300, 309
Hessen-Darmstadt 26
Heydt, A. von der 95 ff, 273
Hilferding, R. 235
Hinckeldey, v., Polizeipräsident 273
Hittorf, J. I. 81
Hobsen, J. A. 235
Hohenstein 198
Hohenzollern, A. v. 290
Hohenzollern-Sigmaringen, Leopold v. 290
Holstein 280—284, 286, 296
Hongkong 13
Howell, G. 220
Hudson, G. 90
Hugo, V. 36 f
Huish, M. 90
Hyndman, H. M. 232

Immermann, K. L. 163, 165
Innsbruck 30, 52
I. Internationale 220, 223 bis 228, 230 f, 303
Irland 39, 143, 155, 178, 241
Isabella II. 23
Itzenplitz, H. Graf v. 97

Jahn, F. L. 210
Janzé, Vicomte Léon de 211
Japan 13, 147
Jallačić, J. Graf 51, 55 f, 59
Jassy 64
Jena 208
Jerome Napoleon Bonaparte 253
Johann, Erzherzog 52, 56
Joinville 211
Juglar-Zyklen 72
Jugoslawien 9
»Junges Irland«, 31, 64

Kärnten 33, 100, 269
Kaiser-Wilhelm-Kanal 87
Kaiserreich, Zweites 138, 161, 173, 190, 201, 250, 255 f, 258, 260, 291, 304, 314
Kalifornien 13, 71
Kanada 71, 107, 186, 242
Kampanien 33
Kant, I. 258
Kap Hoorn 13
Kapkolonie 242
Karadjitsch, Vouk 31
Kardoff, W. v. 126, 301
Karl II. 237
Karl IV. 23

Karl X. 63, 255
Karl XIV. 23
Karl Albert, König v. Sardinien 42, 45, 53, 58 f, 264
Karpaten 59, 62
Kassel 95, 97
Katalonien 18
Kautsky, K. 232, 235
Keats, J. 37
Ketteler, Bischof v. 224, 306
Kiel 87, 90, 95, 281
Kierkegaard, S. 208
King, G. 152
Klagenfurt 100
Klette & Co., Maschinenfabrik 297
Klondyke 72
Koch, R. 188
Köln 51, 60, 88, 163, 169, 184, 219 f, 224, 272, 277
Königgrätz (Sadowa) 283 f, 287 f
Königsberg 96, 286
Kolonien 12, 70, 129, 138, 149, 235, 240 f, 243, 259, 269, 318
Kolowrat, F. A. Graf v. 31
Kommunismus 216, 230
Kommunistisches Manifest 10, 36, 166, 219, 225
Konstantinopel 9
Konstitution von 1812 27
Konvention von Gastein (1865) 282
Konvention von Sand River (1852) 242
Kossuth, L. v. 31, 45, 55, 59 f
Kraichgau 49
Krain 269
Krakau 21, 88, 94, 100
Krefeld 198, 224
Kremsier 57
Krimkrieg 24, 187, 237, 240, 253, 265
Kroatien, Kroaten 31, 59, 100, 274, 284
Krupp, A. 119, 136, 138, 169
Kübeck, K. F. Frhr. v. 270
Kuhlmann, F. 173
Kuczynski, J. 149
Kurhessen 26

Labrousse, E. 73
Lafargue, P. 231
Laffitte, J. 33
Laibach 100
Lamartine, A. de 36 f, 43, 47, 53 f, 58, 266
Lamberg, Graf 55
Lamennais, H. F. R. 37
Lancashire 155, 167, 189
Lancey 131
»Land Scheme« 20

345

Languedoc 181, 208
Lassalle, F. 165, 223 f, 278, 303 ff
Lateinamerika 12
Latour, Th. Graf 56
Lauenburg 281 f
Lausitz 277
Lavergne, L. de 181
Lavisse, E. 14
Le Creusot 162, 223
Ledru-Rollin, A. A. 48, 54, 58, 62
Leeds 80, 156, 199
Lefebvre, H. 318
Le Havre 93, 108, 146, 149
Leibeigenschaft 18 f, 56
Leicester 86, 155
Leicestershire 189
Leipzig 28, 30, 95, 116, 202, 210, 277, 297, 303 f
Leipziger Arbeiterkongreß 223
Leitha 284
Lenin 224, 235
Lennep 198
Lenoir, J. J. E. 86, 132
Leo XIII., Papst 309
Leopold I. 23, 244
Leopold II. von Toskana 42, 45, 58
Leroux, P. 218
Lex Manteuffel (1850) 178
Liberalismus 14, 26 ff, 42, 45, 60, 65, 93, 120, 123, 126, 128, 152, 156, 193, 205, 208, 221 f, 233 ff, 236 f, 240 f, 243 f, 247, 250, 258, 261, 263, 268 f, 273 f, 276 f, 286, 293, 300, 307 f
Liebknecht, W. 224, 226 f, 303 f
Lille 93, 187, 199, 222
Limagne 145
Limbach 198
Limousin 206
Lissabon 64
Lister, J. 188
Liverpool 13, 80, 107
Lörrach 190
Loi Fallaux 62
Loi Guizot 201
Loire-Tal 177
Lombardei 33, 53, 59, 100, 102, 264, 267, 276
London 13, 41, 80 f, 85 f, 90, 108, 121 f, 125, 136, 155, 157, 174, 185 f, 189, 191 ff, 194 f, 198, 203, 209, 213, 220 f, 225, 238, 242, 280 f
Louis Philippe, König 22, 25, 41, 43 f, 63, 190, 244, 255 f, 259
Lothringen 259, 291
Lovett, W. 224
Ludwig I. 46
Ludwig II. v. Bayern 287
Ludwig XIV. 166

Ludwig XVI. 23
Lübeck 21, 124
Lüttich 91
Lüttringhausen 198
Luxemburg 96, 235, 288 f
Lyon 93 f, 117, 124, 157 ff, 190, 199, 206

Maas 87
Mac-Mahon, Marschall 177, 256, 258
Madagaskar 259
Madrid 102
Mähren 269, 284
Maffei, Maschinenfabrik 297
Magdeburg 94
Magenta 266
Mailand 42, 45, 100, 265 f
Main 179, 187
Mainz 224, 306
Malmö 56
Malthus, Th. R. 16
Manchester 80, 121 f, 155, 186, 198 f, 201, 238
Manin, D. 45, 59, 265
Mann, T. 232
Mannheim 46
Manteuffel, General v. 61, 313
Mantua 53, 265, 268
Manzoni, A. 37
Marczewski, M. 140
Marlborough, Herzog v. 175, 202, 210
Marne 87
Marokko 41
Marseille 82, 93 f, 107 f, 116, 124, 158, 190, 198 f
Martin, Abbé 207
Martin, Brüder 129
Martin, H. 31
Marx, K. 10, 28, 36, 48, 60, 121, 151, 153 f, 156, 166, 216, 219, 225 ff, 232, 304
Marxismus 303, 306
Mazzini, G. 31, 67
Mechelen 91, 235
Mecklenburg 273, 297
Mecklenburg-Schwerin 299
Mecklenburg-Strelitz 299
»Méline-Tarif« 128
Messina, Meerenge von 267
Metternich, Fürst v. 24 f, 41 f, 45, 52, 263
Metz 291
Mevissen, G. v. 51, 116
Mexiko 217
Michelet, J. 34, 154, 201, 253
Mickiewicz, A. B. 37
Middlesex, Grafschaft 85
Midlands 189, 204
Militarismus 316
Mill, John St. 28, 186, 238
Minto, G. E. 42
Mittelmeer 108, 315

Mittelland-Kanal 87
Modena 42, 45, 264, 267
Molé, L. M. 44
Moltke, H. Graf v. 281, 283, 288
Mommsen, Th. 278
Monet, C. 81
Montez, Lola 46
Montiguy 158
Morny, Herzog v. 94, 253
Morris, W. 232
Moskau 30, 80
Mülhausen 162
München 80 f, 90, 95, 184, 277, 297
Münchengrätz, Abkommen von 1833 41
Musil, R. 174
Mussolini, B. 268

Namur 91
Napoleon I. 176, 222, 253, 263
Napoleon III. 25, 58, 63, 67, 70, 72, 80, 82, 92 f, 109, 113, 117, 122 f, 127, 145, 158, 160, 162, 177, 182, 188, 190, 193, 220, 223, 226 f, 237 f, 247 f, 250 f, 253 f, 256, 259, 263, 266 ff, 273, 280, 282, 287 ff, 291, 314
Narváez, R. M. Herzog 27, 64
Nassau 26, 46, 49, 95, 97, 286
Navarra 18
Neapel 263 f, 268
Neckartal 182, 189
Neunkirchen/Saar 96, 213
Neuseeland 71, 242
Neusüdwales 242
»Neuwelfen« 31
Newcomens, Th. 132
Niederlande 23, 26, 124, 184, 189, 245
Nikolaus I., Zar 59, 64
Nikolsburg 283
Nizza 267
Nobel, A. 130
Norddeutscher Bund 113, 286, 292, 294, 298
Norddeutschland 277, 288
Nordsachsen 269
Norditalien 140
Nordsee 108, 189
Norfolk, Grafschaft 16
Normandie 157, 159, 177
Northamptonshire 189
Northumberland 189
Norwegen 15, 27, 107, 146, 189
Nottingham 189
Novara 59, 263
Nürnberg 81, 297

Oberschlesien 87, 295 f

O'Brien, B . 29, 31, 86, 225
O'Connel, D. 31
O'Connor, F. E. 20, 218
Odenwald 49
Österreich-Ungarn 76, 87, 102, 111, 115, 117, 122, 129, 202, 314
Offenburg 42
Oktoberdiplom von 1860 276
Oldenburg 179
Ollivier, E. 254
Olmütz 61
Oppeln 163
Oppenheim, Fr. C. Frhr. v. 116
Oranien 23
Oranje Freistaat 242
Orient-Krise von 1875–78 314
Orsini, Graf 237, 254, 266
Oslo 80
Osmanisches Reich 9, 98, 111, 140
Ostende 91
Ostindien 246
Ostkanal 87
Ostpreußen 79, 87, 176, 269, 295, 297, 312
Otto, N. A. 86
Otto I. König v. Griechenland 27
Owen, R. 167, 217
Oxford 167, 175, 203, 210, 240

Palacky, F. 31, 51, 65
Palmerston, H. J. 25, 42, 237 f, 250, 280
Paris 37, 41, 44, 47 f, 51 ff, 54, 58, 62 f, 80 f, 82 f, 88, 93 f, 100, 103, 108, 111, 117, 124, 131, 157 ff, 170, 172, 174, 177, 185, 190 f, 193 ff, 198 f, 201, 203 f, 206, 211, 213, 218 f, 221 f, 227, 229 f, 231, 253, 255, 265, 267, 288, 291, 314 f
Paris, L. Ph. Graf v. 255 f
Pariser Kommune 227 f, 230, 255
Pariser Kongreß 314
Parma 42, 45, 264–267
Pasteur, L. 188
Paulskirche 51, 56, 60 f
Paulus-Verein 224
Peel, Sir Robert 167, 240
Pégny, Ch. 247 f, 255, 262
Pellico, S. 37
Péreire, Gebrüder 82 f, 94, 98, 100 ff, 107 f, 114–116
Périer, C. 233, 257
Perkin, W. H. 130
Pest 188
Petersburg 9, 80, 315

Petőfi, A. 31
Peugeot, Automobilfabrik 86
Pyrenäen 206
Pfalz 61, 288
Pfleiderer, O. 208
Pickett, W. V. 199
Piemont 19, 24, 33, 42, 53, 58 f, 66, 101 f, 122, 264 f, 267
Pilatte, L. 206
Piombino 116
Pius IX., Papst 42, 45, 53, 58, 268, 308 f
Plebiszit von 1870 251
Pless, Fürst v. 195
Plombières 266
Pluralismus 152
Polen 9, 50, 53, 56, 64, 276, 285 f, 305, 308, 312
Pommern 176, 201, 269
Portugal 27, 98, 110 f, 124, 235
Posen 64, 85, 176, 269, 295 f, 312
Potin, F. 83 f
Potsdam 211
Pouyer-Quertier 123, 173
Prag 52, 56, 90, 100, 296
Prager Frieden 284, 286
Prager Kongreß 51
Preßburg 45
Preußen 16, 19, 22, 46, 56 f, 60, 66, 70, 73, 85, 94 f, 97, 118, 151, 162 f, 175, 185, 201, 265, 269 f, 272 ff, 276–284, 286 f, 290, 293, 295 bis 300, 302, 309
Preußisch-Österreichischer Krieg 288, 293
Prim, General 290
Pritchard-Affäre 41
Proletarisierung 34
Protektionismus 122 f, 125 bis 128, 137, 236, 280, 299 f, 307
Proudhon, P. J. 218, 222 f, 226
Proust, M. 174
Provence 177

Quelch, H. 232
Quinet, E. 253

Radetzky, Marschall 45, 52 f, 55, 59
Raiffeisen, F. W. 179
Raspail, franz. Sozialist 58
Rationalismus 207
Rauscher, Erzbischof 270
Rechtskartell 307
Reclus, E. 157, 161 f, 180, 186, 195
Reichenau 189
Reichenbach 189
Reims 93, 218
Restauration von 1815 17, 20 f, 26, 87, 176, 248
Revolution, industrielle 32 f, 35, 71, 75 f, 85, 131, 164, 174, 183, 227
Revolution, sozialistische 65
Revolution, technologische 131
Rhein 62, 67, 87, 189, 267
Rheinhessen 288
Rheinland 85, 179, 182, 219, 224, 247, 269, 296 f, 302 f
Rheinland-Westfalen 33, 126
Ricardo, D. 16
Rieger, F. L. 51
Riom 252
Roanne 93
Rochefort, H. 255
Rodier, Ch. 244
Rom 42, 53, 58, 102, 234, 263, 266 ff, 291
Romagna 252, 266 f
Roman 259
Ronsdorf 198
Roon, General v. 278
Rostock 95
Rostow 108
Rothschild, Bankiersfamilie 33, 94, 98, 100, 102, 112 f, 114 f, 172
Rotterdam 103, 108
Roubaix 160, 162
Rouen 123, 211
Rugby 202
Ruge, A. 36
Ruhr 140, 163
Ruhrgebiet 80, 97, 191, 198, 277, 296
Rumänien 24, 59, 101
Ruskin, J. 215
Russell, J. Lord 239
Rußland 9, 24, 56, 59, 61, 64 f, 76, 98, 103, 111, 115, 119, 140, 147 f, 243, 265 f, 273, 280, 308, 314 f
Ruthenen 274

Saarbrücken 96
Saargebiet 296
Sachsen 26, 33, 46, 61, 140, 163, 189 f, 269, 273, 277, 283, 286, 296 ff, 300, 303
Sack, Landmaschinenfabrik 297
Säckingen 189
Saint-Etienne 93, 222
Sainte Marie aux Mines 161
Saint-Martin's Hall 225
Saint-Simon, C. H. 35, 114, 122
Sales, Ph. de 264
Salisbury 90
Salisbury, Lord 175
Saône 87

347

Saragossa 102
Savoyen 101, 266 f
Say, J. B. 260
Say, L. 260
Schaumburg-Lippe 296
Schenkel, D. 208
Schlesien 94, 97, 101, 126, 140, 163, 176, 269, 277, 301, 303
Schleswig 31, 179, 280 ff, 286, 296, 312
Schmerling, A. Ritter v. 60
Schmoller, G. v. 125, 306
Schneeberg 189
Schneider, E. 94, 172 f
Schönau 190
Schönburg 189
Schopfheim 190
Schottland 156 f, 178, 201
Schulze-Delitzsch 224
Schwaben 49
Schwarzenberg, Fürst 57, 59, 61, 64
Schwarzwald 49
Schweden 15, 23, 27, 111, 113, 119 f, 146 f, 189
Schweiz 64, 68, 98, 102, 111, 116, 120, 124, 128 f, 147, 189, 246 f, 252, 264, 311
Schweizer Kantone 17, 21, 26, 28
Schweitzer, J. B. v. 303
Scott, W. 36
Sedan 291
Semmelweis, I. Ph. 188
Semmering 100
Semmeringtunnel 101
Seine 87
Sellon, Adèle de 264
Serbien 24, 52, 129
Sète 93
Séverine, franz. Journalist 204
Sewastopol 253
Sezessionskrieg 10
Shaftesbury, A. A. C. Earl 156
Shelley, P. B. 37
Shrewsbury 210
Siebenbürgen 51, 270, 284
Sieg 296
Siemens, Friedrich 119, 129, 280
Siemens-Halske AG 296
Sizilien 33, 53, 58, 62, 102, 265 ff
Skandinavien 16, 33, 76 f, 79, 103, 119 f, 140
Slowakei, Slowaken 274, 284
Slowenen 31
Soissons 158
Solferino 267
Solvay, E. 130
Sombart, W. 151, 154
Sonnborn 198
Southampton 90, 108

Sozialdemokratische Arbeiterpartei 224, 303 f
Sozialdemokratische Partei 305 ff, 310 f
Sozialismus 20, 47, 50, 54, 70, 125, 216–219, 223 f, 226 f, 231 f, 235, 243, 295, 303, 305 f, 310, 314
Spanien 15 f, 18, 23, 27, 29, 33, 64, 78, 94, 98, 102, 110 f, 113, 115 f, 124, 128, 140, 147 f, 184, 231, 235, 290
Speyer 190
Staffordshire 189
Staßfurt 146
Steiermark 33, 100
Stephenson, G. 155
Stettin 90, 95
Stinnes, H. 169
Stockholm 119
Stöcker, A. 306
Stollberg 189, 198
Straßburg 93, 252
Strauß, V. v. 272
Struve, G. v. 49, 50, 56
Stumm, K. F. Frhr. v. 213
Stur, L. 31
Stuttgart 61, 277
Südafrika 72
Südamerika 13, 119, 146
Süddeutschland 224, 235, 277, 287 ff, 291, 294, 297, 302
Süditalien 140
Suezkanal 241 f
Sund 125
Swan, J. W. 130
Sybel, H. v. 31, 278
Széchenyi, I. Graf 31

Taine, H. 209, 214
Talabot, P. 94, 253
Tasmanien 242
Tegnér, I. 31
Terni 116
Thackeray, W. M. 167
Thiers, A. 44, 177, 209, 228 f, 256, 259 f
Thiry, Gebrüder 83
Thomas, S. G. 129
Thorbecke, J. R. 245
Thorn 295
Thüringen 46, 179, 277
Thyssen Konzern 119, 136, 169
Tiber 62
Tietz, Kaufhaus 83
Tirol 56, 100, 269
Tocqueville, Ch. A. de 28, 54
Todtnau 190
Tolain 223
Tongking 259
Toskana 33, 55, 102, 264 bis 267
Transleithanien 284 f

Transvaal 242
Treitschke, H. v. 278
Trient 268
Trier 96, 190
Triest 100, 268
Tripolitanien 315
Trochu, General 291
Troyes 93
Türkei 24, 103, 119
Tunesien 259, 315
Turin 101, 264, 266, 268
Tschechen 31

Unfehlbarkeitsdogma (1870) 308
Ungarn 19, 23, 31, 45, 52, 55, 57 f, 59, 61, 64, 66, 100, 140, 269 ff, 274, 276, 284 f
USA 10, 12 f, 72, 76, 79, 105, 107, 120, 125, 127 f, 131, 147, 149, 202, 242

Vaillant, E. 232
Valmy 30
Vendée 206
Venedig 33, 45, 53, 58 f, 100, 239, 263, 265 f
Venetien 102, 268, 282, 284
Venezuela 119
Verband der deutschen Arbeitervereine 224
Verfassung von Eidsvoll (1814) 27
Verfassungen von Epidauros (1822) 27
Verne, J. 9
Versailles 228 f, 255, 293
Vertrag von Frankfurt 255, 294, 313
»Vierter Stand« 27
Vigny, A. 36
Viktor Emmanuel II. 101, 264, 268, 291
Viktoria, Königin 23, 212, 237, 241, 243
Villafranca 274
Virchow, R. 308
Voith, Maschinenfabrik 297

Waddington, W. H. 259
Währungskonferenz von 1857 277
Wagner, A. 125
Wagner, R. 37, 60
Waldshut 189
Wabs 145, 189, 200
Walewski, A. F. Graf 253, 266 f
Warburg 96
Warschau 90
Warwickshire 189
Webb, M. 210
Weltausstellungen 125, 132, 220, 222, 262
Weltkrieg, Erster 153, 317

Westfahlen 60, 85, 87, 163, 189, 219, 224, 269, 296 f, 303
Wendel, Familie 173
Werdau 189
Wermelskirchen 198
Wertheim, Kaufhaus 83
Weser 179
Wien 42, 52, 55 ff, 60 f, 66, 90, 100, 116, 174, 188, 270, 277, 279 f, 282 f, 284 f
Wiener Konferenz (1834) 41
Wiener Kongreß 24, 30, 40, 61

Wilhelm I. 278, 287, 290, 293
Wilhelm II. 77, 236
Winchester 202
Windhorst, L. 302
Windischgrätz, Fürst 52, 55 ff, 59
Wirtschaftskrise von 1930 318
Wolff, W. 164
Worcestershire 189
Worms 190
Württemberg 26, 46, 95, 179, 189 f, 201, 269, 279, 283, 289, 292, 297 ff

Würzburg 190
Wyhlen 190

Yonne 87
York 90, 155, 185, 189

Zell 190
Zisleithanien 284 f, 295
Zittau 189
Zola, E. 82
Zollverein 277, 279, 281, 293 f
Zschopau 198
Zürich 311
Zypern 241

Wolfgang J. Mommsen
Bürgerliche Kultur und politische Ordnung
Künstler, Schriftsteller und Intellektuelle
in der deutschen Geschichte 1830-1933

Band 14951

»Kultur« ist zu einem maßgebendem Leitbegriff der Geschichteswissenschaft geworden – wirkungsmächtiger als objektive soziale Strukturen erscheinen subjektive Erfahrungsmuster und ideelle Interessen.

Aus Anlaß des 70. Geburtstages von Wolfgang J. Mommsen werden mit diesem Band wichtige kulturgeschichtliche Arbeiten vorgelegt.

Fischer Taschenbuch Verlag

Jared Diamond
Arm und Reich
Die Schicksale menschlicher Gesellschaften
Aus dem Amerikanischen von Volker Englich

Band 14967

In den 13 000 Jahren seit der letzten Eiszeit bildeten sich in manchen Gegenden der Welt alphabetisierte Industriegesellschaften heraus, in anderen entstanden schriftlose Bauerngesellschaften und einige Völker leben noch heute als Jäger und Sammler und benutzen Steinwerkzeuge. Diese extrem ungleichen Entwicklungen der menschlichen Gesellschaften führten nicht selten zu schrecklichen Katastrophen, denn die industrialisierten Gesellschaften eroberten die anderen Gegenden der Welt und rotteten ganze Völker aus. Was sind die Wurzeln dieser Ungleichheit, warum überhaupt entstanden verschiedene Gesellschaftsformen?

Ein für allemal räumt Diamond mit jeglichen rassischen und rassistischen Theorien auf und zeigt, daß vielmehr die klimatischen und geographischen Unterschiede am Ende der letzten Eiszeit verantwortlich für die Geschichte(n) der Menschheit sind. »Arm und Reich« ist ein Buch über die Vor- und Frühgeschichte, das aktueller und zeitgemäßer nicht sein könnte.

Fischer Taschenbuch Verlag

Götz Aly

»Endlösung«

Völkerverschiebung und der Mord
an den europäischen Juden

Band 14067

Über die »Endlösung« wurde viel geschrieben, aber die politischen Entscheidungsprozesse, die der Tat vorausgingen, liegen noch immer im dunkeln. Die Mörder hatten die Dokumente weitgehend verbrannt und logen später nach Kräften. Auch wenn das Wissen über den Holocaust fragmentarisch bleiben wird, so gelingt es Götz Aly doch, die Entscheidungsgeschichte in einer Gründlichkeit zu rekonstruieren, wie das bisher noch nicht versucht wurde.

Sein Buch endet mit dem Konsenspapier der Wannsee-Konferenz vom 20. Januar 1942. Es beginnt mit dem 1. September 1933. Denn so amoralisch und rassistisch die antijüdische Politik in Deutschland schon seit 1933 angelegt war, so wurden die wichtigsten Bedingungen, die zur »Endlösung« führten, doch erst im Krieg geschaffen: »Jetzt«, notierte Goebbels im März 1942 zur »Judenfrage«, haben wir eine ganze Reihe von Möglichkeiten, die uns im Frieden verwehrt sind. Die müssen wir ausnützen.«

Die Dokumente, die der Autor in russischen, polnischen und deutschen Archiven neu erschlossen hat, lassen sichtbar werden, daß es den einen »Entschluß« nicht gab: Der Mord an den europäischen Juden wurde weder an einem Tag noch von einer Person noch für alle Juden gleichzeitig beschlossen. Vielmehr handelte es sich um einen für die Verhältnisse des »Führerstaates« ungewöhnlich langen und komplexen Entscheidungsprozeß.

Fischer Taschenbuch Verlag